ACCESO GRATUITO DURANTE UN AÑO AL eBOOK Y/O AUDIOLIBRO **ADQUIRIDOS A TRAVÉS DE AMAZON**

Si ha adquirido este libro a través de **Amazon**, puede solicitar acceso gratuito a su versión digital durante **un año de forma gratuita**. Siga estos pasos:

¿Cómo solicitarlo?

1. Envíe un **correo electrónico a info@colex.es** con el asunto: **«Solicitud de eBook - [Título del libro]»**.
2. **Adjunte la factura de compra** de Amazon como comprobante.
3. Indique en el cuerpo del correo:
   - Su **nombre completo.**
   - Su **dirección de correo electrónico.** (para activar su cuenta en **www.colex.es**, si aún no está registrada).
4. **Una vez verificada la compra, recibirá un código de activación** para canjear en www.colex.es

✓ Una vez se valide el código, aparecerá una ventana de confirmación y su eBook y/o audiolibro estará disponible **durante 1 año desde su activación** en la pestaña «Mis libros» en el menú de usuario.

— Para más información y acceso a su código, visite: www.colex.es —

* Los audiolibros están disponibles en las ediciones más recientes de nuestras obras. Se excluyen expresamente las colecciones «Códigos comentados», «Biblioteca digital» y los productos de www.vademecumlegal.es.

No se admitirá la devolución si el código promocional ha sido manipulado y/o utilizado.

COLECCIÓN
CIENTÍFICA DE ESTUDIOS HISTÓRICO-JURÍDICOS
INTERDISCIPLINARES AVANZADOS

3

DIRITTO E CONCORRENZA TRA XIX E XX SECOLO

I SINDACATI INDUSTRIALI (TRUST E CARTELLI) NELL'ESPERIENZA GIURIDICA ITALIANA E SPAGNOLA

COLECCIÓN
CIENTÍFICA DE ESTUDIOS HISTÓRICO-JURÍDICOS
INTERDISCIPLINARES AVANZADOS

3

DIRITTO E CONCORRENZA TRA XIX E XX SECOLO

I SINDACATI INDUSTRIALI (TRUST E CARTELLI) NELL'ESPERIENZA GIURIDICA ITALIANA E SPAGNOLA

Alessandro Lalli

COLEX 2025

Calle Costa Rica, número 5, 3.º B (local comercial)
A Coruña, 15004, A Coruña (Galicia)
info@colex.es
www.colex.es

I.S.B.N.: 978-84-1194-828-9
Depósito legal: C 1277-2025
DOI: https://doi.org/10.69592/978-84-1194-828-9

Ai miei genitori, Tania e Alberto

SUMARIO

CAPITOLO I

LA CULTURA CARTELLISTICA ITALIANA NELLA CIRCOLAZIONE DELLA ESPERIENZE NAZIONALI

CAPITOLO II

NEI CODICI, OLTRE I CODICI: IL CASO ITALIANO E LA 'VARIANTE' SPAGNOLA

CAPITOLO III

TENDENZE GIURIDICHE GLOBALI INTORNO AI RAPPORTI TRA SINDACATI, STATO E SPAZIO INTERNAZIONALE

CAPITOLO IV

OLTRE LA TOLLERANZA: I CONSORZI NEI REGIMI AUTORITARI DI ITALIA E SPAGNA

PROLOGO

I cartelli appartengono ad una specie di zona grigia nella ricerca storica, perché sono stati caratterizzati a lungo da pregiudizi di natura economica, politica e giuridica. Dal punto di vista economico, gli studi fondativi della *Business History* americana, a partire dai lavori di Alfred D. Chandler, hanno rintracciato nei cartelli una delle cause dell'arretratezza europea rispetto alla grande impresa americana. Secondo questa impostazione, il primato americano derivava dalla strutturazione di un «capitalismo manageriale competitivo», in cui nonostante la tendenza oligopolistica dell'economia si manteneva viva la concorrenza, mentre le imprese del Vecchio continente, soprattutto quelle tedesche, optavano per comportamenti cooperativi che ne riducevano l'efficacia e la competitività internazionale. Dal punto di vista politico, sin dalla Seconda guerra mondiale, i cartelli invece sembravano impersonificare una specie di «Germany's master plan», come sostennero in un libro del 1943 due figure di spicco del Department of Justice dell'amministrazione americana come Joseph Borkin e Charles Welsh. Alla fine della guerra, si è scatenata una guerra parallela contro i cartelli: il più famigerato cartello tedesco, la IG Farben, non poteva essere dissociato alla macchina di sterminio nazista, e la sua dissoluzione a seguito del processo di Norimberga ha talvolta assunto tratti «anti-cartello» nella cultura di massa, nel dibattito politico e nelle operazioni svolte dalle truppe di occupazione americane. Infine, da questi due pregiudizi se n'è sviluppato un terzo, secondo cui esiste un primato di una legislazione *antitrust* derivata dallo *Sherman Act* del 1890 rispetto ad altre legislazioni più permissive. L'idea secondo cui la storia del diritto della concorrenza sarebbe caratterizzata da un fenomeno di convergenza verso il modello americano è sicuramente uno dei presupposti «brandeisiani» di importanti lavori comparativi come quelli di David J. Gerber o di Lee McGowan. A questi tre pregiudizi, si può aggiungere il giudizio impietoso del premio Nobel per l'economia Georg Stigler, secondo cui i cartelli sarebbero sempre e comunque accordi effimeri, destinati a soccombere sotto la perenne tensione tra interessi collettivi e individuali delle imprese cartellistiche, che conduce i membri di un cartello a non rispettare gli accordi per ottenerne un vantaggio personale.

Rispetto a questo quadro, nuove stagioni di ricerca storica hanno progressivamente rivisto e corretto questi pregiudizi, avviando una visione più critica e matura del problema storiografico dei cartelli. Alcuni storici dell'economia hanno sicuramente svolto un'azione di apri-pista: Clemens Wurm, Harm Schroeter, Dominique Barjot, Jeffrey Fear, Marghrit Muller, Akira Kudo, o Alice Teichova, per citarne solo alcuni, hanno mostrato le ragioni istituzionali, finanziarie ed economiche della formazione dei cartelli, che hanno contribuito a renderli non delle semplici pratiche illegali, ma delle opzioni storiche fondate. Altri studi, più prossimi alle scienze sociali, come quelli di Tony Freyer, Margaret Levenstein, Valerie Suslow o Laurent Warlouzet, hanno mostrato sia la natura più erratica degli approcci *antitrust* americano ed europeo, delle loro finalità e delle loro idee soggiacenti. In generale, questa stagione di nuovi studi ha permesso di ripensare al problema storico dei cartelli scartando il rischio della contemporaneità: evitare, cioè, che una loro illegalità nella società dell'oggi rischi di adottare impostazioni euristiche aprioristiche. Uno degli aspetti più salienti di questa nuova stagione di ricerca storica è data dalla consapevolezza che i cartelli hanno una doppia natura, che li rende forme storiche legittime di organizzazione industriale, la cui portata è molto meno eccezionale di quanto si pensasse in passato. Da un lato, i cartelli sono stati nel passato delle strutture economico-organizzative largamente diffuse, sia a livello nazionale che internazionale, che rappresentavano più di un mero «accordo per aumentare i prezzi». Dall'altro, i cartelli in molti casi fungevano da rappresentanti di categoria presso le istituzioni nazionali e internazionali, tanto da svolgere alcune delle funzioni che oggi sono proprie delle *business associations*.

Secondo il primo punto di vista, al pari di un'impresa, un cartello possedeva strutture organizzative proprie e adottava strategie specifiche legate all'espansione dei mercati, degli investimenti e delle tecnologie. Alcuni cartelli hanno avuto una durata di svariate decine di anni, si sono dati regole scritte, sedi amministrative, tribunali di arbitraggio, laboratori di ricerca congiunti e altre strutture specifiche congiunte. Il funzionamento dei cartelli aveva anche, al pari di un'impresa, delle impostazioni e delle generalizzazioni di natura teorica, che rendeva il successo di un cartello molto meno dipendente dall'individualismo dei suoi membri rispetto alle caratteristiche generali di un'industria. Alcune industrie, infatti, non potevano esprimere cartelli che durassero a lungo a causa della bassa standardizzazione del prodotto oppure della specifica natura tecnologica delle merci che offriva sul mercato, perché l'innovazione tecnologica e l'adozione di nuovi prodotti scompaginava continuamente gli equilibri raggiunti tra le imprese. In altri casi invece, principalmente quelli appartenenti alle commodities industriali, i cartelli hanno avuto durate eccezionali e stabilità assoluta nei loro accordo. A queste regole non sfuggivano neanche le molte imprese americane che, se non potevano stringere cartelli nel mercato domestico, spesso partecipavano a quelli internazionali o a quelli domestici nei mercati nazionali dove avevano investito laddove avessero strutture multinazionali. Mentre alcuni cartelli hanno avuto comportamenti «maltusiani», privilegiando prezzi alti e riduzione della produzione, altri invece hanno dato vita a strategie di stabilizzazione dei prezzi, di espansione delle capacità produttive e di diffusione tecnologica. Questa capacità a stabilizzare l'economia internazionale, attraverso delle funzioni anticicliche o funzionali all'integrazione dei mercati, non ha mancato di attirare anche i favori delle organizzazioni internazionali del periodo tra le due guerre, come la *League of Nations*, oppure del periodo successivo, come l'UNCTAD. Se il problema centrale dei cartelli non è solo la concorrenza, ma piuttosto quello più vasto della governance economica nazionale e internazionale, lo studio dei cartelli può rivelare aspetti decisamente nuovi e più profondi rispetto alla mera condanna dei cartelli come cospirazione contro i consumatori. È proprio da queste constatazioni circa la legittimità storica dell'operato economico e politico/di governance dei cartelli che dovrebbero scaturire domande di ricerca sul coté legislativo dei cartelli. Le varie legislazioni nazionali sui cartelli, infatti, non vedevano in essi un fenomeno da evitare, ma piuttosto da normare col duplice intendo di evitare abusi, da un lato, ma anche, dall'altro, di armonizzare l'operato dei cartelli con le politiche economiche nazionali.

Per queste ragioni, la storia del diritto e quella dell'economia hanno un reciproco interesse a dialogare. Studi come quello di Alessandro Lalli, che offre una disamina comparata del caso italiano e spagnolo nell'adozione di regolamentazioni sui cartelli nel periodo tra le due guerre, rappresentano proprio degli approcci innovativi perché non provengono dalla storia economica o d'impresa, ma applicano alcuni dei più recenti approcci allo studio dei cartelli e delle imprese per analizzare i mutamenti legislativi e normativi. Nella vena dei *law and economcs studies*, siamo ormai abituati a percepire i cambiamenti legislativi come tendenzialmente collegati al divenire economico e all'organizzazione degli interessi del mondo degli affari, mentre in maniera sempre più consapevole gli aspetti regolatori entrano ormai a pieno diritto nelle analisi economiche. L'interconnessione tra queste due sfere dell'agire economico, quella regolatoria e quella della pratica, può offrire spunti interessanti di analisi a giuristi ed economisti, che possono tenere conto in maniera più consapevole delle mutuali trasformazioni di queste due branche. In quest'ottica, anche la storia ha da che beneficiare da questo dialogo e offre ulteriori spunti di complessità. La storia del diritto e dell'economia si intrecciano nei dibattiti economici, politici e legislativi, mentre sembra impossibile scrivere una storia di molti fatti economici senza tener conto delle trasformazioni regolatorie, anche il lavoro degli studiosi del diritto, specialmente quello commerciale o della concorrenza, potrebbero beneficiare dall'adozione di un metodo storico-economico, che rende i fenomeni aziendali molto più complessi rispetto alla sedimentazione di normative più o meno convergenti a livello globale. Nel fare ciò: la storia dei cartelli coincide solo in parte con l'*antitrust*, ha a che fare con la governance economica, con la crescita e le trasformazioni del capitalismo industriale e delle imprese, con il mutare delle politiche economiche.

I casi italiani e spagnolo, studiati in questo volume, hanno una serie di particolari interessi per lo studio dei cartelli. A lungo, questi due paesi hanno svolto un ruolo secondario rispetto allo studio dei cartelli, almeno nei confronti dei due paesi che maggiormente hanno contribuito allo sviluppo di regolamentazioni anticartello, come gli Stati Uniti, oppure che hanno visto una maggiore espansione di essi, come la Germania. Spagna e Italia, in quanto paesi meno sviluppati industrialmente e con necessità di compiere percorsi di sviluppo economico accelerato e/o legato a fenomeni di intervento statale specifico, i cartelli assumono contorni specifici. Da un lato, essi rappresentavano forme di associazionismo moderno e legittimo, che inseriva questi paesi in un dibattito internazionale e in un fenomeno industriale globale. Dall'altro, delle forti specificità, legate alle trasformazioni specifiche dei due paesi verso forme di fascismo e di interventismo, fecero assumere al dibattito sui cartelli e sulle regolamentazioni di questo fenomeno dei contorni specifici, legati allo specifico rapporto tra stato e impresa, tra interessi industriali e interessi nazionali, più in generale tra pubblico e privato. Problemi come quelli della regolamentazione dei prezzi, delle politiche fiscali, delle misure anticicliche nel contesto della Grande depressione e della deglobalizzazione, sulla volontarietà o obbligatorietà dei cartelli, sono solo alcuni dei temi che, grazie a questo studio, si possono seguire non dal semplice punto di vista del dibattito legislativo, ma della sua pratica economica e del divenire economico e politico dei due paesi. Per questi motivi, il lavoro di Alessandro Lalli non solo si inserisce in una storiografia consolidata, ma in maniera pluridisciplinare offre nuovi spunti agli storici d'impresa e a quelli del diritto.

Marco Bertilorenzi
Università degli Studi di Padova

INTRODUZIONE

Trusts, pool, cartelli, coalizioni, intese, consorzi, concentrazioni, e tanti altri lemmi che in queste pagine introduttive possiamo ricondurre al generalissimo termine di *sindacati industriali* - in quanto sarà quello che troverà più consenso nella dottrina giuridica ed economica - sono l'oggetto di questo lavoro e del quale si sono volute ricostruire le 'reazioni' giuridiche - dottrinali, giurisprudenziali e normative - sviluppatesi in Italia e in Spagna. Le ricerche sono state condotte lungo un periodo cronologicamente esteso in quanto solamente un'analisi del fenomeno sindacale su di una linea temporale sufficientemente ampia permette di apprezzare l'impatto che le nuove istituzioni del capitale ebbero all'interno degli ordinamenti giuridici e della scienza giuridica dei due paesi. In particolare, il presente lavoro prende le mosse dalla fine del XIX secolo, momento in cui la scienza giuridica italiana e quella spagnola iniziano a percepire l'irruzione del fenomeno sindacale, sollecitando, con crescente intensità, una risposta giuridica destinata a maturare lungo la prima metà del Novecento, fino a trovare – nei regimi autoritari affermatisi nei due paesi – il punto più alto e più critico di quella rimeditazione intellettuale, destinata a prolungarsi, nel caso spagnolo, ben oltre la fine del secondo conflitto mondiale, sotto il segno di una persistente visione autarchica dell'economia.

I sindacati industriali non costituiscono un semplice oggetto di indagine giuridico-economica, ma una lente privilegiata attraverso cui interrogare le trasformazioni della modernità produttiva, nonché le risposte che gli ordinamenti giuridici hanno saputo formulare nel corso del tempo. Non è un caso che, sin dalle loro prime manifestazioni, questi fenomeni abbiano polarizzato le coscienze dei giuristi europei: accoglierli come strumenti di razionalizzazione dell'economia oppure rigettarli come minacce alla libera concorrenza? Disciplinarli come espressioni legittime dell'autonomia contrattuale oppure contrastarli come inaccettabili forme di potere privato? Interrogativi che, come si vedrà, attraversano trasversalmente la cultura giuridica europea e che, ancora oggi, continuano a sollecitare riflessioni tutt'altro che superate[1]. Sarà solo con la conclusione della seconda conflagrazione mondiale che nel vecchio continente si aprirà una nuova stagione dei rapporti tra Stato e sindacati industriali, caratterizzata dall'abbandono dell'atteggiamento di favore nei confronti di quest'ultimi che aveva caratterizzato il periodo precedente. Tuttavia, l'interdizione post-bellica dei sindacati industriali non autorizza a

---

1 S. Mannoni, *Is Competition a Click Away? Sfida al monopolio nell'era digitale*, Editoriale scientifica, Napoli, 2018.

considerarli un fenomeno appartenente a un passato remoto, né a ridurre il presente lavoro a un semplice esercizio storiografico su una categoria giuridica ormai inattuale. Infatti, come è stato sottolineato, i sindacati industriali hanno dimostrato una «*résistance remarquable*» nei confronti dei moderni sistemi *antitrust*. Tale resistenza si spiega con il fatto che la tendenza alla sindacalizzazione risponde a un bisogno strutturale del mondo industriale: quello della cooperazione economica, destinato a riflettersi - inevitabilmente - sull'atteggiamento che l'ordinamento giuridico è chiamato ad assumere nei suoi confronti[2]. Lungo questa direttrice, in una società pienamente globalizzata, si vanno sviluppando riflessioni che prendono in considerazione le possibili dimensioni sovranazionali dell'*antitrust*[3]. Intorno a tale prospettiva si avverte la necessità di un confronto, tanto con le molteplici esperienze giuridiche nazionali, quanto con i sistemi sovranazionali di tutela della concorrenza, osservati anche da una prospettiva storica, così da interrogarsi sugli strumenti con cui il diritto ha provato, in passato, a misurarsi con il fenomeno sindacal-industriale, e su quelli che, con rinnovata consapevolezza, potrebbe essere chiamato ad elaborare nel futuro[4].

Nel presente lavoro si è prestata particolare attenzione anche al discorso economico, oltre che giuridico, poiché il tema dei sindacati industriali si configura come un oggetto di studio trasversale alle due discipline, generando inevitabilmente confronti e influenze reciproche. La limitazione – sia pubblica che privata – della libera concorrenza rappresentava, e rappresenta tuttora, una questione di fondo che produce ricadute strutturali tanto sull'ordinamento economico quanto su quello giuridico. Come si vedrà, se sotto il profilo economico, a partire dalla fine dell'Ottocento, i sindacati industriali iniziano a mettere in crisi il paradigma individualistico - fondato su un mercato impersonale e autoregolato, la cui legittimità sarà progressivamente messa in discussione, soprattutto nel ventennio tra le due guerre - sul piano giuridico essi impongono alla scienza giuridica una profonda riflessione sulla loro compatibilità con i dogmi della libertà contrattuale e della proprietà privata, nonché sul ruolo dello Stato nel governo del mercato. In questo quadro, tanto gli studi giuridici quanto quelli economici condividevano la necessità di interrogarsi sulla compatibilità del fenomeno sindacal-industriale prima con l'ordine liberale e poi, con l'avvento dei regimi autoritari, anche con quello corporativo. In questi contesti, segnati dal declino del liberalismo classico e dall'emergere di nuove forme di ordinamento economico, si afferma la

2 D. Barjot e H. G. Schröter, *Introduction générale. Pourquoi un numéro spécial sur les cartels?* in «*Revue économique*», 2013/6 (Vol. 64), 2013, p. 937.

3 G. Pitruzzella, *L'applicazione delle regole di concorrenza nel mercato globale-locale: istanze di tutela, sfide, opportunità*, in G. A. Benacchio e M. Carpagnago (a cura di), *L'applicazione delle regole di concorrenza in Italia e nell'Unione Europea (Atti del IV Convegno biennale Antitrust, Trento, 16-18 Aprile)*, Editoriale Scientifica, Napoli, 2015, pp. 1-11.

4 D. J. Gerber, *Global Competition: Law, Markets and Globalization*, Oxford University Press, Oxford, ed. 2017, pp. 19-38.

volontà di costruire delle *terze vie* tra capitalismo e socialismo, capaci di superare il conflitto sociale attraverso l'integrazione degli interessi economici nel quadro statale. All'interno di questa cornice, ci si interrogarà, allora, se i sindacati industriali – in quanto espressione degli interessi della classe capitalistica – dovessero essere superati dagli organismi corporativi o, quantomeno, sottoposti al controllo di questi ultimi, incaricati di dirigere i processi di politica economica e garantire, in tal modo, una definitiva pacificazione sociale.

Il presente lavoro, si è detto, prende avvio dall'epoca liberale, in quanto è nel suo grembo che le novelle istituzioni del capitale nascono, ed è a fine Ottocento che si palesa, all'interno della società occidentale, un'alternativa di sistema, ossia se criminalizzarle o tollerarle. Come si vedrà, è negli Stati Uniti e in Germania che, in ragione della maggiore intensità assunta dal fenomeno sindacal-industriale, questa alternativa si pone in termini particolarmente netti. Negli Stati Uniti, le combinazioni del capitale vengono rapidamente qualificate come pratiche predatorie, finalizzate alla monopolizzazione dei mercati; in Germania, al contrario, esse sono percepite come strumenti capaci di prevenire una concorrenza che si ritiene ormai distruttiva. In relazione a questa seconda opzione, la storiografia ha rilevato come, dall' area tedesca,si sia progressivamente irradiata una diffusa *culture of toleration*, destinata a influenzare, in maniera più o meno diretta, gran parte dell'Europa continentale[5]. Gli studi storici dedicati ai sindacati industriali hanno tradizionalmente ricostruito tale cultura ponendo al centro l'esperienza tedesca e dando vita a una produzione storiografica incentrata sulle risposte giuridiche ed economiche ai *trust* e ai cartelli, osservate ora dal punto di vista tedesco, ora da quello statunitense, talvolta in chiave comparativa. Tuttavia, nell'affrontare la questione della tolleranza, si è potuto osservare come la centralità attribuita dalla storiografia all'esperienza tedesca – indubbiamente rilevante nel contesto europeo – abbia finito per oscurare o relegare in secondo piano le altre esperienze giuridiche nazionali in materia di sindacati industriali. In parte, ciò è dipeso dal fatto che, nel secondo dopoguerra, una parte consistente degli studi si è resa necessaria per comprendere le ragioni per cui, alla fine del conflitto, le autorità statunitensi imposero alla Germania lo smantellamento del sistema cartellistico sviluppato durante il Terzo Reich, sostituendolo con una legislazione *antitrust* ispirata non più alla soppressione della concorrenza, ma alla sua tutela. Un principio frutto di un'importazione, dunque, e che venne accettato progressivamente su tutto il vecchio continente, tanto da entrare, con i noti temperamenti, nel Trattato di Roma del '57 e che, oggi, rappresenta un patrimonio condiviso, tanto da portare la dottrina giuridica a confrontarsi intorno non più alla cultura della tolleranza quanto, piuttosto, alle

---

5 C. Harding e J. Joshua, *Regulating Cartel in Europe. A Study of Legal Control of Corporate Delinquency*, Oxford University Press, Oxford, 2007, p. 52.

varie declinazioni nazionali della *competition culture* presenti in Europa[6]. La prospettiva adottata in questo lavoro muove dall'idea che, pur riconoscendo la centralità delle esperienze tedesca e statunitense, sia possibile individuare una pluralità di *culture della tolleranza*, ciascuna radicata nei contesti giuridici e istituzionali dei diversi paesi europei. In questa direzione, la ricerca qui proposta intende inserirsi nel recente filone storiografico dedicato a quelle che possiamo definire le *third ways*, ossia percorsi economici e giuridici alternativi, attraverso i quali - tra Otto e Novecento - ordinamenti diversi da quello tedesco e da quello americano hanno affrontato il fenomeno cartellistico[7]. Come si vedrà, sono le stesse fonti dell'epoca che suggeriscono di osservare il fenomeno nella sua portata globale, che obbliga legislatori, giuristi ed economisti dei diversi paesi europei a prendere posizione: contrastare o tollerare la formazione di queste nuove aggregazioni industriali. Confortati da rilievi della storiografia e dai nuovi approcci metodologici che stanno rinnovando gli studi di storia giuridica[8], si è focalizzata l'attenzione su due realtà giuridi-

---

6 Ci sembra questo il senso che emerge dal volume di G. A. BENACCHIO e M. CARPAGNAGO (a cura di), *L'applicazione delle regole di concorrenza in Italia e nell'Unione Europea (Atti del IV Convegno biennale Antitrust, Trento, 18-19 Aprile 2013)*, Editoriale Scientifica, Napoli, 2013, e nel quale si osservano le declinazioni nazionali della cultura della concorrenza in Europa, *cfr. ivi* B. LASSERE, *Competition Culture in France: how a Competition Agency may Consumers ad Citizens?*, pp. 5-12; R. A. SOTO, *Cultura della concorrenza, limiti sociali ed istituzionali e promozione della concorrenza in Spagna*, pp. 31-21; I. CIPOLLETTA, *La cultura della concorrenza in Italia*, pp. 47-54; L. ROSSI e M. S. FERRO, *Private enforcement of competition law in Portugal. Virtutes and shortcoming of the action popularis*, pp. 263-318.

7 L'espressione *third views* è mutuata da un recente studio di Espen Storli e Andreas Nybø dove gli autori, approfondendo il caso della legislazione norvegese sui sindacati industriali del 1926 osservano come «the country adopted a competition policy, which although inspired by the existing German and US legislation, differed substantially from its inspirational sources. Unlike the United States, Norway allowed cartels, and unlike Germany, the cartels were much more strictly monitored and regulated»: insomma «*there was also a third way*», E. STORLI e A. NYBØ, *Publish or be damned? Early cartel legislation in USA, Germany, and Norway, 1890-1940*, in S. FELLMAN e M. SHANAHAN, *Regulating Competition: Cartel registers in the twentieth-century world*, Routledge, New York & Londres, 2016, pp. 17-18. Corsivo nostro.

8 Come osservato da Thomas Duve, «[l]a storia giuridica globale è un settore che sta solo lentamente cominciando a prendere forma. Diverse tradizioni nazionali e regionali di scrittura della storia del diritto [...] stanno integrando prospettive transnazionali nelle loro cornici analitiche. [...]. C'è un discorso transnazionale e interdisciplinare emergente che completa le tradizioni locali e nazionali. Tuttavia, questi discorsi transnazionali sono tradotti all'interno di tradizioni storiografiche nazionali e ambientazioni istituzionali. Come risultato non c'è né un consenso quanto a cosa sia la storia giuridica globale, né quali obiettivi persegua questo genere di storiografia legale [...]. Oltre a ciò, la storia giuridica globale riflette la tradizionale molteplicità di metodi, scopi, e forme presenti nelle attuali storiografie giuridiche» (T. DUVE, *Storia giuridica globale e storia giuridica comparata. Osservazioni sul loro rapporto dalla prospettiva della storia giuridica globale*, in M. BRUTTI, A. SOMMA (a cura di), *Diritto: storia e comparazione. Nuovi propositi per un binomio antico*, Frankfurt am Main, Max Planck Institute for European Legal History, 2018: p. 151). Tuttavia, questa «"nuova" fase» che stanno attraversando gli studi storico-giuridici trova «il proprio comun denomi-

che spesso trascurate: quella italiana e quella spagnola. In entrambi i casi, mancano a oggi studi sistematici dedicati a come il fenomeno dei sindacati industriali sia stato percepito e affrontato dalle dottrine giuridiche, dalle giurisprudenze e dai legislatori dei due paesi. Questo approccio ha consentito di valorizzare le specificità dell'esperienza italiana e, soprattutto, di ricostruire come il discorso giuridico-economico italiano abbia, seppur in parte, influenzato quello spagnolo, contribuendo alla diffusione, in quest'ultimo contesto, della cultura della tolleranza per i sindacati industriali. Tale orientamento, inizialmente assente, si afferma in Spagna nonostante la persistente ostilità verso il fenomeno sindacale, ancora rilevabile a inizio Novecento, e destinata a sopravvivere, in forme ideologicamente riconfigurate, nella riflessione *nacional-sindicalista*.

La scienza economico-giuridica italiana seguirà con attenzione gli echi dei dibattiti e delle soluzioni normative sviluppati negli Stati Uniti e nell'area austro-tedesca. Tuttavia, è curioso notare come l'imporsi della cultura della tolleranza in Italia passi non tanto da una recezione del dibattito pro-cartellistico austro-tedesco, quanto piuttosto da una assimilazione di quelle riflessioni d'oltreoceano sui rapporti tra sindacati industriali e *darwinsimo* sociale, tutte tese ad una valorizzazione del fenomeno sindacale, in sintonia con il generale processo evolutivo, caratterizzato da un progressivo passaggio da forme semplici ed omogenee a forme complesse ed eterogenee, e che, idealmente, verrà respinto negli Stati Uniti con l'approvazione dello *Sherman Act*. L'idea di dar corpo a una società organica (ossia industrialmente organizzata) e retta dagli uomini usciti vittoriosi dalla lotta per la vita (ossia la classe capitalista) verrà messa al centro di un dibattito particolarmente acceso, all'interno del quale non mancheranno, come si vedrà, scontri tra coloro i quali, economisti e giuristi, si fecero portavoce di questa idealità, e quanti, invece, non esiteranno a denunciare come la sindacalizzazione del mercato finisse per compromettere il benessere sociale, colpendo consumatori, lavoratori e tutte quelle imprese non aderenti agli accordi di sindacato industriale. Il dibattito si indirizzerà progressivamente verso una marginalizzazione delle posizioni più estreme. Si percepisce, leggendo i discorsi della dottrina economica e giuridica maggioritaria, la consapevolezza di trovarsi ormai di fronte a un fenomeno che appare irreversibile e rispetto al quale l'unica soluzione, per cercare di contrastarne gli abusi, non poteva essere una sua criminalizzazione, bensì l'individuazione di strumenti giuridici in grado di temperarne gli effetti. Le nuove istituzioni del capitale, insomma, andavano riconosciute tra i nuovi istituti del moderno diritto commerciale, così da valorizzarne i benefici

nare nella «necessità "sistemica" di superare la concezione del diritto come fenomeno che i giuristi governano privilegiando i confini nazionali», L. Lacchè, *Sulla Comparative legal history e dintorni*, in M. Brutti, A. Somma (a cura di), *Diritto: storia e comparazione. Nuovi propositi per un binomio antico [...]*, cit.: p. 250. Per un approfondimento su queste nuove prospettive metodologiche si veda, T. Duve, *What is global legal history?*, in «Comparative Legal History», Vol. 8, Iusse 2, 2020, pp. 73-115.

in termini di stabilizzazione del mercato, pur cercando di contenerne gli effetti negativi sulla società. Tale riconoscimento presupponeva, come si è ricostruito nelle prime pagine del lavoro, una riconcettualizzazione intorno tanto ad antichi, quanto ad altri più prossimi concetti, quali la nozione di *coalizione commerciale* e quella di *sindacato*, nonché quella di *consorzio*. Quest'ultima, in particolare, fu innescata dalla volontà del legislatore - in accordo con la classe imprenditoriale - di creare cartelli obbligatori, ritenuti strumenti efficaci di politica economica per tutelare le industrie nazionali dalle crisi di sovrapproduzione, e la cui istituzione contribuirà all'archiviazione della tradizionale non ingerenza dello Stato nell'economico. Il pluralismo lessicale, richiamato all'inizio di queste pagine, emerge in entrambe le esperienze nazionali, e trova nella limitazione della libera concorrenza il proprio comune denominatore. Tuttavia, si tratta, come si vedrà, di lemmi che rimandano tanto a diverse tradizioni giuridiche, quanto a differenti modalità di disciplinare la concorrenza. In relazione a tali termini è possibile cogliere, senza voler anticipare eccessivamente i contenuti del presente lavoro, un certo smarrimento da parte della dottrina, accompagnato dalla difficoltà di affrontare quella che appare una vera e propria «babele» linguistica. In particolare, tanto in Italia quanto in Spagna, il dibattito assumerà progressivamente come punto di riferimento l'espressione *sindacato industriale*, che finirà per funzionare da «contenitore concettuale» per le due principali forme di limitazione della concorrenza: i *trusts* e i *cartelli*. A partire dagli anni Trenta, e in particolare nel contesto italiano - una volta accertato il carattere ormai storicizzato della figura del *trust* - tale dicitura comincerà a racchiudere una nuova bipartizione: quella tra *consorzi* e *gruppi*.

La sistematizzazione dottrinale dei concetti si svilupperà parallelamente a una riflessione volta a individuare gli strumenti giuridici più adeguati a contenere l'incedere incontrollato dei sindacati industriali. In questa direzione, ci si interrogherà anzitutto sull'effettiva capacità dei codici di offrire una risposta funzionale; si sosterrà, inoltre, come la dimensione municipale potesse costituire un circuito complementare all'organicismo privato e in grado di garantire l'accesso a beni pubblici a prezzi contenuti; e si giungerà, infine, a ipotizzare l'istituzione di Commissioni di vigilanza sui sindacati industriali. Tuttavia, quest'ultima soluzione verrà avanzata non guardando alle proposte provenienti dall'area austro-tedesca - le quali, infatti, trasmettevano alla dottrina economica e giuridica italiana l'idea che un controllo amministrativo, come delineato in quei progetti, potesse condurre ad opzioni di organizzazione collettivista dell'economia - quanto piuttosto alle realizzazioni della *economic regulation* d'oltreoceano. Tuttavia, come si vedrà, la maggioranza della dottrina giuridica italiana fatica a concepire l'ipotesi di affidare all'amministrazione pubblica un ruolo di vigilanza sui sindacati industriali. Per la maggior parte dei giuristi, infatti, la massima *laissez faire, laissez passer*, ossia il tradizionale schema liberale di rifiuto di ingerenze dello Stato nell'economia, continuava a costituire un valore assoluto da preservare, anche a costo di tollerare gli effetti negativi che il fenomeno sindacale poteva produrre sull'equilibrio sociale. I giuristi erano ben consapevoli del tramonto di quel paradigma, ma faticavano a farsi promotori di un autentico rinnovamento nei rapporti tra diritto ed economia che uscisse dall'euritmia codicistica, riflesso di un progetto ideologico, dentro al quale si erano formati, e pensato a supporto di una società proto-industriale. È per questo che fu proprio nei codici che si tentarono di individuare le «coordinate» giuridiche attraverso cui affrontare il problema della tutela contro gli abusi sindacali. Infatti, stante l'irrinunciabilità del principio della libertà contrattuale – riflesso diretto dell'altrettanto fondamentale libertà industriale – si farà ricorso al principio dell'ordine pubblico, inteso come espressione di quel fascio di interessi generali della vita sociale non ancora recepiti dal diritto positivo. Questo principio, sufficientemente duttile, avrebbe consentito di distinguere, caso per caso, quali sindacati industriali dovessero ritenersi leciti e quali, invece, illeciti. Tale soluzione – come si vedrà nell'analisi che il presente lavoro dedica alla giurisprudenza – portava a una inedita centralità del potere giudiziario nella regolazione dell'economico. Tuttavia, essa presentava un difetto strutturale: il vaglio della liceità o meno degli accordi di sindacato restava affidato all'occasionalità giudiziaria. Questa impostazione si contrapponeva radicalmente all'orientamento delle soluzioni amministrative, le quali - nella convinzione dell'ontologica inadeguatezza della giurisprudenza a valutare fenomeni economici complessi - miravano a intervenire già nella fase di formazione dell'accordo, attraverso forme di controllo preventivo.

In questo turbinoso susseguirsi di proposte dottrinali e risposte giurisprudenziali, il legislatore si astiene dall'adottare soluzioni di sistema. In ossequio alla cultura della tolleranza, lo Stato interviene, ma solo in via occasionale sull'economico: da un lato agevolando i processi di cartellizzazione attraverso l'istituzione di consorzi obbligatori in settori ritenuti strategici per l'economia nazionale, dall'altro, introducendo - come nel caso dei trasporti marittimi dei migranti - provvedimenti che, come si vedrà, possono essere letti in chiave di una rudimentale politica *antitrust*.

Tra fine Ottocento e inizio Novecento, il fenomeno sindacale, pur essendo per lo più racchiuso all'interno dei confini nazionali, ha anche una limitata portata internazionale. Si trattava di una tendenza che si dispiegherà in tutta la sua portata dopo il primo conflitto mondiale, e che genererà la nascita di una seconda fase di studi giuridici di carattere internazionale in materia di sindacati industriali. In un contesto economico all'apice di una prima globalizzazione[9], nel quale le connessioni intersindacali vanno via via intensificandosi, parte della scienza giuridica europea intuisce la necessità di dover dare corso a una conseguente connessione 'intergiuridica'. Così, gli ordinamenti giuridici vengono studiati da una prospettiva diversa. Le singole realtà

9 G. G. Jones, *Origins and development of global business*, in T. da Silva Lopes, C. Lubinski, H. J.S. Tworek (a cura di), *The Routledge Companion to the Makers of Global Business*, Routledge, New York, 2020, pp. 17-25.

continuano a essere analizzate, ma non più per selezionare modelli nazionali utili ad affrontare il fenomeno sindacale sul piano interno. L'obiettivo diventa piuttosto quello di individuare possibili convergenze orizzontali tra sistemi, che possano evolvere in convergenze verticali: una forma embrionale di *global competition law*[10]. In particolare, è a Ginevra - negli organismi tecnocratici della Società delle Nazioni - che prende forma questo tentativo: la fucina economico-giuridica ginevrina chiede agli Stati di superare le proprie gelosie nazionali, rinunciando a porzioni di sovranità da attribuire a organismi sovranazionali, con l'obiettivo di correggere i comportamenti abusivi dei sindacati industriali, pur nel contesto di un discorso giuridico ed economico volto alla loro legittimazione[11]. Queste proposte però non tenevano conto di come la Prima guerra mondiale, attraverso la legislazione di guerra, avesse avviato un processo di crescente valorizzazione del ruolo statale nella sfera economica - processo che sarà ulteriormente accelerato dalle ripercussioni del cosiddetto *giovedì nero*. In questo contesto, come si vedrà, i sindacati industriali saranno al centro di un profondo ripensamento: le intese verranno esaltate per le loro potenzialità funzionali, mentre i loro effetti distorsivi verranno messi in secondo piano. Il passaggio - tanto al di qua quanto al di là dell'oceano - dall'«*entente libre à l'entente imposée*»[12], viene visto come un'esperienza che, se sostenuta e potenziata dallo Stato, può contribuire a uscire dalla crisi economica che investe la società occidentale. È una idealità questa sulla quale convergono diversi paesi occidentali e di cui la scienza giuridica internazionale è cosciente, ne cenna, ma senza avventurarvisi in profondità, in quanto minerebbe alla radice quelle proposte di cessione di sovranità che sta chiedendo agli Stati. In Italia e Spagna, peraltro, l'idealità del consorzialismo obbligatorio affonda le sue radici, come si è cennato in precedenza, già nei primi anni del Novecento. In entrambi i paesi si avviano, infatti, i primi esperimenti di intervento statale in economia: in Italia, la nascita del primo consorzio obbligatorio europeo nel settore dello zolfo; in Spagna, con l'adozione della prima legislazione europea sul controllo degli impianti industriali nel settore degli zuccheri; una misura determinata, come si vedrà, dall'insuccesso di una soluzione di tipo sindacale. Dopo la fine del primo conflitto mondiale, come sarà approfondito in seguito, queste esperienze verranno progressivamente rivalutate, fino a essere proposte come modelli potenzialmente replicabili su scala più ampia in entrambi i paesi.

10 *Cfr.* D. J. GERBER, *Global Competition: Law, Markets and Globalization, [...]*, pp. 19-38.

11 *Cfr.* M. BERTILORTENZI, *Legitimising Cartels. The joint roles of the League of Nations and of the International Chamber of Commerce*, in FELLMAN S. e SHANAHAN M., *Regulating Competition: Cartel registers in the twentieth-century world*, Routledge, New York & Londres, 2016, pp. 17-48

12 P. DE ROUSIERS, *Les cartels et les trusts et leur évolution: prépare pour le Comité préparatoire de la Conférence économique internationale*, Publications de la Société de las Nations, Genève, 1927, p. 15.

Come accennato in precedenza, la tendenza al consorzialismo, sia volontario che obbligatorio, si scontrerà negli anni Trenta con le aspirazioni corporative del regime italiano e di quello franchista. In riferimento a questo processo, si è giunti alla conclusione che esista un paradosso di fondo tanto nel sistema corporativo quanto in quello *nacional-sindicalista*. Il tentativo - condiviso dai settori maggioritari della dottrina corporativa di entrambi i paesi - di superare la mentalità cartellistica dell'epoca, finisce infatti per produrre soluzioni che, pur con intenti innovativi, restano intrappolate proprio in quella logica che volevano superare. In questo senso, l'istituzione delle *Corporazioni* in Italia e dei *Sindicatos Verticales* in Spagna - sebbene ispirata a un più ampio proposito di pacificazione sociale - comporta, nel momento in cui tali organismi vengono incaricati di regolare l'economia, l'attribuzione di funzioni di fatto consortili. Da questa aspirazione emerge un nodo complesso: l'idiosincrasia tra consorzi e organismi corporativi. Anche in questo caso si aprirà un vivace dibattito giuridico ed economico. Alcuni settori del corporativismo cercheranno di risolvere la contraddizione, ma le soluzioni proposte si rivelano fragili. In particolare, in Italia, esse mettono in luce la resilienza del capitale nel difendere una forma di autoregolazione privata dell'economia, realizzata attraverso la costituzione di consorzi volontari. In tale contesto, la dottrina giuridica italiana elaborerà la figura del contratto di consorzio, offrendo così al mondo industriale un tipo contrattuale capace di assicurare certezza giuridica e disciplina all'autoregolazione economica. L'ordinazione del mercato immaginata dall'industria non esclude, anzi talvolta presuppone, una rimeditazione del principio di non intervento dello Stato in economia. Quest'ultimo può farsi promotore della costituzione di consorzi obbligatori, per piegare le resistenze di quegli operatori restii a aderire a soluzioni cartellistiche volontarie. Tuttavia, anche in tali ipotesi, l'assetto del mercato doveva restare sotto il controllo diretto degli industriali. È per questa ragione che, come verrà analizzato in seguito, nel regime fascista non si affermerà mai una vera e propria cartellizzazione obbligatoria dell'economia - come invece accaduto nella Germania del Terzo Reich - e le legislazioni consortili degli anni '30 non cederanno protagonismo alla dimensione corporativa. Per quanto riguarda la realtà spagnola, i regimi di Primo de Rivera e di Franco assumono posizioni differenti tra loro nei confronti del fenomeno consortile. Nella dittatura primoriverista si osserverà una politica economica orientata alla creazione di consorzi obbligatori, sostenuta da una scienza economica e giuridica favorevole anche al consorzialismo volontario. Diversamente, durante la dittatura franchista, pur permanendo il favore di una parte della dottrina giuridica verso il fenomeno consortile - tanto che si arriverà a proporre l'introduzione di un contratto di consorzio ispirato al modello italiano - emergono, come si vedrà, tendenze di segno opposto provenienti dagli ambienti del *nacional-sindicalismo*. Queste ultime, in ossequio a un corporativismo economico di tipo 'verticistico', contrario a qualsiasi forma di direzione economica esterna ai *Sindicatos Verticales*, si faranno promotrici di un trasferimento delle funzioni consortili - tanto volontarie quanto obbligatorie - all'interno del sistema corporativo, ma senza produrre effetti concreti sul piano di una effettiva realizzazione di un nuovo modello economico.

★

La conclusione di un lavoro implica sempre un ritorno alla memoria, un momento in cui si ripensa a tutte le persone che, in modi diversi, ne hanno reso possibile la realizzazione. Un sentito grazie va ai professori Massimo Meccarelli e Luigi Lacchè, così come alle professoresse Monica Stronati e Ninfa Contigiani, che, negli anni del dottorato nell'Ateneo maceratese, durante le numerose, quanto indimenticabili, riunioni di avanzamento della tesi, non hanno mai fatto mancare i loro preziosi consigli. Un ringraziamento speciale va al professor Giovanni Cazzetta, che ha rappresentato per me molto più di un relatore. È stato una guida costante, prima durante il percorso della tesi di laurea presso l'Ateneo ferrarese e poi, con la stessa generosità e attenzione, nel cammino più complesso della tesi di dottorato. La sua presenza è stata un punto di riferimento fondamentale in questi anni, tanto sul piano scientifico quanto su quello umano. Desidero esprimere la mia sincera gratitudine anche ai professori José María Pérez Collados e Manuel José Vial Dumas per la loro generosa disponibilità ad attivare il percorso per la realizzazione della tesi in cotutela con l'Universitat de Girona. In particolare, al professor Vial Dumas va un ringraziamento particolare per il supporto e l'accompagnamento offerto come co-relatore della tesi. A entrambi, inoltre, va la mia profonda gratitudine per avermi recentemente accolto all'interno della vivace comunità accademica gironina, alla quale sento ormai di appartenere. Un grazie speciale anche alla professoressa Tünde Mikés, direttrice del Departament de Dret Privat, che mi ha accompagnato, con disponibilità e gentilezza, nei diversi passaggi amministrativi che hanno portato alla mia incorporazione nell'Ateneo catalano. Pensando ai percorsi accademici passati, un grazie va anche ai professori Michele Pifferi e Francesco D'Urso per avermi coinvolto nella vita accademica del dipartimento di giurisprudenza ferrarese, negli anni immediatamente successivi alla laurea. Desidero ringraziare anche il numeroso gruppo di ricerca dell'Universitat Autònoma de Barcelona, in particolare il professor Josep Cañabate Pérez e la professoressa Olga Paz Torres per l'ospitalità durante i periodi di ricerca dottorali, e soprattutto la professoressa Stefania Giombini, presenza attenta e amica preziosa. Infine, un ringraziamento va al professor Guillermo Suárez Blazquez, per aver accolto questo libro nella collana Estudios Histórico-Jurídicos Interdisciplinares Avanzados da lui diretta, e al Professor Marco Bertilorenzi, per la generosa disponibilità nel curare la prefazione a questo volume.

CAPITOLO I

LA CULTURA CARTELLISTICA ITALIANA NELLA CIRCOLAZIONE DELLA ESPERIENZE NAZIONALI

1. L'ambivalenza di un fenomeno globale, ovvero il movimento 'cartellistico' tra tolleranza e criminalizzazione

Come oramai ampiamente ricostruito dalla storiografia economica, negli anni a cavallo tra la fine del XIX secolo e gli inizi del XX, si assistette a un significativo sviluppo economico, reso possibile da una maggiore regolarità, dal maggior volume e dall'aumentata velocità dei flussi di beni, favoriti dai nuovi sistemi di trasporto e comunicazione. Si formarono, così, «nuovi e perfezionati processi di produzione» che consentirono di raggiungere, «per la prima volta nella storia», delle considerevoli economie di scala e di diversificazione. Nasceva, quindi, l'impresa industriale moderna. Infatti, gli imprenditori, per usufruire dei vantaggi di costo delle nuove tecnologie di produzione di massa, iniziarono a costruire strutture produttive di dimensioni sufficienti per sfruttare le potenzialità dei due fattori sopra richiamati, dando avvio, altresì, ad attività di investimento nelle reti di distribuzione e di *marketing*, tanto a livello nazionale, quanto internazionale, in modo che il volume delle vendite potesse stare al passo con l'accresciuto volume della produzione. Inoltre, vennero assunti nuovi dirigenti non solo per amministrare strutture industriali che si erano ampliate, con un conseguente aumento di personale, ma anche per controllare e coordinare le due attività funzionali di base poc'anzi richiamate, e altresì per dare corso a processi di pianificazione ed allocazione di risorse[13]. Parallelamente, come si avrà agio di vedere *infra*, iniziava all'interno della società industriale, la frenetica ricerca, in particolare da parte del capitalismo manageriale di tipo competitivo *made* in USA, di strumenti legali capaci di permettere il controllo della produzione e la razionalizzazione dei vari settori industriali, insieme al pieno sfruttamento delle economie di scala[14]. È in questo contesto e su queste basi che prendeva avvio un generale movimento di cartellizzazione - qui inteso in senso lato - di interi settori dell'economia con la volontà da parte dei suoi autori di limitare il processo concorrenziale. Va comunque ricordato, come osservano gli storici dell'economia Espen Storli e Andreas Nybø, che la cooperazione tra uomini d'affari non era di certo una novità assoluta. Tuttavia, è durante questo periodo che si sviluppano nuovi modi di collaborare, creando entità cooperative come cartelli, *trust* e sindacati. Questi accordi, che potevano variare da semplici intese su mercati geografici a contratti complessi, regolavano prezzi, mercati, quote produttive e molti altri aspetti aziendali, venendo spesso supportati da strutture organizzative dedicate al controllo interno e alla gestione delle vendite e del *marketing*[15]. Oltre agli Stati Uniti, a rendersi coprotagonista di questo processo fu la Germania, dove un diverso capitalismo, di stampo cooperativo, rese possibile, sempre grazie ad importanti economie di scala e di diversificazione, un imponente processo di cartellizzazione dell'economia[16]. Tuttavia, a questa tendenza, come si vedrà a breve, non rimasero

13 Cfr. A. D. Chandler Jr., *Dimensione e diversificazione. Le dinamiche del capitalismo industriale*, Il Mulino, Bologna, 1994, pp. 24-25.

14 Chandler, usando come *case study* la formazione della *Standard Oil Trust*, ricostruisce come l'istituto del *trust* - in questo caso petrolifero, ma le riflessioni vengono poi estese a tutto il movimento cartellistico americano - fornisse «gli strumenti legali essenziali per creare un ufficio centrale (*corporate office*) unitario, in grado di [...] riorganizzare i processi di produzione attraverso la chiusura o la ristrutturazione di alcune raffinerie e la costruzione di altre; [...] di coordinare il flusso dei materiali non solo all'interno delle numerose raffinerie, ma dai pozzi petroliferi alle raffinerie e da queste ai clienti» (*ivi*, pp. 47-48). Si trattava di un processo di concentrazione incentrato tanto sull'«espansione orizzontale», quanto sulle «collusioni» a cui si cercherà di dare una risposta giuridica in senso proibitivo, F. Amatori e D. Felsini, *La «cooperazione contrattuale» 1900-1965*, in A. Gigliobianco e G. Toniolo (a cura di), *Concorrenza, mercato e crescita in Italia: il lungo periodo*, Marsilio, Venezia, 2017, p. 453.

15 *Cfr*. E. Storli e A. Nybø, *Publish or be damned? Early cartel legislation in USA, Germany, and Norway, 1890-1940*, in S. Fellman e M. Shanahan, *Regulating Competition: Cartel registers in the twentieth-century world*, Routledge, New York & Londres, 2015, p. 17.

16 *Cfr*., D. S. Landes, *Prometeo liberato. La rivoluzione industriale in Europa dal 1750 ai giorni nostri*, Einaudi, Torino, 2000, p. 320. Sullo sviluppo quantitativo dei cartelli in Germania, appare particolarmente interessante la testimonianza di Robert Liefmann, uno dei massimi esperti europei di cartelli dell'epoca, il quale sottolineava come in Germania, alla volta

estranei neppure quei paesi europei il cui sviluppo economico non trovava paragoni con quello delle due potenze poc'anzi richiamate. Ma al di là dei dati circa la presenza in termini quantitativi del fenomeno in oggetto, quello che ci preme qui sottolineare è come intorno alla questione cartellistica si stessessero consolidando due opposti approcci: «to some, these new entities were perceived as useful tools to prevent destructive competition; to others, they represented predatory business practices aimed at monopolising markets»[17].

Quest'ultima prospettiva aveva trovato, dalla fine degli anni Settanta del XIX secolo, un terreno particolarmente fertile all'interno della società statunitense, dalla quale discendevano, con sempre maggior insistenza, richieste per adottare strumenti di «democrazia economica»[18]. Del resto, non si deve dimenticare che il richiamato consolidamento economico che, dalla guerra di secessione in poi, aveva trasformato gli Stati Uniti in un'unica enorme unità funzionale non era avvenuto in maniera lineare: da una parte, esso era stato accompagnato da una serie di crisi economiche dovute ad una mancata pianificazione economica e, dall'altro, la sua realizzazione aveva comportato costi economici, sociali e psicologici enormi[19]. Quanto al primo aspetto, era stata la forte resistenza dei settori apicali della società americana ad impedire l'introduzione di meccanismi giuridici diretti a temperare il principio di autoregolazione del mercato, il quale, legato a doppio filo all'ideale di un governo neutrale in economia, aveva reciso qualsiasi possibilità di ricorrere a politiche di tipo costruttivista. Sullo sfondo di questa tensione si agitavano le ombre del risalente conflitto tra Alexander Hamilton e Thomas Jefferson sulla *leadership* economica del governo. Per Hamilton e i suoi seguaci, lo spirito di iniziativa dei singoli doveva essere necessariamente indirizzato dal governo nazionale. In quest'ottica, si chiedeva al governo di dirigere la ricchezza verso coloro che potevano impiegarla «per incentivare le energie produttive della nazione», trasformando un'economia prettamente pastorale in una nazione pienamente industriale. Si trattava di quel mercantilismo che aveva caratterizzato nel passato i rapporti tra Inghilterra ed ex-colonie e che, successivamente, aveva plasmato il *modus operandi* del civismo repubblicano, preoccupato dal fatto che «dare il via libera al tornaconto personale potesse portare alla decadenza della società». Diversamente, la visione dei rapporti tra Stato e mercato di Thomas Jefferson era legata

del 1890, si potessero contare già ben 310 cartelli. *Cfr.* R. LIEFMANN, *Les caractères et les modalités des cartels*, in «Revue de Economique Politique», 1899, Vol. 13, n.7, p. 668.

17 E. STORLI e A. NYBØ, *Publish or be damned? [...]*, p. 17.

18 V. MANGINI e G. OLIVIERI, *Diritto antitrust*, Giappichelli, Torino, 2012, p. 3.

19 Su questi aspetti si vedano J. L. THOMSON, *La nascita di una potenza mondiale, gli Stati Uniti dal 1877 al 1920*, Il Mulino, Bologna, 1988, pp. 21-22 e D. B. DAVIS e D. H. DONALD, *Espansione e conflitto, gli Stati Uniti dal 1820 al 1877*, Il Mulino, Bologna, 1987, p. 362.

alla promozione dell'America delle piccole tenute (intese come unità produttive di un mercato in espansione) e alla costituzione di un'industria indipendente dall'attività bancaria e dalla speculazione borsistica. I jeffersoniani propugnavano la realizzazione di un ordine economico naturale, in cui il «governo migliore era quello che governava il meno possibile». In linea con tale approccio, il produttore doveva poter godere di un'ampia libertà d'azione che trovava il suo punto di riferimento nella teoria smithiana del libero scambio[20]. Alla fine, si giunse a consegnare l'ordine del mercato ai *businessmen*, i quali prestarono il proprio ingegno per dare soluzione a specifici problemi legati ai loro particolari settori, ma nel farlo trascurarono l'idea di un benessere sociale diffuso. Di fatto, come è stato acutamente osservato, alla comunità degli affari fu permesso che «la crescita avvenisse alle sue condizioni»[21]. Vennero così a crearsi, nell'ultimo ventennio del XIX secolo, situazioni di sovrapproduzione generalizzata tali da compromettere l'azione economica degli individui e alle quali la comunità degli affari cercò di porre rimedio attraverso meccanismi di autoregolazione della concorrenza[22].

Un'aperta ostilità a questi strumenti venne a manifestarsi primariamente nel settore ferroviario dove, a causa delle spese sproporzionate rispetto agli investimenti effettuati e agli elevati costi di impianto, si era dato corso all'imposizione di tariffe particolarmente elevate e allo sviluppo di pratiche discriminatorie per impedire l'ingresso di nuove imprese nel mercato[23]. Di tutta risposta si vennero a formare una serie di movimenti antimonopolistici (*Grange, Sovereigns of Industry, National Farmers Alliance, Northwestern Farmers Alliance*) con l'obiettivo dichiarato di conseguire una regolamentazione governativa del settore ferroviario[24]. Le pressioni esercitate da questi

20 M. Schlesinger, *I cicli della storia americana*, Edizioni Studio Tesi, Pordenone, 1991, pp. 309-312.

21 *Ivi*, p. 326.

22 Infatti, l'economista inglese John Hobson, già nel 1902, aveva evidenziato come la storia di ogni intesa dimostrasse chiaramente che, nella fase di libera concorrenza delle industrie, l'economia statunitense fosse progressivamente afflitta da una cronica condizione di sovrapproduzione, alla quale il *Big Business* aveva cercato di far fronte liquidando lo spreco della concorrenza, *cfr*. J. Hobson, *L'imperialismo*, ISEDI, Milano, 1974, pp. 80-81.

23 *Cfr*. G. Bernini, *La tutela della libera concorrenza e i monopoli (studio di dritto comparato). «Common law» e legislazione «antitrust» statunitense*, Vol. I, Giuffrè, Milano, 1963, pp. 203-205.

24 Per un breve approfondimento sulla nascita e sullo sviluppo dei movimenti sopra richiamati, si inviata alla lettura di D. B. Davis e D. H. Donald, *Espansione e conflitto gli Stati Uniti dal 1820 al 1877 [...]*, cit., pp. 378-381 e G. Bernini, *La tutela della libera concorrenza e i monopoli (studio di dritto comparato). «Common law» e legislazione «antitrust» statunitense [...]*, cit. pp. 203-206. Più ampiamente, come ricorda Eric Foner, questi movimenti furono il portato di più ampi dibattiti sul ruolo dello Stato nell'economia e sull'economia politica in generale, i quali «impegnarono l'attenzione di milioni di americani, raggiungendo [...] la «sfera pubblica», rappresentata da operai e agricoltori autodidatti, riformatori di ogni genere, redattori di giornale e politici», contribuendo a una maggiore consapevolezza delle

movimenti spinsero il Congresso, nel 1887, a istituire l'*Interstate Commerce Commission* tramite l'*Interstate Commerce Act*, così da perseguire le intese collusive tra le imprese ferroviarie e vigilare sulle tariffe arbitrarie o discriminatorie, dichiarando che queste ultime dovevano essere sempre giuste e ragionevoli. La creazione di tale commissione è intimamente legata alla nascita non solo del diritto amministrativo statunitense, ma anche all'istituzionalizzazione dei processi di regolazione della vita economica. Si tratta, infatti, di uno degli sviluppi giuridici più rilevanti del XIX secolo all'interno degli Stati Uniti e resosi necessario per affrontare la complessità e le sfide dei mercati moderni, specie in ambiti delicati come quello ferroviario. In generale, le *independent regulatory agencies* o *independent commissions*, operando, almeno idealmente, in collaborazione con l'autorità giudiziaria ordinaria, hanno permesso di supervisionare in modo continuativo problematiche sistemiche che le corti ordinarie, limitate alla gestione occasionale di controversie private, non erano in grado di risolvere efficacemente. A questo si collega il più ampio processo di regolamentazione istituzionale del mercato, percepito come un necessario ridimensionamento della libertà economica attraverso interventi di controllo su aspetti chiave come prezzi, accesso, criteri e quantità o qualità della produzione. Questa forma di regolamentazione, nota come *delegated regulation* o economic regulation, si basa sulla delega di poteri legislativi ad agenzie amministrative indipendenti. Queste ultime assumono l'autorità per definire regole e supervisione specifiche per settori o aspetti del mercato, fornendo così un controllo strutturato e mirato al corretto funzionamento dei sistemi economici. In particolare, attraverso la ICC, si cercava di dare una risposta definitiva alla conflittualità giudiziaria creatasi a seguito delle c.d. *Granger Laws*, sulle quali era, a più riprese, intervenuta la Corte Suprema dichiarandone la piena legittimità costituzionale[25]. Tuttavia, è d'obbligo segnalare che l'esperienza della *Interstate Commerce Commission*, pur rappresentando un significativo passo in avanti nella regolamentazione del settore ferroviario, incontrò diverse criticità che ne limitarono l'efficacia. Tra queste, una delle principali riguardava la formulazione del testo della *Interstate Commerce Act*, che non forniva indicazioni chiare sui «parametri della giustizia e della ragionevolezza», lasciando un margine di discrezionalità e incertezza nell'applicazione della normativa. A questa mancanza di chiarezza normativa si sommava un ulteriore limite: l'impossibilità della ICC di imporre direttamente l'osservanza dei suoi provvedimenti. Sebbene la Commissione avesse il potere di emettere ordini di cessazione delle attività irregolari *(cease and desist orders)*, la loro applicazione era subordinata a procedimenti giu-

---

enormi disuguaglianze economiche presenti nella società statunitense, E. Foner, *Storia della liberà americana*, Donzelli, Roma, 2009, p. 163.

25 Per una ricostruzione della vicenda giudiziaria si veda, A. Zorzi Giustiniani, *Alle origini dello Stato regolatore (1874-1910). Le libertà economiche, public utilities e monopoli al vaglio della Corte Suprema*, in S. Volterra, *Corte Suprema e assetti sociali negli Stati Uniti d'America (1874-1910)*, Giappichelli, Torino, 2004, pp. 214-220.

diziari, aprendo la strada a strategie di ostruzionismo e dilazione da parte delle compagnie ferroviarie Questi limiti, uniti alle capacità delle imprese di sfruttare le ambiguità del sistema legale, evidenziano come l'iniziale struttura della regolamentazione, benché innovativa, necessitasse di revisioni e perfezionamenti per affrontare efficacemente le sfide poste dalla complessità dei mercati e dalle strategie monopolistiche[26]. Dopo la sua istituzionalizzazione, si avvertì sempre più l'esigenza di regolamentare e controllare il fenomeno cartellistico, prendendo come modello l'esperienza maturata nel settore ferroviario. Infatti, se inizialmente l'attenzione dell'opinione pubblica si concentrò soprattutto sugli abusi delle compagnie ferroviarie, ben presto si estese anche ai grandi complessi industriali e commerciali, percepiti come potenziali monopoli. Tuttavia, le due situazioni erano profondamente diverse: nel caso delle ferrovie, la tutela riguardava gli utenti di un pubblico servizio, mentre nel contesto dei cartelli l'interesse da proteggere comprendeva una vasta platea di consumatori e concorrenti, sia effettivi che potenziali[27]. Si trattava di una richiesta di protezione American Dream, da realizzarsi attraverso il contenimento del potere delle grandi imprese, la difesa della libertà economica individuale e la criminalizzazione di ogni forma di restrizione della concorrenza. Gli strumenti giuridici per farlo erano comunque già inscritti nel patrimonio genetico della *common law* e, in particolare, nella legislazione antimonopolistica che, lasciate le coste inglesi durante il XVII secolo, aveva 'solcato' l'Atlantico per incunearsi, successivamente, nella visione jeffersoniana di una società 'costellata' da piccoli operatori economici[28].

---

26 *Cfr*. M. R. Ferrarese, Diritto e mercato, il caso degli Stati Uniti, Giappichelli, Torino, 1992, nota 9, p. 219 e W. Miller, *Nuova storia degli Stati Uniti*, Edizioni di Storia e Letteratura, Roma, 1966, pp. 321-322. Per un approfondimento sul ruolo e sugli sviluppi della *Interstate Commerce Commission* si invita alla lettura di T. S. Gilligan, W. J. Marshall, B. R. Weingast, *Legislative Choice: The Interstate Commerce Act of 1887*, in «Journal of Law and Economics», 33 (April 1989), pp. 35-61 e di S. P. Huntington, *The Marasmus of the ICC: The Commission, the Railroads, and the Public Interest*, in «Yale Law Journal», (April 1952), pp. 467-506.

27 *Cfr*. M. R. Ferrarese, *Diritto e mercato [...]*, p. 243 e I. Palandri, *La legislazione antitrust degli Stati Uniti d'America*, in «Il diritto dell'economia», Vol. 2, 1988, p. 246.

28 Sulla penetrazione della legislazione antimonopolistica inglese all'interno degli Stati Uniti, la letteratura è particolarmente ampia; ci limitiamo a segnalare un risalente, ma ancora attuale, articolo di D. Dewey, *The Common-Law Background of Antitrust Policy*, in «Virginia Law Review», vol. 41, n. 6, 1955, pp. 759-786. Invece, con riferimento alla saldatura tra tradizione antimonopolistica e pensiero jeffersoniano, ci sembra che possano trovare applicazione quelle riflessioni sulla *corporation,* tese a sottolineare come i suoi fautori fecero ricorso «ai metodi di Jefferson per raggiungere i fini di Hamilton, mentre gli oppositori della supremazia della corporation» finirono per affidarsi «ai metodi di Hamilton per raggiungere i fini di Jefferson», A. Testi, *La democrazia in America*, in F. Benigno (a cura di), *Storia Contemporanea*, Donzelli, Roma, 1997, p. 312. In questo senso, la richiesta di introduzione di una disciplina *antitrust* arrivava direttamente da quella 'America dei piccoli', da sempre contraria a ingerenze dello Stato nella sfera economica. Al contrario, la compagine hamiltoniana, tradizionalmente legata a decisi interventi statali per aiutare le classi alte della società, finiva per rifugiarsi nella retorica del *laissez-faire*, così da sbarrare

Invece, per quanto riguarda gli sviluppi dell'altra prospettiva - quella che vedeva nei cartelli delle forme economiche capaci di arrestare una concorrenza percepita sempre più come distruttiva - e, pur non mancando autorevoli sostenitori della stessa anche negli Stati Uniti, è allo spazio europeo che si deve guardare, in particolar modo all'area austro-tedesca, dove «the regulatory question was never one for prohibition, but rather one watching out for any incidental disadvantages»[29]. Tuttavia, il punto di osservazione da cui gli Imperi centrali e, più in generale, la società europea consideravano i cartelli non era solo quello della loro presunta capacità di stabilizzazione del mercato. Infatti, questi ultimi erano divenuti i pilastri di un approccio economico nuovo che, slegato dai principi del liberalismo economico (e che nel caso tedesco aveva preso il nome *Nationalökonomie*), traeva la sua origine dall'impossibilità di una perfetta sovrapposizione tra territorio e mercato: alla vastità dello spazio territoriale europeo, infatti, non corrispondeva un eguale spazio economico comune, ma piuttosto una pluralità di mercati limitati, corrispondenti alle estensioni territoriali delle diverse nazioni. Da ciò derivava l'aspirazione ad espandere i mercati nazionali, la quale non poteva che portare a una rivalità tra nazioni, all'interno della quale i cartelli assurgevano, insieme al protezionismo, alla politica coloniale e marittima, ad elementi di politica internazionale, presentandosi quali organizzazioni industriali di lotta e protezione dalla concorrenza straniera[30]. Le certezze sul «character of protective

---

la strada a possibili interventi in materia *antitrust*. Per un approfondimento storico-giuridico sui rapporti tra Stato e mercato all'intero della società americana si rimanda a J. W. Hurst, *Law and Markets in United States History: Different Modes of Bargaining among Interests*, University of Wisconsin Press, Madison, 1981, in particolar modo pp. 22-34. Si deve, tuttavia, segnalare come l'orientamento di pensiero corrente, secondo cui all'origine del diritto *antitrust* vi siano le idealità jeffersoniane, sia stato messo in dubbio da B. Orbach, *How Antitrust Lost Its Goal*, in «Fordham Law Review», vol. 81, 2013, p. 2267.

29 C. Harding e J. Joshua, *Regulating Cartel in Europe. A Study of Legal Control of Corporate Delinquency*, Oxford University Press, Oxford, 2007, p. 68.

30 Sul punto *cfr.* F. L. Pace, *I fondamenti del diritto antitrust europeo. Norme di competenza e sistema applicativo dalle origini alla costituzione europea*, Giuffrè, Milano, 2005, pp. 6-9 e A. Zorzi Giustiniani, *Forma di governo e disciplina dell'economia*, in M. Galizia (a cura di), *Forme di stato e forme di governo: nuovi studi sul pensiero di Costantino Mortati*, Giuffrè, Milano, 2007, p. 1269. Inoltre, G. Bernini, nel suo studio *La tutela della libera concorrenza e i monopoli. Comunità europee e legislazioni degli Stati membri*, vol. II, Giuffrè, Milano, 1963, sottolinea come «la crisi economica del 1873 [...] aveva costituito un poderoso agente a favore delle formazioni cartellistiche [...]. Altri fattori che operarono nello stesso senso furono senz'altro il distacco, sotto il governo di Bismarck, dai principi del liberalismo economico (pur così solennemente proclamati) a favore di un'economia largamente basata sui dazi protettivi; lo sviluppo relativamente recente [...] di un'industrializzazione su vasta scala; una espressa tendenza e una corrispondente capacità ad organizzarsi (ciò che ha fatto dire a Bogart che *the German spirit of discipline and association* costituì un elemento di essenziale importanza nel successo del fenomeno cartellistico); un generale indirizzo verso la concentrazione e, almeno in certi casi, l'aiuto statale; [...]» (*ivi*, pp. 226-227). Un'analisi complementare si trova in M. Beaud, *Storia del capitalismo* (Roma, Edizioni Lavoro, 1984), dove l'autore osserva che «per far fronte all'accentuazione della con-

institution» delle svariate *combinations*, unite alle tendenze espansionistiche dei vari paesi, davano la cifra di una nascente cultura europea della tolleranza per i cartelli[31].

1.1. Una 'guida' alle declinazioni della cultura della tolleranza in Europa: gli Special Consular Reports nordamericani

Argomentare di un'unica cultura della tolleranza in suolo europeo è sicuramente un'immagine di sintesi molto efficace, ma nel suo utilizzo si corre il rischio, a nostro avviso, di sminuire le esperienze nazionali, appiattendole su quella realtà 'forte' (la Germania), dove il fenomeno, come visto, era assai intenso e strutturato. La circolazione di tale cultura assume, infatti, differenti gradi di intensità, legati alla pluralità di visioni in merito ai rapporti tra Stato, mercato e cartelli presenti nei vari paesi europei, visioni che si riflettono conseguentemente anche nei diversi approcci giuridici adottati nei confronti dei cartelli. A conferma di quanto appena affermato, ci indirizza una fonte d'oltreoceano, ossia gli *Special Consular Reports*, commissionati dal Dipartimento di Stato statunitense ai propri consoli stanziati nei vari paesi europei. Questi rapporti erano finalizzati a mappare la presenza di «trusts» e «trade combinations» in Europa, con l'obiettivo di analizzare il loro impatto sui prezzi, sulla quantità di produzione, sui salari dei lavoratori e su altri effetti riscontrati fino a quel momento[32]. In particolare, come notava il console Carl Bailey Hurst, nella vasta area dell'impero austriaco - il «birthplace of the trusts of Central Europe» - la traiettoria giuridica relativa alla questione cartellistica si caratterizzava per il tentativo di legare le esigenze di sviluppo e consolidamento del nascente «system of trusts» a una «legislative regulation», capace di offrire degli strumenti giuridici idonei alla protezione dei consumatori. A tal proposito, Hurst osservava come fosse evidente, tanto per il Governo quanto per il Parlamento, che tale obiettivo non poteva essere raggiunto attraverso la legislazione penale del 1852, relativa alla proibizione dei c.d. *Verabredungen von Gewerbsleuten, Fabriks-, Arbeitsunternehmern oder* (§ 479). Infatti, questa norma, come sottolinea anche il console, si limitava semplicemente a punire come contravvenzione

correnza intercapitalistica si moltiplicano le reazioni, le offensive, le iniziative. Dapprima attraverso il protezionismo, principalmente sotto forma di aumento delle tariffe [...]. In seguito attraverso cartelli e accordi, [...] in Germania, i produttori si accordano per fissare i livelli di produzione, coordinare gli investimenti, suddividersi il mercato, determinare i prezzi» (*ivi*, p. 135).

31 C. Harding e J. Joshua, *Regulating Cartel in Europe A Study of Legal Control of Corporate Delinquency [...]*, cit., p. 52.

32 *Special Consular Reports. Trusts and trade combinations in Europe, Vol. XXI, Part III, Washington,* 1900, p. 417.

la formazione di accordi tra produttori per fissare i prezzi o i salari a danno del pubblico o dei lavoratori[33]. Consapevole delle limitazioni intrinseche degli strumenti concettuali offerti dal diritto penale e dal diritto civile nel bilanciare i benefici e i costi sociali derivanti dalla dinamica cartellistica, la dottrina giuridica austriaca, in particolare il giurista Adolf Menzel, sottolineava la necessità di un approccio diverso, basato esclusivamente sulla «verwaltungsrechtlichen Regelung» della questione. In particolare, il professore austriaco, criticava le disposizioni di diritto penale per la loro formulazione eccessivamente ampia, che le rendeva applicabili a qualsiasi tipo di coalizione commerciale, risultando così ingiuste e di fatto inapplicabili. Piuttosto, il nuovo sistema avrebbe dovuto colpire esclusivamente le coalizioni finalizzate allo sfruttamento del pubblico o alla monopolizzazione di specifici settori del mercato. Inoltre, secondo Menzel, non era possibile affidare questa materia alla giurisdizione penale, perché significava delegare il futuro dell'economia a soggetti – i giudici – spesso privi di una conoscenza approfondita delle dinamiche economiche. Neppure le sanzioni civili, come l'invalidità del contratto, costituivano un rimedio percorribile contro gli abusi commessi dai cartelli. Questi strumenti, infatti, sarebbero stati applicabili solo nel caso in cui uno dei partecipanti all'accordo avesse citato in giudizio gli altri contraenti. Un'eventualità questa ben poco realistica, alla luce della necessità, per i membri dell'accordo di cartello, di preservare la propria reputazione commerciale sul mercato, a cui si univa spesso la presenza di clausole contrattuali che prevedevano il ricorso all'arbitrato per risolvere eventuali controversie. La via amministrativa, quindi, appariva come la soluzione più adeguata per affrontare il fenomeno e avrebbe dovuto avere tra i suoi presupposti la lotta alla segretezza dei cartelli e l'attribuzione a questi ultimi - nel caso in cui avessero avuto un'organizzazione particolarmente articolata - della qualifica di *Vereine*, dotando l'Amministrazione della possibilità di procedere Es un error; la fórmula correcta es: al loro scioglimento se le stesse si fossero rese responsabili di un danno all'interesse pubblico[34]. Queste e altre proposte simili furono recepite e implementate dal governo austriaco, che, alla volta del 1897, presentò un progetto di regolamentazione amministrativa della questione cartellistica. Nella relazione al progetto si sottolineava l'intenzione di intervenire su cartelli solo nei casi in cui questi ultimi, attraverso aumenti ingiustificati dei prezzi, avessero gravato sui consumatori, preservando in questo modo il costituendo nuovo ordine del mercato a trazione consortile[35]. L'intento del governo, quindi, non era già di condannare i cartelli in quanto tali, ma, nel segno della loro tolle-

33 *Ivi*, pp. 418-419.

34 A. Menzel, *Die wirtschaftlichen Kartelle und die Rechtsordnung. Referat, erstatten für Socialpolitk in Herbst 1894*, in *Die Kartelle und die Rechtsordnung, Verlag von Duncker & Humblot, Leipzig, 1902*, pp. 26-31.

35 Sul punto si veda, D. J. Gerber, *Law and competition in twentieth century europe. Protecting Prometheus*, Oxford University Press, New York, 1998, pp. 57-58.

ranza, di operare una eradicazione di quanti, tra questi, si fossero rivelati dannosi per l'interesse pubblico[36]. Per questo la discrezionalità dell'Amministrazione avrebbe comunque trovato innanzi a sé dei limiti invalicabili: quali la circostanza che l'incremento (o il ribasso) dei prezzi avrebbe dovuto sempre produrre degli effetti oggettivamente pregiudizievoli nei confronti dei consumatori, così come, detto incremento, avrebbe dovuto essere slegato dall'oggettiva situazione economica in cui versava quel determinato settore industriale o commerciale. Malgrado la risolutezza del governo nel cercare di far approvare questo progetto, non si vennero mai a creare le condizioni per una sua conferma da parte del *Reichsrat*: le divisioni politiche, etniche, nonché le continue richieste di modifica al progetto e la paura di concentrare troppi poteri nelle mani dell'apparato amministrativo, alla fine portarono all'abbandono della proposta governativa[37].

Un panorama profondamente diverso rispetto a quello austriaco si poteva, invece, riscontrare nella *land of the cartels* - per utilizzare un'efficace formula della storiografia economica[38] -, infatti, in Germania, come riportato dal console Frank H. Mason, prevaleva una assoluta «absence of hostility» nei confronti dei sindacati industriali, in quanto «the people of Germany appear to have reached the conclusion [...] that the foundation of syndicates and trade combinations was a part and necessary incident of a general process of development»[39]. Sotto il profilo giuridico, questa diffusa tolleranza aveva fatto sì che i cartelli cadessero semplicemente sotto «the very comprehensive and far-reaching German law of corporations», senza che questi ultimi

36 È chiaro come il progetto appaia funzionale alla conservazione dell'ordine borghese, nel senso che i cartelli - particolarmente quelli sui prezzi, in quanto percepiti come una forma di tassazione indiretta sulle spalle dei consumatori - concentrando la ricchezza nelle mani di pochi capitalisti, avrebbero finito per esacerbare il clima sociale, consegnando il paese nelle mani dei socialisti. Per questa ragione, si intendeva combattere quelle forme di cartello che potevano minacciare determinati settori della società, quali, ad esempio, i consumatori. In riferimento alla postura dei socialisti, non solo austriaci, è stato osservato, ad esempio da Peter Gay, con riguardo alla Germania weimariana, che «i socialisti rimasero spettatori [...] nella persuasione dottrinaria e per nulla realistica che la creazione dei cartelli industriali fosse un inevitabile stadio più avanzato dello sviluppo capitalistico attraverso cui bisognava necessariamente passare sulla via al socialismo», P. GAY, *La cultura di Weimar*, Dedalo, Bari, 2002, p. 51. Più ruvidamente, Roberto Scheggi, uno dei massimi esperti italiani in tema di cartelli, ricordava come i socialisti da sempre vedessero «di buon occhio il progressivo svilupparsi del fenomeno», in quanto lo stesso avrebbe reso più agevole agli operai «impadronirsi di esse organizzazioni al momento opportuno», consentendo un facile passaggio a una forma di economica pianificata, *cfr.* R. SCHEGGI, *Contributo allo studio dei consorzi volontari*, in «Università degli Studi di Camerino - Annali della Facoltà di Giurisprudenza», Vol. VIII, Jovene, Napoli, 1934, nota 3, p. 62.

37 Per un approfondimento sul progetto austriaco, sulle sue vicissitudini e sul suo fallimento si veda a D. J. GERBER, *Law and competition [...]*, pp. 56-64.

38 E. STORLI e A. NYBØ, *Publish or be damned? Early cartel legislation in USA, Germany, and Norway, 1890-1940 [...]*, cit., p. 23.

39 *Special Consular Reports [...]*, p. 467.

fossero soggetti a nessun'altra «special supervision»[40]. In particolare, furono semplicemente sottoposti alle norme del diritto civile, sia per quanto riguardava la forma dell'organizzazione, sia per quanto concerneva l'efficacia giuridica degli accordi di cartello. A partire dal 1900, la regolamentazione in materia venne interpretata alla luce dei §§ 138 e 826 del BGB, che prevedevano rispettivamente la nullità di un negozio giuridico lesivo della morale comune, e l'obbligo di risarcire il danno causato intenzionalmente in violazione di tali principi. Gli accordi di cartello potevano essere invalidati solo in casi eccezionali, quando risultavano palesemente immorali, oppure potevano dare luogo a richieste di risarcimento se avevano arrecato danno in modo intenzionale e preordinato[41]. Questa interpretazione rifletteva gli esiti di una serie di casi decisi tra il 1888 e il 1897, attraverso i quali i tribunali tedeschi avevano inteso la libertà di azione economica come comprensiva di molteplici aspetti, tra cui l'industria, la proprietà, l'associazione, la localizzazione delle imprese, la concorrenza e la stipulazione di contratti. Tuttavia, tale libertà veniva interpretata come il diritto di un'impresa, o di gruppi di imprese, di limitare o escludere la libertà economica delle altre imprese. In questa visione estremizzata del concetto di libertà, la libertà contrattuale finiva per sopprimere quella di concorrenza, favorendo così un processo di cartellizzazione generalizzato dell'economia[42].

Rimanendo, senza pretesa di esaustività, sul tracciato di una ricostruzione sommaria delle diverse graduazioni della tolleranza all'interno delle maggiori potenze del vecchio continente, ci pare che l'esperienza francese risulti estremamente significativa, soprattutto se, anche in questo caso, si utilizzano come punto d'osservazione i *reports* confezionati dai consoli A. M. Thackara e Robert P. Skinner, stanziati rispettivamente nelle città portuali di Le Havre e Marsiglia. Infatti, se da una parte emergeva come - anche in Francia - vi fosse «an increasing tendency toward the concentration of capital and the organization of large industrial, financial, and commercial corporations», dall'altra, si sottolineava come, tra «all the great producing nations», questa fosse quella con «the least number of what are usually called "trust"». Qui la cultura della tolleranza verso i *trusts*, e più in generale verso il fenomeno sindacal-industriale, faticava ad imporsi; infatti, diversamente da quanto avvenuto in Austria e Germania, la «conservative nature of the people», unita alla

---

40 *Ivi*, p. 462. H. Bartholomeyczik, *La legge tedesca contro le limitazioni della concorrenza (GWB)*, in «Rivista delle società», Anno III, 1958: p. 973. In questo senso anche Mannoni, il quale sottolinea come le diposizioni civili fungessero da semplici «temperamenti», lasciando intatta la «legittimità e rilevanza» dei cartelli, *cfr.* S. Mannoni, *I percorsi della regolazione della concorrenza negli USA e in Europa: appunti per un profilo storico*, in «Quaderni fiorentini per la storia del pensiero giuridico», n. 31, (*L'ordine giuridico europeo: radici e prospettive*), 2002: p. 645.

41 *Cfr*. H. Bartholomeyczik, *La legge tedesca contro le limitazioni della concorrenza (GWB)*, in «Rivista delle società», 1958, p. 973.

42 *Cfr*. C. Harding e J. Joshua, *Regulating Cartel in Europe [...]*, cit., pp. 63-71.

presenza di «laws against the formations of corners, polls, etc.» sembravano frenare, secondo Thackara, lo sviluppo di un vero e proprio sistema cartellistico. Tuttavia, nonostante il clima di diffidenza verso i processi di cartellizzazione dell'economia, anche in Francia si cercavano di assecondare le presunte esigenze del mercato, nel senso che se era vero che le *laws*, ovvero i precetti penali di epoca napoleonica, e nello specifico il *délit de coalition*[43], venivano visti quali strumenti capaci di ostacolare i cambiamenti morfologici del mercato, è altrettanto vero che il diffondersi della cultura della tolleranza all'interno degli ambienti giuridici, finiva per mitigarne il tenore letterale. Sotto questo aspetto, stante l'inerzia del legislatore[44], i «jurisconsults» avevano infatti dato corso ad un lavorio interpretativo volto ad una attenuazione delle disposizioni penali, con l'effetto di affidare al giudice il delicato, quanto nuovo, compito di «determine the line of demarcations between prohibited combinations and those which are lawful»[45]. Più in particolare, se originariamente gli operatori economici percepivano i procedimenti penali come una minaccia costante, nel corso del XIX secolo, i tribunali iniziarono a non applicare le disposizioni del Codice agli accordi di tipo cartellistico, evitando così di penalizzare tali intese. I cartelli venivano tollerati principalmente grazie a un'interpretazione molto permissiva degli articoli 419 e 420, considerati

43 *Codé Pénal*, 1810, art. 419 : «Tous ceux qui, par des faits faux ou calomnieux semés à dessein dans le public, par des suroffres faites aux prix que demandaient les vendeurs eux-mêmes, par réunions ou coalitions entre les principaux détenteurs d'une même marchandise ou denrée, tendant à ne la pas vendre, ou à ne la vendre qu'à un certain prix, ou qui par des voies ou moyens frauduleux quelconques auront opéré la hausse ou la baisse du prix des denrées ou marchandises ou des papiers et effets publics au-dessus ou au-dessous des prix qu'aurait déterminés la concurrence naturelle et libre du commerce, seront punis d'un emprisonnement d'un mois au moins, d'un an au plus, et d'une amende de cinq cents francs à dix mille francs. Les coupables pourront de plus être mis, par l'arrêt ou le jugement, sous la surveillance de la haute police pendant deux ans au moins et cinq ans au plus». Art. 420. «La peine sera d'un emprisonnement de deux mois au moins et de deux ans au plus, et d'une amende de mille francs à vingt mille francs, si ces manœuvres ont été pratiquées sur grains, grenailles, farines, substances farineuses, pain, vin, ou toute autre boisson. La mise en surveillance qui pourra être prononcée, sera de cinq ans au moins et dix ans au plus».

44 Sarà solamente nel 1923, con la presentazione di un progetto di legge sui cartelli industriali a firma di Lucien Dior, Ministro del Commercio e dell'Industria, che si cercherà – attraverso «un contrôle consistant en une surveillance administrative» - di uscire dalla visuale penalistica sopra richiamata, sostenendo espressamente come «les articles 419 et 420 du code pénal, qui subsistent seuls aujourd'hui des mesures prises contre les monopoles dans les années de crise consécutives à la Révolution, ne répondent plus aux nécessités économiques actuelles», *Projet de loi ayant pour objet de modifier les articles 419 et 420 du Code pénal et d'instituer la déclaration obligatoire des ententes commerciales ou industrielles*, *Impressions parlementaires*, Chambre des députés, 6267, 28 juin 1923, riportato in A. Chariot, *Les ententes: débats juridiques et dispositifs législatifs (1923-1953). La genèse de la politique de la concurrence en France* in «Histoire, économie & société», 2008/1 (27 e année), p. 10.

45 *Special Consular Reports [...]*, cit., pp. 442-444.

applicabili solo alle associazioni coinvolte in pratiche fraudolente. Sebbene alcuni monopoli vennero effettivamente sciolti, le grandi organizzazioni industriali riuscirono a evitare sanzioni grazie all'elaborazione di interpretazioni giuridiche favorevoli[46].

Infine, i *reports* sul Regno Unito, i quali, fotografando un paese attraversato in tutta la sua estensione da una imponente articolazione di combinazioni industriali, svelavano come la ostentata fedeltà alla dinamica concorrenziale fosse di fatto un mito, alimentato dalla «erroneous» «impression [...] these "combinations" in Great Britain differ in some of their essentials, aims, objects, and working from trusts in America»[47]. Era chiaro, per Samuel M. Taylor, console in Glasgow, che colui il quale si fosse avviato nella ricerca di una qualche differenza tra i due fenomeni l'avrebbe riscontrata «merely in degree rather than in kind»[48]. Da questa presa d'atto, discendeva la consapevolezza di una possibile pericolosità delle *combinations*, aprendo la strada, anche all'interno della società inglese, a richieste per un intervento legislativo, finalizzato alla loro regolamentazione[49]. In questo senso, il console Taylor riferiva della richiesta - poi respinta - alla *Chamber of Commerce* di Glasgow, da parte di uno dei suoi membri, di approvare una petizione da rivolgere al Governo affinché adottasse delle misure volte a prevenire la formazione di *combinations*. Si trattava di un primo, per quanto timido, tentativo di mettere in discussione quella cultura della tolleranza che, trovando riparo dietro alla retorica della dinamica concorrenziale - «in a free country such as ours», ricordava la *Chamber*, «there can be no law against freedom of combination for commercial purposes. The remedy that is required is not legislation but competition» - era riuscita a garantirsi un'evidente egemonia già dagli anni Settanta del XIX secolo[50].

---

46 *Cfr.* V. G. Venturini, *Monopolies and restrictive trade practices in France*, A.W. Sijthoff, Leyden, 1971, pp. 28-30.

47 *Special Consular Reports [...]*, cit., p. 544.

48 *Ibidem*.

49 Helen Mercer, in uno studio di lungo periodo dedicato alle *british antitrust policies*, riporta come, a cavallo tra XIX e XX secolo, iniziò a svilupparsi un movimento di reazione nei confronti dei cartelli, volto a metterne in discussione l'acritica accettazione. Questo movimento, composto da economisti, intellettuali, e sostenuto da buona parte della stampa nazionale, vedeva nella «*regulation of monopolies*» «*one of functions of government*». Tuttavia, le forti resistenze che arrivarono dal mondo industriale e commerciale, unitamente ad una serie di avvicendamenti politici, rinviarono, sino alla chiusura del primo conflitto mondiale, l'adozione di un «*first antitrust experiment*». Questo si concretizzò nell'istituzione, nel 1918, di un *Committe on Trusts*. Sui lavori e risultati di questo organismo, si veda alla lettura di H. Mercer, *Constructing a competitive order. Tha hidden history of British antitrust policies*, Cambridge University Press, Cambridge, 1995, pp. 43-48.

50 *Ivi*, p. 555. A questa illusione aveva replicato l'economista tedesco Hermann Levy, sottolineando come «a differenza di altri paesi, dove il movimento di concentrazione è favorito dagli alti dazi protettivi, in Gran Bretagna le unioni monopolistiche di imprenditori, i cartelli e i trust, sorgono quando le principali imprese concorrenti sono ridotte a non più di un paio di dozzine. Qui l'influenza della concentrazione sulla formazione dei monopoli nella grande

Ci sembra, che quanto sino ad ora tratteggiato, dimostri come il riflettere sulle diverse graduazioni della cultura della tolleranza permetta di uscire da quella visione ristretta degli studi che cercano di far coincidere tutta l'esperienza europea dei cartelli con la sola vicenda tedesca, finendo, in questo processo di uniformizzazione indiscriminata, per svilire tutti gli altri contesti economico-giuridici del vecchio continente. Questa convinzione appare trovare maggior spessore se si torna a focalizzarsi sulla raccolta diplomatica statunitense del 1900. Infatti, da questa iniziativa emerge un dato particolarmente significativo: la volontà del *Department of State* di ampliare l'analisi delle realtà europee oltre le principali potenze economiche dell'epoca (Germania, Inghilterra, Francia e Austria), al fine di verificare l'effettiva diffusione del fenomeno delle intese industriali su scala europea. Trovavano in questo modo spazio, all'interno della raccolta, anche una serie di *reports* dedicati a Belgio, Grecia, Italia, Malta, Olanda, Spagna, Svezia, Svizzera e Norvegia, a testimonianza di come ci si trovasse oramai di fronte alla raggiunta dimensione globale della dinamica cartellistica. Ma è probabile che il Dipartimento di Stato, oltre a cercare di decifrare la complessità di un fenomeno economico interamente nuovo, mirasse anche a 'raccogliere', tra le varie risposte giuridiche nazionali, quelle più idonee a fronteggiare la molteplicità di problemi sociali e politici derivanti da uno sviluppo incontrollato dei cartelli, direzionandosi, per questo, anche verso quei paesi poc'anzi richiamati[51]. Del resto, non bisogna dimenticare come, negli Stati Uniti, *Sugar Trust Case* del 1895 avesse sollevato forti dubbi circa la capacità dello *Sherman Act* di pro-

---

industria appare con evidenza cristallina», cit. in V. I. Lenin, *L'imperialismo. Fase suprema del capitalismo*, Editori Riuniti, Roma, 1969, p. 56.

51 Recentemente, sul tema dei cartelli, è stato inaugurato un nuovo filone di ricerca, incentrato - mutuando l'espressione dal citato lavoro di Storli e Nybø - sulle c.d *third ways*. Infatti, nel 2013, la *Revue économique*, con un «numéro spécial», ha abbandonato quella prospettiva degli studi sui cartelli incentrata sulle sole esperienze statunitense e tedesca, mettendo invece in luce - attraverso un'analisi incentrata sulle «*questions théoriques*», sui «*liens entre politique et cartels*» e sui «*limites et les frontières de la coopération*» - i rapporti tra stato, mercato e cartelli in aree che, prima di allora, non erano state oggetto di studi particolareggiati. *Cfr*. D. Barjot e H. G. Schröter, *Introduction générale. Pourquoi un numéro spécial sur les cartels?* in «Revue économique», 2013/6 (Vol. 64), p. 977; M. P. Shanahan, D.K. Round e K. A. Round, *Cartel Resilience in Australian markets 1901-1967*, *ivi*, pp. 1011-1042; D. Barjot, *Cartels: a Path to Europe? The Role of Louis Loucheur (1872-1931)*, *ivi*, pp. 1043-1066; B. Karlsson, *Liberalism as State Non-Interference. The Development of Swedish Cartel Legislation 1911-1953*, *ivi*, pp. 1067- 1083. Più di recente, e sempre seguendo le finalità appena richiamate, nel già citato volume di Fellman S. e Shanahan M., *Regulating Competition: Cartel registers in the twentieth-century world [...]*, cit., dedicato all'istituzione dei c.d. *cartel registers* si sono ampliati gli 'spazi giuridici' indagati, in particolare *ivi* quello norvegese (*cfr.* E. Storli e A. Nybø, *Publish or be damned? Early cartel legislation in USA, Germany, and Norway, 1890-1940*, pp. 17-29; H. Espeli, *Transparency of cartel and cartel registers, a regulatory innovation from Norway?*, pp. 133-151,) australiano (M. Shanahan, *The secret register and its impact in advancing competition in Australia 1900-2012*, pp. 152-168) e giapponese (T. Hoata e T. Takafumi Kurosawa, *Policy Transfer and its Limits: Authorised Cartels in twentieth-century Japan*, pp. 169-190).

porsi quale efficace strumento di lotta ai *trusts*[52]. Oltretutto, questa 'scoperta dell'altro' non si basava solamente sulla raccolta dei resoconti stilati dal personale afferente al Dipartimento di Stato, ma si arricchiva anche di un genuino dialogo fatto di interviste a uomini d'affari ed economisti[53]. Queste ultime finivano per mettere in connessione spazi economici e giuridici tra loro estremamente distanti, ma accomunati dal fatto di essere attraversati dallo stesso processo di *first globalization*[54], all'interno della quale le intese industriali ne rappresentavano uno degli aspetti più caratteristici[55].

Concludiamo il presente paragrafo, nel quale si è voluto valorizzare la citata fonte reportistica come punto di osservazione privilegiato per comprendere le diverse culture della tolleranza, accennando a come, dopo la fine del primo conflitto mondiale, il confronto tra ordinamenti si sia spostato dal piano giuridico nazionale a quello internazionale. Questo passaggio è avvenuto attraverso un complesso articolato di cursiva giuridico-economiche sui cartelli, commissionato dal *Comité économique* della Società delle Nazioni e dal *Bureau International du Travail*. Tale iniziativa, estremamente più ambizioso rispetto a quello degli antesignani *reports* consolari, e su cui si tornerà più avanti, mirava a superare le singole esperienze giuridiche nazionali, per arrivare a costruire una risposta giuridica globale al problema dei cartelli.

---

52 Sul punto si veda alla lettura di A. Z. GIUSTINIANI, *Alle origini dello Stato regolatore [...]*, cit., pp. 244-245; G. BERNINI, *La tutela della libera concorrenza e i monopoli (studio di dritto comparato). «Common law» e legislazione «antitrust» statunitense [...]*, cit., pp. 294-297; G. BOGNETTI, *Lo spirito del costituzionalismo americano. La Costituzione liberale*, Giappichelli, Torino, 2000, p. 207.

53 Particolarmente indicativa di questa bidirezionalità dialogica ci appare l'intervista a Ernst Von Halle (economista tedesco, particolarmente apprezzato dalle autorità statunitensi per il suo volume *Trusts, or Industrial Combinations and Coalitions in the United States* del 1895, frutto di un lungo periodo di studio svolto a New York), realizzata per prendere cognizione delle dinamiche dei nuovi complessi economici in Germania, *Special Consular Reports [...]*, pp. 469-470.

54 Sul punto di veda G. G. JONES, *Origins and development of global business*, in T. DA SILVA LOPES, C. LUBINSKI, H. J.S. TWOREK (a cura di), *The Routledge Companion to the Makers of Global Business*, Routledge, New York, 2020, pp. 17-25.

55 Del resto, ricorda Mazzarella, all'interno delle novella società industriale «lo sviluppo della grande industria, l'incremento delle forme societarie, di federazioni, cartelli, consorzi, gruppi e coalizioni industriali, l'amministrazione pubblica, gli uffici, tutto spingeva verso un'intersezione degli interessi e verso l'aggregazione delle persone verso un tessuto reticolare che esaltava i caratteri relazionali e l'interdipendenza delle forme organizzative, preannunciando un paesaggio gremito di libere associazioni, unioni, formazioni sociali e comunità. La società europea» - così come quella statunitense - «andava[no] incontro, dove più dove meno, a una vistosa complicazione dei suoi equilibri [...] relegando al passato la rassicurante idea di una società semplice, formata da individui autonomi, indipendente e sovrani», F. MAZZARELLA, *Un diritto per l'Europa industriale. Cultura giuridica ed economia dalla Rivoluzione francese al secondo dopoguerra*, Giuffrè, Milano, 2016, pp. 130-131.

2. L'avvento della cultura della tolleranza in Italia: omaggi e resistenze della scienza economica «al sovrano costituzionale dell'età contemporanea»

Si è poc'anzi ricordato come la raccolta consolare dedicasse spazio anche alla realtà italiana, in riferimento alla quale venivano riscostruite, oltre ad alcune esperienze consortili minori, i ben più noti casi di combinazioni per limitare la concorrenza della *Siderurgica Italiana* e della *Anglo-Sicilian Sulphur Company Limited*, sottolineando, comunque, come «trusts or trade combinations, such as exist in the United State, have not as yet obtained foothold in Italy»[56]. In effetti, il paese si era da poco avviato sul cammino dell'industrializzazione. Solamente dal 1896 in poi, come ricostruito da Patrizio Bianchi, gli istituti di statistica iniziarono a rilevare dei tassi annui di crescita particolarmente elevati, che ebbero, tra le varie conseguenze, anche quella di dar corso a un primo processo di cartellizzazione in alcuni settori del mercato[57]. Questa progressiva, anche se non impetuosa, avanzata del fenomeno combinatorio aveva dato avvio ad una serie di riflessioni tese, nel loro complesso, a vagliare la compatibilità dei cartelli industriali con i principi del liberalismo economico. In particolare, si diffondeva, all'interno della scienza economica classica, la preoccupazione - efficacemente sintetizzata da un economista di alto profilo come Riccardo Dalla Volta - che la comparsa dei cartelli stesse rappresentando «dall'epoca in cui fu abbattuto il maggior numero degli ostacoli alla libera concorrenza [...], il più serio tentativo di agire contro di essa per [...] sopprimerla»[58]. La loro presenza, infatti, minava l'idealità smithiana di una società civile fondata su relazioni orizzontali, in cui gli individui, mossi dal proprio interesse personale, contribuiscono collettivamente alla prosperità della nazione[59]. Ma questo genere di valutazioni veniva contrastato da

56 *Special Consular Reports [...]*, cit., p. 493.

57 In particolare, Bianchi sottolinea come il 1896 fu un anno di ripresa economica per l'Italia: «espansione internazionale, inurbamento, protezione tariffaria, grandi bonifiche, sviluppo della rete elettriche (con conseguente diminuzione della dipendenza dal carbone estero), stabilità politica (in particolare 1903-1914). In tale quadro, «si consolidarono i nuovi gruppi industriali, che tesero [...] a cartellizzare l'economia, sotto l'occhio di uno stato che aveva bisogno di affrontare rapidamente un'industria nazionale in un contesto europeo fortemente aggressivo». In un secondo momento la «pesante crisi del 1907 accentuò questa tendenza alla creazione di cartelli: si formarono in quell'anno il *trust* siderurgico, quello elettrico, vennero fondati l'Unione zuccheri e l'Istituto cotoniero italiano», P. Bianchi, *La rincorsa frenata. L'industria italiana dall'unità alla crisi globale*, Il Mulino, Bologna, 2013, pp. 19-35. Si veda altresì G. Gualerni, *Economia aperta. Un approccio storico all'economia e politica industriale in Italia: 1860 - 1972*, Giappichelli, Torino, 1991, pp. 101-114.

58 R. Dalla Volta, *Le coalizioni industriali*, in «Giornale degli Economisti», Vol. IV, 1889: p. 216.

59 *Cfr.* P. Bianchi, *Politiche della concorrenza e monopolizzazione*, in P. Bianchi (a cura di), *Antitrust e gruppi industriali*, il Mulino, Bologna, 1988, p. 19.

quegli economisti impegnati nella diffusione di una piena cultura della tolleranza per i sindacati industriali. Questi, tra i quali spiccano le figure di Camillo Supino ed Emilio Cossa, pur rimarcando la centralità del principio della libera concorrenza, invitavano la scienza economica e giuridica ad abbandonare l'idea di una libera concorrenza intesa esclusivamente come *competizione*[60] tra «forze economiche atomisticamente considerate»[61]. Gli «accordi», i «cartelli», i «Trusts» tra unità concorrenti non erano che «emanazione diretta del sistema della libertà industriale»[62] e non avrebbero fatto altro che dare «maggior risalto» all'interesse personale, collegandolo «con l'interesse dell'intero corpo, a cui ogni individuo appartiene»[63].

Erano questi gli echi di quella saldatura teorica avvenuta negli Stati Uniti tra il liberalismo economico e il c.d. *darwinismo sociale*, con l'obiettivo di dare supporto a un sistema industriale in cui le imprese si dovevano configurare - in sintonia con quel generale processo evolutivo segnato da un progressivo passaggio da forme semplici ed omogenee a forme complesse ed eterogenee[64] - quali organizzazioni dotate di un effettivo grado di potere economico[65]. Si tessevano, così, le lodi della «dottrina dell'egoismo» di Spencer,

60 Come è stato autorevolmente sottolineato, l'imporsi del liberalismo economico come «ideologia ufficiale del XIX secolo» fece sì che, «da Adam Smith, in poi «concorrenza» [significasse] non più soltanto libero accesso («confluenza») nel mercato, ma [...] anche e soprattutto, «rivalità», «competizione» per il conseguimento di un premio (profitto), che non tutti [avrebbero potuto] raggiungere», M. Libertini, *La concorrenza degli antichi e la concorrenza dei moderni*, in C. Rabbiti Bedogni e P. Banucci (a cura di), *20 anni di Antitrust, L'evoluzione dell'Autorità Garante della Concorrenza e del Mercato*, Giappichelli, Torino, 2010: p. 101.

61 C. Supino, *La concorrenza e le sue più recenti manifestazioni*, in «Archivio Giuridico», 1893: p. 309

62 *Ivi*, p. 339.

63 *Ivi*, p. 309.

64 Del resto, «alla fine del secolo, "evoluzione" diventa [...] una specie di parola magica in tutti i campi del sapere, dalla geologia alla storia, dalla biologia alla sociologia, dalla cosmologia alla psicologia. Ma per molti, il termine, per effetto delle sue origini embriologiche, continuò a proiettare sui processi a proposito dei quali veniva usato un senso di determinismo unilineare, di sviluppo orientato sin dall'inizio nel senso della differenziazione e della complessità crescenti: tutto il contrario del carattere aperto e imprevedibile della teoria darwiniana della selezione naturale», A. La Vergata, *Guerra e darwinismo sociale*, Rubettino Editore, Soveria Mannelli, 2005, pp. 14-15. Preme comunque sottolineare come , all'interno della teoria smithiana, non mancasse una 'venatura' evoluzionistica, tuttavia questa era costruita in opposizione a forme di intervento statale: «il suo connotato di fondo è stato definito «evoluzionistico», per rimarcare l'idea che il sistema economico non ha bisogno di essere «costruito» con interventi normativi superiori, ma si «evolve» spontaneamente verso le condizioni di massima efficienza», V. Donativi, *Introduzione della disciplina antitrust nel sistema legislativo italiano. Le premesse*, Giuffrè, Torino, 1990, p. 13.

65 In particolare, si trattava della trasposizione sul piano economico del darwinismo sociale di Spencer, «volto a giustificare il conflitto tra individui come processo naturale di selezione del più forte, inteso come il più adatto a sopravvivere in un dato contesto sociale»,

«come risultante dal continuo adattamento intellettuale e morale dell'uomo ai mutamenti di struttura e dimensione che sopravvengono nella società in cui vive e che a loro volta richiedono forme sempre più complesse di cooperazione economica e di rapporti industriali»[66]. Emergeva, dunque, la volontà di dare corso a un organicismo di tipo dinamico, da intendersi come affermazione di un istinto fortemente conflittuale, diretto alla selezione dei più adatti, all'interno del quale, l'antica concezione smithiana di un'uguaglianza tra concorrenza e competizione, sbiadiva, per lasciare il posto a un più 'violento' bionomio, fondato sulla corrispondenza della concorrenza con la lotta per la vita[67].

Tale cambio prospettico era stato agevolato dalla indeterminatezza caratterizzante proprio il lemma *concorrenza*: quest'ultima - come ci pare potersi ricavare dalle riflessioni di Emanuele Sella, svolte in anni in cui il fenomeno cartellistico aveva oramai raggiunto un ampio grado di sviluppo - era stata costantemente rappresentata come «sfondo della vita economica», tuttavia, senza che si procedesse ad indagini sulla sua «vasta profondità», preferendo marcare il campo d'analisi con lo studio di una serie di «temi differenziali»,

---

P. Bianchi, *Politiche della concorrenza [...]*, cit., p. 36. Al suo interno i «*monopolists*» - come scriveva William Graham Sumner, professore di scienze politiche e sociali a Yale e tra i massimi esponenti del darwinismo sociale statunitense - rappresentavano «the naturally selected agents of society», all'interno di quel generale processo di integrazione, basato su «concentration of power [wealth], more dominant control, intenser discipline, and stricter methods», e che vedeva, nella prima. «the feature of a grand step in societal evolution», W. G. Sumner, *The concentration of Wealth: Its economic justification*, 1888, in R. C. Bannister (a cura di) *On Liberty, Society, and Politics: The Essential Essays of William Graham Sumner,* Indianapolis Liberty Fund, Indianapolis, 1992, p. 155. Questa visione, come ricostruisce Bianchi, non venne neppure intaccata quando anche il «movimento conservatore», stante gli evidenti problemi creati dalla cartellizzazione di taluni settori del mercato, si trovò costretto a chiedere «un'azione pubblica», giustificandola «semplicemente» nei termini di «un rafforzamento del tradizionale rifiuto di atteggiamenti restrittivi nell'affermazione di posizioni dominati», P. Bianchi, *Politiche della concorrenza [...], cit.,* p. 37.

66 E. Cossa, *La dottrina dell'egoismo di H. Spencer come interpretazione dell'economia politica e delle forme storiche degli istituti industriali*, in «Giornale degli Economisti», 1906: p. 285.

67 Il «fatto dell'associazione», sosteneva entusiasticamente Cossa, «è inscindibile, nell'ordine economico da quello della lotta: l'uomo vi lotta per associarsi e nell'associazione stessa ogni progresso ulteriore deriva ancora dalla lotta, [...] ogni trasformazione della lotta è un progresso dell'associazione», E. Cossa, *Di alcune errate interpretazioni dell'ordine economico*, in «Giornale degli Economisti», 1904: p. 117. In Italia, come noto, «le connessioni tra darwinismo ed economia sono forti» (M. M. Aufello e M.E.L. Guidi, *Economisti e scienza economica nell'Italia liberale (1848-1922). Una storia istituzionale*. Vol. I, FrancoAngeli, Milano, 2019, p. 42), anche qui, infatti, «la tendenza all'aggregazione, il dinamismo evolutivo degli organismi, la lotta fra specie forti e specie deboli sembravano rappresentare al meglio la struttura della società industriale, la sua conflittualità, la sua rapidità, le sue spinte associative», F. Mazzarella, *Darwinismo, storicismo, socialità. «La nuova tendenza» di Giuseppe Vadalà-Papale, in* «Quaderni fiorentini per la storia del pensiero giuridico», n. 41, p. 585.

all'interno del quale «monopoli, combinazioni, cooperative, associazioni, [...] protezione e libero scambio, emergevano sullo sfondo comune, come figure a profilo più incisivo o a più forte risalto»[68]. Non si trattava, dunque, di una nozione, quella di concorrenza, pienamente scientifica, ma piuttosto di un *totem identitario* dai contorni indefiniti, costantemente confermato dalle varie dottrine economiche e sul quale ognuna di esse si era affrettata ad incidere una propria variazione, nascondendo, dietro all'apparente sinonimia dei termini, le diverse concezioni dei rapporti di forza all'interno della novella società industriale[69]. Secondariamente, la richiamata mancanza d'indagine aveva permesso il diffondersi di uno degli aspetti maggiormente caratterizzanti la cultura della tolleranza, ossia lo spostamento delle analisi sulla concorrenza dal mondo dei fatti a quello delle probabilità; scriveva infatti Ugo Rabbeno, a chiarimento del pensiero dell'americano George Gunton:

> non è necessario che i concorrenti esistano effettivamente sul mercato ma basta che ci sia soltanto una concorrenza potenziale. Cosicché neppure quando «un trust» si sia impadronito completamente del mercato interno, esso può essere pericoloso per i consumatori; poiché il timore di vedere sorgere i possibili concorrenti, allettati da ricchi guadagni, dovrà sempre porre un limite alla sua tendenza ad elevare i prezzi[70].

---

68 E. Sella, *La concorrenza. Sistema e critica dei sistemi*, Vol. I, 1915, *Introduzione*, p. XV. Esempi in questo senso possono trovarsi già nei lemmi *Monopolio* e *Concorrenza,* contenuti all'interno di quella feconda esperienza culturale rappresentata *dal Dizionario della economia politica e del commercio* di Gerolamo Boccardo. Infatti, se la voce *Monopolio* è al centro di uno sforzo definitorio accurato, tanto da riservarsi ampio approfondimento alle varie specie di monopoli, contrariamente, dalla lettura del lemma *Concorrenza,* traspare una certa difficoltà a declinarne i dispiegamenti e a circoscriverne i confini. Il principio viene ora definito come «competenza di varie persone aspiranti ad ottenere un dato vantaggio», oppure, come «applicazione economica della libertà» o ancora, come «assenza di oppressione» e, infine, come «sinonimo di ricchezza, di progresso, di benessere sociale, di giustizia», G. Boccardo, *Monopolio*, in *Dizionario della economia politica e del commercio*, Vol. III, F.lli Treves, Editori, Milano, 1877, pp. 386-391; Id., *Concorrenza*, in *Dizionario della economia politica e del commercio*, Vol. I, F.lli Treves Editori, Milano, 1875, pp. 550-554. Più in generale, è stato ricostruito come la manualistica economica di fine Ottocento e dei primi anni del Novecento «difficilmente» prestasse «attenzione esplicita ai temi generali della concorrenza e o del potere di mercato (ad esempio una loro definizione, oppure un'analisi esaustiva dei loro effetti), anche se tali temi [erano] quasi sempre presenti, pur se funzionali ad altri obiettivi», M. Mosca, *Concorrenza e potere di mercato*, in M.M. Augello e M.E.L. Guidi (a cura di), *L'economia divulgata. Stili e percorsi italiani (1840 – 1922). Teoria e paradigmi*, Vol. II, Milano, FrancoAngeli, 2007, p. 45.

69 *Cfr*. E. Sella, *La concorrenza. Sistema e critica dei sistemi [...]*, p. 5.

70 U. Rabbeno, *Protezionismo americano*, 1893, p. 300. Si trattava della teoria della c.d. *potential competition*: «If we examine the subject from the standpoint of modern phenomena, we shall find that there is potential competition as well as actual, and that the economic effect of potential competition increases as its phenomena grow in complexity. The competitive power of capital will be found to ultimately depend not merely upon its actual presence, but upon its known availability at any given time and place. Consequently, the more intelligent

Le riflessioni intorno alla *potential competition* e di riflesso anche attorno al grado di tolleranza da riservare al fenomeno cartellistico, davano luogo a due opposti approcci. Infatti, se una parte della scienza economica italiana era rimasta affascinata dalle prospettazioni teoriche che arrivavano da oltreoceano, tanto da vedere nella concorrenza potenziale quel controlimite capace di frenare le spinte accentratrici del nuovo «sovrano dell'età contemporanea»[71], dall'altra, non mancavano voci, altrettanto autorevoli, che, attraverso la lente dell'«economia applicata», tratteggiavano tutte le incongruenze insite in quella dottrina. In questo senso, un primo rilievo si sostanziava nei termini di una strutturale mancanza di rapidità caratterizzante il moto concorrenziale, e che, di fatto, finiva per riverberarsi sulla sua potenzialità; infatti, detto moto, pur operando «automaticamente» nella limitazione del potere dei sindacati, non riusciva, comunque, ad imporsi su di essi con quella velocità necessaria ad evitare «estorsioni ed abusi»[72]. Inoltre, sull'azionabilità della dinamica

and economically powerful competitors are, the more effectual will be their potential or possible competition, and viceversa», G. GUNTON, *Principles of social economics. inductively considered and pratically applied, with criticism on current theories*, New York; London, Putnam�s Sons, 1891, p. 404. «This idea» - come è stato ricostruito da Hans B. Thorelli - «was certainly not a new one, but it rapidly took on new significance as the trust problem grew in importance [...]. Characteristically, a considerable number of writers, most of them with an academic background, in arguing against governmental measures against the trusts, based their reasoning in large part on the alleged efficacy of potential competition as an instrument of social control», H. B. THORELLI, *The federal antitrust policy. Origination of an American Tradition*, Hopkins Press, Baltimore, 1955, p. 116. Per un approfondimento sugli sviluppi di questa dottrina negli Stati Uniti si rimanda alla lettura di H. HOVENKAMP, *Enterprise and American Law, 1836-1937*, Harvard University Press, Cambridge, 1991, pp. 323-330. Hovenkamp insiste particolarmente su come gli economisti Jermiah Jenks, George Gunton e Andrew Carnegie «wrote ad nausea, about the "wastes" of actual competition», concludendo «that potential competition was more than sufficient to keep prices at the competitive level, without unnecessary waste» (*ivi*, p. 235).

71 Il «*trust*, [...] lungi dall'essere il despota dello antico regime, è il sovrano costituzionale dell'età contemporanea, del quale la concorrenza, non più distruttiva, ma costruttiva, limita ancora i poteri e abbatte ogniqualvolta tenta di confiscare a suo esclusivo vantaggio la totalità dei benefizi conseguiti dal monopolio dell'industria. Ciò almeno quando gli ostacoli artificiali [...] non vengono a sopprimere anche la *concorrenza potenziale*, indispensabile correttivo dell'associazione», F. FLORA, *I sindacati industriali* (*trusts*), in «La Riforma sociale», Anno VII, Vol. X, 1900, pp. 945-984: p. 983, corsivo nostro. Similmente si esprimeva anche Enrico Barone nel 1908: i cartelli «hanno sempre da temere la concorrenza potenziale [...] di altre imprese simili che potrebbe sorgere; il che impedisce loro di adottare interamente il procedimento del monopolista», cit. in A. PIPERNO (a cura di), *Enrico Barone. Le opere economiche*, Vol. II, Zanichelli, Bologna, 1936, p. 289.

72 C. CASSOLA, *Sindacati industriali (cartelli, pools, trusts)*, Bari, Laterza, 1905, p. 139. L'economia applicata, argomentava Cassola, porta a constatare come «nelle industrie più evolute dell'odierna fase capitalistica, quando tutta le imprese interessate in una stessa produzione si siano unite con legami più o meno saldi in un organismo unico, le forze riunite di cui questo dispone, non possono essere ad un tratto controbilanciate da imprese concorrenti. La fondazione delle grandi imprese moderne, così complicate nella loro struttura come nel loro funzionamento, esige uno spazio di tempo non breve, in taluni rami

concorrenziale pesavano anche incognite di tipo quantitativo, legate sia alla possibilità di raccogliere e investire capitali «sotto forma intrasferibile» - così da contrastare le reti di imprese sindacate - sia al numero degli «artifici» introdotti dai sindacati per impedire l'entrata di nuove imprese nel mercato[73]. Proprio su quest'ultimo punto, nonostante l'alta sensibilità per la tutela della concorrenza che emerge da una lettura complessiva dell'opera del Cassola, la dinamica della lotta, condotta attraverso artifici, aveva finito per diventare, anche per l'economista napoletano, la chiave di lettura con cui interpretare il fenomeno concorrenziale, tanto da allinearsi a quelle visioni che riconducevano le pratiche dell'*underselling* e del boicottaggio - spesso inserite dagli *antitrusters* tra le c.d *manovre predatorie* - tra quei comportamenti che «sebbene moralmente condannabili» risultavano sempre e comunque «leciti»[74].

Ulteriori critiche, poi, arrivavano anche dagli ambienti cattolici della *Rivista internazionale di scienza sociali*, dalla cui pagine Giovanni Adorni denunciava in maniera esplicita i due «errori fondamentali» della *potential competition:*

> l'uno [...] di credere che i concorrenti abbiano facoltà di entrare nei trusts, quasi dissimulando con tale parola la costrizione vera e propria che subiscono questi concorrenti, i quali s'inducono a domandare di essere ammessi nel trust, quando si sentono esposti al pericolo imminente di essere soppressi dal prepotere del trust. L'altro [...] di trascurare la circostanza, verificatasi specialmente negli Stati Uniti d'America, che i trusts si combinano con il sistema protezionistico e che tale combinazione allontana la possibilità che la concorrenza straniera eserciti un freno naturale contro il monopolio interno che si concentra nel trust[75].

---

dell'industria anche degli anni, e s'intende che in questo tempo il sindacato può esercitare un vero potere monopolistico sul mercato». Ci sembra d'interesse far notare come la riflessione teorica di Cassola venisse arricchita con un esempio tratto direttamente dagli «Stati Uniti», dove, «dopo che i fabbricanti di corazze si [erano] organizzati in *trusts*, il governo avendo deliberata l'immediata costruzione di un certo numero di navi da guerra (1900), si [era] trovato di fronte a questo dilemma: o di subire i prezzi imposti dal sindacato o di rinunziare alla costruzione delle navi. Non vi era [...] altra via di mezzo; se il governo avesse voluto fabbricare le corazze in stabilimenti di proprietà dello Stato, ci sarebbero voluti due anni almeno, soltanto per allestire questi stabilimenti», *ivi*, pp.138-139.

73 *Ibidem*.

74 *Ivi*, pp. 227-228.

75 G. Adorni, *Alcune forme di coalizioni industriali e mercantili nell'età presente*, in «Rivista internazionale di Scienze Sociali e Discipline Ausiliarie», 1897, pp. 345-356: p. 346. Tali riflessioni si inserivano sulla scia di quelle prudenti sollecitazioni - arrivate con la promulgazione dell'enciclica *Rerum Novarum* di Leone XIII nel 1891 - tese al ripensamento del solidarismo cristiano in considerazione della mutazione che stavano subendo le strutture economiche del tempo. Per un approfondimento su questi temi si veda diffusamente G. de Rosa (a cura di), *I tempi della Rerum novarum*, Rubettino, Catanzaro, 2002 e, altresì, con cenni inerenti alla questione dei cartelli, M. Baronci, *La politica sociale della «Rerum novarum»*, Coletti Editore, Roma, 1946, p. 112. Sarà solamente negli anni '30, si veda *infra* nel quarto capitolo del presente lavoro, che Francesco Vito, economista cattolico, amplierà tali riflessioni nel tentativo di 'amalgamare' solidarismo cattolico, movimento cartellistico

Sembra prevalere, dunque, all'interno della scienza economica italiana, un atteggiamento parzialmente sfavorevole nei confronti di questa teoria - troppo funzionale, per dirla alla Veblen, agli interessi della *classe agiata* - e che finirà per segnare negativamente i tentativi di un suo approfondimento volto a mitigarne un'applicazione integrale[76]. Nonostante ciò, la 'popolarità' della richiamata teoria contribuì a far prendere coscienza alla dottrina economica della necessità di interrogarsi sul fatto se si dovessero o meno elaborare degli strumenti capaci di limitare l'azione dei sindacati industriali[77]. In particolar modo, l'attenzione era rivolta al ruolo che lo Stato avrebbe dovuto svolgere: «soffocare questi tentativi di monopolizzazione industriale, ovvero [...] aiutare o regolare l'andamento del fenomeno?»[78]. Ma la possibilità di prevedere o meno un intervento statale sui sindacati industriali passava per la risoluzione di talune questioni preliminari, quali la durevolezza del movimento sindacale, le sue origini, la sua naturalità e - come si avrà agio di vedere - l'analisi delle ambigue nozioni di *coalizione* e *sindacato industriale*.

---

e sistema corporativo, nell'ottica di «una completa subordinazione dell'economia all'etica cristiana, che dal Toniolo in poi era rimasta una frase priva di contenuto». *Cfr*. P. Ranfagni, *I clerico fascisti. Le riviste dell'Università cattolica negli anni del regime*, Cooperativa editrice universitaria, 1975, p. 56.

76 Negli anni '40, l'economista J. M. Clark, ritornerà sulla teoria della concorrenza potenziale, tuttavia, attenuandone la radicalità attraverso il modello della c.d. *workable competion*, in virtù della quale, «la concorrenza più che dalla elevata numerosità degli operatori già presenti in un mercato, può essere comunque assicurata dalla sua contendibilità, indipendentemente dal numero delle imprese attive in esso. La concorrenza, *anche solo potenziale*, può aiutare il comportamento delle imprese operanti in mercati caratterizzati da non elevate barriere all'entrata e all'uscita» C. Montesi, *Il diritto della concorrenza*, in A. Palazzo e A. Sassi (a cura di), *Diritto privato del mercato*, Gioacchino Seduto, Perugia, 2007, p. 311, corsivo nostro. Tuttavia, questo sistema può risultare valido solo se crea un legame tra l'operare dello Stato e il funzionamento del mercato. Infatti, la concorrenza potenziale deve essere accompagnata da «due principali prospettive di sviluppo», cioè, da una lato, si deve «vietare l'abuso di posizioni di impresa dominate per impedire che per l'effetto, in via diretta o indiretta, i connotati concorrenziali del mercato ne risultino soffocati», dall'altro, si deve «evitare che sussistano barriere amministrative o economiche atte a impedire l'ingresso di nuove imprese e il libero giuoco del mercato, o incentivi che alterino l'equilibrio concorrenziale», B. Libonati, *Scritti giuridici: Impresa e società, Concorrenza e mercato, Gruppi, Bilanci e contabilità,* Giuffrè, Milano, 2013, p. 603.

77 In questo senso, sembrano potersi interpretare le riflessioni di Asso e Fiorito: «gli economisti italiani sembrano seguire il trend del dibattito internazionale – in particolare quello americano – affrontando tematiche quali l'efficacia della c.d. «concorrenza potenziale» e, in alternativa, le prospettive reali di intervento rese possibili dalla legislazione *antitrust*», F. Asso e L. Fiorito, *Sulla apertura internazionale della manualistica italiana negli anni 1860 – 1922: alcune riflessioni generali e il caso dei trusts*, in M. M. Augello e M. E. L. Guidi (a cura di), *L'economia divulgata. Stili e percorsi italiani (1840 – 1922). La «Biblioteca dell'economista» e la circolazione internazionale dei manuali*, Vol. III, Milano, FrancoAngeli, 2007: p. 167.

78 D. Balbi, *Sindacati industriali e commerciali nell'economia odierna,* Brescia, 1901, p. 69.

Quanto alla prima questione, si deve rilevare la fortissima tensione tra coloro i quali vedevano nei cartelli delle «forme effimere e transitorie» e coloro i quali, invece, ravvisavano in esse una nuova forma di ordinamento industriale[79]. Questo tema si intrecciava, a sua volta, con la problematica delle origini delle novelle istituzioni economiche, acutizzando ancora di più lo scontro tra le varie anime della dottrina economica. Per Dalla Volta il fenomeno era causato del combinato disposto della crescita della scala di produzione con scelte politiche errate[80], proprio per questo, il maestro mantovano insisteva sulla reversibilità (e dunque transitorietà) del movimento cartellistico: la rinuncia alla politica *artificiale* dei dazi avrebbe scardinato il sistema cartellistico, portando, di conseguenza, a ristabilire la *naturale* condizione di concorrenza del mercato[81]. Questa incondizionata adesione alla portata antivincolista della teoria smithiana sconsigliava pertanto sebbene in un'ottica d'opposizione alla cultura della tolleranza, il ricorso a «espedienti legislativi»; anche in ragione del fatto che i capitalisti non avrebbero fatto altro che «mutare la forma della coalizione, per renderla compatibile con la legge», senza che si potesse riuscire mai a «sopprimere l'accordo, substrato incoercibile della coalizione»[82].

Ma è soprattutto all'interno di quella corrente del pensiero economico maggiormente convinta della durevolezza del fenomeno cartellistico che le posizioni appaiono più discordanti. Infatti, all'unità di pensiero nel ricondurre le origini della cartellizzazione del mercato a dinamiche endogene (e dunque naturali), non corrispondeva un'altrettanta concordia circa l'affidamento allo Stato della possibilità di intervenire su detti processi. Per Supino «il rimedio contro i possibili abusi delle limitazioni alla concorrenza» doveva arrivare «più che da misure legislative» dall'«interesse medesimo degli industriali»[83]. L'intuizione supiniana veniva ripresa e sviluppata da Adorni in una sorta d'anticipazione di quelle più complesse riflessioni sull'autodisciplina della produzione:

> Se a prevenire o correggere il fatale disequilibrio fra produzione e consumo e ad attuare un più uniforme modo di procedere fra i produttori di una nazione si com-

79 U. Rabbeno, *Protezionismo americano [...]*, cit., p. 302.

80 Nel senso che il protezionismo doganale aveva condotto ad un'espansione delle imprese tale da causare crisi di sottoconsumo, obbligando le stesse a recidere i legami con il dogma della libera concorrenza mediante accordi sulla produzione, nel tentativo, più che mai precario, di mantenere profittevole la propria attività. Cfr. R. Dalla Volta, *Le coalizioni industriali [...]*, cit., pp. 219-220.

81 *Ivi*, p. 210. Inoltre, a quest'opera di 'scardinamento' avrebbe contribuito anche un elemento quasi antropologico, nel senso che l'«antagonismo degli interessi», spingendo i membri del cartello ad applicare prezzi inferiori rispetto a quelli pattuiti, avrebbe finito per prevalere inevitabilmente sulle «forme di tutela comune», *ibidem*.

82 *Ivi*, p. 52.

83 C. Supino, *La concorrenza e le sue più recenti manifestazioni [...]*, cit., p. 360.

ponessero per ogni grande ramo di industria e di commercio delle grandi corporazioni o rappresentanze di classe, che raccogliessero non solo i grandi, ma i mezzani e i piccoli industriali, indubbiamente la conoscenza delle esigenze economiche della produzione e del consumo in un dato momento sarebbe più competente e completa, ma ad un tempo gli accordi rispettivi tornerebbero a profitto di tutta la gerarchia dei produttori e non soltanto di una oligarchia potente[84].

Dunque, l'approdo al nuovo «*ordinamento corporativo*», la «*ricomposizione delle società per classi*» imponevano di avviarsi sul «cammino [...] incerto, contrastato e soprattutto diuturno» della tolleranza per i nuovi complessi economici, accettandone le conseguenze negative, alla luce dei benefici che il novello movimento degli industriali coalizzati avrebbe potuto offrire[85]. Questo percorso, tuttavia, poteva essere reso maggiormente sicuro, diversamente che in Supino, dall'azione dello Stato, chiamato a contrastare nel seno delle nuove corporazioni le imprese più forti e a farsi «tutore» degli interessi dei consumatori. L'intervento dello Stato in questa materia veniva richiesto anche da Ugo Rabbeno, già nel 1893, sebbene all'interno di una ricostruzione delle cause dei sindacati industriali da una doppia prospettiva, tanto transitoria ed esogena («la depressione industriale»), quanto permanente ed endogena («la tendenza alla concentrazione»). Infatti, le coalizioni non erano solo soluzioni momentanee a crisi passeggere, ma espressioni di un fenomeno più ampio e duraturo, basato su fattori profondi e organici della società. Nell'«ordinamento sociale», quindi, l'inevitabilità dell'evoluzione faceva sì che le diverse forme assunte dalla coalizione dovessero considerarsi «transitorie e destinate certamente a trasformarsi». In questo lasso di tempo, segnato dalla progressione verso «un nuovo ordinamento industriale», i sindacati potevano essere tranquillamente tollerati, purché «sorvegliati e regolati dalla legge per impedirne gli abusi, e per difendere i consumatori ed i lavoratori»[86].

A queste opzioni di sistema, si affiancavano posizioni maggiormente prudenziali circa il ruolo dello Stato; era questo il caso di Cossa, il quale - ispirato dall'articolo *Publicity: a remedy for the evils of trusts* di Jenks - riteneva che, per fronteggiare le nuove organizzazioni, lo Stato dovesse impugnare le sole «armi della pubblicità»[87]. Tuttavia, la loro gittata - per rimanere in meta-

84 G. Adorni, *Alcune forme di coalizioni industriali [...]*, cit., pp. 355-356.

85 *Ivi*, pp. 354 -355.

86 U. Rabbeno, *Protezionismo americano [...]*, cit. pp. 304-305.

87 E. Cossa, *I sindacati industriali (trusts)*, Ulrico Hoepli, Milano, 1901, p. 171. «La pubblicità permetterebbe ad ognuno, che si senta danneggiato da prezzi sfruttatori, di mettere in luce l'abuso, e l'opinione pubblica porrebbe un freno alle arbitrarie e rapide variazioni dei prezzi. Delle armi della pubblicità si varrebbero poi non solo i consumatori, ma anche gli uni produttori verso gli altri in tutti quei casi in cui le loro produzioni hanno un carattere complementare; inoltre, con la pubblicità, i sindacati industriali sarebbero vicendevolmente stimolati alla determinazione di prezzi e di profitti normali che, in ultima analisi, oltre che essere di vantaggio al consumatore, giovano pure ai sindacati stessi, in quanto vengono a

fora - doveva propagarsi su corto raggio, in direzione solo di determinate tipologie di sindacati industriali[88]. Inoltre, in Cossa, il richiamo alla pubblicità veniva ad essere scorporato dall'insieme delle idealità amministrativistiche di derivazione austriaca, le quali, per l'economista, rischiavano di dare vita a un «sistema di ispezione esagerato»[89]; piuttosto, si doveva realizzare - così sembra emergere da una lettura complessiva del volume - un coordinamento delle iniziative volte a rendere pubbliche le attività sindacali con «l'opera della giurisprudenza»[90].

Non mancavano poi posizioni più suggestive, come quella di Giovanni Montemartini. Il padre della teoria della *municipalizzazione dei pubblici servigi*, ponendosi in contrapposizione agli studi del sociologo francese Paul de Rousiers[91], volti a ricondurre «la tendenza al monopolio» all'«artificio», invitava i lettori della *Critica sociale* a «non confondere l'effetto con la causa»:

> Questa tendenza [al monopolio] origina spontaneamente, naturalmente, da uno sviluppo esagerato della libera concorrenza, mentre tutte le altre condizioni del sistema produttivo rimangono invariate. La produzione può essere assunta come un fattore di produzione; ma appunto per questo, essa sarà soggetta alla legge dei compensi decrescenti, quando solo questo fattore aumenta, rimanendo invariati gli altri fattori della produzione. Ed allora la concorrenza diventata antieconomica, sorpassato il limite di saturazione nelle diverse combinazioni produttive, negherà sé stessa, e fatalmente darà origine al proprio contrario: al monopolio. La tendenza al monopolio è sempre originata dall'azione teleologica dell'uomo, che cerca, nei

consolidare la posizione sul mercato», *ibidem*.

88 «La pubblicità delle decisioni relative alla determinazione dei prezzi, della quantità della produzione, delle condizioni di compera e di vendita dovrebbe essere limitata a quei sindacati nei quali è in special modo grande il pericolo dello sfruttamento e non esiste, o almeno è assai debole, la concorrenza reale o potenziale o riguardano oggetti indispensabili, ed ad ogni modo essa dovrebbe estendersi a poco a poco e non mai più in là di quanto se ne senta il bisogno», *ivi*, pp. 169-170.

89 *Ivi*, p. 171.

90 *Ivi*, p. 159. Infatti l'economista pavese, attraverso quella attenta osservazione delle connessioni tra giuridico ed economico, sulle quali già si era cimentato nella sua opera di esordio *Concetto e forme dell'impresa industriale* del 1888, coglieva l'impulso e la graduazione che le Corti d'oltralpe stavano dando alla diffusione della cultura della tolleranza in Francia: «dalla forza delle cose i tribunali sono indotti a riconoscere che i sindacati dei produttori si costituiscono talvolta per la difesa di interessi del tutto legittimi, per aiutare gli industriali e commercianti a traversare un periodo di crisi, o nella lotta contro la concorrenza estera, ed essi rifiutano di colpirli ogni volta che i prezzi non abbiano subito a spese del pubblico una vera perturbazione e alcuni produttori si siano uniti non con l'intenzione di monopolizzare il mercato ma unicamente per assicurare lo spaccio regolare dei loro prodotti ad un saggio sufficientemente remunerato», *ivi*, p .120.

91 Per un approfondimento sulla vita e sulle teorie di questo «jeune hobereau» fattosi «sociologue» si invita, in assenza di studi recenti, alla lettura di A. Savoye, *Paul de Rousiers, sociologue et praticien du syndicalisme*, in «Cahiers Georges Sorel», *Georges Sorel et la pensée scientifique au tournant du siècle*, n. 6, 1988, pp. 52-77.

diversi metodi di produzione, il metodo meno costoso e più remunerativo. [...] Il trust è quindi un fenomeno normale, e non patologico, rispetto all'azione economica. Può essere anormale solo in riguardo alle condizioni di fatto in cui si verifica. Ma le condizioni si devono allora dire anormali, non il trust[92].

I sindacati industriali, dunque, trovavano causa in un naturale sviluppo endogeno del processo di espansione capitalista, all'interno del quale però, per attenuarne le contraddizioni più evidenti, dovevano inserirsi dei correttivi solidaristici attraverso il ricorso all'«impresa pubblica». Nel senso di affidare al *socialismo municipale*, cioè all'intervento delle amministrazioni comunali, la funzione di fornire alla collettività beni e servizi in sostituzione di quelli già offerti dalle imprese private[93], vendendo però i prodotti al loro prezzo di costo[94]. All'obiezione principale che «abolire la possibilità di raggiungere una posizione monopolistica» fosse di fatto «come abolire un incentivo a produrre, un incentivo a sopportare i costi per la speranza di una grande rimunerazione finale», si replicava col fatto che non tutte le rimunerazioni provocavano sforzi produttivi utili alla collettività:

Alcuni miglioramenti riguardano uno sfruttamento superiore e più economico dell'ambiente naturale, rappresentano una vittoria dell'uomo sulla forza della natura [...]. Altri miglioramenti si ottengono sfruttando più intensamente l'ambiente sociale; sono il risultato della lotta tra le diverse economie, tra le diverse classi, tra

92 G. Montemartini, *Costituiscono i trusts un monopolio naturale o artificiale?* in «Critica sociale», 1900, p. 44. Montemartini, del resto, era un attento osservatore delle tendenze economiche che si sviluppavano negli Stati Uniti. Infatti, per il *Giornale degli Economisti* aveva curato la sezione *Riviste americane*, recensendo, tra gli altri, anche alcuni articoli sui *trusts* o su materie a questi connesse. Si veda in particolare G. Montemartini, *Riviste americane*, in «Giornale degli Economisti», 1900, pp. 189-194; 290-292; 391-392 e Id. *Riviste americane*, in «Giornale degli Economisti», 1901, pp. 201-205.

93 *Cfr.* D. da Empoli, *Giovanni Montemartini (1867-1913)*, in A. Mortara (a cura di), *I Protagonisti dell'intervento pubblico in Italia*, Milano, Ciriec-F. Angeli, 1984, p. 122. Per un approfondimento sul movimento municipale si veda P. Dogliani e O. Gaspari (a cura di), *L'Europa dei comuni: origini e sviluppo del movimento comunale europeo dalla fine dell'Ottocento al secondo dopoguerra*, Donzelli, Roma, 2003. In particolare, i saggi di P. Dogliani, *La sinistra europea alle origini del movimento del movimento comunale internazionale*, pp. 168-200 e, soprattutto, F. Lucarini, *La nascita delle scienze comunali tra Italia ed Europa. L'esempio della municipalizzazione dei servizi pubblici locali (1894 – 1914)*, pp. 201-220.

94 G. Montemartini, *Municipalizzazione dei pubblici servigi*, S.E.L., Milano, 1902, p. 231. La strategia economico-solidarista disegnata da Montemartini appare chiara: l'«eliminazione completa dalla rendita libera, che si avrebbe solo distribuendo il reddito di monopolio su tutti i consumatori, avrebbe per risultato di diminuire effettivamente il costo di produzione, facendo scomparire la rimunerazione di un fattore produttivo, che verrebbe usato gratuitamente dai consumatori. Il consumo così si allargherebbe, e nuove classi di consumatori comparirebbero sull'orizzonte. Se consideriamo che tutta la collettività è consumatrice, che il monopolio domina in quasi tutte le industrie, l'abolizione della rendita libera avrebbe la stessa che il rompere gli argini di una diga; una nuova ricchezza si diffonderebbe su tutto il piano, ed il tenore di vita di tutta la collettività subirebbe un rialzo enorme e duraturo», *ibidem*.

le diverse nazioni. Ora [...] nella seconda forma i miglioramenti produttivi vanno a vantaggio di una parte sola della collettività, sempre a scapito della restante parte. [...] ogni superiorità acquistata da un gruppo di produttori a scapito di altre economie, è uno sfruttamento sociale. Il monopolio di alcune posizioni privilegiate è la forma peggiore di superiorità produttiva acquistata a scapito della collettività. I produttori indipendenti [...] vengono eliminati dal mercato - i consumatori che comprano non possono pagare a prezzo di costo, ed i consumatori che avrebbero comprato a prezzo di costo sono tenuti lontani dallo scambio[95].

Una prospettiva quest'ultima non perfettamente in linea con quei tentativi di rimaneggiamento delle categorie darwiniane operato dal movimento socialista italiano per capovolgerne gli esiti individualistici e anticollettivisti e che sembra piuttosto avvicinare il padre della municipalizzazione dei pubblici servizi al criticismo loriano[96]. Comunque, al di là di queste divergenze, la comunanza di fine, all'interno della complessa galassia socialista è la stessa, introdurre - già lo si è sottolineato - dei correttivi solidaristici, delle forme di intervento pubblico atte a 'ripulire' «l'organismo produttivo dalla tirannide monopolista»[97]. Se la soluzione del socialismo municipale era dunque quella

---

95 *Ivi*, p. 232. Al netto delle intenzioni, si devono comunque tenere presenti taluni degli esiti distorsivi dell'applicazione della teoria della municipalizzazione, i quali sono ben visibili nel noto caso della municipalizzazione del pane a Catania, sul punto di veda M. D'Amuri, *La casa per tutti nell'Italia giolittiana: Provvedimenti e iniziative per la municipalizzazione dell'edilizia popolare*, Ledizioni, Milano, 2013, particolarmente pp. 97-101. Tuttavia, non si deve cadere nella facile conclusione di una sovrapposizione del caso catanese con la teorica di Montemartini, infatti come ricorda Da Empoli «non mancarono [...] le incertezze e le perplessità, anche nell'ambito dei sostenitori del socialismo municipale, su aspetti essenziali, come la determinazione dei prezzi, che secondo alcuni avrebbe dovuto integrare la differenza tra costi e ricavi, in contrapposizione a coloro che invece sostenevano l'opportunità di fissare prezzi superiori ai costi, in modo da conseguire profitti che avrebbero consentito la riduzione delle imposte esistenti», D. da Empoli, *Giovanni Montemartini [...]*, cit., p. 122.

96 «mi oppongo», affermava perentoriamente Achille Loria, «ad una applicazione sociale del darwinismo sociale nella sua più ampia portata [...] sovente ci incontriamo nell'asserto, che la teoria darwiniana è giustificatrice delle ineguaglianze sociali», A. Loria, *Carlo Darwin e l'Economia Politica*, in «Rivista di Filosofia Scientifica», 1884, pp. 599-600. Una prospettiva critica – come si diceva sopra – che collide con quella di un'altra parte della galassia socialista che, dalle posizioni di Enrico Ferri, ricavava come il socialismo non fosse che un «completamento pratico e fecondo, nella vita sociale, di quella moderna rivoluzione scientifica, che predisposta, nei secoli scorsi, dalla italiana rinnovazione del metodo sperimentale in ogni ramo dello spirito umano, fu ai nostri giorni decisa e sperimentata delle opere di Carlo Darwin e Erberto Spencer». Il darwinismo, dunque, sanciva tanto la socializzazione dei mezzi di produzione quanto la superiore legittimazione dell'interesse collettivo rispetto a quello individuale. Cfr. E. Ferri, *Socialismo e scienza positiva. Darwin, Spencer, Marx,* Roma, 1894, p. 6. Per un approfondimento sulle tensioni all'interno del socialismo italiano in merito alla questione darwinistica si invita alla lettura di R. Faucci, *Revisione del marxismo e teoria economica della proprietà in Italia, 1880-1900: Achille Loria (e gli altri)*, in «Quaderni fiorentini per la storia del pensiero giuridico moderno», n. 5-6, 1976/1977, (*Itinerari moderni della proprietà*), Tomo I, pp. 587-680, particolarmente pp. 622-643.

97 G. Montemartini, *Municipalizzazione dei pubblici servigi [...]*, cit., p. 231.

di regolare la questione cartellistica affidando ai comuni «un'ampia autonomia di poteri»[98], viceversa, vi era chi, tra economisti e giuristi, come già accennato, appellandosi ad interventi diretti dello Stato, propugnava l'adozione di un vero e proprio 'ordinamento legislativo' per i sindacati industriali, che andasse oltre le mere proposte di una pubblicità obbligatoria alla Cossa e che si rivelasse più incisivo rispetto alle vaghezze di Adorni. Tuttavia, prima di soffermarci su questa soluzione, è necessario cercare di comprendere nei confronti di quali tra le varie figure, identificative del movimento cartellistico, avrebbe dovuto trovare applicazione un simile ordinamento, premettendo sin da ora come si sia interessati non tanto alla dimensione economica dei concetti, quanto, piuttosto, a quella giuridica.

3. «Diversissima, dunque, è la cosa se pur identico il nome»: i giuristi e la riconcettualizzazione della ambigua nozione di «coalizione»

I lemmi *coalizione, cartello, trusts, sindacato, intesa, consorzio* e *complesso economico* sono tra quelli che più ricorrono, a cavallo tra la fine del XIX secolo e i primissimi anni del XX, nelle opere della dottrina italiana, tanto giuridica quanto economica, nel tentativo di incanalare il nuovo fenomeno in concetti giuridici familiari e circoscritti. La nozione di *cartello,* da intendersi come accordo tra produttori dello stesso settore per limitare la concorrenza tra imprenditori e regolare la produzione, armonizzandola alla domanda di mercato, venne introdotta, per la prima volta, all'interno del discorso economico, da Friedrich Kleinwächter nel 1883[99]. Da questa data in poi, tale nozione iniziò a circolare per tutta l'area europea, trovando corrispondenza in Italia con il lemma *coalizione* grazie a un'opera di riconcettualizzazione alla quale contribuì, in larga misura, la scienza giuridica.

98 D. da Empoli, *Giovanni Montemartini (1867-1913) [...]*, cit., p. 122

99 *Cfr.* L. Riberi, *Trust o cartello? Gli economisti tedeschi e i problemi della concentrazione industriale (1890-1907)*, in «Quaderni di Storia dell'Economia Politica», vol. 10, n. 3, 1992, p. 80. Si trattava di un nuovo significato attribuito ad una nozione già presente nel panorama europeo anche prima del 1883 e che, come è stato ricostruito, identificava «rules of procedure for the duels between men of higher degrees», «systems of rules for the courtly contests of the epoch of absolutism plus», e «various administrative cooperation between states, to extradite among each other any deserters, war prisoners, escaped bondmen and criminals, to control customs borders more effectively or to combat money counterfeiting easier», ma che, da quella data in poi, si riferirà soprattutto alla «cooperation between entrepreneurs with the possibility of monopolistic control of the market concerned», H.A. Leonhardt, *The Development of Cartel+ Theory between 1883 and the 1930s - from International Diversity to Convergence: Syndicats Industriels, Ententes, Comptoirs, Trusts, Pools, Combinations, Associations, Kartells, Cartelle, Unternehmerverbände*, in «Hildesheimer Beiträge zu Theologie und Geschichte», n. 10, Hildesheim, 2018, pp. 15-16.

Come ricordava Moise Amar, il legame di questo lemma con la tradizione francese era evidente: i codici francesi avevano «invaso» i paesi europei, «specialmente l'Italia», esportando, «fra gli altri vocaboli, quello di *coalizione*», per «designare gli accordi che talvolta si fanno nei rapporti industriali e commerciali»[100]. In questo senso, gli articoli del *Codice penale per il Regno d'Italia* del 1810 che trattavano del fenomeno della *coalizione* (art. 414-420), erano una riproduzione fedele degli originali francesi. In particolare, nella versione italiana del *Dictionnaire du droit commercial* di Devilleneuve e Massé, edita nel 1843, si poteva leggere come le interazioni tra mercato e dimensione giuridica dessero corso a tre possibili specie di coalizioni rilevanti per il diritto: «1° Coalizione di padroni contro gli operai; 2° Coalizione di operai contro i padroni; 3° Coalizione tra mercatanti, fabbricatori od altri per far alzare o abbassare il prezzo delle mercanzie». Tutte insieme, queste tipologie di fenomeni, rientravano in quella generale nozione di coalizione, intesa «in materia commerciale», come l'«unione o l'associazione di più persone interessate ad uno stesso commercio o a un medesimo genere d'industria, collo scopo di far produrre a questo commercio o a questa industria, per forza, in qualche modo, e per violenza, risultamenti che non produrrebbero se si lasciassero al loro proprio e naturale movimento»[101]. L'uso del termine *coalizione* rimandava, dunque, ad un fenomeno complesso, quanto risalente. Complesso perché riferibile, come visto, ad una pluralità di casi estremamente eterogenei tra loro; risalente in quanto affondava le sue radici nelle storiche tensioni tra l'abbattuto sistema corporativo medievale e le progettualità borghesi di fine Settecento, ostili, sotto il profilo culturale e giuridico, a qualsiasi forma di organizzazione o unione che rappresentasse interessi collettivi o superiori a quelli individuali[102]. Nonostante l'eterogeneità di questi tre fenomeni, i primi lavori monografici italiani sul tema, ossia *Delle coalizioni industriali dirimpetto al progetto del Codice penale italiano* di Pasquale Del Giudice del 1870 e *Delle coalizioni industriali e commerciali* di Carlo Guetta del 1875 - probabilmente influenzati dal volume del giurista belga Edouard Haus *Des coalitions industriells et commerciales*, edito nel 1862[103]-, analizzano il tema da una prospettiva unitaria. In particolare,

100 M. AMAR, *Sulle coalizioni nell'industria e nel commercio*, in «Monitore dei Tribunali», Anno XXVII, n. 18, 1886, p. 394.

101 F. FORAMITI *(a cura di), Nuovo dizionario di diritto commerciale, ossia riassunto di legislazione, di dottrina e di giurisprudenza di Devilleneuve e Massé, avvocati presso la corte reale di Parigi. Opera utilissima ai forensi, ai commercianti ed altre persone di affari*, Venezia, 1843, p. 360.

102 Sul punto si vedano, P. GROSSI, *Società, diritto, Stato, Un recupero per il diritto*, Milano, Giuffrè, 2006, pp. 104-105, G. CAZZETTA, *Scienza giuridica e trasformazioni sociali. Diritto e lavoro in Italia tra Otto e Novecento*, Giuffrè, 2007, p. 361 e F. MAZZARELLA, *Un diritto per l'Europa industriale [...]*, cit., pp. 7-8.

103 L'opera di Haus era stata infatti recensita in Italia già nel 1864, all'intero del Monitore dei Tribunali nella sezione dedicata alla legislazione. *Cfr.* A. GABELLI, *Intorno alla punibilità dello*

Del Giudice configurava la coalizione come «l'unione, l'accordo di più persone tendenti a modificare il saggio de' salari, o il prezzo di alcune merci», distinguendola in «industriale o commerciale», a seconda che avvenissero tra «coloro che intendono all'opera della produzione, cioè operai e capi d'officina o intraprenditori, o tra quegli che fanno operazioni di scambio, come a dire i venditori e compratori di qualunque genere». Gli elementi costitutivi del fenomeno, «che prima si denominava colla parola generica monopolio, [erano] due; 1° l'unione e accordo di più persone - 2° l'intento di alterare le condizioni del lavoro o il prezzo delle merci»[104]. Data così questa classificazione, entrambi gli autori concordavano su una serie di punti diretti a tracciare sia la metodologia con cui affrontare il fenomeno, quanto i suoi caratteri giuridici. In primo luogo, entrambi sottolineavano come il loro proposito fosse quello di occuparsi, esclusivamente (Del Giudice) o per lo più (Guetta), delle *coalizioni industriali*, in quanto le commerciali erano «meno gravi e frequenti» delle prime, e visto che per entrambe «i principi» erano «identici», una volta risolto il problema intorno alle industriali, avrebbe trovato conseguentemente soluzione anche quello intorno alle commerciali. Secondariamente, i due giuristi osservavano come le *coalizioni commerciali* fossero le sole ad essere presenti (e punite) nell'antichità, mentre l'origine delle industriali si doveva far risalire all'epoca medievale, quando al «lavoro servile» si sostituì quello «di operai liberi» e «retribuiti»[105]. In particolare, la nozione di *coalizione commerciale* - ossia la forma coalizzata dell'accaparramento, eseguito quindi in concorso di persone - rappresentava uno dei tre mezzi principali impiegati per ottenere l'alzamento o l'abbassamento del prezzo delle «mercanzie» o delle «derrate», e punito dagli art. 419 e 420 del *Codice penale per il Regno d'Italia*[106]. Il concetto di *coalizione commerciale*, riferibile

sciopero concertato dagli operai (Des coalitions industrielles et commerciales, par Edouard Haus, Gand, 1862), in «L'Eco dei Tribunali», 1864, pp. 169-173 e pp. 186-188.

104 P. del Giudice, *Delle coalizioni dirimpetto al progetto del Codice penale italiano*, in «Archivio Giuridico», Vol. VI, 1870: p. 498

105 *Ivi*, p. 499.

106 *Cfr*. A. Rocca (a cura di), *Coalizione*, in «*Biblioteca del Diritto o Repertorio ragionato di Legislazione e Giurisprudenza nelle materie civili, amministrative, criminali e commerciali*», Vol. I, Parte II, Venezia, 1849, pp. 1465-1466. Art. 419. «Quelli che con fatti falsi o calunniosi a bella posta nel pubblico, con offerte maggiori del prezzo che domandavano i venditori medesimi, con unioni, o concerti tra i principali detentori di una stessa mercanzia o derrata, tendenti a non venderla o ad venderla solo a un dato prezzo, o che con qualche via o mezzo fraudolento avranno procurato l'alzamento o l'abbassamento del prezzo delle derrate o delle mercanzie, o delle carte ed effetti pubblici al dissopra o al di sotto del prezzo che sarebbe stato determinato dalla libera naturale concorrenza del commercio, saranno punti con detenzione di un mese almeno e di un anno al più, e con multa da cinquecento a dieci mila lire. I colpevoli inoltre potranno essere sottoposti, colla decisione sentenza, sotto la sorveglianza della alta polizia per un tempo non minore di un anno e non maggiore di cinque». Art. 420. «La pena sarà della detenzione di due mesi almeno e di due anni al più, e della multa da mille a venti mila lire, se questi maneggi riguardavano grani, granaglie, farine, sostanze farinacee, pane, vino o qualunque altra bevanda. Potranno i colpevoli

a un'unione di natura mercantile e temporanea, fatta allo scopo di non vendere una mercanzia o una derrata, o di venderla se non a un certo prezzo, non trovava, dunque, (un'esatta) coincidenza con quello di *cartello* introdotto da Kleinwächter e legato soprattutto al versante della regolazione della produzione. Alcuni giuristi intuirono questa discrepanza, che si rifletteva su di un doppio piano: uno profondo, cioè legato ad una società che stava transitando verso un modello economico a trazione industriale[107]; e un altro, più immediato, legato alla necessità di ripensare concetti che, se una volta potevano apparire familiari, in quanto riflessi della struttura economica sopra richiamata, ora venivano percepiti come distanti o anacronistici rispetto alle nuove dinamiche del mercato[108]. È un giurista minore, Carlo Betocchi, per quanto riguarda il concetto di *coalizione*, a farsi interprete, nel 1891, di questa seconda tendenza, segnalando l'ambiguità che avvolgeva «queste coalizioni [...] dai più confuse con i "lock-out", cogli scioperi, con le speculazioni di Borsa»[109]. La critica andava, in particolare, all'opera di Guetta, nella quale, tuttavia, non è che si fosse confuso il tema, ma, più semplicemente, gli si era dato uno sviluppo teorico in linea con l'epoca, in quanto nel 1875 la nozione

essere assoggettati alla sorveglianza dell'alta polizia per un tempo non minore di cinque, né minore di dieci».

107 Una testimonianza in questo senso arrivava da Moise Amar, il quale rileva, non senza amarezza, che in Italia, nonostante «l'industria [fosse] sulla bocca di tutti», era «difficile» trattarne «sotto l'aspetto giuridico»; i giuristi erano rimasti «inpastoiati» nelle «antiche classificazioni del diritto», non erano stati compiuti i giusti passi verso la costruzione di un «diritto industriale» e verso l'individuazione dei suoi «confini»; gli studi sul tema erano «pochi, sparsi ed incerti»; inoltre, le «carriere universitarie» di diritto erano 'antiquate', costellate da «cattedre di diritto romano, di esegesi delle fonti del diritto, [...] di diritto medievale», mentre si tralasciava completamente lo studio delle «scienze delle finanze, [del]la statistica, [del]la storia de' trattati e delle costituzioni», M. Amar, *Industria*, in *Enciclopedia Giuridica Italiana*, Vol. VIII, Parte, I, 1902, pp. 833-835. Per un approfondimento sulla nascita e la costruzione del diritto industriale italiano, si vedano le dense pagine di E. Fusar Poli, *«Una parte così viva e così importante del diritto»: agli albori dell'insegnamento del diritto industriale nell'università italiana*, in «Rivista di Storia del Diritto Italiano», Vol. XCI, Fasc. 2, 2018, pp. 163-214.

108 Con riferimento all'accaparramento, già negli anni Settanta del XIX secolo, si poteva leggere come questo «portò talvolta negli scorsi tempi seri danni e costituì un pubblico pericolo per il che chiamò più d'una fiata l'attenzione del legislatore», ma questa pratica era possibile «in un'epoca in cui l'industria era poco sviluppata, in cui mancavano le vie di comunicazione, in cui la direzione del movimento commerciale era esclusivamente nelle mani di pochi individui che potevano concertarsi fra loro, e prendere le misure adatte al loro scopo. Ma oggi i timori per simile speculazione sono divenuti chimerici, e non è più possibile che una coalizione di speculatori faccia provare mercé l'accaparramento un rialzo sensibile e durevole a una derrata qualunque», G. Berri e N. Sanesi, *Accaparramento*, in «*Enciclopedia Popolare Italiana o Tesoro universale di utili cognizioni*», Milano, 1871, pp. 216-217.

109 C. Betocchi, *Le coalizioni industriali nell'economia e nel diritto*, Napoli, 1891, p. 9. Per un elenco delle pubblicazioni di Carlo Betocchi si veda M. Sbriccoli, *Elementi per una bibliografia del socialismo giuridico italiano*, Giuffrè, Milano, 1976, p. 145.

di cartello non era ancora stata elaborata[110]. È piuttosto dai grandi repertori di Giuseppe Saredo (poi sostituito da Luigi Lucchini) e Pasquale Stanislao Mancini (al quale subentrò successivamente Enrico Pessina) che emerge una certa confusione, difficilmente giustificabile visti gli anni di redazione delle voci che coinvolgono il tema delle coalizioni. Infatti, se nelle pagine del *Digesto Italiano* è possibile rinvenire la voce *Coalizione* (1891), ma con un rimando al solo lemma *Sciopero* curato da Eugenio Masè Dari[111], per quanto riguarda *l'Enciclopedia Giuridica Italiana*, similmente, l'avv. Riccardo Crespolani limitava l'analisi dei delitti contro la libertà dell'industria alle sole coalizioni tra operai[112]. Si dovrà attendere il 1908 per poter trovare, nelle pagine dell'*Enciclopedia,* un lemma dedicato ai cartelli industriali, tuttavia segnato ancora da una certa ambiguità terminologica[113]. Sempre nel *Digesto*

110 Infatti, Guetta, affrontando la materia da una prospettiva di genere e specie, aveva ricostruito come la coalizione fosse quell'accordo «di persone ascritte ad un industria o ad un traffico, le quali cessino dal medesimo (a), nella veduta di procurarsi un lucro maggiore dell'usuale» , distinguendone poi «di due specie: a) Industriali le quali posson esser di padroni o d'operai, b) Commerciali le quali posson esser di commercianti o di consumatori», C. Guetta, *Delle coalizioni industriali e commerciali*, Napoli, 1875, p. 21.

111 E. Masé Dari, *Sciopero*, in *Il Digesto Italiano*, Vol. XXI, Parte Prima, Torino, UTET, 1891, pp. 810-892. In particolare, l'autore sottolineava come «sciopero e coalizioni d'operai» fossero intimamente legate tra loro da un rapporto di causa/effetto, tanto che «le legislazioni tutte restrittive colpivano i due fenomeni nelle stesse disposizioni punitive, e scrittori di economia e di diritto hanno sempre trattato contemporaneamente dei due fenomeni», *ivi*, nota 1, p. 812.

112 R. Crespolani, *Industria (delitti contro la libertà della)*, in *Enciclopedia Giuridica Italiana*, Vol. VIII, Parte, I, 1901, pp. 901-914.

113 U. Bozzini, *Coalizioni di padroni*, (Estratto dalla Enciclopedia Giuridica Italiana), Milano, 1908 (poi in *Enciclopedia Giuridica Italiana*, Vol. III, parte II, 1913, pp. 647-668). Certamente, come ha sottolineato Aldo Mazzacane (A. Mazzacane, *Nota introduttiva*, in A. Mazzacane e P. Schiera (a cura di), *Enciclopedia e sapere scientifico. Il diritto e le scienze sociale nell'Enciclopedia giuridica italiana*, Il Mulino, Bologna, 1990, pp. 9-10) , «la valutazione critica di simili pubblicazioni, sempre multiformi, spesso distribuite lungo un arco di anni, talvolta di decenni, oppone numerose difficoltà all'interprete e richiede approcci diversi ai diversi problemi». Ma è anche vero, come ricorda Italo Birocchi, che le due esperienze editoriali sopra richiamate aspiravano a «racchiudere tutto lo scibile giuridico in forma articolata e complessiva, raffigurando in una gigantesca mappa il nuovo ordinamento unitario, facendo precipitare la storia nel diritto vigente e nel contempo indicando anche le direttrici di sviluppo che la società del tempo apriva all'orizzonte», I. Birocchi, *Enciclopedie giuridiche tra storia e valutazione scientifica*, in G. Conte (a cura di), *Evoluzione e valutazione della ricerca giuridica*, Napoli, Edizioni scientifiche italiane, 2015, p. 217. Ora, alla luce di questi rilievi, ci sembra che se la voci di fine Ottocento 'faticassero' a dare anche solo una minima rilevanza al tema dei cartelli industriali, diversamente, in quelle dei primissimi anni del Novecento, si iniziano a rilevare le nuove forme assunte dal capitale. Sono soprattutto le voci 'non giuridiche' a dare il senso di questa progressività. Ad esempio, il lemma *Industria* accompagnava il lettore lungo l'evoluzione e l'avvenire dei fatti economici, invitandolo ad osservare le «istituzioni nuove [...] per la reciproca difesa degli interessi degli industriali e dei lavoratori», tra le quali il curatore del lemma annoverava anche «le leghe di resistenza, i *trusts*», I. Santangelo Spoto *Industria*, in *Il Digesto Italiano*, Vol. XIV, Torino, UTET, 1902-1905, p. 652. Similmente,

Italiano, Vincenzo Prodi, nel lemma *Concorrenza* (1896), sottolineava come la stessa, pur continuando ad essere «necessaria pel rispetto e pel trionfo del diritto comune», soffrisse «diverse eccezioni», tra le quali rientravano, ad esempio, le «coalizioni tra i padroni», ma per «tenere basso il salario»[114]. Non vi era però traccia, tra dette eccezioni, delle coalizioni per controllare i prezzi e la produzione. Infine, la confusione non si era ancora del tutto risolta all'interno dei lemmi giuridici a Novecento avviato, infatti, se si scorrono gli *Indici* di un'altra esperienza editoriale legata a Pessina, quella delle monografie dell'*Enciclopedia del diritto penale*, la voce «COALIZIONI INDUSTRIALI O COMMERCIALI» rimanda, infatti, a «CODICE PENALE TOSCANO – (*CRIMEN ANNONAE* – LIBERTÀ DI LAVORO – LIBERTÀ DI LAVORO (DEI DELITTI CONTRO) – SCIOPERO». A fianco al lemma «SCIOPERO», poi, si può leggere «O COALIZIONE VIOLENTA». Infine, risulta presente anche la voce «TRUST» che rimanda però a «SINDACATI INDUSTRIALI OD OPERAI»[115].

Ora, tornado all'opera di Betocchi, questa ha rappresentato - a nostro avviso - un momento fondamentale all'interno del nascente dibattito italiano sui cartelli, soprattutto per il cambio metodologico e concettuale con cui

---

Umberto Pipia, curatore della voce *Commercio*, sottolineava come anche la «funzione organica e sociale» del commercio non si potesse sottrarre alla legge generale dell'evoluzione, che informava «tutti i fenomeni sociali» e dalla quale discendeva, quale corollario, l'«eliminazione degli organi inutili». Quest'ultima trovava sviluppo nella realtà economica moderna grazie alle organizzazioni cooperative e ai grandi magazzini che, secondo Pipia, toglievano alimento a quella «funzione intermedia parassitaria» svolta da produttori, grossisti, dettaglianti e piccoli commercianti. A questa nuova fisionomia del commercio i produttori avevano però risposto con la «forma modernissima dei *trusts*»: «invece di dividere le loro forze, facendosi concorrenza l'un l'altro, era più opportuno riunirle, operando una formidabile resistenza alle invasioni [...] dei grandi magazzini e delle cooperative», U. PIPIA, *Commercio*, in *Il Digesto Italiano*, Vol. VII, Parte II, Torino, UTET, 1897-1902, pp. 875-876. Infine, nel 1911, Ignazio Scarabelli, nella lunga analisi fatta per l'*Enciclopedia* dei vari stadi che avevano caratterizzato nel corso del tempo il processo d'affermazione e trionfo della classe borghese, evidenziava come si fosse entrati in una nuova fase dell'era borghese, caratterizzata dalle «grandi coalizioni dei capitalisti produttori» e dal protagonismo dei «baroni delle grandi industrie», I. SCARABELLI, *Borghesia*, in *Enciclopedia Giuridica Italiana*, Vol. II, Parte I, 1911, pp. 1297-1298.

114 V. PRODI, *Concorrenza,* in *Il Digesto Italiano,* Vol. VIII, Parte I, Torino, UTET, 1896, pp. 376-380. Si ritornava, anche in Prodi, a quella conflittualità tra lavoro e capitale, all'interno della quale «gli imprenditori, mossi dall'interesse comune si coalizzeranno [...], calcolando che i lori profitti saranno tanto più cospicui, quanto più scarsa sarà la mercede, onde retribuiscono gli artieri. Qui si osserva che se i capitalisti possono per avventura fare pressione sugli operai, coalizzandosi, gli artieri possono a loro volta esercitarla sugli intraprenditori, ricorrendo agli scioperi in massa, i quali, quando siano immuni da violenza, possono bensì essere inconsulti, ma non sono certo contrari al diritto», *ibidem*.

115 A. VEDANI (a cura di), *Indici* in *Enciclopedia del diritto penale italiano*, Società Editrice Libraria, Milano, 1913, p. 58; p. 264; p. 302; p. 274. Sulle difficoltà dei giuristi a confrontarsi con fenomeni nuovi attraverso gli istituti giuridici del passato si veda G. CAZZETTA, *Nell'età delle macchine. Artefici, operai, telegrafisti: diritto codificato e incertezze classificatorie dei giuristi*, in «Lavoro e Diritto», Vol. 3, 2018, pp. 432-452.

viene affrontato il tema delle coalizioni: la consolidata trattazione unitaria della materia veniva abbandonata, per lasciare spazio allo studio dei soli cartelli. Allo stesso tempo, si abbandonava l'utilizzo del termine *commerciale* in favore dell'aggettivo *industriale*; quest'ultimo, da tale momento in avanti, non avrebbe più avuto il suo referente concettuale nelle aggregazioni tra operai o in quelle tra padroni per abbassare il salario, ma esclusivamente nei cartelli tra imprenditori. Ci si trovava così innanzi, non a un vezzo stilistico, quanto piuttosto a una vera e propria riconcettualizzazione, tesa a marcare la distanza rispetto al passato proto-industriale:

> Diversissima, dunque, è la cosa se pur identico il nome, perché altro più adatto e più nuovo nella nostra lingua non è riuscito ad alcuno di trovare. [...] Noi le abbiamo dette coalizioni industriali, in difetto di altro nome più appropriato: in Germania sono chiamate «kartell»; in Francia «cartel o syndicat»; in Inghilterra «ring, trust»; in America, «pool, corner». [...] Ricercare le origini di questa nuova forma delle relazioni industriali in altra epoca, che non sia la nostra, l'epoca della grande industria, sarebbe come volere attribuire ad Apelle delle opinioni sulle fotografie colorite[116].

Un fenomeno, dunque, profondamente diverso sia rispetto alle coalizioni di operai, sia rispetto all'accaparramento coalizzato, e così complesso da rendere necessario il ricorso all'elaborazione di cinque sottospecie di coalizioni per riuscire a esplicarlo in tutta la sua interezza: coalizioni che «1) Regolano la quantità della produzione»[117], «2) Regolano unicamente il prezzo»[118], «3) Regolano insieme [...] il prezzo e quantità della produzione», «4)

116 C. Betocchi, *Le Coalizioni Industriali [...]*, cit., pp. 10-13.

117 «Se la sostanza delle coalizioni è sempre la stessa, se uno è lo scopo, limitare la produzione, e sostenere i prezzi, a questo stesso scopo si può giungere per varie vie. Di qui le sottospecie di esse: 1) Regolano la quantità della produzione. – I produttori» della stessa industria, e nella stessa regione, si riuniscono, calcolano il consumo totale della merce per un anno nel loro mercato e dividono questo quantum tra i singoli produttori, che hanno aderito alla coalizione, a seconda della produttività media di ciascuno, negli ultimi anni. Ogni partecipante non può produrre più di quanto gli è assegnato, però è libero di levare o ridurre il prezzo della merce quanto gli pare e piace», *ivi*, p. 19. In riferimento a questa sottospecie di coalizioni, Betocchi riportava come il concerto per limitare la produzione non potesse assumere che due forme: una tesa «ripartire l'opera lasciando libero il prezzo», l'altra volta a «stabilire un minimo di prezzo lasciando libera la produzione». Quest'ultima forma è quella che maggiormente si avvicinava all'accaparramento coalizzato, e per questo si doveva considerare come «un'aperta violazione della libertà del commercio»: «i produttori si troverebbero nella condizione di poter estendere a piacere le loro produzioni, in proporzioni del capitale e dei bisogni, senza che, d'altra parte, il pubblico risentisse il vantaggio della diminuzione di prezzo corrispondente al maggior numero d'unità di prodotto poste sul mercato, e senza il salutare e potente rimedio della presenza degli altri, impegnatesi a non offrire al di sotto di un determinato prezzo, che per lo più è fissato al limite massimo a cui la concorrenza straniera, aggiunto il trasporto e il dazio, può dare il prodotto del mercato», *ivi*, 21-22.

118 «si stabilisce un minimum, al di sotto del quale nessuno dei partecipanti potrà scendere, rimanendo egli però libero di estendere la sua produzione ed il suo mercato. Questo mini-

Distribuiscono la produzione tra i varii partecipanti, in modo che tutti lavorino egualmente, nessuno sia disoccupato, nessuno sopraccarico di lavoro» e coalizioni che assegnano ai «5) [...] ai kartellisti determinate zone di territorio» sulle quali vendere la propria produzione[119]. Confermative di questa riconcettualizzazione del termine coalizione, nonché di assoluto stupore per il nuovo fenomeno, ci appaiono le considerazioni con le quali Ercole Vidari recensì, all'interno del *Filangieri*, la monografia di Betocchi: «non vogliamo tacere che leggendo il titolo di questo lavoro abbiamo esclamato: ancora il vecchio e interminabile tema?». Il riferimento correva naturalmente alle coalizioni operaie, salvo poi lodare l'autore per il confronto con il tema tutto «nuovo» dei cartelli tra industriali, inseriti dal maestro pavese - in una sorta di pessimismo alla Chevalier[120] - tra quelle manifestazioni della modernità che 'sconquassano' il «campo economico», rendendolo un sentiero «irto di difficoltà, di minacce, di difese, di provocazioni». La giuscommercialistica italiana appariva, dunque, se non disorientata, almeno in una fase di incertezza, che richiedeva una momentanea sospensione del giudizio per interrogarsi su «come [...] andrà a finire?»[121], aprendo, tuttavia, allo stesso tempo, una riflessione di sistema volta a comprendere se fosse ancora possibile rinvenire «le colonne d'Ercole del diritto in codici sorti quando questi fenomeni mai si verificavano»[122].

4. Dalla «coalizione industriale» al «sindacato industriale»: una nozione (volutamente) generica

Negli anni successivi alla pubblicazione della pioneristica opera di Betocchi, si impose in Italia, tanto nel dibattito giuridico, quanto in quello economico, l'uso di un nuovo termine, ossia quello di *sindacato industriale*. Anche

mum vien fissato eguale per tutti, o in proporzione della produttività di ciascun collegato. Questo però implica necessariamente una limitazione della produzione perché il prezzo si sostiene solo a patto, che non venga messa sul mercato, in una volta, una grande quantità di merce», *ibidem*.

119 *Ibidem*. In aggiunta, per una panoramica sulle varie declinazioni delle tipologie di coalizione in autori italiani ed esteri si veda il lavoro compilativo di L. Ziinio Todaro, *Concetto economico e forme giuridiche dei sindacati industriali*, in «Il Diritto Commerciale», 1908, pp. 170-204.

120 *Cfr*. M. Chevalier, *Cours d'Économie politique*, Vol. II, Bruxelles, 1851, pp. 339-340

121 E. Vidari, *Betocchi Carlo - Le coalizioni industriali nell'Economia e nel Dritto. - Napoli, 1891*, in «Il Filangieri», Anno XVII, Parte I, 1892, pp. 123-124.

122 B. Brugi, A. Sraffa. *La lotta commerciale. Prolusione al corso di diritto commerciale alla Regia Università di Macerata (Pisa, 1894)*, in «Rivista italiana per le scienze giuridiche», 1894, pp. 413-414. Per il contributo di Sraffa al problema dei sindacati industriali si invita alla lettura di A. Monti, *Angelo Sraffa, Un «antiteorico» del diritto*, Milano, Egea, 2011, pp. 68-71.

in questo caso, il lemma era di importazione francese, e la sua ampia diffusione in Italia è da legarsi, con molta probabilità, alla recensione svolta nel 1893 dal giuscommercialista Agostino Ramella al volume *Les syndicats de producteurs et détenteurs de marchandises* di Henry Babled[123], anche se già nel 1886 detto termine era stato utilizzato da Amar[124]. Un'opera, quella di Babled, «importante», «d'attualità», «svolta con un metodo bene concepito», tanto da divenire un punto di riferimento metodologico per Alberto Marghieri[125]. Quest'ultimo, nella prestigiosa cornice del IV Congresso Giuridico Nazionale, celebratosi a Napoli nel 1897, aveva ampliato la tesi congressuale, unendo alla «*Necessità di provvedimenti legislativi, relativamente alla concorrenza sleale, specie in ordine alla protezione de' nomi, delle ditte, de' segni, emblemi e marchi*»[126], l'urgenza di riconoscere i nuovi «organismi» del capitale fra gli «istituti giuridici del moderno diritto commerciale ed industriale»[127]. La maggiore circolazione delle opere sui *trusts* aveva permesso a Marghieri, nel solco delle riflessioni di Babled, di operare una rimeditazione sugli esiti concettuali a cui erano pervenuti Amar e Betocchi, e di proporre una nuova e ben più articolata concettualizzazione della nozione di *coalizione* alla quale doveva affiancarsi quella di *sindacato*. In particolare, il maestro napoletano dava luogo ad un abbozzo di teoria generale delle nuove organizzazioni del capitale, la quale si componeva di tre specie di intese. In primo luogo, le *coalizioni a evoluzione rapida*, ossia l'accentuazione del «fenomeno antico» dei «grandi accaparramenti e incettamenti di merci e prodotti», identificabili in America con i «corners» e i «rings», in Germania con i «schwanze» e in Italia con *le «coalizioni»*. Secondariamente, le *coalizioni ad evoluzione lenta,* le quali, articolandosi in *pools* e *trusts*, miravano ad «accentrare in pochi grandi sodalizi industriali la intera produzione dei vari generi» e a programmare «la soppressione completa di ogni altro concorrente». Infine, *i sindacati di difesa industriale*, ossia i *kartelle* di Kleinwächter, che «reclamano ormai l'attenzione de' giuristi, potendo [...] essere destinati ad agire quali salutari moderatori della sfrenata concorrenza e quali provvidi contrapposti degli accaparramenti

123 A. Ramella, *Henry Babled. - Les syndicats de producteurs et détenteurs de marchandises ou doble point de vue économique et pénal. Paris, Arthur Rousseau*, p. 1-255, 1893, in «Il Filangieri», Anno XVIII, 1893, pp. 377-384.

124 M. Amar, *Sulle coalizioni nell'industria e nel commercio [...]*, p. 397.

125 Per una ricostruzione biografica della del maestro napoletano si veda, R. Teti, *Marghieri Alberto,* in *Dizionario biografico dei giuristi italiani (XII-XX secolo)*, vol. II (Lev-Z), Il Mulino, Bologna, 2013, p. 1274.

126 Congresso Giuridico Nazionale, *II. (Relazione di Alberto Marghieri)*, in *Relazioni della sezione di diritto commerciale*, Vol. III, 1897, p. 304-343. L'anno successivo parte della relazione di Marghieri veniva portata all'attenzione di un pubblico più vasto, ossia quello della *Riforma Sociale* diretta da Francesco Saverio Nitti, a questo proposito si veda A. Marghieri, *Sindacati di difesa nazionale. Necessità di un ordinamento legislativo*, in «La Riforma Sociale», Anno V, Vol. VII, 1898, pp. 305-325.

127 *Ivi*, p. 333.

e de' monopoli»[128]. Ma questa articolazione poteva, di fatto, essere ridotta ad una grande dicotomia, legata ai due istituti economici più diffusi:

> questi sindacati, [...] e i trust, sono [...] due organismi sostanzialmente diversi per lo scopo, per l'intero ordinamento, per la durata, pe' risultati. Aventi una funzione di difesa e di resistenza, i sindacati non offrono alla diretta speculazione che un posto accidentale; mentre i trusts non si preoccupano di allontanare le crisi, ma di circonvenire un mercato, di prenderlo d'assalto, di stabilirvi il loro monopolio. La speculazione non è in essi un'accidentalità ma loro unica ragion d'essere[129].

Le riflessioni di Marghieri, nonostante le fonti da lui citate risalissero per la maggior parte ai primi anni Novanta, coincidevano perfettamente con quelle tendenze teoriche di fine Ottocento che, proprie di alcuni economisti di area tedesca e francofona, legati alla scuola storica tedesca, erano tese a differenziare (e di fatto a contrapporre), attraverso un approccio istituzionalista, il movimento dei *trusts* americani da quello dei cartelli europei[130]. Per questa corrente, la dicotomia tra *trusts* e *kartelle* non andava letta nei termini di una differente intensità nel grado di concentrazione su di una stessa linea di sviluppo, ma piuttosto come una differenza legata tanto al piano economico-strutturale, quanto a quello etico[131]. Pertanto, la differenziazione strutturale e qualitativa tra i due istituti imponeva alla scienza giuridica, secondo Marghieri, di aprirsi ad una collaborazione con quella economica, in uno sforzo comune teso ad impedire la diffusione dei *trusts*. Proprio per questo, era necessario dare corso al riconoscimento giuridico dei *sindacati di difesa*, elaborando, allo stesso tempo, degli strumenti giuridici atti ad evitare che questi si potessero trasformare in *coalizioni di aggressione*, ossia in *trusts*[132]. Tali obiettivi, come si avrà modo di vedere più oltre, sarebbero stati raggiunti solamente nel caso in cui il tema della concorrenza fosse stato affrontato attraverso una disciplina legislativa speciale e unitaria, ispirata a un duplice criterio, tanto repressivo quanto preventivo:

> il primo si traduce nel regolare e proteggere il diritto individuale all'uso del nome, de' beni, de' prodotti del lavoro in ogni manifestazione delle attitudini umane, con-

128 *Ivi*, p. 229. I sindacati di difesa industriale, poi, potevano essere di varie specie: «di *limitazione* (limite nella produzione, adozione di tariffe a prezzi uniformi); o di *ripartizione* (ripartizioni negli ordinativi, negli utili, negli sbocchi); o di *aggruppamento* (vendita in comune della produzione), *ivi*, p. 330.

129 *Ivi*, p. 330.

130 *Cfr.* H. A. Leonhardt, *The Development of Cartel+ Theory between 1883 and the 1930s - from International Diversity to Convergence: Syndicats Industriels, Ententes, Comptoirs, Trusts, Pools, Combinations, Associations, Kartells, Cartelle, Unternehmerverbände [...]*, cit., pp. 36-39.

131 Cfr. L. Riberi, *Trust o cartello? Gli economisti tedeschi e i problemi della concentrazione industriale (1890-1907) [...]*, cit., p. 94.

132 Cfr. Congresso Giuridico Nazionale, *Il. (Relazione di Alberto Marghieri), [...]*, cit., pp. 334.

tro le aggressioni disoneste e sleali, largamente prevedute in rapporto a' diritti organicamente classificati; il secondo si esplica riconoscendo e regolando il funzionamento de' sindacati di difesa industriale[133].

Tuttavia, la scomposizione concettuale tra *trust* e *cartello* (e le sue conseguenti ricadute sul giuridico) venne arginata da quella parte del pensiero economico legata ad una «generalization» del concetto di *sindacato industriale* e che, tanto in Italia quanto nel resto d'Europa, finirà per divenire maggioritaria[134]. Questa corrente, a cui già nel 1893 aveva aderito Rabbeno[135], verrà via via rafforzandosi attraverso una serie di scritti di diversi economisti[136], per i quali la distinzione «proposta da Babled» e «seguita anche dal Marghieri», per citare Cassola, si basava su «criteri assai vaghi e indeterminati», in quanto risultava particolarmente complesso stabilire i confini tra azioni sindacali difensive e pratiche che potevano diventare lesive per i diritti del pubblico. Inoltre, la bipartizione proposta da Marghieri rimandava a un giudizio che, se poteva avere validità dal punto di vista «morale», risultava meno convincente sotto il profilo «economico»[137]. Per di più, a dare risonanza, questa volta all'interno della scienza giuridica, alla prospettiva generalista si era impegnato, a due anni di distanza dall'articolo di Marghieri, un altro giurista, Ludovico Barassi. Il maestro milanese, infatti, ampliava tale prospettiva fino a includere «lo stato di monopolio (di fatto) o vicino al monopolio di fatto», concetti questi che descrivono il controllo effettivo o predominante di un mercato

---

133 *Ivi*, p. 342. La proposta avanzata da Marghieri si inseriva all'interno di quel lungo e complesso dibattito intorno alla possibilità o meno di predisporre una legge organica in materia di concorrenza sleale, e che, nel pensiero del maestro napoletano, veniva ad essere completata da strumenti preventivi per combattere i possibili abusi da parte dei dei cartelli. Per un approfondimento sul dibattito in materia di concorrenza sleale agli albori della nascita del diritto industriale in Italia, si veda A. MONTI, *La concorrenza sleale e gli esordi del diritto industriale nell'Italia liberale: verso una teoria generale della concorrenza?* in A. SCIUMÈ e E. FUSAR POLI (a cura di), «*Afferrare... l'inafferrabile*». *I giuristi e il diritto della nuova economia industriale fra Otto e Novecento*, Giuffrè, Milano, 2013, pp. 109-141.

134 «The generalists emphasized the commonalities of the forms of business unions and maintained a fundamental equality of the nature of trusts, cartels and other combinations, and thus attempted a synthesis of these types under a generic term. Differences between the forms of union were indeed recognized, but in relation to the commonalities modified. The generalists concentrated on the external effects of the unions, while they often observed their inner relationships only to a lesser degree», H. A. LEONHARDT, *The Development of Cartel+ Theory between 1883 and the 1930s - from International Diversity to Convergence: Syndicats Industriels, Ententes, Comptoirs, Trusts, Pools, Combinations, Associations, Kartells, Cartelle, Unternehmerverbände [...]*, cit., p. 21.

135 *Cfr*. U. RABBENO, *Protezionismo americano [...]*, cit., p. 290.

136 Tra i principali si veda, di F. FLORA, *I sindacati industriali [...]*, cit., E. COSSA, *I sindacati industriali [...]*; cit., C. CASSOLA, *I sindacati industriali [...]*, cit., e in maniera diretta C. SUPINO, *Individualismo economico (concetto, origine, sviluppo, degenerazione, critica)*, Torino, 1902, p. 77; A. GRAZADEI, *Note intorno ai sindacati industriali*, Cagliari, 1909, pp. 1-2.

137 C. CASSOLA, *I sindacati industriali [...]*, cit., pp. 145-146.

da parte di un'unica impresa, considerandolo come il risultato dell'«attività solerte e consapevole dell'uomo», ossia della classe borghese[138]. È probabile quindi che, mentre, da una parte, la prospettiva tesa a differenziare l'istituto del cartello da quello del *trust* si rivelasse funzionale sia ad una più attenta sistematizzazione economica della materia, sia a giustificare dinamiche di politica internazionale sempre più aggressive[139]; dall'altra parte, invece, le analisi dalla prospettiva, per dirla con Cassola, del solo grado di sviluppo della costituzione economica dei sindacati, fornissero alla classe borghese l'interpretazione più appropriata per sperimentare tutte le possibili forme combinatorie del capitale, individuando tra esse quelle maggiormente idonee a dare stabilità alla dinamica concentrazionista del sistema capitalistico[140]. In questo senso, anche Marghieri, influenzato probabilmente dalla distinzione di Maffeo Pantaleoni tra *sindacati antichi* e *sindacati moderni*[141], abbandonerà nel 1910 la dicotomia *trust/sindacato* per affermare come «l'unico criterio direttivo in base al quale devono distinguersi i vari sindacati, siano essi altrove denominati *Kartelle, pools* o *trusts*», è dato dall'osservazione dell'intensità

138 L. Barassi, *Nota a Corte di Appello di Napoli, 2 luglio 1900*, in «Il Foro italiano», I, 1900, p. 567.

139 Come riporta Riberi «Un elemento che [...] contribuì invece in modo decisivo al rafforzamento del giudizio positivo degli scienziati sociali tedeschi sui cartelli, e al loro mutamento di orientamento nei confronti dei trusts, fu la netta percezione del salto di qualità compiuto dalla potenza economica e politica americana. [...]», L. Riberi, *Trust o cartello? Gli economisti tedeschi e i problemi della concentrazione industriale (1890-1907) [...]*, cit., p. 101. Sul punto, in Italia, si veda F. FLORA, *Il pericolo americano*, (Estratto dalla «Riforma sociale», fasc. 5, anno IX, vol. XII – Seconda seria), 1902.

140 Del resto, come ricorda Giuliano Amato per gli Stati Uniti (ma lo stesso può dirsi per l'Europa), nei primi anni Ottanta dell'Ottocento, i «capitani d'industria» erano alla ricerca di strumenti giuridici ed economici nuovi, capaci di creare delle «condotte imprenditoriali» tra «imprese potenzialmente concorrenti», maggiormente vincolanti rispetto «alle prime intese con le quali avevano cercato di fermare la battaglia dei prezzi e di spartirsi i mercati, dopo anni di sanguinose guerre competitive», G. Amato, *Il gusto della libertà*, La Terza, Bari, 1998, p. 5. Anche in Italia è osservabile questa tendenza: «a me pare che il Congresso debba: *riconoscere* nei *trusts* la moderna concentrazione del capitale, necessaria ad estendere dovunque la grande industria e i benefici economici e sociali di essa; *eccitare* gl'industriali italiani a valersi delle piccole forme di concentrazione capitalistica che la ricchezza del paese consente [...]». Così Enea Pressi relatore al Congresso degli industriali e commercianti italiani riunitosi nel 1903 a Roma, E. Pressi, *I trusts. Tema presentato dall'associazione fra commercianti, esercenti e industriali di Milano*, in *Atti del congresso dei commercianti e degli industriali italiani,* Roma, 1903, pp. 156-169: pp. 168-169. Corsivo dell'autore.

141 «[...] i sindacati che diciamo antichi, [...] sono unioni, accordi, anche fusioni, tra ditte concorrenti per uno sfruttamento monopolistico», mentre «i sindacati moderni [...] sono la formula giuridica con cui vuolsi realizzare lo scopo di una *dimensione* più economica delle aziende, o quello di un *concatenamento* tra aziende [...]. Sono unioni di imprese [...] consistono nella unione di tutti i fattori di produzione in un intento economico mediante quei qualsiasi legami giuridici o consuetudinari che sono *pro tempore* disponibili». M. Pantaleoni, *Alcune osservazioni sui sindacati e sulle leghe. A proposito di una memoria del Prof. Menzel*, in «Giornale degli Economisti», 1903, pp. 353-355. Corsivo dell'autore

maggiore o minore del «vincolo di coesione»[142]. Così, come nello scritto del 1897, Marghieri riusciva a riversare sul piano giuridico le differenti intensità di tale vincolo, che sino ad allora erano state trattate, almeno in Italia, da un punto di vista estremamente generico. Infatti, tale intensità, giuridicamente, poteva dispiegarsi dalla «convenzione pura e semplice con i caratteri di una comunione, all'associazione e alla società per federazione». Sul lato caratterizzato dalla massimizzazione dell'intensità del vincolo, si poteva certamente arrivare alla sostituzione della «federazione» con «l'incorporazione» delle singole aziende, ma se, sotto il profilo economico, questo ulteriore sviluppo era prova di come «il fenomeno sindacale» avesse «raggiunto il suo ultimo grado di evoluzione», giuridicamente, invece, tale circostanza non avrebbe potuto dar luogo a nessun altro rapporto se non a quello - anche in questo caso - di una «società»[143]. Sulle conseguenze della rinnovata teorica di Marghieri ritorneremo, anticipando però come il cambio prospettico del giurista fosse tutto teso ad armonizzare le esigenze del capitale con l'edificio borghese dei codici: «il contratto di sindacato [...] regola spontaneamente uno spontaneo fenomeno industriale e commerciale [...]; esso non dà luogo ad uno *jus singulare*, e può benissimo rientrare nell'applicazione delle norme già acquisite per il riconoscimento e la validità dei contratti»[144].

---

142 A. Marghieri, *Il processo giuridico dei sindacati fra aziende*, in «*Atti della Reale Accademia di Scienze Morali e Politiche*», Società Reale di Napoli, Napoli, 1910, nota 1, pp. 351-352.

143 *Ibidem*.

144 *Ivi*, p. 353.

CAPITOLO II

NEI CODICI, OLTRE I CODICI: IL CASO ITALIANO E LA 'VARIANTE' SPAGNOLA

SOMMARIO: 1. Una questione cronologicamente ambigua: la depenalizzazione del delitto di «coalizione commerciale» e le sue implicazioni. - 1.1. La creazione di un quadro normativo per i *«sindacati finanziari»*. - 2. Né americani, né austriaci: riflessioni e proposte per una *«Commissione di vigilanza»* italiana. - 3. La tendenza alla coalizzazione obbligatoria, ossia un preludio all'intervento statale in economia. - 3.1. La questione delle «coalizioni marittime»: un 'frammento' di legislazione *antitrust* - 4. Conflitti tra giuristi e tra giuristi e giurisprudenza: *«i sindacati sono leciti o illeciti?»*. - 4.1 L'armonia ritrovata: procedere caso per caso attraverso la *«norma sussidiaria di divieti civili»*. - 4.2. Responsabilità aquiliana, sleale concorrenza coalizzata, clausole illecite e natura giuridica dei sindacati industriali. - 5. Il contributo italiano alla declinazione spagnola della cultura della tolleranza. - 6. Un'alternativa alla cartellizzazione obbligatoria: la *Ley Osma* per l'industria degli *azúcares*.

1. Una questione cronologicamente ambigua: la depenalizzazione del delitto di «coalizione commerciale» e le sue implicazioni

Precedentemente, si è osservato come l'art. 419 del Codice penale per il Regno d'Italia del 1810 fosse una riproduzione fedele dell'omonimo articolo contenuto nel *Code pénal* emanato da Napoleone. È proprio da questo dato che si deve partire per ricostruire i rapporti tra cartelli e diritto all'interno del sistema giuridico italiano. Con riferimento all'articolo appena richiamato, sia Del Giudice che Guetta avevano sottolineato, nelle loro opere, come in Francia lo spirito riformatore che, nel 1864, aveva travolto il delitto di coalizione, non si fosse esteso fino alla depenalizzazione delle coalizioni commerciali[145]. Viceversa, in Italia, con l'entrata in vigore del Codice Zanardelli, si era

145 «i legislatori francesi, mentre nel 1864, accettarono principi buoni, se non ottimi, in materia di coalizione, davvero furono incoerenti [...] lasciando intatto l'Articolo 419 del Codice penale del 1810, il quale minaccia una pena contro la *coalition entre les pricipaux d'una même marchandise*», C. GUETTA, *Delle coalizioni industriali e commerciali [...]*, p. 22. Sull'importanza della riforma 1864 in Francia come momento fondativo della *liberté*

palesato un distacco rispetto alla legislazione francese. Infatti, mentre l'art. 389 del Codice penale sardo si presentava anch'esso come una riproduzione dell'art. 419 del codice francese[146], nel nuovo codice la disciplina veniva a subire un'evoluzione verso soluzioni che, depenalizzando il fenomeno delle coalizioni commerciali, lo proponevano indirettamente come un'autentica manifestazione della libertà di industria e commercio. In particolare, l'articolo 293 del nuovo Codice puniva esclusivamente chi, con false notizie o con altri mezzi fraudolenti, avesse prodotto sul mercato un aumento o una diminuzione del prezzo del salario, delle derrate o delle merci[147]. In questo modo, argomentava la dottrina, le coalizioni commerciali, in quanto tali, non erano più soggette, come in passato, a un'apposita incriminazione, ma sarebbero state eventualmente colpite dalle sanzioni previste dall'articolo 293 nel caso in cui avessero assunto un carattere fraudolento[148]. Così, in Italia, diversamente che in Francia, la liceità delle coalizioni commerciali si sommava a quella delle coalizioni industriali, poiché anche per queste ultime il Codice Zanardelli aveva, seguendo questa volta l'esempio francese, profondamente innovato la materia[149]. Tuttavia, non si può fare a meno di sottolineare come

---

du coalition si veda A. Schwartzs, *L'économie politique comme cadre intellectuel d'une réforme «sociale»: la loi sur les coalitions de 1864*, in «Colloque «Les sciences de gouvernement, Circulation(s), Traduction(s), Réception (s)» - 16 décembre 2010, et 17 décembre 2010 à Grenoble et Lyon», (consultabile in http://triangle.ens-lyon.fr/spip.php?article1627).

146 L'art. 389 era collocato all'interno del Libro II (*Dei crimini e dei Delitti, e delle loro Pene*), Titolo V (*Dei reati relativi al commercio, alle manifatture ed arti, alle sussistenze militari ed ai pubblici incanti*), Capo II (*Delle frodi relative ai commerci, alle manifatture e alle arti*) e così recitava: «Coloro che spargendo fatti falsi nel pubblico, o facendo offerte maggiori del prezzo richiesto dai venditori stessi, o concentrandosi coi principali possessori d'una medesima mercanzia o derrata perché o non sia venduta o sia venduta a un determinato prezzo, - o che per qualsivoglia altro mezzo doloso avranno prodotto l'alzamento o l'abbassamento del prezzo di derrate, di mercanzie, di carte o di effetti pubblici al di sopra o al di sotto di quello che sarebbe stato determinato dalla naturale e libera concorrenza dei commercianti, - saranno puniti col carcere da un mese ad un anno, ed inoltre con multa da cinquecento lire a cinquemila».

147 L'articolo 293 era collocato all'interno del Libro II *(Dei delitti in ispecie)*, Titolo VI *(Dei delitti contro la fede pubblica)*, Capo V (*Delle frodi nei commerci, nelle industrie e negli incanti*) e così recitava: «Chiunque, col diffondere false notizie o con altri mezzi fraudolenti, produce sul pubblico mercato o nelle borse di commercio un aumento o una diminuzione dei prezzi dei salari, derrate, merci o titoli negoziabili sul pubblico mercato o ammassi nelle liste borsa, e punito con la reclusione da tre a trenta mesi, e con la multa da lire cinquecento a tremila».

148 A questo proposito, Crivellari sottolineava come «se la libertà può legittimare il diritto di coalizione commerciale nella sua esplicazione tranquilla e senza frode, altrettanto non potrebbe dirsi quando l'aumento o la diminuzione del prezzo delle merci, derrate, salari ecc. fossero determinati da un fatto doloso, quale sarebbe quello della diffusione di false notizie, o dall'uso di altri mezzi fraudolenti», G. Crivellari-Suman, *Il Codice penale per il Regno d'Italia*, Vol. VII, UTET, Torino, 1896, p. 309.

149 «Inoltre, con altra essenziale differenza dal Codice del 1859, il Progetto riconosce la libertà di coalizione e di sciopero. Esso non colpisce il concerto per sé medesimo, ma presuppone

la caduta dello stigma dell'antigiuridicità nei confronti delle varie tipologie di coalizioni sia stata influenzata in modo significativo dall'esperienza della legislazione penale toscana[150]. Per quanto riguarda le coalizioni oggetto del presente studio, è importante rilevare come il Codice penale toscano di Leopoldo II non pprevedesse alcuna penalità a loro carico. Questa circostanza è stata attribuita al fatto che, all'epoca, la Toscana era «dedita prevalentemente all'agricoltura, mentre l'industria e il commercio occupavano una posizione nettamente subordinata»[151]. Tuttavia, riteniamo che l'assenza di una norma in tema di coalizioni commerciali debba piuttosto essere ricondotta a una riflessione approfondita su quali fenomeni risultassero compatibili con la libertà di industria e di commercio. In questa prospettiva, la soluzione adottata dal Codice Zanardelli con l'art. 293 appare strettamente legata all'influenza esercitata dalla tradizione penale toscana sul nuovo codice[152].

Alla luce di questo legame tra le due esperienze codicistiche, si potrebbe essere portati a pensare che la depenalizzazione del vecchio delitto di coalizione commerciale sia stata prevista per legittimare i sindacati industriali. Tuttavia, nutriamo dubbi in merito: osservando i diversi progetti di Codice penale succedutisi dal 1868 in poi, emerge chiaramente come la depenalizzazione del delitto di coalizione commerciale fosse una costante[153]. Questo ci convince

come legittima ogni coalizione d'operai o di industriali, e si astiene dall'esaminare la causa che l'ha determinata. Esorbita infatti dalle competenze della legge l'indagine sui motivi che possono aver indotto ad un concerto [...]; essa deve lasciare che ciascuno provveda à propri interessi nel modo che reputa migliore, e non può intervenire se non quando la libera azione degli uni torni d'offesa al diritto degli altri», *Relazione ministeriale sui libri secondo e terzo del progetto di Codice penale presentato alla Camera dei deputati da S. E. il ministro di grazia e giustizia dei culti Zanardelli nel 22 novembre 1887*, Torino, 1888, p. 60. Per una disamina del delitto di coalizione operaia all'interno dei vari progetti di Codice penale italiano si veda, G. Crivellari, *Il Codice penale per il Regno d'Italia*, Vol. V, UTET, Torino, 1894, pp. 686-704.

150 Per quanto riguarda le coalizioni industriali, ossia realizzate tra operai, si veda, E. Masé Dari, *Sciopero [...]*, p. 840; E. Noseda, *Dei delitti conto la libertà*, in E. Pessina (a cura di), «*Enciclopedia del diritto penale italiano*», Vol. 6, Parte 2, Società Editrice Libraria, Milano, 1906, p. 1064. Per la dottrina più recente, O. Rosselli, *La dimensione costituzionale dello sciopero. Lo sciopero come indicatore delle trasformazioni costituzionali*, Giappichelli, Torino, 2005, pp. 19-22. Mentre per le coalizioni di padroni contro gli operai si veda, G. La Cute, *Serrata*, in «Enciclopedia del diritto», Giuffrè, Vol. XLII, 1990, pp. 230-242.

151 A. Svampa, *La repressione del delitto di aggiotaggio dalla Rivoluzione francese alla codificazione Rocco*, in «La Giustizia penale: rivista mensile di dottrina, giurisprudenza e legislazione», Vol. XCVII (XXXIII della 7ª), Roma, 1992, p. 373.

152 Per un approfondimento sulla raccolta dell'eredità toscana da parte dei compilatori del nuovo codice si veda, L. Lacchè, *Un code pénal pour l'unité Italienne: le code Zanardelli (1889) - La genèse, le débat, le projet juridique*, in «*Seqüência: Estudos Jurídicos e Políticos*», Vol. 35, 2014, pp. 38-56 e T. Padovani, *La tradizione penalistica toscana nel codice Zanardelli*, in S. Vinciguerra (a cura di), *Diritto penale dell'Ottocento. I codici preunitari e il Codice Zanrdelli*, CEDAM, 1999, pp. 397-407.

153 G. Crivellari-Suman, *Il Codice penale per il Regno d'Italia [...]*, *cit.*, pp. 315-324.

del fatto che difficilmente tale depenalizzazione poteva essere intesa come una legittimazione di un fenomeno, quello dei cartelli, rispetto al quale non si riscontrano, se non a partire dagli ultimi anni dell'Ottocento, riflessioni né da parte della scienza economica[154], né tantomeno da parte di quella giuridica[155]. Inoltre, a rafforzare la sensazione che la coalizione commerciale avesse poco a che fare con i sindacati industriali, è soprattutto lo sfondo economico che il legislatore sembra avere come riferimento nel momento in cui elabora la disposizione sull'aggiotaggio generico *ex* art. 293[156], nonché quella sull'*aggiotaggio annonario ex* art. 326[157], configurandolo, quest'ultimo, come autonoma fattispecie di reato. Si trattava, cioè, di uno sfondo proto-industriale, dove, ad esempio, la scelta della punibilità dell'incetta di sostanze alimen-

154 Come sottolineato da Asso e Fiorito, l'argomento dei sindacati industriali «entra in modo sistematico nell'agenda degli studiosi di economia solamente con gli ultimi anni dell'Ottocento e con i primi decenni del secolo scorso», F. Asso e L. Fiorito, *Sulla apertura internazionale della manualistica italiana [...]*, cit., p. 158.

155 In questo senso, si deve ricordare l'assoluta sorpresa con cui Vidari, nel 1892, aveva recensito il volume di Betocchi, e come lo stesso Vidari avesse pubblicato l'anno prima, sempre nel *Filangieri*, un articolo sulla protezione del commercio nel nuovo Codice penale, senza però dare spazio né al tema della depenalizzazione delle coalizioni commerciali, né tanto meno a un collegamento tra l'art. 293 e i sindacati industriali. *Cfr.* E. VIDARI, *La protezione del commercio nel nuovo Codice penale*, in «Il Filangieri», Anno XV, Parte I, 1891, pp. 104-113. Piuttosto, era Amar a creare un collegamento tra le coalizioni commerciali *ex* art. 389 del Codice penale sardo e i sindacati. Tuttavia, oltre a trattarsi di un caso isolato (nonostante dimostri la presenza di sindacati industriali nell'Italia del 1886), tale collegamento si inseriva ancora all'interno di una trattazione unitaria del problema delle coalizioni e nell'ottica di affrontare il tema - come si avrà modo di vedere - dalla prospettiva delle clausole generali della legislazione civile, più che attraverso quella penale. *Cfr.* M. Amar, *Sulle coalizioni nell'industria e nel commercio [...]*, cit., p. 396. Si badi, con questo non vogliamo affermare che non fossero presenti cartelli industriali prima dell'ultimo quindicennio dell'Ottocento. Quello che vogliamo sottolineare è che, anche se vi fossero stati, la piena consapevolezza del fenomeno, così come una sua indagine, emerge solamente a partire da quel periodo in avanti. Sulla presenza di cartelli industriali in epoche risalenti, si veda A. Guenzi, *Un cartello industriale a Bologna nel secondo Settecento: la Società dei mercanti di velo*, in «Quaderni Storici», n. 96 (3), 1997, pp. 737-768.

156 «Aggiotaggio è un neologismo inelegante e cacofonico, del quale non è nemmeno facile conoscere l'etimologia. Molti scrittori hanno tentato di trovare una spiegazione, ed il certo è che l'origine è italiana e fu forse, formato dai frequentatori e speculatori di borsa che, non avendo avuto mai alcuna pretensione di purezza di linguaggio, col finale dispregiativo e peggiorativo, in un momento di cattivo umore e di perdite subite, vollero indicare tutte le variazioni sul rialzo o ribasso dell'aggio, prodotto da insidiose manovre. [...]. Nel senso volgare ed usuale rappresenta l'azione fraudolenta di coloro che, con sistemi contrari alla regolarità ed onestà del commercio, per ottenere un vantaggio personale o collettivo, riescono a rialzare o ribassare il valore delle azioni pubbliche o industriali», A. Sandulli, *Studi e questioni di diritto. 5. Aggiotaggio*, in «La Giustizia Penale. Rivista critica di dottrina, giurisprudenza, legislazione», Parte Prima (*I presupposti del diritto e della procedura penale*), 1936, p. 265.

157 Art. 326: «Chiunque, con false notizie o altri mezzi fraudolenti, produce la deficienza o il rincaro di sostanza alimentari è punito con la reclusione da un anno a cinque anni e con la multa da lire cinquecento a lire cinquemila; alle quali pene è aggiunta l'interdizione temporanea dai pubblici uffici, estesa all'esercizio della professione, se il colpevole sia un pubblico mediatore».

tari - nonostante «i mezzi di comunicazione [...] e la libera concorrenza che domina i [...] mercati» avessero reso «impossibili le fami e le carestie artificiali di un popolo» - era giustificata dal fatto che «qualche negoziante» avrebbe potuto «per qualche giorno [...] rincarare o [...] far mancare artificialmente i generi di prima necessità», generando così «lo scompiglio ed il turbamento in una città od in una classe di cittadini»[158]. Pertanto, se è vero, come è stato ricostruito, che «con la fine dell'Ottocento si trattava di iniziare a configurare una serie di reati 'nuovi', legati [...] ai progressi tecnologici e alle modifiche complessive della vita del paese»[159], è altrettanto vero, che a fianco di questa 'entrata' del penale nell'economia, sia riscontrabile anche una sua 'uscita', la quale, tuttavia, almeno per quanto riguarda le depenalizzazione in oggetto, si presenta non tanto come il riflesso delle nuove esigenze dell'era industriale, quanto piuttosto come un correttivo alla precedente struttura economica, dato dall'imporsi della dinamica concorrenziale nei mercati.

Ci sembra, dunque, che l'accostamento tra l'art. 293 e i sindacati industriali debba essere collocato non al momento della gestazione ed emanazione di tale disposizione – e dunque della depenalizzazione del delitto di coalizione commerciale –, ma piuttosto a un momento successivo. Tanto è vero che nella dottrina giuridica, si riscontra una certa tensione riguardo l'esatta riferibilità dell'articolo ai sindacati industriali. Infatti, se alcuni esponenti della dottrina si erano affrettati ad utilizzare in chiave analogica, la depenalizzazione delle coalizioni commerciali per sostenere che anche i sindacati industriali dovessero essere considerati assolutamente leciti, a patto che non ricorressero alla *diffusione di false notizie* o di *altri mezzi fraudolenti*, altri, invece, occupandosi approfonditamente del problema cartellistico, avevano bollato come «assurdo» il tentativo di ricercare «anche nei più recenti fra i codici penali attuali», ossia lo Zanardelli, delle norme adatte ad affrontare le nuove forme di intese[160].

1.1. La creazione di un quadro normativo per i «sindacati finanziari»

Se la considerazione alla chiusura del precedente paragrafo finiva per divenire il *leitmotiv* condiviso dalla maggior parte della dottrina giuridica italiana,

158 G. Crivellari-Suman, *Il Codice penale per il Regno d'Italia [...]*, cit., p. 432. Allo stesso modo, per quanto riguarda l'aggiotaggio generico, «Tizio con ogni mezzo possibile fa spargere la notizia che il raccolto di grano fu scarso, il grano quindi aumenta di prezzo, ed egli approfittando di ciò, prima che si scopra l'inganno, vende il prodotto de' suoi fondi, come non avrebbe potuto sperare, se la verità fosse stata conosciuta, egli si rende responsabile di questo reato», *ivi*, p. 332.

159 R. Ferrante, *Il diritto penale dell'economia nell'età dei codici. Dall'Illuminismo giuridico ai «nuovi reati»*, in *Itinerari in comune. Ricerche di storia del diritto per Vito Piergiovanni*, Milano, Giuffrè, 2011, p. 81.

160 U. Bozzini, *I sindacati industriali*, Milano, 1905, p. 293.

si deve tuttavia osservare come il richiamo agli altri mezzi fraudolenti sembrasse invece trovare un possibile applicabilità nei confronti di quelle «riunioni di capitalisti, banchieri, o istituti di banca, formate allo scopo di aprire il mercato a una nuova specie di titoli, o di regolare la domanda e l'offerta di determinati valori, o di influire altrimenti sul loro corso», e che il giuscommercialista Vittorio Angeloni definiva *sindacati finanziari*[161]. Il fatto che tali sindacati, di per sé leciti, potessero divenire illeciti, 'trasformandosi' nei c.d. *sindacati di aggiotaggio*, era già stato sottolineato da Cesare Vivante, il quale tuttavia aveva bollato tali manifestazioni come ipotesi «anormali», dalle quali non si poteva desumere quale «indizio di frode» la «segretezza delle loro operazioni», poiché questa costituiva il requisito fondamentale per il buon esito delle loro attività. Infatti, ricostruiva il giurista, se il pubblico fosse stato informato che il prezzo di un titolo non era determinato dalle normali dinamiche di domanda e offerta, ma mantenuto artificialmente alto da un sindacato tramite il blocco delle vendite o l'acquisto forzato di titoli, si sarebbe inevitabilmente persa la fiducia nel valore reale di quel titolo. Tale circostanza avrebbe compromesso l'efficacia del sindacato nel promuovere e rendere appetibile il titolo per un suo collocamento stabile e definitivo sul mercato, vanificando così l'obiettivo principale dell'intesa[162]. Piuttosto, ragionava la dottrina, si sarebbe dovuto agire attraverso le norme penali solo nel caso in cui i sindacati finanziari, pur perseguendo uno scopo economico formalmente lecito, avessero come fine il raggiungimento di obiettivi illeciti[163]. Stante la pluralità delle diverse sottospecie di sindacati finanziari esistenti[164], si evidenziava come risultasse particolarmente difficoltoso operare a priori una individuazione delle possibili forme illegittime. Pertanto, era necessario rimandare la decisione sulla loro liceità o illiceità all'analisi dei singoli casi concreti. Questo comportava una valorizzazione del richiamo legislativo agli *altri mezzi fraudolenti*, i quali finivano per configurarsi quale criterio ermeneutico atto a indagare la «distinzione sottile e difficile» intercorrente tra «speculazione e aggiotaggio», snodo fondamentale per vagliare le liceità o meno di un sin-

---

161 V. ANGELONI, *Sindacati finanziari. Studio di diritto commerciale*, Vallardi, Milano, 1909, p. 2. Angeloni confermava quel dissidio terminologico sul quale ci si è soffermati precedentemente: «la parola «*sindacato*» (francese *syndicat*), entra nell'uso con la cosa da non molto tempo, nel linguaggio economico politico, giuridico, finanziario, ha il significato generico di «unione», «accordo», «associazione», «coalizione»; [...], col vocabolo «sindacato», data la sua significazione generica si intendono quelle coalizioni, quelle associazioni, che si formano tra grandi istituti industriali, di commercio di credito, per regolare e dirigere il mercato di una categoria di merci e di titoli, per elevarne i prezzi, o per evitarne i ribassi, per assicurarne un minimo di profitto ai capitali investiti, o per ripartire dei benefici. Così si hanno da un lato i sindacati industriali, dall'altro i sindacati finanziari», *ivi*, p. 1.

162 C. VIVANTE, *I sindacati per la compera e per la vendita delle azioni*, in «Rivista di diritto commerciale», I, 1904, pp. 266-269.

163 G. ARIAS, *Sulla classificazione dei sindacati finanziari*, in «Il Diritto commerciale», 1911, nota 1, p. 198.

164 Sul punto si veda, V. ANGELONI, *Sindacati finanziari [...]*, cit., pp. 18-76 e p. 94.

dacato finanziario[165]. Si veniva così ad affidare al giudice un compito nuovo, quanto delicatissimo, ossia di correggere le eventuali distorsioni del mercato finanziario portate alla sua attenzione dalla conflittualità capitalista[166]. Tuttavia, nel contesto giurisprudenziale si può riscontrare una certa difficoltà nel giudicare dei nuovi fenomeni. Infatti, da principio, la giurisprudenza, con la sentenza che risolveva «per la prima volta in Italia la questione della nullità dei contratti di borsa aventi per oggetto titoli manovrati dall'aggiotaggio»[167], stabiliva - probabilmente nell'ottica dell'antica *illiceità per sé* delle coalizioni-che, «provato che abbia avuto vita un Sindacato per l'aumento illegittimo delle azioni di una società e che per opera del sindacato questi titoli fossero stati accaparrati, si hanno gli estremi dell'aggiotaggio, ossia una frode in commercio, punibile a senso dell'art. 293 cod. pen»[168]. Successivamente, in sede di Appello, la traiettoria interpretativa veniva a subire un 'viraggio' verso posizioni più benevoli nei confronti del sindacalismo finanziario. Si stabiliva, infatti, che, per potersi configurare il reato previsto dall'art. 293 c.p., oltre all'intenzione di produrre un aumento o una diminuzione fittizia dei prezzi e il turbamento degli stessi, fosse indispensabile l'uso di mezzi fraudolenti, ossia mezzi atti a ingannare, tra i quali non potevano rientrare la costituzione di un sindacato per il rialzo, l'incetta di titoli e il darli a riporto, ottenendo anticipazioni in danaro[169]. A far propendere la Corte d'Appello romana per questa soluzione aveva contribuito il parere redatto, per l'occasione del ricorso, da David Supino:

> ammesso che i sindacati finanziari costituiscano a priori un mezzo fraudolento di fronte all'art. 419 del Codice francese ed al corrispondente art. 389 del Codice sardo, la stessa opinione non è più sostenibile oggi di fronte al vigente Codice

---

165 *Ivi*, p. 84. Ci sembra interessante riportare la circostanza di come, nel caso del rapporto tra l'art. 293, e i sindacati finanziari la dottrina e la giurisprudenza italiana si fossero adoperati per creare un autonomo percorso giuridico rispetto alla tradizione francese, la quale aveva ritenuto che le coalizioni per il rialzo delle azioni di una società industriale dovessero cadere sotto «la sanzione dell'art. 405 relativo alla truffa, se sono accompagnate, da manovre fraudolente», *Nota a Corte di Appello di Roma, 17 agosto 1892*, in «Giurisprudenza Italiana», 1892, p. 510.

166 Infatti, come ricordava la giurisprudenza, con il richiamo ai mezzi fraudolenti, «il legislatore non volle in alcuna guisa definirli né determinarli, e lasciò al magistrato di giudicare se azioni e fatti, anche in apparenza leciti, possano essere ritenuti mezzi fraudolenti, allorché diretti ad un fine contrario alla legge, riescono a violar questa e a ingannare le buona fede e l'onestà delle contrattazioni commerciali e di borsa», *Corte di Cassazione di Roma, 8 maggio 1895*, in «Il Foro Italiano», Vol. XX, 1895, p. 344.

167 *Nota a sentenza Tribunale civile di Roma, 29 aprile 1892*, in «Il Foro Italiano», Vol. XVII, 1892, p. 603.

168 *Tribunale civile di Roma, 29 aprile 1892*, in «Il Foro Italiano», 1892, Vol. XVII, pp. 602-603.

169 *Corte d'Appello di Roma, 30 marzo 1895*, in «Rivista penale di dottrina, legislazione e giurisprudenza», Vol. XL, 1895, p. 44. Similmente, *Corte di Cassazione di Roma, 6 giugno 1904*, in «Rivista di diritto commerciale», I, 1904, pp. 321-324.

penale, il quale non parlando altrimenti della coalizione o sindacato escludeva in questo il carattere aprioristico di mezzo fraudolento [...]. Dunque, il sindacato non costituisce più oggi di per sé stesso una societas sceleris come lo chiama la sentenza; il che non toglie che talvolta, anzi molte volte purtroppo, i sindacati di borsa si valgano di mezzi fraudolenti per l'aggiungere lo scopo. Allora sarà il caso di colpirli col disposto dell'art. 293, diversamente costituiscono legittime manifestazioni della libertà commerciale[170].

Così, liberati i sindacati finanziari dalla presunzione di essere, di per sé, un mezzo fraudolento, si doveva comunque cercare di individuare quando, eventualmente, la fattispecie penale avrebbe potuto loro applicarsi. In questo senso, appariva chiaro ai giuristi come i mezzi fraudolenti *ex* art. 293 c.p. dovessero trovarsi in un rapporto di analogia con quelli già indicati all'interno della norma, ossia le false notizie. Pertanto, il mezzo si sarebbe rivelato sempre fraudolento solo se si fosse estrinsecato in una attitudine a trarre il pubblico in inganno[171]. Partendo da questo punto fermo, Vivante rilevava l'illiceità di quei gruppi di forti azionisti che, coadiuvati dagli amministratori delle società, prevedendo come prossima la rovina della stessa, si costituivano in un sindacato «per sostenerne le azioni e collocarle abilmente coll'aiuto di informazioni ingannevoli, di bilanci fittizi e fors'anche di dividendi distribuiti col consumo del capitale». Allo stesso modo, «il caso opposto», ossia quello di amministratori che entravano in un sindacato con l'intenzione di abbassare il prezzo delle azioni per acquistarle a prezzi molto bassi, nascondendo gli utili acquisiti nelle pieghe del bilancio, ripartendo pochi o nessun dividendo, così da deprimere ulteriormente il valore delle azioni, per acquistarle a prezzi più vantaggiosi e godersi, successivamente, gli utili attraverso una risalita del valore delle azioni»[172].

Ma, al di là delle singole ipotesi di sindacati illeciti che la fattualità della vita finanziaria poteva presentare, ci sembra che il dato più interessante si debba rinvenire nell'impegno della dottrina nel cercare di rivitalizzare disposizioni che, nate per governare contesti economici passati, venivano rilette come idonee a strutturare un sistema coordinato di norme per rispondere alle sfide del dinamismo finanziario. Infatti, Angeloni, al di là di quanto già osservato in

---

170 R. Corte d'Appello di Roma (Sezione Penale), *Parere del Prof. David Supino nella causa contro Lazzaroni Barone Michele e Nizzola Emilio per il delitto di aggiotaggio*, Roma, 1895, p. 20.

171 *Ivi*, p. 26. A sostegno di questa impostazione, Supino si rifaceva alle conclusioni raggiunte da Luigi Majno nel 1893 all'interno del *Monitore dei Tribunali*: «in tutto il linguaggio del Codice penale la frode e i mezzi fraudolenti implicano sempre un inganno che per scopo di lucro si compie a danno altrui. Senza cercare nel Codice inutilmente altri esempi, basterà avvertire che l'inganno è il concetto dominante di tutti i reati contemplati, come quello dell'art. 293 nel Capo *Delle frodi nei commerci e nelle industrie*. Gli altri mezzi fraudolenti ai quali accenna l'art. 293 *devono perciò rappresentare al pari delle false notizie un inganno posto in opera come mezzo per produrre l'alterazione dei prezzi*», *ivi*, pp. 27-28.

172 C. Vivante, *I sindacati per la compera e per la vendita delle azioni, [...]*, cit., p. 266.

riferimento all'articolo 293 c.p., riconduceva, all'art. 144 cod. Comm.[173], l'ipotesi di un sindacato costituito per sostenere le azioni di una società, con partecipazione della medesima, la quale impiegasse parte del suo capitale per le operazioni di compra, vendita e riporto, allo scopo di rendere i titoli sicuri e favorevoli al mercato. Questa tipologia di sindacato, sulla scia delle riflessioni di Vivante e in opposizione a quanto sostenuto da Navarrini, avrebbe visto colpiti i suoi acquisti da nullità relativa *ex* art. 144, in quanto, scrive Angeloni, «un sindacato che si propone di compiere una serie di atti vietati dalla legge, è per sé stesso illegittimo» e, perciò, «il contratto ha un oggetto illecito ed è perciò illecito esso stesso»[174].

Similmente, un'altra specie di sindacati da reputarsi illeciti era quella dei sindacati costituiti allo scopo di acquistare e rivendere azioni già sottoscritte, prima che la società fosse stata legalmente costituita. Questi dovevano essere colpiti, *ex* art. 137 cod. comm.[175], da una nullità assoluta, in quanto esercenti un'attività *contra legem*. Infatti, la finalità della norma (e la sua estensione ai sindacati) era quella di prevenire la speculazione sulle azioni di società non ancora formalmente costituite, che venivano acquistate esclusivamente con l'intento di rivenderle a prezzi gonfiati, approfittando del fatto che il pubblico non fosse in grado di valutare adeguatamente la solidità della nuova impresa. Pertanto, un sindacato che avesse avuto come obiettivo la vendita o la cessione di azioni di una società prima della sua costituzione legale, sarebbe sempre risultato in contrasto con il divieto stabilito all'art. 137, indipendentemente dal fatto che fosse composto interamente o in parte da sottoscrittori, o che avesse agito a titolo personale o come intermediario per conto dei vari sottoscrittori[176]. Diversamente, nella teorica di Angeloni, il

173 Art. 144 cod. comm.: «Gli amministratori non possono acquistare le azioni della società per conto di essa, salvo il caso in cui l'acquisto sia autorizzato dall'assemblea generale, e sempreché si faccia con somme prelevate dagli utili regolarmente accertati e le azioni siano liberate per intiero. In nessun caso essi possono accordare sulle azioni stesse alcuna anticipazione».

174 V. Angeloni, *Sindacati finanziari [...]*, cit., pp. 99-106. La *ratio* originaria della norma era di proibire «agli amministratori di acquistare le azioni della società da essi amministrata col denaro della medesima, o di ritirarle anche soltanto a titolo di garanzia perché con questo espediente si rendeva agli azionisti, come prezzo di acquisto o come anticipazione, il denaro che deve restare nel patrimonio della società, a garanzia esclusiva dei creditori sociali, fino al loro integrale pagamento [...]. Si volle impedire l'abuso per cui gli amministratori, anche nel perdonabile intento di sostenere il prezzo delle azioni perseguitate dalle manovre di borsa, le comprano con i denari sociali, correndo il rischio che nel dì del fallimento o della liquidazione i creditori della società trovino nel suo patrimonio, in luogo di altri beni mobili o immobili, dei fogli di carta, privi di ogni valore effettivo», C. Vivante, *I sindacati per la compera e per la vendita delle azioni, [...]*, cit., p. 269.

175 Art. 137: «Ogni vendita o cessione di azione fatta dai sottoscrittori prima della legale costituzione è nulla e di niun effetto; e l'alienante può essere costretto a restituire le somme che gli fossero per ciò state pagate».

176 *Cfr.* V. Angeloni, *Sindacati finanziari [...]*, cit., p. 107.

combinato disposto dell'art. 137 con l'art. 1118 del cod. civ. permetteva di considerare leciti quei sindacati costituiti per il collocamento o la vendita di azioni future, che non rappresentassero altro che l'aumento del capitale di una società già legalmente costituita. Allo stesso modo, inoltre, sarebbero risultati leciti anche quei sindacati volti al collocamento di azioni od obbligazioni di una società, e formatisi dopo l'avvenuta sua costituzione, o contemporaneamente ad essa. In ultima analisi, potevano essere ritenuti leciti anche quei sindacati per il collocamento di azioni formatisi prima della legale costituzione della società e che si proponevano di effettuare il collocamento dopo la sua costituzione[177].

Rimanendo all'interno dei possibili legami tra codice del commercio e dimensione, questa volta, sindacal-industriale, si deve osservare come anche per i cartelli fosse stata avanzata, da parte di Betocchi, una proposta per 'affrontarli' dalla prospettiva della «legislazione vigente, [...] non quella penale ma la commerciale». Il giurista napoletano riteneva, infatti, che nel codice di commercio si potessero rinvenire quei «mezzi» che avrebbero permesso «alla coalizione di espandersi liberamente, senza pregiudizio dell'ordine pubblico o degl'interessi del commercio». Nel concreto, la proposta prevedeva l'assoggettamento dei sindacati industriali alla disciplina sulla fusione delle società commerciali (artt. 193-196 del codice di commercio). Nel loro insieme, queste disposizioni avrebbero permesso, in attesa di una «legiferazione a proposito», di attribuire anche ai sindacati industriali quelle «garanzie di assennatezza e di onestà», consentendo loro «la coesistenza» con le «più istituzioni commerciali»[178]. La proposta di Betocchi rimarrà isolata all'interno del panorama dottrinale italiano. Il motivo del suo insuccesso risiedeva nel non aver colto l'incompatibilità ontologica tra le finalità insite

177 *Ivi*, pp. 109-110.

178 In particolare, attraverso l'utilizzo delle richiamate norme del codice di diritto commerciale, sarebbe venuto meno l'elemento della «clandestinità» dei sindacati, in quanto l'art. 194 imponeva che la fusione (o la cartelizzazione, dal punto di vista di Betocchi) tra società dovesse risultare da un'esplicita dichiarazione o deliberazione dei soci, e che gli atti relativi fossero depositati, trascritti, affissi e pubblicati attraverso i vari strumenti di diffusione delle vicende societarie. In secondo luogo, il fatto che la fusione (o la cartelizzazione) fosse potenzialmente perpetua — cioè che non si potesse «scindere da un momento all'altro o sospendere, ma soltanto definitivamente sciogliere» — e che fosse previsto il pagamento di una tassa proporzionata agli apporti dei vari capitali, avrebbe permesso, nella visione di Betocchi, di ostacolare le coalizioni con scopi illeciti e prive di una base solida. In particolare, contro queste ultime il deterrente più efficace sarebbe stato l'obbligo, contenuto nell'art. 195, secondo cui la fusione (o la cartelizzazione) non avrebbe potuto aver luogo se non dopo il pagamento di tutti i debiti sociali, il deposito della somma corrispondente nella Cassa depositi e prestiti, o con il consenso esplicito dei debitori. Infine, la fusione (o la cartelizzazione) non avrebbe mai potuto essere utilizzata come una «scappatoia» per sfuggire ad obbligazioni precedenti, in quanto l'art. 196 stabiliva che la società (o il cartello) derivante dalla fusione (o dalla cartelizzazione) avrebbe assunto sia i diritti sia le obbligazioni delle società preesistenti, C. Betocchi, *Le coalizioni industriali [...]*, cit., pp. 74-77.

nell'accordo di cartello e quelle, ben diverse, degli accordi di fusione. Infatti, con i primi, gli imprenditori miravano a mantenere sempre elevato il grado di autonomia delle rispettive imprese; pertanto, non poteva esservi alcun tipo di interesse da parte loro a instaurare legami giuridici irreversibili. In via del tutto ipotetica, forse, la proposta di Betocchi avrebbe potuto trovare nei *trusts* una possibile applicazione, dal momento che, come si osservava, l'adesione a questi ultimi implicava sempre per le singole imprese una totale perdita di indipendenza[179].

2. Né americani, né austriaci: riflessioni e proposte per una «Commissione di vigilanza» italiana

Gli echi che arrivavano tanto dagli Stati Uniti, quanto dall'area austro-tedesca sulla possibilità di trovare una risposta al problema dei sindacati industriali nell'alveo dell'amministrazione, riscossero un certo interesse nell'Italia di fine Ottocento. È in particolare 'il Marghieri del 1897' a farsi promotore di questa suggestione, proponendo però di indirizzare gli studi sui nuovi complessi economici verso gli Stati Uniti. L'interesse di Marghieri per una 'soluzione all'americana' era dettato dal timore di una possibile replica di quanto stava accadendo in Germania ed in Austria, dove, scrive il giurista, i cartelli erano sembrati «una buona occasione» per avviare riflessioni volte ad «estendere la funzione dello Stato [...] nella direzione della industria»[180]. Infatti, parte della dottrina economica italiana aveva palesato in più occasioni la preoccupazione che, in realtà, dietro a questo «sistema economico nuovo e generale»[181], a questa «der Kartelleirung der Industriezweige», si celasse il preludio ad una «organizzazione completamente collettivista» dell'economia e della

179 Ci sembra che, sul punto, ci si possa affidare ancora una volta alle parole di Camillo Supino, il quale, in un articoletto del 1902 apparso sulla *Rivista Marittima*, così si esprimeva sull'intensità di legame tra aziende all'interno dei *trusts*: «la parola trust in inglese significa fiducia, e da questa parola si forma anche trustee, per denotare una persona, a cui è affidata l'amministrazione di un bene qualunque. In base al significato etimologico, si stabilisce un trust, quando gli azionisti di parecchie società industriali e commerciali trasferiscono la proprietà delle loro azioni nelle mani di un consiglio di curatori, i quali acquistano così un diritto sopra l'intero capitale impiegato nelle varie imprese di questo ramo speciale d'industria e di commercio ed ottengono un completo controllo sulle operazioni di produzione e di vendita di tali imprese medesime. Le varie società esercenti un dato ramo di traffico, che prima erano staccate, che agivano separatamente, che si facevano concorrenza tra loro, si uniscono, mediante il trust, in un ente morale unico ed autonomo, che ha un'unica direzione, che dà un indirizzo uniforme a tutte le aziende associate, eliminando la concorrenza tra di esse e regolando la produzione e l'esito in modo da garantirsi dei prezzi rimuneratori superiori al costo, insieme ai più elevati profitti possibili», C. Supino, *Il «trust» oceanico*, in «Rivista Marittima», Anno XXXV, Secondo Trimestre, 1902, p. 400.

180 Congresso Giuridico Nazionale, *II. (Relazione di Alberto Marghieri) [...]*, cit., p. 332.

181 U. Rabbeno, *Protezionismo americano [...]*, cit., p. 300.

società[182]. Al di là di queste paure, è noto come l'«ideologia dell'industrializzazione italiana» fosse fortemente attratta dalle dinamiche economico-sociali tedesche. Tuttavia, vi erano anche personalità, come ad esempio il già citato Montemartini, che cercavano di 'travasare' nel socialismo italiano, in particolare nella corrente c.d. riformista, le idealità del modello statale anglosassone, mostrando al contempo interesse per le novità provenienti dagli Stati Uniti[183]. È in questo filone di interesse per i 'modelli' alternativi - senza per questo voler ascrivere Marghieri tra le fila del socialismo riformista - che sembra inserirsi il suo progetto. Questo, però, era marcato dalla volontà di non replicare quel «vizio radicale» della legislazione *antitrust* d'oltreoceano, cioè la condanna - come recitava la *Section 1* dello *Sherman Act* - di *every contract, combination in the form of trust or otherwise, or conspiracy, in restraint of trade or commerce*. Piuttosto, dalla nazione americana si doveva recepire, secondo il giurista, la tendenza verso la *economic regulation*, introducendo, cioè, una commissione di vigilanza sul modello della *Interstate Commerce Commision*. Tuttavia, i «criteri fondamentali» del sistema straniero andavano riadattati alla specificità italiana: in primo luogo, si sarebbe dovuta adottare una legislazione che permettesse di differenziare le diverse forme assunte dall'aggregazione del capitale[184]. In secondo luogo, era necessario applicare ai sindacati industriali il sistema di *pubblicità* previsto per le società per azioni[185]. Quanto allo snodo fondamentale della *vigilanza,* poi, questa doveva

182 R. DALLA VOLTA, *Le coalizioni industriali, [...]*, cit., pp. 46-47.

183 *Cfr.* A. CARDINI, *Marginalismo, liberismo e socialismo: Giovanni Montemartini*, in M.E.L. GUIDI, L. MICHELINI (a cura di), *Marginalismo e socialismo nell'Italia liberale 1870-1925*, Feltrinelli, Milano, 2001. pp. 121-136.

184 In riferimento a questo aspetto, Marghieri, aveva lodato la Legge del Texas del 30 marzo 1889, la quale considerava come *trusts* tutte quelle combinazioni che avevano lo scopo di ostacolare il commercio, ridurre o limitare la produzione, manipolare i prezzi, impedire la concorrenza o stabilire un controllo artificiale sui prezzi delle merci. Per contrastare questi abusi, la legge introduceva sanzioni rigorose, e ogni sua violazione era considerata un attentato alla libertà del commercio. In particolare, chi partecipava a tali coalizioni o le sosteneva, anche indirettamente, era punito con multe elevate e con pene detentive che potevano arrivare fino a dieci anni. Inoltre, per condannare qualcuno, non era necessario dimostrare l'esistenza di un contratto scritto tra i partecipanti: bastava provare la sua partecipazione alla coalizione illecita, anche attraverso fatti noti o di pubblica evidenza. Marghieri suggeriva anche ulteriori perfezionamenti alla legge. Riteneva utile, infatti, distinguere i *trusts*, che agivano direttamente nel mercato per speculare a proprio vantaggio, dai sindacati di difesa, che avevano, invece, l'obiettivo di regolare la speculazione senza parteciparvi direttamente. Secondo lui, i sindacati di difesa avrebbero dovuto avere limitazioni chiare: non svolgere attività speculative e non prolungare la propria durata oltre un termine ragionevole, salvo esplicite autorizzazioni. Questi divieti avrebbero evitato che i sindacati degenerassero in *trusts* e avrebbero garantito un equilibrio tra protezione degli interessi legittimi e tutela del mercato, *cfr.*, CONGRESSO GIURIDICO NAZIONALE*, II. (Relazione di Alberto Marghieri) [...]*, cit., pp. 334-335.

185 Questo avrebbe permesso di raggiungere tre obiettivi principali«1) quello di rendere valido e legale il sindacato, il quale, non ottemperando alle prescrizioni della legge su questo punto, sarebbe senz'altro dichiarato nullo e i suoi componenti verrebbero condannati ad

concretizzarsi, come poc'anzi ricordato, nell'istituzione di una commissione, alla quale «commettere poteri pari a quelli che la legge straniera attribuisce», introducendo, però, una variante fondamentale: le decisioni della Commissione sarebbero dovute essere dichiarate direttamente esecutive dall'autorità giudiziaria senza «altro esame di fondo», residuando in capo a quest'ultima solamente il diritto di dare corso, su richiesta del convenuto, a una contro-inchiesta innanzi alla Commissione stessa. Per tale motivo, quest'ultima, nominata con regio decreto, doveva essere rappresentativa tanto del mondo economico (due delegati della Camera di commercio, un delegato dei principali industriali, commercianti o banchieri di un prestabilito gruppo di province e un agente di cambio), quanto di quello giudiziario (un consigliere di Corte di Appello, proposto dal primo presidente)[186].

Anche l'economista Balbi - convinto, come Marghieri, che il «caposaldo di una discussione sui compiti dello Stato di fronte alle nuove organizzazioni industriali» non potesse che avere come premessa una loro «esatta distinzione», all'interno della quale i «*cartell*» apparivano come «la forma più perfezionata» di istituzione capitalista[187] - dava seguito, nel 1905, all'elaborazione di un progetto per una soluzione amministrativa del problema sindacale, partendo da una serie di riflessioni sui rapporti tra Stato e sindacati, avviate, come visto, già alla volta del 1901. In particolare, per Balbi, il progetto austriaco, cui si è accennato nel capitolo precedente, non forniva «sufficienti garanzie» perché gli industriali decidessero di affidare l'esame del complesso dei loro affari all'«amministrazione statale». Allo stesso modo, gli appariva pericoloso il 'modello Montemartini', ossia l'idea di instaurare un controllo dello Stato sulle imprese private monopolistiche attraverso Commissioni centrali, i cui membri sarebbero stati eletti tramite votazione popolare[188]. Anche gli strumenti già esistenti, come la Commissione reale stabilita dalla legge 17 marzo 1900 n° 173 sul credito comunale e provinciale, poi

una grave ammenda [...]; 2) quello di render noti al pubblico: a) lo scopo del sindacato, b) la sua organizzazione, c) il suo funzionamento; d) la sua durata; 3) quello di potersi esercitare, entro un dato termine, p. es. 30 giorni, ricorsi e reclami per dichiarazioni di nullità, di illegalità, ovvero per ottenere opportune modificazioni di patti statutari contrari alla legge e allo scopo di difesa. Queste azioni spetterebbero: a) ad ogni interessato (produttore o commercianti nei generi cui si riferisce il sindacato o in generi affini); b) al pubblico ministero; c) alla Camera di Commercio o ad ogni altra associazione industriale e commerciale, istituita in pubblico e generale interesse od avente potestà di agire», *ivi*, p. 338.

186 *Ivi*, pp. 341

187 D. Balbi, *I sindacati industriali e commerciali e l'azione dello Stato: per un ordinamento legislativo dei sindacati industriali e commerciali [...]*, cit., pp. 35-39. La dicotomia, per Balbi, è distinzione tra la forma «unitaria» e la forma «federativa» dell'associazionismo capitalistico, tra «integrazione» e «aggregazione» dei processi industriali, tra «speculazione» e «overcapitalism», *ivi*, pp. 36-38.

188 Sulle Commissioni centrali di Montemartini si veda G. Montemartini, *Sulla municipalizzazione [...]*, cit., p. 315.

servita come modello per la commissione che diede corso all'applicazione della legge sulla municipalizzazione dei pubblici servizi, non potevano, per l'economista, essere replicati, in quanto si trattava, nel caso di specie, di problemi essenzialmente economici, che necessitavano di competenze non rinvenibili all'interno degli apparati pubblici dello Stato[189]. Nel caso dei sindacati industriali era necessaria, piuttosto, una commissione con il compito specifico di analizzare l'organizzazione sindacale dell'industria e del commercio in relazione alle leggi vigenti, con funzioni consultive riguardo alle modifiche o all'abolizione di tali leggi, e con poteri decisionali nei casi espressamente previsti dalla normativa[190]. Il 'progetto Balbi' risulta interessante anche per altri due aspetti: in primo luogo, per la volontà di connettere la dimensione nazionale in cui operavano i sindacati con la dimensione internazionale delle relazioni economiche tra le nazioni (per questo, nella Commissione, doveva sedere un componente del ministero degli Esteri) e, in secondo luogo, per la proposta di affidare alla Commissione un doppio potere di inchiesta, per chiarire le cause naturali o artificiali dei sindacati investigati e per studiare l'intensità dell'azione del sindacato sulla massa dei consumatori e sugli altri produttori, così «da stabilire», scrive l'economista, «se conviene permettere una situazione di privilegio o di monopolio o se non è invece più opportuno tutelare maggiormente gli interessi della generalità»[191].

Le proposte di commissione 'targate' Marghieri, Montemartini e Balbi, mettono in luce alcuni aspetti peculiari del caso italiano. Innanzitutto, pur partendo dal medesimo presupposto di Menzel e del progetto austriaco - ossia di come gli «ordinamenti giudiziari» apparissero oramai «in una stridente contraddizione co' i caratteri che distinguono la vita presente; dalla scienza alla pratica, dalle arti alla industria ed al commercio»[192] - si cercava di formulare una risposta italiana al fenomeno. Questa risposta prevedeva di uscire dall'euritmia codicistica e di aprire a una riconsiderazione del ruolo che le istituzioni giuridiche esistenti avrebbero potuto assumere di fronte alle rapide trasformazioni della dinamica economica. Detta visione si inserisce nel processo evolutivo in cui lo Stato di diritto risponde alle nuove esigenze di garanzia giuridica, ma, allo stesso tempo, definisce un assetto istituzionale che riduce il ruolo creativo della giustizia. In questo contesto, l'ammini-

---

189 D. Balbi, *I sindacati industriali e commerciali [...]* cit., p.116

190 *Ivi*, 115-116. In particolare, «ad esempio la commissione di vigilanza dovrebbe aver facoltà di emettere il suo parere decisivo sulla costituzione di un sindacato, sia perché da ritenersi sostanzialmente *illecito* sia perché i patti contemplati dalla statuto si scostino da certi principi non derogabili fissati dalla legge; dovrebbe poter senz'altro richiamare il sindacato all'osservanza delle norme fissate dallo Statuto e dalla legge, dato che esso da queste si allontani; dovrebbe poter sciogliere l'associazione e farle perdere la personalità giuridica nei casi di più grave e flagrante infrazione», *ibidem*.

191 *Ivi*, p. 119.

192 Congresso Giuridico Nazionale, *II. (Relazione di Alberto Marghieri) [...]*, cit., p. 342.

strazione pubblica acquisisce il monopolio nella realizzazione delle funzioni pubbliche. Le proposte per conferire all'amministrazione poteri più ampi per intervenire sulla dinamica dei cartelli sono, a nostro avviso, un segno di quella crescente centralità che la dimensione amministrativa assume nel panorama istituzionale della fine dell'Ottocento[193]. Il secondo aspetto di interesse risiede nel fatto che, in Italia, l'idea di creare una commissione di vigilanza emerge esclusivamente tra coloro che promuovevano una visione dicotomica tra *trust* e cartello. È probabile, quindi, che l'adesione a questa prospettiva abbia spinto tali autori ad approfondire la ricerca e la sperimentazione di nuovi strumenti giuridici – le commissioni di vigilanza, appunto – per consentire un intervento dello Stato *ex ante*, ossia al momento della formazione degli accordi di sindacato. Diversamente, l'approccio generalista, che interpretava il fenomeno di trusts e cartelli come parte di un unico movimento, portava a due possibili conseguenze: da un lato, sostenerne pienamente lo sviluppo (come proposto da Barassi), anche in virtù della necessità per il capitalismo italiano di avvalersi di ogni forma di coalizione per favorire il proprio sviluppo; dall'altro, opporvisi con determinazione (come sostenuto da Dalla Volta). Questa visione manichea, che trovava i suoi riferimenti giuridici sia nell'esasperazione della libertà industriale e della libertà di contratto, sia in una rigida penalizzazione delle coalizioni tra imprese, comportava, in entrambi i casi, che l'intervento sul fenomeno consortile potesse avvenire solo in presenza di un conflitto giudiziario. Questo accadeva, ad esempio, quando un aderente all'accordo tentava di liberarsi, per via legale, dalle restrizioni di una 'fratellanza' imprenditoriale ormai divenuta svantaggiosa. Cosicché, anche all'interno della corrente generalista, ci si rese conto di quanto fossero eccessivi gli esiti di tale polarizzazione, e si iniziò a propugnare il ricorso a schemi ibridi, o meglio, come scriveva Bozzini, allievo di Marghieri, a un sistema «eclettico», nel quale si affacciava anche il ricorso al diritto amministrativo[194]. Tuttavia, a leggerle attentamente, si tratta di proposte che, oltre a rimanere a uno stadio meramente embrionale, faticano, nonostante la critica, ad uscire dall'idealità euritmica dei codici, sia essa penale piuttosto che civile, la quale continua a rimanere il valore di riferimento da preservare, e alla quale cercare di ricondurre sempre e comunque la soluzione del problema dei sindacati industriali.

Ora, questi progetti non usciranno mai dal perimetro degli studi dottrinali (oltretutto è da riportare il silenzio dei cultori del diritto amministrativo sul tema[195]) per assurgere a progettualità di livello ufficiale, e anzi, in alcuni casi,

193 Sul tema si veda, L. Mannori e B. Sordi, *Giustizia e amministrazione* in M. Fioravanti (a cura di), *Lo Stato moderno in Europa, Istituzioni e diritto*, La Terza, Bari, 2008, pp. 83-94.

194 *Cfr.* U. Bozzini, *I sindacati industriali [...]*, cit., pp. 295-305.

195 Del resto, come è stato acutamente ricostruito, questi sono impegnati tra la fine dell'Ottocento e l'inizio del Novecento nei «grandi temi della specialità amministrativa», B. Sordi, *Diritto pubblico e diritto privato. Una genealogia storica*, Il Mulino, Bologna, 2020, pp.

verranno addirittura ripudiati da coloro i quali li avevano proposti. In questo senso, Marghieri, in quello scritto del 1910 precedentemente citato, arriverà a disconoscere il suo progetto del 1897 - «l'argomento fu trattato con criteri che un esame più approfondito e la maggiore conoscenza della pratica consigliano di modificare alquanto» -, arrivando a denunciare con forza tutta l'«inanità» delle «aspirazioni e sanzioni d'ordine amministrativo» segnate, a suoi dire, dal pregiudizio di ritenere i sindacati industriali un «fenomeno anormale». In particolare, criticava le proposte d'istituzione di un *registro ufficiale dei sindacati industriali,* nel quale trascrivere i loro statuti, che, per il giurista, erano figlie dello «spirito restrittivo del formalismo», cioè di una tendenza ispettiva fuorimisura, indirizzata a voler conoscere ogni notizia riguardante tanto l'azione sindacale verso l'esterno, quanto le deliberazioni interne in materia di prezzi, quantitativi prodotti e condizioni di acquisto e vendita[196].

In questo contesto e in assenza di interventi da parte del legislatore, la giurisprudenza penale, come già osservato, si impegnerà a adattare le norme per contrastare gli abusi dei sindacati finanziari, mentre quella civile, come si avrà agio di vedere più oltre, seguirà un approccio simile nei confronti degli industriali.

3. La tendenza alla coalizzazione obbligatoria, ossia un preludio all'intervento statale in economia

Sebbene in Italia non si giungerà mai alla creazione di una commissione di vigilanza sui sindacati industriali, è possibile osservare come alcuni settori economici siano stati sottoposti a regolazione statale. Ci riferiamo, da un lato, ai comparti dello zolfo e degli agrumi siciliani e, dall'altro, a quel frammento di legislazione *antitrust* costituito dal combinato disposto della legge del 31 gennaio 1901, n°23 sull'emigrazione, con quella sui premi alla Marina Mercantile. Quanto ai primi interventi, per comprenderne la portata dirom-

123-132. Tuttavia, il loro silenzio perdurerà anche nel panorama sensibilmente diverso degli anni Trenta e Quaranta, nel quale, in virtù di una 'incomunicabilità' tra «amministrazione ed economia», lo studio dei «grandi temi dell'impresa, dei consorzi, delle unioni di imprese» verrà monopolizzato da civilisti e commercialisti, B. Sordi, *La resistibile ascesa del diritto pubblico dell'economia*, in «Quaderni fiorentini per la storia del pensiero giuridico moderno» n. 28, 1999 *(Continuità e trasformazione: la scienza giuridica italiana tra fascismo e repubblica)*, Tomo II, pp. 1055-1056.

196 A. Marghieri, *Il processo giuridico dei sindacati fra aziende, [...]*, cit., p. 332 e pp. 353-354. In realtà, i c.d. *cartel registers* sono uno strumento che, in quegli anni, è in fase di introduzione e consolidamento in ordinamenti giuridici tanto di *common law*, quanto di *civil law*, sul tema si veda diffusamente, S. Fellellman e M. Shanahan (cur.), *Regulating Competition: Cartel registers in the twentieth-century world*, New York & Londres, 2016.

pente, è sufficiente riportare le parole con le quali Luigi Einaudi accoglieva l'istituzione del Consorzio dello zolfo:

> uno dei fatti più importanti della storia industriale moderna non pur d'Italia, ma del mondo» [...] con esso lo stato italiano si è messo a capo – per motivi di fatto, spinto da considerazioni d'urgenza e quasi senza saperlo – di uno dei più interessanti sperimenti, se non di collettivismo, di regolazione e monopolizzazione di un'industria importante, a cui si possa oggidì assistere nel mondo intiero»[197].

Il consorzio era dunque una nuova istituzione economica, nata senza una profonda riflessione intorno ai rapporti tra Stato e mercato[198]. Creata, infatti, per risolvere, in via d'urgenza, le problematiche produttive di uno specifico settore industriale, nonostante i forti dubbi espressi dal Ministro Francesco Cocco-Ortu riguardo alla sua compatibilità con «la legge della libera concorrenza»[199]. Inoltre, si riteneva che la stabilizzazione del ciclo produttivo dello zolfo attraverso il consorzio avrebbe portato, indirettamente, a un miglioramento delle condizioni di lavoro, all'epoca miserabili, di coloro i quali lavoravano nelle zolfatare[200]. Quest'ultimo aspetto, ossia di come attraverso la costituzione di sindacati industriali fosse possibile dare risposte ai bisogni della classe lavoratrice, era un tema presente, sebbene non ampiamente sviluppato, all'interno del dibattito italiano sulle intese industriali. Tuttavia, si trattava di una semplice deduzione teorica, fondata su una concezione errata della dinamica del salario. In realtà, le evidenze mostravano ben altro: i nuovi

---

197 L. Einaudi, *Uno sperimento industriale. Il consorzio siciliano dello zolfo* in «Corriere della Sera», 8 agosto, 1906, ora in *Cronache economiche e politiche di un trentennio (1893-1925)*, Einaudi, Torino, Vol. II, 1959, p. 545. L'enfasi posta da Einaudi sulla nascita di questo consorzio era particolarmente accentuata, in quanto l'industria dello zolfo rivestiva per l'Italia un settore che oggi definiremmo strategico. Infatti, la Sicilia, grazie ai suoi giacimenti, deteneva, a fine Ottocento, il monopolio naturale dello zolfo, contribuendo alla produzione mondiale per il 91%. Tuttavia, questa vantaggiosa condizione era minata da carenze strutturali ed organizzative legate al regime giuridico fondiario, all'organizzazione produttiva e commerciale, alle quali si sommarono la scoperta degli immensi giacimenti di zolfo in Louisiana e Texas, che ridimensionarono la centralità del mercato siciliano. Sul punto *cfr.* G. Kutney, *Sulfur: History, Technology, Applications & Industry*, 2nd Edition, ChemTec Publishing, Toronto, 2013, pp. 41-59.

198 G. Raffiotta, *Storia della Sicilia post-unificazione: La Sicilia del primo ventennio del secolo XX*, Industria grafica nazionale, Palermo, 1959, nota 13bis, p. 135.

199 Cocco-Ortu, *Atti Parlamentari,* Camera dei deputati, XXII Legislatura 1906, I sessione, Discussioni, 2 tornata del 5 luglio 1906, p. 9767.

200 Sul punto si vedano, M. A. Vaccaro, *I zolfatai della Sicilia*, in «Il Giornale degli Economisti», 1891, pp. 170-187: p. 170; P. Colajanni, *Il salario nella legge sugli infortuni del lavoro e gli operai cottimisti dell'industria zolfifera siciliana*, in «Il Giornale degli Economisti», 1906, pp. 458-483. Id. *La legge sulle tabelle dei salari per la determinazione dell'indennità negli infortuni delle zolfare di Sicilia*, in «Il Giornale degli Economisti», 1909, pp. 123-148. Id. *Sperimentalismo sociale. Le lacune e la insufficienza della legge sugli infortuni e l'azione integratrice del «Sindacato siciliano di muta assicurazione per gl'infortuni sul lavoro nelle miniere di zolfo*, in «Il Giornale degli Economisti», 1911, pp. 56-65.

complessi economici tendevano a peggiorare sia il rapporto tra domanda e offerta di lavoro, sia la stabilità dell'impiego[201]. Echi di questo dibattito arrivarono sino all'interno dell'*Ufficio del Lavoro*, impegnato da tempo nello studio della questione zolfifera siciliana dal lato delle condizioni di lavoro e del contratto di lavoro degli zolfatari[202]. Tuttavia, in questa sede, ci interessa soffermaci su di una questione che, sebbene connessa alla precedente, inerisce, si potrebbe dire, ai rapporti tra coalizioni, come emerso nelle discussioni interne all'*Ufficio* dove Francesco Beltrami, rappresentante della Federazione delle Società di Mutuo Soccorso, sollevava il timore che il consorzio, pur presentato come una soluzione per organizzare la vendita e la produzione dello zolfo, potesse in realtà rivelarsi un'iniziativa volta a favorire gli industriali a discapito degli operai[203]. Più in generale, tale tematica era sintetizzabile nella preoccupazione che l'arma dello sciopero finesse per spuntarsi di fronte all'«unità d'azione delle imprese sindacate». Come osservato da Cassola, «in un contesto di industria libera, le unioni operaie adottano una strategia politica che consiste nel richiedere progressivamente a ciascun imprenditore il miglioramento del contratto di lavoro», mentre «la creazione di sindacati ribalta questo equilibrio, avvantaggiando i padroni». Un *trust*, infatti, che fosse riuscito a riunire fabbriche distribuite su diverse regioni e distanti tra loro, avrebbe potuto resistere alle richieste dei lavoratori locali e fermare scioperi parziali, continuando la produzione in altre delle sue strutture[204]. Di fatto, ricostruiva l'economista, i *trusts* così come i cartelli, «accrescono la dipendenza della classe lavoratrice al capitale; di fronte ad essi «le associazioni di resistenza rimangono come paralizzate e non possono svolgere nessuna azione efficace per imporre il contratto collettivo e migliorare le condizioni di lavoro»[205]. Si affacciava allora, da parte di alcuni membri dell'*Ufficio*, in una sorta di anticipazione di quelle che saranno le complesse istanze corporative degli anni '30, la richiesta di una «rappresentanza operaia» all'interno del consorzio: padroni, operai e Stato assieme nella «conduzione» dell'im-

---

201 *Cfr*. C. Cassola, *I sindacati industriali [...]*, cit., pp. 307-312, R. Dalla Volta, *Le coalizioni industriali, [...]*, pp. 50-51.

202 Sul punto si veda, *Ufficio del lavoro*, in «Atti del Consiglio superiore del lavoro», II sessione pomeridiana – marzo 1904, Roma, 1904, pp. 3-4; *Ufficio del lavoro*, in «Atti del Consiglio superiore del lavoro», III sessione – maggio 1904, Roma, 1904, pp. 50-59 e pp. 114-130; *Ufficio del lavoro*, in «Atti del Consiglio superiore del lavoro», IV sessione ordinaria – marzo 1905, Roma, 1905, pp. 49-53 e pp. 137-152.

203 *Ufficio del lavoro*, in «Atti del Consiglio superiore del lavoro», VII sessione – maggio 1906, Roma, 1906, p. 74.

204 C. Cassola, *I sindacati industriali [...]*, cit., p. 313.

205 *Ivi*, p. 314. Sull'emersione della dimensione collettiva del contratto si veda diffusamente G. Cazzetta, *Scienza giuridica e trasformazioni sociali [...]*., cit.; e anche, Id. *Lavoro e impresa*, in M. Fioravanti (a cura di), *Lo Stato moderno in Europa [...]*, cit., pp. 153-154; nonché, P. Marchetti, *L'essere collettivo: l'emersione della nozione di collettivo nella scienza giuridica italiana tra contratto di lavoro e Stato sindacale*, Giuffrè, Milano, 2006.

presa consortile. In tutta risposta, gli astanti, nonostante unanimemente ne ammettessero la necessità, si trinceravano dietro ad un plumbeo paternalismo: «quando la classe operaia si sarà innalzata con la virtù di una buona organizzazione e col previdente ausilio dello Stato e della classe padronale, a migliori condizioni economiche, morali ed intellettuali, potrà avere una rappresentanza nel sindacato»[206]. L'istituzione del consorzio, dunque, finiva per ottenere l'approvazione dell'*Ufficio*; tuttavia, senza che venisse avanzata la proposta per una qualche garanzia legale che, per l'avvenire, «l'organizzazione progettata dei padroni» non si sarebbe convertita in «uno strumento di oppressione per i lavoratori»[207]. È possibile che tale manchevolezza, se si legge la relazione conclusiva dell'*Ufficio*, sia da attribuire al fatto che la proposizione al legislatore e al governo dell'apertura delle porte del consorzio ai lavoratori, avrebbe significato l'innescarsi di tensioni tali con la classe imprenditoriale da mettere a repentaglio anche tutti gli altri progetti volti alla tutela del lavoro nelle zolfare, e per i quali l'*Ufficio* si stava battendo. Il consorzio andava certamente istituito per salvare la produzione e, di conseguenza, il lavoro, tuttavia, all'interno di una cornice fatta di «provvedimenti legislativi e regolamentari, integrantisi a vicenda»[208]. Il legislatore, nel 1906, dunque, non sembra recepire la necessità di un intervento congiunto sui versanti del lavoro e dell'impresa, limitandosi a deliberare, «forse inconsapevolmente», la nascita di questo ente autonomo, «quasi collettivistico»[209].

Tuttavia, dietro a questa mancanza di 'traiettoria' politica, la dottrina giuridica scorge l'orizzonte di una tendenza in fase d'avviamento:

> «la teorica del lasciar fare, la teorica che assegna allo Stato una funzione esclusivamente negativa, l'ottimismo fondato sulle pretese armonie economiche hanno fatto ormai il loro tempo [...]. Assistiamo ogni dì a nuove ingerenze dello Stato nella vita economica della Società, qui a integrare la insufficiente iniziativa individuale, lì a sostituirsi all'azione privata completamente manchevole, altrove ad infrenarne le esplicazioni, limitando la libertà del lavoro e della industria, ove essa comprometta il benessere collettivo»[210].

---

206 *Ufficio del lavoro*, in «Atti del Consiglio superiore del lavoro», VII sessione – maggio 1906, Roma, 1906, pp. 75-77.

207 *Ivi*, p. 75.

208 *Ivi*, pp. 167-168.

209 L. Einaudi, *La questione solfifera siciliana. Pericoli e dubbi*, in «Corriere della Sera», 6 agosto 1907, ora in *Cronache economiche e politiche di un trentennio (1893-1925)*, Einaudi, Torino, Vol. II, 1959, p. 547. L'espressione *ente autonomo* è mutata da Guido Melis, il quale, in parte, incornicia il provvedimento del 1906 all'interno di quella «emblematica anticipazione di un modulo istituzionale fondato sull'intreccio tra iniziativa pubblica e interessi privati che avrebbe trovato già nel primo dopo guerra molte significative esemplificazioni», G. Melis, *Storia dell'amministrazione italiana (1861-1933)*, Il Mulino, Bologna, 1996, p. 260.

210 E. La Loggia, *Sul consorzio obbligatorio dei produttori e possessori di zolfo*, Girgenti, 1905, p. 13.

Nei primi anni del Novecento, dunque, unitamente a quel generale processo di cartelizzazione delle industrie, si iniziava a scorgere la possibilità di creare un legame inedito tra quest'ultimo e lo Stato, attraverso lo strumento consortile. In effetti, con i consorzi obbligatori si mira tradizionalmente a che tutti i produttori di un'industria vengano forzatamente riuniti in un'organizzazione unica e che le loro imprese siano costrette ad obbedire a delle quote imposte dal governo sulla quantità massima da produrre, nonché a un programma di controllo sul prezzo minimo. Quando il governo si rende conto che il controllo del prezzo minimo potrebbe portare a eccedenze non vendibili, e quindi a danneggiare l'industria, interviene imponendo un limite alla produzione[211].

A questo punto sorge spontaneo un interrogativo, ossia se il *Consorzio dello zolfo*, inteso come una nuova istituzione economica nel contesto del mercato, possa essere tecnicamente definito come un cartello. Prima di dare risposta a tale quesito, è opportuno, anzi necessario, aprire una breve parentesi sull'uso del termine *consorzio*. Mentre l'antico concetto di coalizione, come abbiamo visto, presenta legami – seppur parziali e indiretti – con il moderno fenomeno cartellistico, la figura del consorzio, disciplinata dagli articoli 657-661 del Codice civile, attiene invece a una materia del tutto estranea a tali dinamiche[212]. Tuttavia, proprio grazie alla sua natura intrinsecamente coattiva, il consorzio è stato utilizzato sia dal legislatore sia dalla dottrina come strumento applicabile alle dinamiche di regolazione del mercato. In effetti, la dottrina era impegnata, così come nel caso degli articoli sull'aggiotaggio o delle disposizioni del Codice di commercio sulla fusione, a ricercare soluzioni normative capaci di conciliare i codici con le nuove e pressanti esigenze del mondo economico. In questo caso, però, l'obiettivo non era tanto quello di identificare norme da adattare per contenere o correggere gli eccessi del capitale, quanto piuttosto quello di reinterpretarle al fine di legittimare l'intervento dello Stato nelle dinamiche di

211 È oramai stato chiarito come «questa azione non soltanto danneggia i consumatori restringendo la produzione e abbassando la quantità, ma la quantità deve anche essere prodotta da determinati produttori stabiliti dallo Stato. Indipendentemente, da come si è arrivati alle quote, queste sono arbitrarie, e col passare del tempo distorcono sempre più la struttura della produzione che tenta di adeguarsi alla domanda dei consumatori. Viene impedito a nuovi concorrenti efficienti di servire i consumatori e le imprese inefficienti sono protette perché esentate, tramite le vecchie quote, dalla necessità di affrontare una concorrenza superiore», M. N. Rothbard, *Potere e mercato: Lo Stato e l'economia*, IBL Libri, Torino, 2017, pp. 72-73.

212 Art. 657: «Coloro che hanno interesse comune nella deviazione o nell'uso dell'acqua, o nella bonificazione o nel prosciugamento de terreni, possono riunirsi in consorzio, affine di provvedere all'esercizio, alla conservazione e alla difese dei loro diritti». Art. 659: «La formazione di tale consorzio può anche venire ordinata dall'autorità giudiziaria sulla domanda della maggioranza degli interessati, e sentiti sommariamente gli altri, quando si tratti dell'esercizio, della conservazione e della difesa dei diritti comuni, dei quali non sia possibile la divisione senza grave danno. In tale caso il regolamento proposto e deliberato dalla maggioranza è pure soggetto all'approvazione dell'autorità giudiziaria».

mercato. A tal fine, La Loggia, strumentalizzava,senza particolari riserve, sia le ricostruzioni storico-giuridiche elaborate da Antonio Pertile nella sua *Storia del diritto italiano* riguardo alla nascita dei «consorzi di acque» in epoca comunale, sia le raffinate riflessioni di Luigi Borsari sui consorzi coattivi *ex* art. 659 c.c., contenute nel suo *Commentario al Codice civile*[213]. L'intento era quello di riferire di un 'genio italico' autore di un codice senza tempo, nei cui articoli tutto era già stato potenzialmente anticipato[214]. In questo modo, saldamente legittimata, attraverso la tradizione, la possibilità dell'obbligo alla coalizzazione, si poteva addirittura concludere che «l'ingerenza legislativa nella economia privata» non sarebbe stata poi così maggiore nel nuovo 'tipo' consortile, rispetto a quella esercitata nei consorzi già disciplinati dalla legge: «vi è anzi in questi ultimi dal punto di vista del rispetto dei diritti individuali un più grave intervento»[215].

Tornando al quesito precedentemente posto, ossia se il Consorzio dello zolfo possa essere effettivamente qualificato come un cartello, emergono nelle analisi di alcuni autori dubbi significativi riguardo alla possibilità di collocare questa nuova istituzione economica all'interno della categoria dei cartelli. In particolare, si osservava come il legislatore avesse creato una «nuova forma di sindacato», caratterizzata dall'«accentramento delle forze economiche in virtù di legge», la cui funzione, tuttavia, si limitava a operare come «organo centrale» incaricato esclusivamente della vendita dello zolfo prodotto e della distribuzione dei ricavi ai produttori[216]. In realtà, un'attenta lettura del combinato disposto degli articoli della legge del 1906 permette di cogliere una realtà diversa. Il Consorzio dello zolfo rappresentava, infatti, una

213 Sulla centralità della figura di Borsari all'interno della scienza giuridica italiana si veda, G. Cazzetta, *Codice civile e identità giuridica nazionale*: *Percorsi e appunti per una storia delle codificazioni moderne*, Giappichelli, Torino, 2018, 146-150; F. D'urso, *La biblioteca ideale di un giurista a metà Ottocento. Da una lettera inedita di Luigi Borsari (1804-1887)*, in «*Historia et ius. Rivista di storia giuridica dell'età medievale e moderna*», 11/2017, paper 4.

214 Non senza orgoglio La Loggia affermava come i consorzi fossero un vanto della «legislazione del 1865» che non aveva «precedenti nel Codice Napoleone e neanche nei codici dei cessati governi», in quanto, «li abbiamo proprio inventato noi [...] con gli statuti dei comuni medievali», E. La Loggia, *Sul consorzio obbligatorio [...]*, cit., pp. 7-8.

215 E. La Loggia, *Sul consorzio obbligatorio [...]*, cit., p. 10. «Quando un proprietario viene costretto, pur nolente, pur non avendone i mezzi, a contribuire ad un'opera di derivazione di acque o di estrazione meccanica del minerale, si coarta di più la sua volontà di quel che non avvenga, costringendolo a ridurre per una certa percentuale e forse con opportuni compensi la produzione, e disciplinando la vendita del prodotto. Si aggiunga che di solito è minore la resistenza individuale alla costituzione coattiva di un consorzio che abbia carattere generale, che sia dettato dall'interesse pubblico di tutta una popolazione industriale e di tutta una regione, di quella che si oppone ai consorzi domandati da pochi proprietari vicini, forse ostili, i quali tuttavia costringono il nolente ad unirsi a loro in un'opera industriale», *ibidem*.

216 A. Sciacca, *Il consorzio obbligatorio per l'industria solfifera siciliana*, UTET, Torino, 1928, pp. 4-5, similmente, C. Angelelli, *Il fondamento di alcune critiche sul Consorzio obbligatorio per l'industria solfifera siciliana*, Roma, 1918, pp. 3-4.

forma di coalizione mista, finalizzata a regolamentare sia il prezzo sia la produzione, tipologia, questa, già analizzata da Betocchi nel 1891. Tale modello, poi, si caratterizzava ulteriormente per l'integrazione della coazione di tutti i produttori in un unico ente, combinata con un controllo centralizzato delle vendite. Inoltre, il legislatore, sottraendo ai produttori di zolfo la possibilità di vendere il loro prodotto a chiunque e al prezzo che essi ritenevano migliore per i loro affari (*ex* art. 3[217]), aveva, da una parte, intaccato la pienezza del diritto di proprietà[218] e, dall'altra - con la previsione di cui all'art. 4, sulla possibilità di procedere ad una «limitazione della produzione», nel caso in cui le condizioni del mercato lo avessero richiesto - aveva finito per operare «una profonda trasformazione nella natura dell'impresa industriale privata»[219]. Nel senso che l'obbligatorietà della coalizzazione, il vincolo nella vendita e nella produzione realizzavano un 'scostamento orbitale' dell'impresa dalla sfera privata verso quella pubblica, e dove il vincolismo consortile non era altro che un'evoluzione di quell'*organicismo* che, se prima era stato segnato dallo scontro tra imprese singole o cartelli, in un'ottica di *lotta economica* tanto interna quanto esterna ai confini nazionali per la sopravvivenza delle industrie, adesso vedeva una attiva discesa in campo dello Stato, chiamato a governare potenzialmente la produzione interna in una dinamica economica che diveniva, per dirla con Lenin, un 'gareggiamento tra nazioni'[220].

217 Art. 3: «I possessori di depositi di zolfo non lavorato, esistenti in Sicilia al 1°agosto 1906 e in qualità superiore alle 15.000 tonnellate, dovranno entro la prima decade del detto mese dichiarare se intendono consegnare il loro zolfo al Consorzio [...] ovvero venderlo al Consorzio stesso. In questo secondo caso il prezzo dello zolfo [...] verrà calcolato nella ragione fisse di L.59 per tonnellata [...]».

218 Questo dato viene ampiamente sottolineato da Einaudi nel suo scritto precedentemente citato, tuttavia, le giustificazioni giuridiche del tempo vanno nel senso di adombrare un'analogia con quanto previsto all'art. 29 dello Statuo albertino, che, scrive La Loggia, «consacra, [...] le espropriazioni, la prevalenza del principio del pubblico interesse su quello della inviolabilità della proprietà individuale». Si sottolineava, però, da parte del giurista, di come si trattasse di una analogia solo eventuale, da far valere in caso di contestazioni, in quanto con il sindacato «non è già che si limiti il diritto del singolo in vantaggio di tutti, come avviene nella espropriazione per pubblica utilità e nelle servitù legali, ma si regola la produzione e la vendita in vantaggio degli stessi singoli, che sono personalmente interessati alla disciplina dell'industria», LA LOGGIA, *Sul consorzio obbligatorio [...]*, cit., pp. 6-7.

219 L. Einaudi, *Il consorzio dello zolfo e le responsabilità dello stato*, in «Corriere della Sera», 1906, ora in *Cronache economiche e politiche di un trentennio (1893-1925)*, Einaudi, Torino, Vol. II, 1959, p. 545.

220 Einaudi coglie perfettamente questo antagonismo, destinato a divenire antagonismo tra popoli: «limitare la produzione vuol dire vendere a prezzi più elevati, con scarso giubilo di quelli che devono comperare lo zolfo [...] ma per gli italiani non v'è danno, perché sono i consumatori stranieri che ne faranno le spese, [...]. Questo è il motivo principale per cui i consumatori italiani possono guardare con indifferenza il costituirsi di un monopolio privato sotto l'egida dello stato: che esso cioè è un mezzo di sfruttamento dello straniero, il quale assorbe i sette ottavi dello zolfo prodotto dalla Sicilia», *ivi*, p. 547.

È chiaro come, in questa nuova cornice, la vigilanza sull'attività del cartello fosse destinata a subire un trapasso verso una vera e propria direzione dell'industria. Rispetto ai progetti che si sono susseguiti tra il 1894 e il 1905, nei quali si affermava ripetutamente che il consorzio sarebbe stato posto sotto il controllo del Ministero di Agricoltura e Commercio[221], il testo del 1906 sembra attribuire allo Stato un controllo più incisivo sulla "vita" del consorzio. Se, infatti, il Comitato del consorzio – composto da cinquanta membri – era quasi interamente appannaggio degli imprenditori zolfiferi, nel Consiglio direttivo gli equilibri tra la componente imprenditoriale e quella governativa venivano significativamente modificati, con la nomina, in particolare, del direttore generale affidata direttamente al governo del Re. Inoltre, presso il Ministero di Agricoltura, Commercio e Industria, si insediava una Commissione, composta da cinque membri nominati con decreto reale, incaricata di esprimere pareri sullo statuto del consorzio, sul regolamento per l'esecuzione della legge e, soprattutto, «su tutti gli altri argomenti che il Ministero stesso sottoporrà al suo esame»[222].

La tendenza verso la coalizzazione obbligatoria e il conseguente coinvolgimento dello Stato nei settori industriali in crisi inizia a emergere, talvolta con successo, altre volte rimanendo confinata al mero stadio propositivo, come nel caso dell'industria del cotone[223]. Quanto alla prima osservazione, appare interessante il caso della «molto meno nota»[224] - come ricordava un commentatore della *Riforma Sociale* - vicenda della legge del 5 luglio 1908, n. 404, istitutiva della *Camera Agrumaria* per la Sicilia e la Calabria. Que-

221 Sul punto si può fare riferimento alla raccolta di progetti riportata in E. La Loggia, *Sul consorzio obbligatorio [...]*, cit., pp. 15-24.

222 Art. 9 e 30 , Legge 15 luglio 1906, n°333

223 «intervenga (invochiamola!) l'azione disciplinare di chi può mettere un argine a tanta rovina [...], intervenga ormai il freno provvidenziale che deve arrestarci sulla china fatale. [...] Non ci distraggano dall'idea di un Consorzio obbligatorio i vieti preconcetti di un astratto liberalismo economico». Queste le parole di un industriale tessile, apparse sul *Sole* il 12 giugno 1912, additate da Attilio Cabiati come esempio di quella «massa di stranezze» finalizzate a risolvere la crisi cotoniera italiana, e che portarono all'istituzione del «balordo disastro» dell'Istituto Cotoniero Italiano, ossia un consorzio volontario avente come scopo, tra gli altri, di «proporzionare al collocamento, sia favorendo la esportazione, sia provvedendo alla organica riduzione della produzione [...] addirittura, mediante la inattività di opifici completi», A Cabiati, *L'Istituto Cotoniero Italiano e la crisi*, in *L'Istituto Cotoniero Italiano e la crisi*, in «*La riforma sociale Rivista critica di economia e di finanza*», Anno XX, vol. XXIV, n. 4, 1913., pp. 303-325.

224 C. Rodano, *La camera agrumaria e la sua azione*, in «La Riforma Sociale. Rivista critica di economia e di finanza», 1922, p. 140. Per un approfondimento sulla questione agrumaria e sulla crisi di sovraproduzione che portò all'istituzione della *Camera* si veda S. Lupo, *Tra società locale e commercio a lunga distanza: la vicenda degli agrumi siciliani*, in «Meridiana», n.1, settembre, 1987, pp. 81-112 e, soprattutto, A. D'Andrea, *Istituzioni agrarie e monopoli industriali durante il fascismo: La Camera agrumaria per la Sicilia e la Calabria (1926-1935)*, in A. Checco (a cura di), *Banca e latifondo nella Sicilia degli anni Trenta*, Guida Editori, Napoli, 1983, pp. 99-164, in particolare per il periodo liberale pp. 99-111.

sto nuovo ente veniva comunemente definito come il «secondo Sindacato obbligatorio»[225], sebbene le cronache dell'epoca riportassero come i fautori della legge si fossero affrettati a precisare che l'intento perseguito fosse esclusivamente quello di «creare un ente intorno al quale spingere quei produttori che vedono e temono gli svantaggi dell'isolamento»[226]. In effetti, la *Camera* non era propriamente qualificabile come un consorzio obbligatorio: il deposito della merce presso la Camera, perché questa la vendesse, era infatti facoltativo. Tuttavia, la legge conteneva all'art. 11 un 'congegno' - la c.d. *tassa camerale* - che nei fatti lo rendeva obbligatorio. I produttori erano liberi di vendere direttamente la merce, ma, mentre su quella affidata per la vendita alla *Camera,* questa percepiva solamente il due per cento dell'effettivo ricavo, per la merce venduta direttamente dai privati, invece, la tassa da corrispondere alla *Camera* era di 60 lire a quintale. Non a caso, durante il dibattito parlamentare si era sottolineato come «discutere di quest'articolo» volesse dire discutere dell' «indole stessa della legge»[227], cioè di come - dietro all'apparante volontarietà d'adesione alla *Camera* - si celasse «il più tirannico dei monopoli»: «Voi, [ministro]» - esclamava un deputato - che direttamente respingente l'idea del monopolio, che direttamente affermate che vi ripugna, indirettamente mi venite a mettere nella posizione di non poter esercitare il commercio»[228].

Dal dibattito parlamentare, tanto con riguardo alla Camera agrumaria quanto al Consorzio dello zolfo, emerge un certo sconcerto per la costituzione di questi nuovi enti. Nitti ne è un efficace portavoce: «ieri avete fatto il sindacato obbligatorio dello zolfo, oggi fate quello degli agrumi, domani farete quello del sommacco. Dove volete giungere?»[229]. La sua domanda cela, se non la preoccupazione per possibili propositi generali per il futuro, quanto piuttosto quella per i pericoli imminenti presenti in questa tendenza. Con il consorzio obbligatorio del 1906, infatti, si era elaborato un 'modello', il quale era di per sé replicabile anche in altri settori industriali, sino a plasmare, almeno idealmente, un inedito sistema di politica economica. Pochi anni dopo l'istituzione dei richiamati enti, la replicabilità iniziò a essere accolta da quella corrente della scienza economica - il nazionalismo economico - che conside-

225 G. Girardi, *La Camera agrumaria per la Sicilia e la Calabria in Messina nelle provvidenze del governo nazionale*, in «*Rivista di politica economica*», 1927, p. 112. In questo senso anche, V. Salandra, *Il diritto delle unioni di impresa (consorzi e gruppi)*, CEDAM, Padova, 1934, p. 46, *contra*, R. Franceschelli, *I consorzi industriali*, CEDAM, Padova, 1939, nota 19, p. 99.

226 *La camera agrumaria non sarà obbligatoria*, in «Il Coltivatore. Giornale di agricoltura pratica», Vol. I, 1908, p. 791.

227 Fulci, *Atti Parlamentari*, Camera dei deputati, XXII Legislatura 1908, I sessione, Discussioni, 1°tornata del 27 giugno 1908, p. 23636.

228 *Ivi*, p. 23615.

229 F. S. Nitti, *Discorsi parlamentari di Francesco S. Nitti: pubblicati per deliberazione della Camera dei deputati*, Grafica editrice romana, Roma, 1973, p. 250.

rava la «questione della produzione», così come l'organizzazione industriale e commerciale italiana, affetta da una «mancanza di metodo» e da una totale assenza di «coscienza economica collettiva»[230]. Pur rinviando un'analisi più approfondita a una trattazione successiva, è opportuno evidenziare come, al termine del primo conflitto mondiale, tali riflessioni - supportate dall'eredità della legislazione bellica - si intensificarono, culminando in richieste, come avvertiva l'economista Gino Luzzatto, di «continuare e perfezionare tutti quei sistemi di organizzazione, di disciplina e di controllo che la guerra ha creato od ha sviluppato dagli embrioni precedenti». Da quel 'seme' rappresentato dal Consorzio obbligatorio dello zolfo, prese forma, nei settori più conservatori della società italiana, l'idea di un'organizzazione industriale basata su «grandi sindacati obbligatori con intervento dello Stato», considerati «l'unico mezzo per ottenere l'intensificazione e il minor costo della produzione, e la collaborazione tra capitale e lavoro»[231].

3.1. La questione delle «coalizioni marittime»: un frammento di legislazione antitrust

Ci sembra che il parlare di una legislazione *antitrust*, sintetizzi efficacemente il portato dispositivo di alcuni articoli di legge volti a colpire, direttamente o indirettamente, i *sindacati marittimi*[232]. Si tratta di disposizioni che adottano un duplice approccio: da un lato, si pongono l'obiettivo di introdurre misure preventive volte a ostacolare la formazione di intese; dall'altro, prevedono strumenti che possono essere definiti come sanzionatori. Questa bidirezionalità trova una chiara espressione se si osserva il combinato disposto di alcuni

230 F. Carli, *Nazionalismo economico*, Milano, 1911, p. 9.

231 G. Luzzato, *Prefazione* In W. RATHENAU, *L'economia nuova, LaTerza, Bari, 1919*, ora in W. Rathenau, *L'economia nuova*, Einaudi, Torino, 1976, p. xxx. Anche la scienza giuridica è ampiamente consapevole del processo in corso, rilevandone, tra l'altro, la diffusione a livello europeo: «Un'altra direttiva della legislazione di guerra [...] è di rendere obbligatori i consorzi fra esercenti date industrie: in genere questi consorzi sono assoggettati ad una sorveglianza dello Stato il quale può far valere le proprie direttive nella condotta tecnica, industriale e commerciale dell'azienda. È nota l'organizzazione dei sindacati obbligatori costituiti in Germania: per le industrie del cemento, delle scarpe e del cuoio, dei mattoni, della grafite, in vari rami dell'industria tessile, pei panifici, la birra, i saponi, la navigazione interna. [...]. L'esempio germanico è stato seguito in Austria dove ha incontrato però vivaci opposizioni ed è rimasto applicato a poche industrie. In Francia si invoca il consorzio obbligatorio di tutte le società dedicate alla fabbricazione delle materie coloranti: non è mancato chi pel dopoguerra, [...], ha propugnato tutto un programma di accentramento economico», F. Vassalli, *Della legislazione di guerra e dei nuovi confini del diritto privato*, in «Rivista del diritto commerciale» Vol. XVII, Parte I, 1919, pp. 14-15.

232 Sul loro propagarsi a livello nazionale e internazionale si veda, R. Dalla Volta, «*Il trust*» *navale oceanico*, in «Nuova Antologia», Anno 37°, Fasc. 730, 16 Maggio, 1902, pp. 333-343; L. Luzzatti, *Il dominio mercantile dei mari*, in «Nuova Antologia», Anno 37°, Fasc. 741, 1°Novembre 1902, pp. 3-5; C. Supino, *Il «trust» oceanico [...]*, cit., pp. 407-419.

articoli contenuti nella legge sull'emigrazione del 1901[233], con quelli della legge sui premi alla Marina Mercantile, promulgata anch'essa nello stesso anno. In particolare, gli articoli 14 e 15 rappresentavano l'ossatura della parte 'economica' del disegno di legge sull'immigrazione, la quale - come ricordava il deputato Pantano - trovava nella «proposta del nolo, consentito o determinato dallo Stato» *ex* art. 14, il punto di equilibrio tra due visioni «originariamente in antagonismo»[234]. L'equazione era semplice («lo stato determina il nolo. I vettori debbono assoggettarvisi») e il risultato garantito: «entro i limiti del prezzo equo stabilito dallo Stato tutti debbono poter lavorare: al di sotto di questo prezzo la concorrenza è libera e possibile: al di sopra di esso, no»[235]. Era chiaro, come ricostruito da Balbi, che nella questione dei noli si fosse in presenza di una di quelle «deroghe al diritto comune», «al concetto di libertà», ma che, tuttavia, potevano essere giustificate da ragioni di «coscienza sociale»[236]. Di conseguenza, si poteva agire direttamente sul

---

233 La questione migratoria è entrata solo recentemente nell'orbita degli studi di storia giuridica grazie alle indagini comparatistiche di M. Pifferi, *La doppia negazione dello ius migrandi tra Otto e Novecento*, in O. Giolo, M. Pifferi (a cura di), *Diritto contro. Meccanismi giuridici di esclusione dello straniero*, Giappichelli, Torino, 2009, pp. 47-78, alle riflessioni di Cazzetta sulle «difficoltà dello Stato liberale di tenere assieme il fenomeno dell'emigrazione [...] e il vincolo dei cittadini allo Stato-nazione», G. Cazzetta, *Patria senza territorio? Emigrazione e retorica dello Stato-Nazione*, in P. Nappi e G. Sgarbanti (a cura di), *Studi in onore di Luigi Costato*, Vol. III, *I multiformi profili del giuridico*, Napoli, Jovene, 2014, p. 152, e, infine, al prezioso lavoro archivistico di D. Freda, *Governare i migranti. La legge sull'emigrazione del 1901 e la giurisprudenza del Tribunale di Napoli*, Giappichelli, Torino, 2017. Non mancano poi indagini volte ad analizzare la questione migratoria da una prospettiva di lungo periodo, si veda sul punto M. Meccarelli, P. Palchetti, C. Sotis, *Introduzione. Dimensione giuridica del fenomeno migratorio tra paradossi e artificialità*, in Idd. (a cura di) *Ius peregrinandi. Il fenomeno migratorio tra diritti fondamentali, esercizi della sovranità e dinamiche di esclusione*, EUM, Macerata, 2012, pp. 7-31.

234 Pantano, *Atti parlamentari*, Camera dei deputati, Legislatura XI 1900, I sessione, Discussioni, 2° tornata del 28 novembre 1900, p. 673. Come ricostruito da Freda, due distinti progetti di legge furono presentati verso la fine del secolo: il primo, presentato nel 1896 da Edoardo Pantano in Parlamento, e il secondo, proposto nel 1900 dal Ministro degli Esteri Emilio Visconti-Venosta. Il progetto parlamentare riconosceva formalmente l'esistenza di agenti e agenzie, e stabiliva norme più rigorose per prevenire abusi, sostenendo che solo attraverso la concorrenza tra le compagnie di navigazione, promossa dagli agenti, si sarebbe potuto impedire la formazione di cartelli che aumentassero artificialmente i prezzi dei noli. Invece, il progetto governativo consentiva alle compagnie di navigazione e ai loro rappresentanti di trattare esclusivamente con gli emigranti, portando di fatto all'eliminazione degli agenti. Accolto il disegno governativo, la Commissione parlamentare, presieduta da Luigi Luzzatti, stese una relazione unitaria, arrivando a un testo concordato che prevedeva, appunto, l'introduzione del nolo di stato. D. Freda, *Governare i migranti [...]*, cit., pp. 49-50.

235 Pantano, *Atti parlamentari, [...]*, cit., p. 676.

236 D. Balbi, *I sindacati industriali [...]*, cit., p. 75. A tal proposito, Balbi, riportava le parole del sentore Luigi Bodio alla Terza Relazione del Commissariato generale dell'Emigrazione, relative alla revisione periodica dei noli: «Il Commissariato generale è tenuto ogni quattro mesi a rivedere le tariffe dei prezzi massimi per ciascuna linea e per ciascun piroscafo. Si

fattore prezzo e regolarlo, così da sgretolare le coalizioni marittime o, quanto meno, prevenire rialzi ingiustificati dei noli[237]. Questa dimensione «preventiva» veniva integrata, come ricordato, da una componente sanzionatoria prevista all'art. 15: nell'eventualità in cui si fosse verificato il caso di una «coalizione fra vettori per rifiutare il trasporto degli emigranti al prezzo dei noli approvati o stabiliti», si prevedevano una serie di misure che approdavano sino a una discrezionalità senza confini, in virtù della quale il governo avrebbe potuto adottare «ogni altro provvedimento opportuno a tutela dell'emigrazione», e a cui si sommava il ritiro della patente nautica ai vettori coinvolti nella coalizione[238].

Questa componente sanzionatoria veniva poi rafforzata dalla previsione *ex* art. 5 della legge sui premi alla Marina Mercantile, in virtù della quale «perdono il diritto al premio di navigazione per i rispettivi piroscafi, senza che possa più essere reintegrato, quelle società o singoli armatori per i quali venga provato che, direttamente o indirettamente, attraverso i noleggiatori delle loro navi, siano entrati a far parte di coalizioni intese ad aumentare artificialmente nei porti italiani il prezzo dei noli delle merci e dei passeggeri»[239]. Il regolamento di esecuzione

volevano prevenire gli effetti dei *trusts* o coalizioni a danno di migranti. Mentre si cercava di promuovere, mediante la concorrenza delle navi estere e delle nazionali, il ribasso dei prezzi, col medesimo intento si faceva una eccezione al principio della libertà del commercio, stabilendo la revisione periodica dei prezzi dei noli, ossia dando incarico al Governo di fissarne, d'autorità, i limiti massimi. Il legislatore intese dire agli armatori ed in generale ai vettori: voi potete fare liberamente il traffico delle merci e dei passeggeri di classe nei porti italiani; ma il trasporto degli emigrati è posto sotto certe restrizioni da questa legge, che è di tutela dei poveri», *ivi*, nota 1, p. 75.

237 Al di là del caso specifico dei noli marittimi, era molto dibattuta, all'interno della dottrina economica, la questione se i *trusts* dessero luogo, o meno, a rialzi dei prezzi. In Italia, si dovrà attendere la sintesi operata da Cassola sulle indagini statistiche effettuate da Jenks negli Stati Uniti per rendersi conto che, effettivamente, «le combinazioni hanno avuto, almeno temporaneamente, il potere di dominare il mercato e che di questo potere si sono avvalse per aumentare il margine, particolarmente forzando al rialzo il prezzo dei prodotti finiti», C. CASSOLA, *I sindacati industriali [...]*, cit., p. 280.

238 Art. 15: «In caso di coalizione fra vettori per rifiutare il trasporto degli emigranti al prezzo dei noli approvati o stabiliti, il Governo potrà autorizzare i comitati locali a sostituirsi in tutto all'opera dei rappresentanti dei vettori; potrà autorizzare con speciali concessioni altre compagnie, armatori o noleggiatori, italiani e stranieri, al trasporto degli emigranti; potrà consentirne il trasbordo in porti esteri di qua dall'oceano, e prendere ogni altro provvedimento opportuno a tutela dell'emigrazione. Quando si verifichi il caso predetto, verrà ritirata al vettore la patente, che non potrà essere nuovamente concessa se non dietro motivata deliberazione del Consiglio dei ministri. In caso di recidiva, la patente verrà definitivamente ritirata».

239 Art. 5, Legge 16 maggio 1901, n° 176. I premi alla marina mercantile vennero introdotti alla volta del 1885 con la legge del 6 dicembre, 1885, n. 3547. Detti premi venivano concessi a costruttori di navi ed armatori esercenti la navigazione senza itinerari fissi. L'ammontare di questi premi, che potevano essere di costruzione, armamento o navigazione, era legato al tonnellaggio, ossia alla capacità della nave secondo la stazza lorda o netta, *cfr.* E. CICCOTTI, *Sovvenzioni e premi alla marina mercantile in Italia*, Ortona a Mare, 1910, p. 10. Con

della legge (art. 70), poi, affidava la gestione del richiamato sistema di vigilanza alle capitanerie e agli uffici di porto, mentre la sanzione *ex* art. 5 sarebbe stata comminata dal Ministero della Navigazione. In caso di un ingiustificato rialzo dei noli nei trasporti marittimi di merci o passeggeri, le capitanerie e gli uffici di porto, avendo ragione di sospettare che una o più società di navigazione o armatori di piroscafi fossero coinvolti in coalizioni finalizzate all'aumento artificiale dei noli, avrebbero dovuto raccogliere riservate informazioni, coinvolgendo anche le locali camere di commercio, le quali dovevano soddisfare tutte le richieste loro rivolte. Se, a seguito delle informazioni raccolte, le capitanerie e gli uffici di porto avessero avuto certezza o fondato sospetto dell'esistenza di una coalizione, avrebbero dovuto riferirne immediatamente al Ministero della Marina per l'adozione dei provvedimenti di cui all'art. 5 della legge.

Con queste leggi si trattava di intraprendere, citando Pantano e dando qui un cenno alle tensioni del dibattito parlamentare, una «battaglia» non semplicemente circoscritta al problema dell'emigrazione», ma che andava contro una «immane rete di speculazioni inconfessabili, contro una «piovra» che distendeva «i suoi infiniti tentacoli, [...] nelle carni vive del paese», uccidendo, così, l'«economia nazionale»[240]. Per rimanere nella metafora, era necessario un moderno Perseo che riuscisse a sconfiggere la bestia marina; in altre parole, era indispensabile l'intervento salvifico dello Stato. Di segno totalmente opposto le riflessioni del liberale Pantaleoni, che accusava i promotori della legge di «distrugge[re] la concorrenza» attraverso una «burocrazia borghese» controproducente. La borghesia, secondo l'economista, non riuscendo ad 'afferrare' la dinamica del regime da lei stessa creato (un'«altalena continua» che portava alla formazione e alla liquefazione dei sindacati industriali), si trovava nella assurda circostanza di negare sé stessa[241]. Ma critiche al progetto di legge, in quella parte rappresentata dall'art. 15, arrivavano anche da parte di altri settori

il sistema dei premi si pensava fosse possibile diminuire, attraverso l'intervento sussidiario dello Stato, il costo delle costruzioni e incentivarne la produzione. In realtà, questi congegni avevano portato ad una 'cristallizzazione' dell'industria navale Italia, dimostrando come, sul lungo periodo, il protezionismo si rivelasse controproducente. Su questi aspetti si veda M. Meriggi, *Le istituzioni del mare in età liberale*, in P. Frascani (a cura di), in *A vela e a vapore. Economie, culture e istituzioni del mare nell'Italia dello Ottocento*, Donzelli, Roma, 2001, pp. 257-259. Per una panoramica generale sull'evoluzione della questione marittima si veda, L. de Courten, *La marina mercantile italiana nella politica di espansione (1860-1914). Industria, finanza e trasporti marittimi*, Bulzoni Editore, Roma, 1989

240 Pantano, *Atti parlamentari [...]*, cit., p. 681.

241 Pantaleoni, *Atti parlamentari*, *Camera dei deputati*, XXI Legislatura 1900, I sessione, *Discussioni*, tornata del 23 novembre 1900, p. 402. «Ora questo regime che vi dà ora prezzi alti e ora prezzi bassi, e che è un regime di concorrenza, diventa tanto più potente quanto voi meno vincolate gli agenti di emigrazione. Questo regime non è il paradiso; è il nostro regime borghese. Noi non abbiamo altro mezzo, nel nostro sistema attuale, per limitare i monopolii, che di lasciarli battere dalla concorrenza la quale è una forza che agisce a intermittenze, cioè quando c'è la condizione che la rende utile. Appena il monopolio si forma, la concorrenza si costituisce», *ivi*, p. 403.

dell'emiciclo. In particolare, alcuni socialisti, per bocca di Leonida Bissolati, e supportati dal parlamentare radicale Giulio Alessio, chiedevano - stante l'idealità socialista per un «servizio di Stato» - la modifica dell'articolo, proponendo che, in caso di coalizioni fra vettori per rifiutare il trasporto degli emigranti ai noli stabiliti dal Governo, lo stesso avrebbe dovuto provvedere, temporaneamente, al trasporto attraverso navi statali o requisire quelle dei vettori coinvolti. Infatti, ragionavano i socialisti, nonostante i mezzi previsti dall'art. 15 per combattere le coalizioni marittime, difficilmente si sarebbe arrivati all'esercizio di Stato o alla «requisizione», soprattutto perché, ai sensi dell'art. 29 dello Statuto Albertino, per procedere a un'espropriazione o requisizione per pubblica utilità era necessario che una specifica legge conferisse tale facoltà[242]. Se Luzzati cercava di dimostrare come nell'ordinamento esistesse lo strumento per procedere alla requisizione senza bisogno di prevedere un apposito richiamo nel testo in discussione[243], il Ministro della Marina interveniva sulla possibilità del servizio di Stato, per dichiarare, lapidario, che «il servizio transoceanico dei passeggeri lo Stato non potrà mai farlo»[244].

Al netto delle idealità che animavano i promotori della legge sull'emigrazione, è da segnalare come, a pochi anni di distanza dalla sua approvazione, si fosse costretti a prendere atto dell'avvenuto ingiustificato rialzo dei noli, circostanza questa che sanciva il fallimento del congegno del nolo di Stato e, indirettamente, degli articoli più sopra analizzati[245].

---

242 Bissolati, *Atti parlamentari*, *Camera dei deputati*, XXI Legislatura 1900, I sessione, *Discussioni*, tornata del 1°dicembre, 1900, pp. 822-823

243 Luzzati, *Atti parlamentari*, *Camera dei deputati*, XXI Legislatura 1900, I sessione, *Discussioni*, tornata del 1°dicembre, 1900, p. 822: «Vi è un principio [...] nel contenzioso amministrativo, all'articolo 7, da cui si può trarre qualche utilità occorrendo: «Allorché per grave necessità pubblica amministrativa debba, senza indugio, disporre della proprietà privata od in pendenza di giudizio per la stessa ragione, procedere alla esecuzione dell'atto delle cui conseguenze giuridiche si disputa esso provvederà con decreto motivato, sempre però senza pregiudizio dei diritti delle parti», p. 825.

244 Morin, *Atti parlamentari*, *Camera dei deputati*, XXI Legislatura 1900, I sessione, *Discussioni*, tornata del 1°dicembre, 1900, p. 826. Allo stesso tempo il ministro difendeva la formulazione assunta dall'art. 15, in quanto offriva il mezzo per «trasportare gli emigranti a vicini porti esteri, per esservi trasbordati, dà la facoltà di affidare il trasporto a Compagnie estere, di far convenzioni con vapori liberi nazionali ed esteri e di prendere altri provvedimenti. Perché tutto fallisse bisognerebbe proprio che si avesse di fronte una coalizione mondiale», p. 826.

245 Cfr. *Relazione della Commissione parlamentare di vigilanza sul Fondo per l'emigrazione, presentata dal Ministro degli affari esteri alla Camera dei deputati il 25 giugno 1904 (Relatore l'on. Edoardo Pantano)*, in «Bollettino dell'Emigrazione», n. 11, Roma, 1904, pp. 52-53. Per un bilancio parzialmente positivo sulla legge n° 23 del 1901 si veda, D. Freda, *Governare i migranti [...]*, cit., pp. 193-203. Per una prospettiva più critica, che offre fondamento *ex-post* a quelle che erano state le critiche e i dubbi di Pantaleoni intorno alla amministrativizzazione della questione migratoria si veda, M. Pifferi, *La doppia negazione [...]*, cit., p. 73.

Nonostante la presenza di un contesto giuridico-economico fortemente segnato dalla tolleranza verso i cartelli, risulta difficile non scorgere, nelle norme esaminate e in altre successive[246], una componente *antitrust*. Pur nella consapevolezza che la legislazione sull'emigrazione e sui premi alla marina mercantile si sviluppi in un contesto lontano dalle coordinate storiche e culturali della Scuola di Harvard, è possibile ravvisare in alcune sue disposizioni e nel dibattito che le accompagnò delle convergenze con gli obiettivi propri del paradigma harvardiano. Per questa scuola, come osservato da Libertini, le finalità del diritto *antitrust* sono politiche, vanno oltre la semplice difesa della concorrenza, per includere anche il controllo della grande dimensione imprenditoriale e del potere economico, la tutela della libertà di scelta degli agenti economici e, non meno importante, una vigilanza pragmatica che corregga i fenomeni di concentrazione economica[247]. Sono le riflessioni di Dante Majorana a segnalare la presenza e l'urgenza di sviluppare una componente politica forte all'interno della materia marittima. Dalle pagine del *Trattato* di Vittorio Emanuele Orlando dedicate alla *Navigazione*, il giurista siciliano, infatti, sottolineava come l'emergere delle grandi compagnie di navigazione, organizzate anche nella forma dei *trust*, costituisse un ambito di intervento imprescindibile per l'azione legislativa. Majorana interpretava questa evoluzione economica come un fenomeno che richiedeva la capacità dell'amministrazione pubblica di indirizzare e regolare il potere dei nuovi attori del commercio internazionale, adattandoli agli obiettivi di una «politica sociale marittima» che tutelasse l'interesse collettivo[248].

4. Conflitti tra giuristi e tra giuristi e giurisprudenza: «i sindacati sono leciti o illeciti?»

L'avvento del fenomeno sindacal-industriale, come ricordato precedentemente, fa emergere dubbi circa la sua compatibilità con i principi dell'ordinamento giuridico liberale, innescando conseguentemente un dibattito dottri-

246 La componente punitiva è particolarmente evidente se si osserva l'art 78 di una legge più tarda rispetto a quelle analizzate sino ad ora, ci riferiamo alla n° 306 del 13 giugno, 1910, la quale autorizzava il governo ad affidare all'industria privata l'esercizio di talune linee di navigazione, stabilendo, tuttavia, che fosse «vietata qualunque partecipazione diretta o indiretta dei concessionari di linee aggiudicate a *trusts*, coalizioni o cartelli o ad accordi di qualsiasi genere, tendenti a modificare artificialmente i prezzi o a deviare artificialmente correnti di esportazione o di traffico. Contravvenendosi a questi patti, il Governo, sentito il Consiglio di Stato è in facoltà di dichiarare risoluto il contratto a danno dei concessionari, senza obbligo di giudiziale diffidamento». Per alcuni cenni sulle vicende parlamentari e sull'attuazione di questa legge si veda L. DE COURTEN, *La marina mercantile italiana nella politica di espansione (1860-1914) [...]*, cit., pp. 107-108 e pp. 156-157.

247 *Cfr.*, M. LIBERTINI, *Economia e politica nel diritto antitrust*, in M. C. MALAGUTI, L. OGLIO, S. VANONI (a cura di), *Politiche antitrust, ieri, oggi e domani*, Giappichelli, Torino, 2017, p. 24.

248 D. MAJORANA, *Navigazione* in V.E. ORLANDO, *Primo Trattato di Diritto amministrativo italiano*, Vol. VII, Parte II, 1914, pp. 267-268.

nale e giurisprudenziale così intenso da far scrivere a Ludovico Ziino Todaro, giurista minore ma particolarmente attento al nuovo tema, di come in Italia fosse in atto uno scontro tra «tre scuole: una prima per l'illimitata liceità dei sindacati, una seconda per l'illiceità, ed una terza intermedia»[249]. Il «problema», come lo definisce Ziino Todaro, riguardante la liceità degli accordi per limitare la concorrenza, emerge progressivamente attraverso una serie di casi decisi lungo un ampio arco temporale, durante il quale la citazione delle massime precedenti si accompagna a un'attenta attività di nota a sentenza da parte della dottrina. Il primo caso emblematico risale al 1881, quando otto fabbricanti di fiammiferi stabilirono di costituire un cartello della durata di nove anni. Per assicurare l'esecuzione del contratto, fissarono che tutta la produzione fosse destinata a un deposito comune. Il direttore della struttura si sarebbe poi incaricato della vendita e della distribuzione di fiammiferi. Dopo quattro anni di regolare funzionamento dell'intesa, uno degli otto imprenditori decise di uscire dal cartello, ritenendo che i vincoli contrattuali limitassero eccessivamente le sue possibilità commerciali. Notificò quindi la revoca del mandato, mantenendolo per i soli beni già consegnati, e riprese a vendere autonomamente i propri fiammiferi, rifiutandosi di inviare la merce al deposito comune. Tale comportamento violava le disposizioni contrattuali, che imponevano la vendita esclusivamente attraverso l'ufficio centrale del cartello, configurando così un inadempimento contrattuale e facendo scattare le penali previste dall'accordo[250]. I fabbricanti adivano l'imprenditore inadempiente l'accordo dinanzi al Tribunale commerciale di Torino, il quale, con sentenza del 16 giugno 1885, riconobbe la validità e l'efficacia del contratto. Successivamente, la Corte d'Appello di Torino confermava la decisione del giudice di prime cure. La sentenza fu, infine, oggetto di ricorso innanzi alla Corte di Cassazione di Torino che, con pronuncia del 31 dicembre 1885, rigettò lo stesso, consolidando le determinazioni delle precedenti giurisdi-

249 L. Ziino Todaro, *Condizione giuridica dei sindacati industriali nel diritto positivo italiano*, in *Condizione giuridica dei sindacati nel diritto positivo italiano*, in «Circolo giuridico», Vol. XXXVIII, 1907, p. 299.

250 Cfr. M. Amar, *Sulle coalizioni nell'industria e nel commercio [...]*, cit., 401. Inoltre, il contratto stabiliva «che la vendita dovesse essere svolta colla tendenza ad eliminare la clientela dubbia e malcauta, ed a far prevalere la massima del pagamento per cassa, e dovesse essere fatta in guisa, che in ogni contrattazione fosse compresa la merce di ciascun fabbricante consorziato, nelle proporzioni che furono nel contratto fissate. [...] si fissarono periodiche adunanze dei consorziati per tutte le deliberazioni di comune interesse, da prendersi con prestabilita maggioranza, e specialmente per la fissazione dei prezzi di vendita. Per i ricavi delle vendite il Consorzio aprì un conto con ogni suo membro, al quale si avessero a rimettere i ricavi delle vendite stesse, sotto deduzione di un quid per le spese generali». Si prevedeva, poi, che «tanto gli eredi dei membri del Consorzio quanto gli eventuali loro cessionari, sarebbero subentrati nei diritti e negli obblighi del loro autore, riguardo a quel contratto» e, infine, «ove un consorziato smettesse dalla fabbricazione del cerino, si dichiarò che avrebbe egli cessato dal formar parte del consorzio, continuando questo a sussistere per gli altri, e riprendendo costui tale lavorazione, lo si dichiarò tenuto a rientrare nel Consorzio», *ivi*, pp. 399-400.

zioni. Innanzi al supremo consesso il fabbricante 'infedele' all'accordo, oltre a ribadire come il patto del 1881 presentasse tutti i caratteri di un «contratto di coalizione monopolistica», rimproverava al giudice di merito di aver osservato la compressione della libertà dal solo punto di vista meramente oggettivo - nei termini, cioè della libertà e sviluppo dell'industria dei fiammiferi - e non anche soggettivo, ossia della lesione alla libertà personale derivata dall'accordo. Sul punto, però, la Cassazione non esitava a ribadire le conclusioni cui era pervenuto il giudice di prime cure: la presenza sulla penisola di «tante altre fabbriche di fiammiferi in cera» garantiva che la «naturale concorrenza» non potesse essere in alcun modo «inceppata», elemento questo sufficiente a far concludere per l'effetto non monopolistico dell'accordo. Quanto poi all'aspetto soggettivo, la Cassazione ricordava come la compressione della «libertà d'azione» dei singoli fosse una componente del tutto «naturale» del traffico contrattuale, la quale trovava la sua contropartita negli «sperati guadagni» propri di qualsiasi contraente. Dunque, massimava la Corte, «il contratto con cui più ditte si sono riunite in consorzio [...] non costituisce una coalizione a scopo di monopolio, né nuoce alla libertà del lavoro e alla naturale concorrenza, e non ha quindi sotto tale aspetto una causa illecita»[251].

La Cassazione aveva circoscritto la sua massima all'analisi fatta dal giudice di merito in riferimento al caso di specie, astenendosi, come del resto la Corte d'Appello[252], da considerazioni di carattere generale intorno al problema della liceità o meno dei patti per limitare la concorrenza. Ciononostante, le sentenze torinesi innescano un acceso dibattito all'interno della scienza giuridica, aprendo anche a considerazioni di principio su come affrontare il tema nuovo dei rapporti tra diritto e cambiamenti morfologici del mercato. Infatti, se da una parte Saverio Scolari[253], insieme ad un anonimo commentatore de *La Giurisprudenza*, si affrettavano a denunciare un impianto argomentativo, quello delle Corti, tutto teso a favorire il «padroneggiare» dei cartelli sui concorrenti, a legittimare l'«abdicazione della libertà di uscire *quandocumque* dalla coalizio-

251 *Corte di Cassazione di Torino, 31 dicembre 1885*, in «La Giurisprudenza. Collezione delle decisioni della Corte di cassazione di Torino e delle più importanti della Corte di appello di Torino e delle altre magistrature del Regno», XXIII, 1886, pp. 176-181.

252 Nel «patto stipulato dai consorziati [...] non può ravvisarsi illecito né monopolistico, essendo facile il comprendere come il fatto dell'essersi otto ditte unite in Consorzio per fare la vendita ad un unico prezzo dei fiammiferi in cera delle loro fabbriche, colla rinuncia al diritto di venderli esse stesse per un determinato periodo tempo, non possa essere di ostacolo alla sviluppo dell'industria ed alla libertà del lavoro, ciò che d'altronde è anche escluso [...] dalla [...] esistenza in Italia di tante altre fabbriche di fiammiferi in cera», *Corte d'appello Torino, 25 agosto 1885*, cit. in M. Amar, *Sulle coalizioni nell'industria e nel commercio [...]*, cit., p. 404.

253 Per una biografia del giurista bellunese si veda, L. Sartorello, *Saverio Scolari: da Belluno al Regno d'Italia*, in «Archivio storico di Feltre, Belluno e Cadore», n. 347, Anno LXXXII, 2011, pp. 179-191; E. L. Pellegrino, *L'opera di Saverio Scolari nel diritto pubblico*, in «Archivio Giuridico», 1894, pp. 81-115.

ne»[254] e «a dettar legge alla consumazione»[255], dall'altra parte Moisè Amar, non esitava a lodare la soluzione elaborata dalle Corti torinesi, ampliando la prospettiva giuridica oltre il caso concreto e affidando al giudice un ruolo guida in materia: «quando si portano davanti ai tribunali contratti dei quali dubitasi che la causa sia lecita o non lecita, riteniamo che spetti loro piena libertà di apprezzamento per ricercare il carattere delle stipulazioni»[256]. La base giuridica per legittimare il dispiegarsi del libero apprezzamento del giudice veniva dal combinato disposto dell'art. 1104 del Codice civile del 1865 («I requisiti per la validità di un contratto sono [...] Una causa lecita per obbligarsi») con l'art. 1122 dello stesso, nella parte in cui stabiliva come la causa fosse illecita quando contraria all'ordine pubblico. La soluzione civilistica per Amar, attento osservatore dei mutamenti industriali del paese[257], permetteva, da una parte, di evitare un'applicazione analogica alle moderne coalizioni industriali delle antiche, quanto rigide, norme sul delitto di coalizione commerciale - «non lievi», scrive il giurista, «sono le osservazioni che si possono fare a queste disposizioni» - e, dall'altra, di dar corso a un compromesso tra la tutela dell'ordinamento sociale e il riconoscimento della nuova dinamica industriale, riflettendo, così, l'immagine di un codice civile più che mai attuale. Inoltre, il giurista, correggeva il collega Scolari, invitandolo a considerare la differenza tra i motivi che spingono le parti ad entrare nel contratto e la causa che lo giustifica. Infatti, la mera intenzione di creare un monopolio non costituiva un motivo sufficiente per dichiarare nullo l'accordo, in quanto la causa di un contratto non dipende, come ancora oggi, dai motivi individuali delle parti, ma piuttosto dalle obbligazioni reciproche che esse si assumono. L'attenzione, dunque, doveva concentrarsi sullo scopo del contratto, che nel caso di specie era quello di consentire a ciascun contraente di vendere collettivamente una parte dei suoi prodotti in una determinata zona, eliminando la clientela poco affidabile, e facendo prevalere il principio del pagamento immediato[258].

Dopo ben quindici anni dalle sentenze torinesi (durante i quali i repertori giurisprudenziali sembrano non rilevare altri casi in materia), e quasi a sonora bocciatura della soluzione avanzata da Amar, la Corte d'Appello di Napoli stabiliva che «per il vigente diritto non possono ritenersi illecite le associazioni di produttori e commercianti, che abbiano per fine di regolare il prezzo di determinati prodotti industriali sotto forma di monopoli, sindacati, trusts,

254 A.A.P, *Nota a Corte di Cassazione di Torino, 31 dicembre 1885*, in «*La Giurisprudenza. [...]*, p. 180.

255 S. Scolari, *Le coalizioni industriali secondo la sentenza 25 agosto 1885 della regia corte d'appello. Osservazioni critiche*, in M. Amar, *Sulle coalizioni nell'industria e nel commercio, [...]*, cit., p. 408.

256 M. Amar, *Sulle coalizioni nell'industria e nel commercio*, cit., p. 406.

257 Sul punto si veda E. Fusar Poli, *«Una parte così viva e così importante del diritto»: agli albori dell'insegnamento del diritto industriale nell'università italiana* [...], cit., pp. 171-185.

258 M. Amar, *Sulle coalizioni nell'industria e nel commercio [...]*, cit., pp. 394-406

pools, kartelle od altre simile coalizzazioni». È un ferreo legalismo a muovere la Corte verso una giustificazione dell'illimitata liceità dei nuovi complessi economici: se in alcuni paesi, ragiona la Corte, «si è sentito il bisogno di leggi speciali che hanno regolato o moderato questo diritto di associazione», al contrario, in Italia, «il difetto di apposita legge», impediva di temperare quelle «lontane lesioni del diritto etico degli altri commercianti e dei consumatori». Difronte al silenzio del legislatore, il giudice non poteva affidarsi al «principio sancito dall'art. 1104 Codice civile», perché «troppo generico» per «contenere» al suo interno «il divieto di questa specie di associazione»[259]. Quasi a completare il rilievo del giudice di merito, la Cassazione ammoniva per il futuro qualsiasi «giudice» - «il quale deve applicare, non creare la legge» - dal «surrogarsi» alla «funzione del legislatore»: «sarà [...] compito [...] dello Stato», concludeva la Corte, «il disciplinare queste novelle energie produttrici, disponendo, per casi di abuso, delle clausole penali, o delle ragioni di nullità o di invalidità»[260]. Così, a Novecento avviato, le sfide sociali indotte dall'avvento del fenomeno dei sindacati industriali venivano respinte appigliandosi all'*excusatio* del giudice inteso come fonografo della legge, e tutti i danni patibili e patiti dai concorrenti e dai consumatori, subivano una inevitabile condanna all'irrilevanza. Sul fronte obbligatorio, poi, si sigillava l'analisi dei rapporti tra i membri del sindacato all'interno di una ferrea dinamica contrattuale: di fronte all'autonomia contrattuale, il magistrato non poteva che prendere atto di come l'«assunzione di obblighi da parte dei consorziati è esercizio di libertà e non lesione della medesima», e di come «la limitazione dell'azione dei contraenti è un effetto proprio di tutti i contratti»[261].

La soluzione napoletana, tutta sbilanciata a favore delle novelle istituzioni economiche, genera, come già accaduto con le sentenze torinesi, uno scontro dottrinale particolarmente acceso. Sono soprattutto Ludovico Barassi e Ugo Bozzini a fare da cassa di risonanza rispettivamente alla massima della

259 *Corte d'Appello di Napoli, 2 luglio 1900* in «Il Foro italiano», I, 1901, pp. 68-69.

260 *Corte di Cassazione di Napoli, 26 maggio 1903*, in «Il Foro Italiano», I, 1903, pp. 1034-1041.

261 *Ivi*, p. 1039. Alla ricostruzione data dalla Cassazione al (non)-problema della liceità o illiceità dei sindacati industriali aderivano, senza esitazioni, la Pretura di Tempio (*Tempio, 24 luglio, 1902*, in «Monitore dei Tribunali», XLIII, 1902, pp. 895-896) e la Corte d'Appello di Messina, la quale ricordava come «[o]ramai la giurisprudenza patria [avesse proclamato] che le associazioni di produttori di uno stesso ramo di industria diretta a far cessare tra loro una dannosa concorrenza, nulla hanno di contrario nella legge ed al buon costume, mentre l'esplicamento del loro esercizio serve in realtà a mantenere rimunerativo il prezzo della produzione istessa, e questo non può essere considerato come un lucro illecito», *Corte d'Appello di Messina, 26 dicembre 1904*, in «La Riforma giuridica», I, 1905, pp. 38-39. Sulle difficoltà da parte della scienza giuridica nel cogliere e dare soluzione alla crescente divaricazione tra diritto positivo e nuova realtà sociale si veda, A. Spinosa, «L'economia *dei codici moderni». Legislazione e giurisprudenza nella dottrina italiana dell'Ottocento*, in «Quaderni fiorentini per la storia del pensiero giuridico», n. 40, (*Giudici e giuristi. Il problema del diritto giurisprudenziale fra Otto e Novecento*), Tomo II, 2011, pp. 749-780.

Corte d'Appello[262] e all'«aureo pronunziato» della Cassazione[263]. In particolare, il primo ricordava, in una sorta di eco della teorica darwiniana applicata alla sfera economica, come fosse «il tornaconto individuale o collettivo» ad essere riconosciuto «come il miglior regolatore delle azioni umane». Di conseguenza, il «diritto nostro», continuava Barassi, non poteva che essere «largamente *tollerante* di fronte al fenomeno economico»[264]. Tuttavia, nel ragionamento del professore milanese - perfettamente aderente a quello delle Corti napoletane - la *tolleranza* giuridica (parola che ricorre spesso nello scritto del giurista) diviene sinonimo di *indifferenza* giuridica, da qui una conseguente, quanto impassibile, accettazione - a tutto discapito dei terzi - di ogni nuovo 'prodotto' economico, anche quelli più «amorali», nati dall'«elisione della libera concorrenza»[265].

Il verdetto sancito dalla giurisprudenza napoletana, e lodato dagli 'adepti' della scuola della illimitata liceità, trova la netta opposizione di coloro i quali, pur riconoscendo il nuovo fenomeno economico come necessario, cercano di temperarne i risvolti antisociali. Tra le diverse note a contrasto della soluzione napoletana[266], spicca per autorevolezza quella di Francesco Saverio Nitti. Il futuro Presidente del Consiglio, infatti, rimprovera alla Cassazione napoletana il fatto che, «dando ai sindacati di produttori un aspetto morale e quasi moralizzatore (ciò che non è vero), ha riconosciuto (ciò che è vero)», ossia «che allo stato presente della legislazione italiana non sono vietati gli accordi conosciuti sotto i nomi di *cartells* e di *trusts*». Tuttavia, se il percorso argomentativo seguito dalla Cassazione napoletana poteva trovare conforto - secondo Nitti - nei crismi di una burocratica legalità, la realtà palpitante della vita economica dimostrava invece come i sindacati industriali, in particolare i *trusts*, facessero «cessare [...] ogni forma di concorrenza, buona o dannosa», obbligando «i produttori isolati a smettere la industria o ad acceder[vi]» forzatamente. I sindacati industriali, dunque, non erano affatto quell'«unione libera e convenzionale» descritta dalla Corte: se poteva essere vero, scrive Nitti, che «la prima coalizione», cioè quella originaria, fosse nata «libera», al contrario, da questo atto di libertà emergeva un organismo destinato a dive-

262 L. BARASSI, *Nota a Corte di Appello di Napoli, 2 luglio 1900*, in «Il Foro Italiano», I, 1900, pp. 564-577.

263 U. BOZZINI, *Nota a Corte di Cassazione di Napoli, 26 maggio 1903*, in «La Corte d'Appello. Rivista critica di Giurisprudenza e Dottrina», IV, 1903, p. 200.

264 L. BARASSI, *Nota a Corte di Appello di Napoli, 2 luglio* 1900, *[...]*, cit., pp. 566-567.

265 *Ivi*, pp. 570-574.

266 M. RICCA BARBERIS, *I sindacati industriali e la giurisprudenza, (A proposito della sentenza della Corte di Cassazione di Napoli del 26 maggio 1903)*, in «Rivista di diritto commerciale», I, 1903, pp. 458-471 e L. BELTRAME QUATTROCCHI, *Nota a Corte di Cassazione di Napoli, 26 maggio 1903*, in «Il Foro Italiano», I, 1903, pp. 1034-1042, E. BUGNI, *Delle coalizioni industriali lecite e illecite*, in «Il Monitore dei Tribunali», XLVI, 1905, pp. 501-503, A. LUCCI, *Nota a sentenza Corte di Cassazione di Napoli, 26 maggio 1903*, in «Rivista critica di diritto e giurisprudenza», II, 1903, pp. 52-54.

nire «arbitro indiscusso del mercato», dannoso tanto per gli altri concorrenti, quanto per i consumatori[267]. Per questa ragione, Nitti è convinto della non transitorietà del nuovo fenomeno e, quindi, della conseguente necessità di un'apposita «legge speciale». Tuttavia, l'auspicio del direttore della *Riforma sociale*, nonostante le proposte avanzate in tal senso da parte di alcuni giuristi ed economisti e alle quali si dedicherà spazio più oltre, se tiene que eliminar ya que el tema ha sido ya previamente desarollado sarà destinato a rimanere tale. Così, i giuristi, di fronte a un legislatore impegnato, come si vedrà, se tiene que eliminar ya que el tema ha sido ya previamente desarrolado ad affrontare il problema dei sindacati industriali più da una prospettiva settoriale che generale, riscoprono la soluzione offerta da Amar diciotto anni prima, ossia rinvenire, per dirla con un commentatore dell'epoca, nella «gran braccia degli art. 1104 e 1122»[268], lo strumento indispensabile per arginare i risvolti antisociali delle novelle istituzioni economiche.

4.1. L'armonia ritrovata: procedere caso per caso attraverso la «norma sussidiaria di divieti civili»

L'insistenza dei giuristi per un utilizzo sociale e generalizzato della clausola dell'ordine pubblico inizia a dare i suoi frutti a quattro anni di distanza dalla sentenza della Cassazione napoletana, quando il Tribunale di Sanremo viene chiamato ad accertare la liceità o meno di un patto con cui tutti i macellai della città si erano obbligati a vendere le loro carni ad un prezzo uniforme e aggiornabile mensilmente. Il tribunale avrebbe potuto risolvere agevolmente la questione dichiarando la convenzione lecita per mezzo del 'precedente' napoletano, nel quale l'ordine pubblico veniva ridotto all'insieme delle disposizioni precettive e proibitive della legge, e per tanto mai si sarebbe potuto avere una declaratoria di illiceità. Invece, il giudice sanremese ricordava come il sistema giuridico fosse chiamato ad una più alta funzione, ossia «contemperare i diritti di tutti i consociati»[269]. L'operazione di riscrittura in senso sociale dell'azione azione ordinamentale rispetto all'agire dei sindacati industriali passava necessariamente attraverso una rimeditazione dell'ampia «disparità di definizioni» di ordine pubblico allora presenti, portando il giudice sanremese a individuare nell'«interesse sociale» quel minimo comun denominatore capace di unirle. Sotto il profilo strettamente giuridico, allora, l'ordine pubblico doveva essere inteso come una «*norm[a] sussidiari[a] di divieti civili*», in quanto il legislatore, con l'art. 1122, scrive il Tribunale, aveva voluto «vietare tutto quello che non è consono ai principi supremi dell'ordinamento

267 F.S. Nitti, *I sindacati industriali*, in «Rivista pratica di dottrina e giurisprudenza», I, 1903, pp. 435-436.

268 E. Bugni, *Delle coalizioni industriali lecite e illecite, [...]*, cit., p. 503.

269 *Tribunale di San Remo, 15 marzo 1907*, in «Il Foro italiano», I, 1907, p. 668.

sociale». Il «sentimento morale della Società» amplia allora i confini dei principi «su cui riposa [l'] ordinamento sociale» y (ossia «la libertà economica e la libera concorrenza»), portando a giudicare dei contratti di sindacato non più solo dalla mera prospettiva interna, cioè dei contraenti l'accordo, ma anche da quella esterna, cioè dei rapporti fra questi ultimi e i terzi, rappresentati dagli «altri produttori [...] e dai consumatori». Il Tribunale, inoltre, non si limitava a lasciare in un'appannata idealità le proprie considerazioni di principio, ma declinava una serie di situazioni, valevoli anche per la soluzione di casi futuri, nei quali la 'norma sussidiaria' avrebbe dovuto necessariamente trovare applicazione. In particolare, le convenzioni tra concorrenti non avrebbero mai potuto reggere nelle aule di giustizia al *test* di liceità sostenendo la possibilità per i terzi di esplicare potenzialmente un'attività industriale o commerciale uguale a quella monopolizzata, in quanto «il diritto della libera concorrenza» doveva potersi sempre esercitare «effettivamente». Il Tribunale, dunque, respingeva la teoria, particolarmente in voga al tempo, della *potential competition* per affermare come nel caso concreto:

> abbiamo una convenzione [...] con cui i macellai di San Remo si sono obbligati per due anni [...] a non vendere le carni a prezzi inferiori a quelli stabiliti di comune accordo, o che al principio di ogni mese saranno stabiliti dall'associazione o dalla maggioranza dei consociati [...]. Ora con tale convenzione si è certamente inteso creare un monopolio nella vendita delle carni e di vincere l'altrui concorrenza. [...]. Inoltre, l'intento monopolistico risulta da che i prezzi non sono fissati o determinati per tutto il tempo stabilito, ma possono variare ogni mese. In tal modo quando fosse venuto a San Remo altro negoziante a far loro concorrenza, avevano mezzo di sbarazzarsi del nuovo concorrente col ribassare momentaneamente il prezzo delle carni, e poi, con l'elevare il prezzo stesso, risarcirsi del danno che potessero avere incontrato nella lotta impegnata[270].

In secondo luogo, si imponeva sempre - a differenza di quanto affermato da Amar e poi da Barassi - la necessità di un esame anche «dei motivi più o meno remoti che indussero i contraenti al negozio giuridico» perché, argomenta il Tribunale, «se in taluni contratti bilaterali la causa consiste nella rispettiva prestazione assunta dalle parti, lo stesso non è in altri, in cui occorre esaminare la ragione di essere delle prestazioni stesse». Infine, un contratto di sindacato non avrebbe potuto che essere dichiarato illecito se avente ad oggetto la vendita di una merce «non [...] indefinitamente producibile e sostituibile», nella convinzione che gli accordi sulle merci di prima necessità producessero sempre nei confronti dei «consumatori un danno molto più rilevante» rispetto agli accordi su altre tipologie di beni[271].

270 *Ivi*, pp. 666-670.

271 *Ibidem*.

Così, il Tribunale di San Remo introduceva nuove e diverse prospettive rispetto al recente passato. *L'effettività della libera concorrenza*, *l'indagine sui motivi del contrarre* e *la tipologia di beni oggetto dell'accordo*, declinavano il «problema» della liceità/illiceità dei sindacati industriali, per dirla con Ziino Todaro, sotto «un altro aspetto». Nel senso che l'ormai storico interrogativo sulla liceità dei sindacati industriali doveva cedere il passo a un più moderno quesito, ossia, «quali sindacati sono leciti e quali illeciti?»[272].

La soluzione sanremese, l'adagio del procedere 'caso per caso', si impone progressivamente come il *leitmotiv* non solo delle corti inferiori[273], ma anche, e soprattutto, di quelle superiori[274], perché, come ricordava la Corte d'Appello di Lucca, dichiarando la liceità del sindacato delle cave di arena silicea di Viareggio, e in omaggio alla pronuncia sanremese, «le sentenze dei magistrati desumono autorità dal contenuto del giudicato, molto più che dal grado del giudice»[275]. È in particolare, però, la giurisprudenza fiorentina, sempre sulla scia della pronuncia sanremese, ad utilizzare, ampliandolo, il parametro del bene della vita coinvolto. Infatti, la Corte d'Appello, pur riconoscendo l'impossibilità di formulare «una tesi generale e precisa sulla illiceità» delle coalizioni, insiste su come sia evidente che, in riferimento «alle cose di pubblica necessità o di pubblico servizio o di utilità generale», non sia possibile stipulare patti tra industriali tendenti alla «monopolizzazione». È interessante, a questo proposito, riportare per esteso la ricostruzione che la Corte svolge per arrivare a rilevare le finalità monopolistiche di un patto tra due ditte del settore illuminotecnico, nelle quali si ribadisce l'impossibilità di giustificare soluzioni monopolistiche per mezzo della teoria della *potential competition*:

> Il contratto in parola porterebbe i due seguenti patti di capitale importanza: 1° Si stabilisce che le due imprese di illuminazione elettrica...manterranno le tariffe già esistenti per la fornitura di energia elettrica a scopo di illuminazione. 2° L'impresa Clamai si impegna per 12 anni di non sollevare né tassare i vecchi utenti a tutt'oggi allacciati dall'impresa Giotti, rifiutando anche di servirli qualora di *motu proprio* venissero a cercarla, anche se fossero stati distaccati per altra e qualunque ragione dalla Ditta Giotti. [...] Quei patti costituiscono una vera coalizione industriale monopoli-

---

272 L. Ziino Todaro, *Condizione giuridica dei sindacati industriali nel diritto positivo italiano, [...]*, cit. p. 310

273 *Cfr. Pretura di Lodi 20 maggio 1912*, in «Il Monitore dei Tribunali», LIII, 1912, pp. 835-836.

274 *Cfr. Corte d'Appello Firenze, 2 gennaio 1909*, in «Il Foro italiano», I, 1909, pp. 734-738 e, sempre con le stesse parti in causa, *Corte d'Appello Firenze, 20 febbraio 1909*, in «Giurisprudenza italiana», I, 1909, pp. 308-322. Inoltre, *cfr. Corte di Cassazione di Torino, 12 luglio 1910*, in «Monitore dei Tribunali», LII, 1911, pp. 69-70; *Corte di Cassazione di Firenze, 9 marzo 1914*, in «Rivista di diritto commerciale», II, 1914, pp. 845-854; *Corte d'Appello di Milano, 10 dicembre 1914*, in «Monitore dei Tribunali», LVI, 1915, pp. 129-132; *Corte d'Appello di Milano, 6 giugno 1916*, in «Il Foro italiano», I, 1916, pp. 1393-1399.

275 *Corte d'Appello di Lucca, 23 dicembre 1908*, in «Il Diritto commerciale», XXVIII, 1909, p. 732.

stica d'industria contro l'utilità generale sociale, riuscendo a sottoporre tutta quanta una popolazione a subire i prezzi che ai due coalizzati piacesse di imporre o a fare a meno della luce elettrica, non solo, ma, quel che è peggio, col risultato d'impedire nel modo più assoluto ai clienti del Giotti, all'epoca del contratto, e a quelli che da lui si fossero staccati, di potere avere più la luce. Né si obietti che i suddetti clienti, privati dell'energia elettrica, possono ricorrere ad altri industriali, giacché, ammessa anche la possibilità che altri s'inducessero ad aprire identiche industrie e che le condiziono della città ciò rendessero possibile, intanto presentemente non potrebbero ricorrere ad altri per la fornitura, non esistendo in Colle Val d'Elsa altra industria del genere di quella dei contendenti, per cui dovrebbero essi rimanere senza luce[276].

Il richiamo a un giudizio di fatto da farsi caso per caso e alla necessità di tenere in conto l'effetto monopolistico delle intese sui beni di prima necessità, è messo al centro anche delle riflessioni della Cassazione di Torino, questa volta, però, a conferma della liceità di una coalizione tra cinque fornai di Alzano Maggiore. In particolare, la Corte, facendo proprie le analisi svolte dal giudice di merito nel caso concreto, conferma come il sindacato non fosse stato formato per rialzare enormemente il prezzo di un genere di prima necessità, ma piuttosto per mantenerlo uniforme. In questo senso, la circostanza che il Comune non avesse introdotto, *ex* art 67 n° 2 del Regolamento generale per l'esecuzione della Legge Lanza del 1865, alcun calmiere sul prezzo del pane, insieme alla presenza sul territorio di altri panifici con vendita del pane a prezzo inferiore, dimostravano, per la Corte, come da quella coalizione non «fossero sorti i pretesi gravi inconvenienti per il pubblico»[277].

Tra il 1909 e il 1910. I tempi appaiono maturi per una sintesi dottrinale: nella *Giurisprudenza Italiana*, in occasione della sentenza del 20 febbraio 1909 della Corte d'Appello fiorentina sul sindacato tra le imprese d'illuminazione elettrica di Colle Val d'Elsa, appariva la nota di Giovanni Brunetti, mentre, nelle pagine della *Rivista di diritto commerciale*, Biagio Brugi annotava la sentenza della Corte di Cassazione di Torino del 1910 precedentemente richiamata. Le due note appaiono molto diverse da quelle che le hanno precedute, infatti, già da una prima lettura trasmettono l'impressione di una raggiunta pacificazione dottrinale. Il titolo dato da Brugi alla sua nota - *Sindacati leciti* - non entra in contraddizione con quello di Brunetti - *Coalizioni illecite* - ma lo completa, in un'ottica di comune appartenenza di entrambi i fenomeni al

276 *Corte d'Appello di Firenze, 2 gennaio 1909, [...]*, cit., pp. 736-737. Dello stesso tenore *Corte d'Appello di Firenze*, 20 febbraio, 1909, in «La Giurisprudenza Italiana», I, 1909, pp. 308-319: «Deve dichiararsi illecito un patto tra industriali a monopolizzare un'industria concernente cose di prima necessità o di genarle utilità e di pubblico servizio, quale è la fornitura ai privati delle energia elettrica per l'illuminazione, coll'effetto di costringere i consumatori a subire le condizioni imposte dagli industriali medesimi o a fare a meno dell'uso di cose attinenti ai bisogni quotidiani della vita. Il giudizio circa la liceità o meno di una coalizione industriale dipende da circostanze di fatto apprezzabili caso per caso», *ivi*, p. 309.

277 *Corte di Cassazione di Torino, 12 luglio 1910, [...]*, cit., pp. 280-281.

mondo del giuridicamente possibile. Non si tratta più di scuole o concezioni che si oppongono l'una all'altra, ma di due facce della stessa medaglia che possono e devono coesistere per offrire una risposta adeguata alle complessità sottese all'avvento del fenomeno sindacale. Così, nelle pagine redatte da Brunetti scompaiono le difese erette contro le rigidità barassiane e coloro i quali avevano magnificato i soli vantaggi delle coalizioni industriali vengono 'relegati' alla forma verbale passata, per concludere come la «teoria relativa» (ossia [...] la massima che alcuni sindacati sono illeciti ed altri leciti») si sia «affermata», consegnando nelle mani del giudice «una grande varietà di criteri» - sui quali ritorneremo a breve - e che, nel caso di specie, non davano luogo ad alcun «imbarazzo nella scelta», giacché la convenzione appariva «sempre illecita, si applichi l'uno o l'altro dei vari criteri proposti». La sicurezza con cui Brunetti condanna senza esitazione il sindacato per la fornitura di elettricità presso Colle Val d'Elsa - «la tendenza e l'effetto monopolistico del patto appartengono all'essenza stessa ed alla ragione d'essere del medesimo, e sono di una evidenza intuitiva» - è, come si diceva, lo specchio fedele di una avvenuta sterilizzazione delle posizioni dottrinali estreme. Il procedere caso per caso, infatti, non abbisogna più di continue giustificazioni, di lunghe disamine sulla bontà economica o meno dell'azione sindacale, così come innecessarie risultano le indagini intorno ai vari concetti di ordine pubblico: tutto si riduce a constatare, pur all'interno di una prospettiva autoriale capovolta rispetto a quella della maggioranza della dottrina - «se i sindacati industriali, dato l'offesa che recano al principio della libertà, non offrissero in compenso dei vantaggi nel pubblico interesse, dovrebbero [...] essere dal diritto condannati senza eccezioni» - che «l'opinione dominante è che molto in questa materia è rimesso all'apprezzamento del giudice»[278]. Similmente, le pagine di Brugi sottolineano l'illusione di quanti avevano creduto di trovare nel Codice civile delle «precise disposizioni atte a far decidere in modo generale e [...] assoluto ciò che è lecito o illecito». La realtà nella materia sindacale era ben altra: «il giudice diventa legislatore», non può essere lasciato estraneo ai processi decisionali inerenti ai fatti economici, ma - precisa Brugi - è comunque «la legge stessa» ad offrire l'«espediente giuridico per dare la possibilità al giudice di decidere secondo opportuni criteri», salvando, in questo modo, la coerenza del sistema giuridico e permettendo, attraverso la «determinazione casistica» *ex* art. 1122, la «correzione necessaria delle astratte norme giuridiche»[279]. Così, come nella nota di Brunetti, anche nello scritto del professore toscano traspare la sensazione di definitività degli esiti del dibattito dottrinale: ai rappresentanti delle teorie estreme, infatti, non rimaneva che «rammaricarsi» di quella che oramai era divenuta una «imprescindibile necessità» dell'«ordine giuridico» e di prendere altresì coscienza di

278 G. Brunetti, *Coalizioni illecite (Nota a Corte d'Appello di Firenze, 20 febbraio 1909)*, in «Giurisprudenza italiana», I, 1909, pp. 312-318.

279 B. Brugi, *Sindacati leciti (Nota a Corte di Cassazione di Torino, 12 luglio 1910)*, in «Rivista di Diritto commerciale», II, 1912, pp. 275-278.

come «in tanti altri delicatissimi argomenti» si dovesse tenere la «via» della soluzione del parametro dell'ordine pubblico[280].

Si è poc'anzi ricordato come Brunetti avesse riferito della *grande varietà di criteri* che potevano guidare il giudice nel giudizio sulla liceità o meno degli accordi per limitare la concorrenza; a questo proposito il giurista, parafrasando Ziino Todaro e la giurisprudenza fiorentina, ricordava, come, oramai, i giudici dovessero ritenere «generalmente» illeciti i sindacati industriali sui generi di prima necessità, sui beni di generale utilità sociale e sui pubblici servizi, così come quelli volti a creare un regime di monopolio[281]. In riferimento a quest'ultimo aspetto, nella dottrina si insiste su come la concorrenza non possa essere ridotta alla mera «possibilità» dell'appalesarsi futuro di nuovi concorrenti sul mercato. Questa eventualità, ragionano i giuristi, attiene a un'indagine di carattere economico, ma non anche giuridica. Piuttosto, il giurista è chiamato ad osservare la «manifestazione del fatto quale realmente si verifica», cioè a ricostruire se dal «controllo sindacale» discenda, in quel dato momento storico, l'«eliminazione della concorrenza *attuale*»[282]. In via residuale, infine, poteva applicarsi anche un «criterio meno rigorosamente preciso»[283], cioè quello della distinzione tra quei sindacati volti a mantenere i «prezzi *remuneratori*» e quelli volti a «conquistare una posizione economica preponderante per *sfruttarla* a danno dei terzi», ossia degli industriali non coalizzati e dei consumatori[284]. Si trattava di una rimeditazione di quella risa-

---

280 *Ivi*, p. 280. Tale questione può essere inserita nel più ampio tema del metodo di interpretazione della legge, in riferimento, al quale Meccarelli ha ricostruito come, a fianco «ad approcci tesi ad *implementare* e approcci tesi ad *innovare* il diritto positivo», vi fosse «un'altra polarizzazione [...]; essa consiste nel distinguere gli atteggiamenti rispetto al principio di legalità: alcune dottrine intendevano *metterlo in discussione,* altre consideravano irrinunciabile presupporlo e *confermarlo*. [...] Si trattava di decidere in che modo dar luogo ad un processo di liberazione del diritto dalla legge: occorreva dargli una evidenza sul piano delle fonti o era più opportuno ottenerlo solo a livello ermeneutico e nel segno del primato della legge?», M, Meccarelli, *Diritto giurisprudenziale e autonomia del diritto nelle strategie discorsive della scienza giuridica tra Otto e Novecento*, in «Quaderni fiorentini per la storia del pensiero giuridico», n. 40 (*Giudici e giuristi. Il problema del diritto giurisprudenziale fra Otto e Novecento*), Tomo II, 2011, pp. 722-723. Corsivo nel testo. Sul ricorso alle clausole generali come valvole di sistema per affrontare le conseguenze giuridiche delle nuove dinamiche socioeconomiche si veda G. Chiodi, *Clausole generali e abuso della libertà contrattuale: esperienze del primo Novecento*, in «Diritto e questioni pubbliche», XVIII, 2018, pp. 87-104. Infine, sullo «iato incolmabile» tra «mondo economico e giudice», «tipico delle nostra cultura più remota», messo in discussione dalle «intese tra imprenditori» e dall'«organizzazione sindacale operaia» si veda, P. Rescigno, *La istituzione giudiziaria e l'economia*, in «Rivista del Diritto commerciale», I, 1985, pp. 1-14.

281 G. Brunetti, *Coalizioni illecite (Nota a Corte d'Appello di Firenze, 20 febbraio 1909), [...]*, cit., p. 313.

282 L. Ziino Todaro, *Condizione giuridica dei sindacati industriali nel diritto positivo italiano, [...]*, cit. pp. 318-319. Corsivo nel testo.

283 Ivi, p. 319.

284 G. Brunetti, *Coalizioni illecite (Nota a Corte d'Appello di Firenze, 20 febbraio 1909), [...]*, cit.

lente distinzione, vista precedentemente, tra *sindacati di difesa* e *sindacati di aggressione* di derivazione francese, e fatta propria nel 1897 da Alberto Marghieri, ma con il fine di uscire dall'euritmia codicistica e proporre una soluzione amministrativa.

4.2. Responsabilità aquiliana, sleale concorrenza coalizzata, clausole illecite e natura giuridica dei sindacati industriali

L'affermarsi del parametro dell'ordine pubblico come mezzo per colpire con nullità assoluta gli accordi di sindacato ad esso contrari, apre ad interrogativi circa la possibilità del risarcimento del danno aquiliano in favore dei terzi lesi dall'azione sindacale. Se per Brugi una simile ipotesi non appare percorribile[285], diversamente è Giampietro Chironi a aderivi attraverso il richiamo all'abuso del diritto[286]. Tuttavia, la sua applicabilità, secondo Ziino Todaro, alla sola «lesione del diritto e dell'interesse dei terzi» e non anche ai rapporti tra i membri appartenenti al sindacato industriale, porta quest'ultimo ad invocare piuttosto l'applicazione del «principio di eterna ragione scritto nell'art. 1151 del Codice Civile», nei casi di quell'associato costretto ad aderire a «una coalizione industriale illecita con minacce irresistibili e per evitare un suo indiscutibile disastro». Il giurista arrivava a determinare il carattere aquiliano del danno, in adesione alle tesi di Vittorio Polacco e Raymond Saleilles, osservando che quando

> si tratti di nullità radicale per causa od obietto illecito, la colpa incorsa nella formazione del contratto impedì che un contratto, comunque, si fosse formato ed avesse avuto giuridica sussistenza anche momentanea [...]. La verità è dunque che lo stesso contratto nullo per causa od oggetto illecito costituisce il primo effetto, ossi il primo mezzo illecito con si sia riuscito a inferire il danno aquiliano, e deve perciò considerarsi come una delle tante circostanze che resero possibile il danno medesimo[287].

Quanto ai danni «individualmente e direttamente» subiti dalle imprese terze ad opera dell'azione sindacale, l'obiezione che «i terzi non hanno azione per far annullare i contratti di coalizione industriale», poteva essere risolta applicando quei «principi di diritto» ricostruiti da Angelo Sraffa in materia di contratti a

p. 313. Corsivo nel testo.

285 *Cfr*. B. Brugi, *Sindacati leciti (Nota a Corte di Cassazione di Torino, 12 luglio 1910), [...]*, cit., p. 277.

286 Sul punto si veda, G. Cazzetta, *Responsabilità civile e abuso del diritto tra Otto e Novecento*, in V. Velluzzi (cur.), *L'abuso del diritto. Teoria, storia e ambiti disciplinari*, Edizioni ETS, Pisa, 2012, pp. 79-80.

287 L. Ziino Todaro, *Condizione giuridica dei sindacati industriali nel diritto positivo italiano, [...]*, cit., nota 1, pp. 311-312 e pp. 324-325

danno di terzi: questi ultimi, difronte a un accordo dichiarato nullo rispetto ai contraenti avrebbero potuto rinvenirvi un illecito produttivo di effetti dannosi[288].

Va detto che tanto la proposta di Chironi quanto quella di Ziino Todaro rimarranno di fatto isolate all'interno della scienza giuridica; piuttosto, sono presenti riflessioni più articolate sulla possibilità di colpire l'agire sindacale se condotto attraverso *comportamenti sleali* o *clausole contrattuali illecite*. In particolare, se la dottrina ha occasione di confrontarsi con il «multiforme istituto» della concorrenza sleale «in relazione alle imprese monopolistiche, o "*trusts*"»[289], riconducendo il fenomeno «ancora recente» del *boicottaggio* coalizzato alla «tradizionale dottrina degli atti emulativi»[290], la giurisprudenza, dal canto suo - confermando che per «gli industriali il riunirsi in consorzio è un diritto» - avvia un'opera di indicizzazione degli atti di concorrenza sleale, ricordando che «ciò che veramente non è permesso ai commercianti ed agli industriali, agiscano essi singolarmente, oppure siano coalizzati, è il combattere la lotta con armi sleali». In questo senso, allora, si dichiaravano atti sleali:

> 1. la propalazione di notizie false sulle condizioni finanziarie e l'andamento dell'azienda del concorrente; 2. le pressioni a mezzo di mendaci affermazioni esercitate su banchieri perché gli sospendano il fido; 3. Le pressioni esercitate con affermazioni false dirette a produr falsi allarmi, sulla maestranza del concorrente. Non possono invece costituire atti di concorrenza sleale, per quanto diretti a vincere la concorrenza: 1. la vendita di merce a prezzi ribassati; 2. la minaccia di interrompere i propri rapporti con fornitori o clienti, se essi li continuano col concorrente; 3. il tentativo di distrarre dall'azienda del concorrente, con offerte lusinghiere, il di costui personale. 4. L'espressione di propri apprezzamenti a lui contrari, o il travisamento dei motivi di un proprio dissidio con esso[291].

Invece, sul versante di un principio d'analisi della liceità o meno delle clausole contenute nei contratti di sindacato, è il binomio *clausola penale/cambiale in bianco* ad animare il dibattito giuridico. Negli accordi di sindacato, infatti, era in uso inserire una clausola penale a tutela della violazione degli obblighi previsti dal contratto; la prassi prevedeva che tutti gli aderenti all'in-

288 *Ivi*, pp. 326-327. Sui contratti a danno di terzi nel pensiero di Angelo Sraffa si veda, A. Monti, *Angelo Sraffa. Un «antiteorico» del diritto*, Egea, Milano, 2014, pp. 150-153.

289 L. Franchi, *Sopra un caso di pretesa concorrenza sleale in materia di imprese monopolistiche, (Nota a Tribunale di Venezia, 14 aprile 1904)*, in «Rivista del diritto commerciale», II, 1904, p. 472. Corsivo nel testo.

290 A proposito del boicottaggio ci si affida, infatti, a formule generiche («lotta aperta con sistemi apparentemente leciti», oppure uno schema «preordinato ad uno scopo che sconfina dalla cerchia del diritto proprio per ferire l'altrui» e, ancora, il sottrare «ad altri un'attività patrimoniale per farla diventare propria») e a tentativi di analogia con la prassi francese sulla vendita al ribasso, in riferimento alla quale la concorrenza sleale sussiste solo in presenza di atti aventi «un'intenzione deliberata di nuocere», A. Brunetti, *Della legittima difesa nella concorrenza sleale (Nota a Tribunale di Venezia, 14 aprile 1904)*, in «Rivista del diritto commerciale», II, 1904, pp. 466-467.

291 *Corte d' Appello di Milano, 10 dicembre 1914, [...]*, cit., pp. 129-130.

tesa consegnassero al momento dell'adesione una cambiale in bianco al rappresentante del sindacato, il quale avrebbe provveduto a completarla in caso di violazione degli obblighi contrattuali. La liceità o meno di questa prassi si intreccia, in un caso deciso dalla Pretura di Parma, con il tema della liceità dei c.d. *sindacati di resistenza* (ossia quelle particolari coalizioni volte a resistere alle rivendicazioni operaie). In un richiamo esplicito alle idealità della sentenza sanremese, il pretore, oltre a dichiarare nulla sia «la cambiale alla quale il prenditore del titolo rilasciato abbia apposto una data anteriore al fatto che vi ha dato causa», sia la disposizione consortile «per la quale ogni consociato si obbliga ad ottemperare ai deliberati della maggioranza, assoggettandosi in caso contrario al pagamento di una penale», rileva come la combinazione dell'obbligazione principale dello statuto - «tutelare gli interessi della classe dei fornai e pastai di fronte ai terzi» - con quella accessoria *ex* art. 13 secondo comma dello stesso - «l'associazione delibererà a maggioranza; i soci si atterranno ai deliberati della maggioranza e qualora qualcuno non vi ottemperi pagherà una penale di tante migliaia di lire» - palesasse tutta l'immoralità dell'accordo, segnato da una eccessiva limitazione della libertà individuale dei singoli aderenti al sindacato e dal pericolo di provocare un danno nei confronti degli operai e verso l'«intera [...] cittadinanza»[292]. L'anno seguente, il Tribunale riformava la decisione pretoria, proclamando generalmente «lecita l'obbligazione contratta da un gruppo di industriali per organizzare la resistenza contro gli operai» e facendo discendere da essa un'automatica liceità del binomio clausola penale/cambiale in bianco[293].

Lo 'scontro' giurisprudenziale in corso non passa inosservato. È Francesco Carnelutti ad annotare e criticare, il Tribunale riformava la decisione pretoria, entrambi i pronunciati sotto vari profili. Tra le varie accuse mosse, risalta, per i temi qui trattati, quella rivolta al Tribunale, che, scrive il professore milanese, «ragiona più sull'apprezzamento etico della funzione dei sindacati in genere che sull'apprezzamento concreto della funzione di *quel sindacato*»[294]. Per Carnelutti è ormai pacifico che, nella società industriale, l'«alienazione di libertà individuale fatta dall'organizzato al gruppo» non urti più contro il «senso morale», in quanto «solo il gruppo», infatti, può dare al singolo quella «vera libertà di cui è privo»; e in quest'ottica il binomio clausola penale/cambiale in bianco emerge come un espediente teso a «rafforza[re] il vincolo» di «coazione»[295]. Tuttavia, quello stesso senso di moralità imponeva, secondo Carnelutti, di indagare non solo la liceità o meno dei singoli *sindacati di resi-*

292 *Pretura di Parma, 30 giugno 1909*, in «Monitore dei Tribunali», L, 1909, pp. 755-757.

293 *Tribunale di Parma, 25 febbraio 1910*, in «Rivista di diritto commerciale», II, 1910, p. 280.

294 F. Carnelutti, *Ancora sulle cambiali in bianco nelle associazioni padronali di resistenza,* in «Rivista di diritto commerciale», II, 1910, p. 283.

295 F. Carnelutti, *Le associazioni padronali di resistenza e le cambiali in bianco*, in «Rivista di diritto commerciale», I, 1909, pp. 553-554.

stenza, come «succede per le c.d. *coalizioni o sindacati industriali*»[296], ma di effettuare anche un apprezzamento di *'quella' specifica clausola penale*, la quale può risultare lecita solo se «*non astringe troppo* il debitore», se cioè d' «importo moderato». Anche in questo caso spettava al giudice, *ex* «art. 1122», di «subire le impressioni etiche», per verificare quando, nel singolo caso, venisse meno la liceità della clausola[297]. Carnelutti mira, dunque, a spezzare la consequenzialità *sindacato lecito allora clausola penale lecita*, invitando il giudice a un doppio vaglio di liceità, tanto del sindacato quanto della clausola penale[298]. Inoltre, la preoccupazione per i conflitti sociali derivabili dalla progressiva «trasformazione del *delitto* in *diritto* di coalizione», portava il professore milanese, in un richiamo indiretto alle idealità del 'motivo' sanremese, a sottolineare come per dare voce appieno alla «coscienza etica contemporanea»[299]. Fosse necessario andare oltre il contratto, vagliando anche la dinamicità della vita sindacale. Infatti, ragionava Carnelutti, se dall'enunciazione statutaria degli scopi del sindacato - la quale «determina genericamente l'obietto della obbligazione rafforzata mediante la emissione della cambiale in bianco» - può anche non emergere l'illiceità dell'accordo, tuttavia, «è sempre possibile che questa risulti dalla determinazione specifica contenuta nelle singole deliberazioni»[300].

Senza voler qui entrare in una comparazione con l'esperienza statunitense, è interessante osservare come Carnelutti, rispetto ad altri colleghi, veda nella legislazione *antitrust* statunitense una soluzione perfettamente in linea con l'approccio al problema dei sindacati industriali che va prendendo sviluppo nell'ordinamento italiano:

> si guardi la questione sotto il profilo politico-legislativo, o la si decida interpretando il nostro diritto positivo e maneggiando pertanto l'art. 1122., non si riesce ad

---

296 F. Carnelutti, *Ancora sulle cambiali in bianco nelle associazioni padronali di resistenza, [...]*, cit., p. 281. Corsivo nel testo.

297 F. Carnelutti, *Le associazioni padronali di resistenza e le cambiali in bianco, [...]*, cit. p. 554.

298 Gli auspici di Carnelutti, tuttavia, non sembrano trovare accoglimento da parte della giurisprudenza: «*Ha efficacia cambiaria il bianco segno rilasciato per garantire l'osservanza dei patti di un sindacato già riconosciuto lecito, bianco segno riempito dal presidente del sindacato dopo verificata e accertata la violazione dei patti da parte di uno dei suo membri*», (*Corte d'Appello di Lucca, 6 aprile 1909*, in «Temi: annali della giurisprudenza italiana», I, 1909, p. 636. Corsivo nel testo) e «*Non può considerarsi illecita la coalizione di industriali in uno stesso ramo di industria [...] avente per iscopo di fronteggiare uno sciopero degli operai con l'impiego reciproco di ciascun industriale di non andare isolatamente a trattative con gli scioperanti* [...]. *Conseguentemente, l'industriale coalizzato che viene meno a tale impegno è tenuto al pagamento della penale pattuita verso gli altri industriali*», *Pretura di Lodi, 20 maggio 1912, [...]*, cit., p. 835. Corsivo nel testo.

299 F. Carnelutti, *Le associazioni padronali di resistenza e le cambiali in bianco*, cit., p. 550. Corsivo nel testo.

300 F. Carnelutti, *Ancora sulle cambiali in bianco nelle associazioni padronali di resistenza*, cit., p. 283.

altro che a riconoscere illecite le une e le altre [coalizioni] quando limitano...*troppo* la libertà: [...] lo stesso legislatore nord-americano, quando volle compiere opera misurata e prudente, si attenne nello *Sherman act* a un criterio altrettanto elastico interdicendo l'accordo «in restraint of trade or commerce» (ma ogni accordo contratto restringe la libertà del lavoro e del commercio, e si tratta dunque anche qui di vedere se la restringa in modo che possa essere o no tollerato!)[301].

Va detto, tuttavia, che il riferimento all'opera misurata e prudente del legislatore statunitense è, se si guarda all'origine della legislazione d'oltreoceano, particolarmente forzato. Probabilmente Carnelutti intendeva riferirsi alle vicende processuali che portarono all'introduzione delle *rule of reason*, scrupolosamente annotate dal comparatista Mario Sarfatti all'interno della *Rivista di diritto commerciale*[302].

La scienza giuridica italiana è chiamata a confrontarsi anche con un altro problema, ossia quello della natura giuridica dei sindacati. Nel 1897 Marghieri aveva chiesto, come segnalato in precedenza, di riconoscere i sindacati industriali tra gli istituti giuridici del moderno diritto commerciale ed industriale. Tuttavia, il conseguente tema - quello della disciplina giuridica da applicare loro - era stato messo in ombra dal più ampio dibattito sulla liceità o meno delle novelle istituzioni economiche. Sarà solamente durante la seconda decade del Novecento che si cercherà di approfondire questa tematica. Di quanto affermato si può trovare agevole riscontro se si confrontano l'edizione del 1902[303] della monografia di Francesco Ferrara, dedicata alla teoria del negozio illecito, con quella del 1914[304]. Infatti, è solamente in quest'ultima che il giurista riferiva di come il sindacato, partendo da una forma semplice, cioè a base contrattuale, potesse arrivare, in una sorta di processo di «gradazione» giuridico-economica, a «una forma più alta e progredita», ossia a quella della «associazione»[305], avente un'amministrazione e rappresentanza unitaria, nella quale erano presenti «un direttore o comitato

---

301 *Ivi*, p. 281

302 M. Sarfatti, *I trusts e la Giurisprudenza Americana*, in «Rivista di diritto commerciale», I, 1903, pp. 676-677; Id. *I trusts americani di fronte alla legislazione federale*, in «Rivista di diritto commerciale», I, 1905, pp. 53-64; Id., *Lotte giudiziarie contro un trust americano* in «Rivista di diritto commerciale», I, 1907, pp. 178-180; Id., *La sconfitta del più grande trust americano nella sua lotta giudiziaria col governo federale*, in «Rivista di diritto commerciale», I, 1908, pp. 87-89: Id., *Efficacia della legislazione nord-americana contro i trusts*, in «Rivista di diritto commerciale», I, 1909, pp. 327-329.

303 F. Ferrara, *Teoria del negozio illecito nel diritto civile italiano*, Milano, 1902, pp. 172-176.

304 F. Ferrara, *Teoria del negozio illecito nel diritto civile italiano*, 2°edizione riveduta, Milano, 1914, pp. 243-247.

305 Il termine viene usato anche da Marghieri, tuttavia in senso generico: «molti sindacati non esitano a definirsi «consorzio» o «unione» o «federazione», rapportando queste denominazioni ad intese che hanno funzione d'interesse collettivo dei contraenti e che negli statuti vengono poi indicate col nome di «associazione». [Ma] non bisogna [...] confondere l'«associazione sindacale» con altre associazioni già regolate dalla legge», A. Marghieri, *Il processo giuridico [...]*, cit., p. 341.

centrale» e «speciali organi per il controllo dell'adempimento delle obbligazioni fra i singoli imprenditori», sino ad arrivare, in alcuni casi, anche alla costituzione di un «*Bureau*» con funzioni di «mandatario dei singoli o commissario per loro conto o come rappresentante dell'associazione»[306]. Questi rilievi sintetizzano indirettamente il problema della 'natura giuridica' delle varie 'gradazioni' sindacali e, conseguentemente, della *disciplina giuridica* a cui sottoporle. In questo senso una prima risposta era arrivata già nel 1909 dal Tribunale di Palermo, il quale replicava alla tesi attorea (per la quale ai sindacati - in ispecie di agrumi - non si potessero applicare le disposizioni in tema di società, in quanto aventi «natura e finalità» differenti rispetto alle «società civili e commerciali»[307]), affermando che «i trusts o sindacati di difesa industriale, allorché non si limitino a disciplinare i prezzi di vendita sul mercato, ma si propongano un proprio fine di lucro, sono soggetti alle norme che disciplinano le società»[308]. Nei giuristi più attenti, la possibilità di applicare la disciplina societaria ai sindacati andava ad intrecciarsi con una questione più ampia, ossia quella per la quale il processo economico dei sindacati aveva dato vita ad altre e più complesse formazioni economiche. A farsi interprete di questo rilievo e dei conseguenti interrogativi giuridici è, ancora una volta, Alberto Marghieri, il quale introduce un'ulteriore differenziazione (ma speculare rispetto a quella tra *trust* e cartello), ossia quella tra *federazione*[309] e

306 *Ivi*, p. 244. Diverso invece il caso del *trust*: «riunioni di fatto delle diverse imprese», «fusioni di compagnie ed imprese commerciali mediante trasmissione fiduciaria del loro patrimonio ad un unico comitato che ne diventa assoluto e generale proprietario» (*ibidem*).

307 *Tribunale di Palermo, 2 settembre 1909*, in «Monitore dei Tribunale», 1910, L, p. 172. «non esistendo [il sindacato] per destinare le forze riunite dei soci a maggiori guadagni, coll'esercizio di atti civili, o commerciali, ma esistendo ad un determinato fine diverso che nella specie si concreta nell'assicurare ai derivati agrumari il prezzo rimunerativo», *ibidem*.

308 *Ivi*, p. 171.

309 In questa ipotesi «la società sindacale è naturalmente regolata dalle norme comuni di legge per tutto quanto ne riguardi la costituzione, l'amministrazione lo scioglimento la liquidazione; sol che la sua ragion d'essere, e cioè il sindacamento delle rispettive operosità economica delle varie aziende, si fa avvertire nel contenuto dei patti che disciplinano l'oggetto sociale. [...] In generale le aziende coalizzate sono, alla loro volta delle società; d'onde la qualifica all'ente centrale di «società delle società». Non è certamente escluso che il capitale di questo ente venga formato mediante sottoscrizioni collettive di ciascuna azienda sociale e sottoscrizione di singoli già soci di queste e che, per conseguenza, sono soci delle aziende coalizzate e dell'azienda di federazione. Ne viene fuori un fittissimo ingranaggio di interessi e gli azionisti appartengono al sindacato per due modi: in quanto dell'azienda atomistica e quali azionisti dell'azienda federativa». Ma il processo federativo era stato reso maggiormente vincolante dal ricorso all'*holding trust*, nel momento in cui «l'azienda, che sindaca con sé le altre, si fa ad acquistare il capitale azionario di queste, nella totalità o per la maggior parte, dando ai loro soci azioni del proprio capitali, che essa aumenta proporzionalmente in una o più volte. Non è raro, che in cambio di azioni ordinarie vengano date azioni privilegiate, sempre che la legge lo consenta, oppure obbligazioni spesso ipotecariamente garantite», A. Marghieri, *Il processo giuridico dei sindacati [...]*, pp. 346-349.

incorporazione[310] di imprese, riflesso della distinzione economia operata da Pantaleoni tra *sindacati complessi economici* (tra aziende in rapporto di complementarità e subordinazione) e *sindacati monopolio* (fra aziende similari e concorrenti). Ora, in riferimento a questi processi, secondo Marghieri, ci si trovava sempre e comunque innanzi ad entità societarie. Per tanto la «doppia funzione della forma giuridica della società»[311], «secondo che si tratti di federazione di aziende ovvero di incorporazione di aziende», aveva lo scopo di far perdere «valore giuridico» alla terminologia che distingueva i sindacati «secondo il loro nome di origine»[312]. Si trattava, in sostanza - nonostante le perplessità che si possono avanzare sulla differenziazione operata da Marghieri - del riconoscimento giuridico della teoria generalista, da estendersi anche alle nuove realtà economiche osservate da Pantaleoni, sulle quali, come vedremo, si avvierà nel corso degli anni '30 una riflessione giuridica più consapevole[313]. Ma l'approccio generalista in Marghieri non si riverbera in una *indifferenza* giuridica alla Barassi, dove tutte le forme sindacali divengono una rifioritura dell'autonomia economica celante l'abuso del capitale. Infatti, l'attribuire la natura giuridica di società ai fenomeni della federazione e dell'incorporazione faceva sì che gli stessi soggiacessero alle «norme comuni di legge» per tutto quanto attinente alla loro costituzione, amministrazione, scioglimento e liquidazione[314].

---

310 «Durante il corso del sindacato sopravvengo molte fusioni parziali, le aziende meno forti scompaiono, e si esplica un processo graduale di consolidamento, per effetto del quale il numero della aziende sindacate, che conservano la propria individualità decresce via via, talvolta fino ad una completa incorporazione in un solo organismo che sopravvive agli altri, e che, nell'orbita della propria dimensione, non soltanto assorbe le aziende sindacate, bensì anche le concorrenti, che compra dopo averle infiacchite e quasi annientate», *ivi*, p. 350.

311 Nel senso che «il rapporto sociale, a parte la forma dell'associazione concorre al funzionamento del fenomeno sindacale con due atteggiamenti assai diversi: con l'uno esso serve a costituire le compagnie organicamente più perfetta del vincolo di federazione fra le aziende che si sindacano; con l'altro diviene lo esponente della incorporazione, alla quale le aziende fecero prevenire la loro intesa sindacale», *ivi*, p. 351.

312 *Ibidem*.

313 Anticipiamo di come si trattasse della differenziazione tra due fenomeni tra loro distinti: da una parte, i «gruppi industriali», dove, «le imprese si accentrano e gravitano su di un *centro solo*. Pur continuando a sussistere formalmente distinte, *hanno perduta ogni autonomia economica*; formano un unico *complesso*, di carattere *permanente*, di solito *verticale*; sì che la organizzazione tecnica delle partecipanti viene modificata ed ogni attività subordinata al piano unitario». Dall'altra parte «i sindacati antichi [...] ossia i consorzi (o cartelli) dove le imprese si orientano «in un campo magnetico di solito su di uno stesso piano, in associazioni orizzontali (sebbene questa non sia caratteristica costante e decisiva) mantenendo la propria individualità economica e giuridica, attraverso momentanee intese», R. SCHEGGI, *Contributo allo studio dei consorzi industriali volontari [...]*, cit., p. 63.

314 A. MARGHIERI, *Il processo giuridico dei sindacati [...]*, p. 346.

Per Arias, invece, la distinzione economica doveva necessariamente riverberarsi in una differenziazione giuridica di disciplina: il *sindacato-monopolio* era un «sindacato propriamente detto», mentre il *sindacato-complesso economico* era «fisionomia di una vera e propria società»[315]. Tuttavia, quello che non si comprende nella ricostruzione di Arias è a quale disciplina giuridica sarebbe stato assoggetato il *sindacato propriamente detto*. Una possibile risposta arrivava da due note a sentenza, rispettivamente di Arnaldo De Valles[316] e Angelo Sraffa[317], i quali, alla volta del 1914, pur muovendosi nell'ottica della differenziazione tra *trust* e cartello, proponevano di considerare il secondo come una *associazione di fatto*[318] (salvo che il cartello non si fosse dotato di un ufficio di vendita), e il primo come una società. La base giuridica arrivava, ovviamente, dall'art. 1697 c.c.[319] il quale, per Sraffa, escludeva - diversamente da quanto sentenziato dalla giurisprudenza palermitana[320] - la possibilità di considerare il cartello una società in quanto «i sindacati per la difesa dei prezzi [...] non pongono in comunione alcuna cosa», ma agiscono allo scopo «*de danno vitando et non de lucro captando*»[321]. In merito alla natura e capacità giuridica delle associazioni (e quindi anche dei sindacati industriali per la difesa dei prezzi senza ufficio di vendita) però lo stesso De Valles ammetteva come il dibattito non avesse raggiunto un elevato grado di maturità. Tuttavia, sulle orme del diritto positivo e dottrinale tedesco, proponeva di riconoscere a questi «enti di fatto» una «imperfetta e deficiente personalità giuridica» - presupposto di una «certa capacità» giuridica - in virtù del fatto che, con la creazione di un sindacato, secondo De Valles, non si aveva

315 G. Arias, *Natura economica e disciplina giuridica dei sindacati di aziende*, in «Il Giornale degli economisti», 1910, p. 404.

316 A. de Valles, *I sindacati industriali e la loro rappresentanza in giudizio*, (*Nota a Cassazione di Firenze, 9 marzo 1914)*, in «*La Società per Azioni*», Anno IV, N. 11, 15 novembre, 1914, pp. 311 e 313. Sulla poliedrica figura di De Valles si veda A. Sandulli, *Costruire lo Stato. La scienza del diritto amministrativo in Italia, (1800-1945)*, Giuffrè, Milano, 2008, pp. 272-274.

317 A. Sraffa, *Sulla natura giuridica dei sindacati (Nota a Cassazione di Firenze, 9 marzo 1914)*, in «*Rivista di Diritto Commerciale*», II, 1914, pp. 845-854.

318 *Contra* A. Giovene, *Le associazioni di fatto nel diritto privato*, Vallardi, Milano, 1914, p. 21, che invece le ritiene a tutti gli effetti delle società.

319 Art. 1697. «La società è qualcosa con la quale due o più persone convengono di mettere insieme, al fine di dividere il guadagno che ne potrà derivare».

320 In particolare, il tribunale aveva riscontrato come nel contratto di sindacato fossero rinvenibili tutti i caratteri sostanziali di una società commerciale: «messa in comunione dei capitali dei soci [...]; atto di commercio, costituendo l'obietto della società comprare per vendere i derivati agrumari, agro cotto e cedrato di calcei a scopo di guadagno e divisibilità di guadagno; gli utili netti, che la società si è prefissi», *Tribunale di Palermo, 2 settembre 1909 [...]*, cit., p. 172.

321 A. Sraffa, *Sulla natura giuridica dei sindacati [...]*, cit. p. 846.

soltanto una «adesione di più volontà», ma un processo giuridico di formazione di una volontà «unitaria»[322].

5. Il contributo italiano alla declinazione spagnola della cultura della tolleranza

Nonostante nei *reports* consolari del 1900 si fosse sottolineato come in Spagna «there are no combinations of capital [...] similar to the so called trust of United States»[323], e di conseguenza, non fosse stato dato un approfondimento ai profili giuridici della questione all'interno del paese iberico, si deve rilevare che la storiografia, soprattutto economica, abbia messo in luce, nella penisola iberica, fosse in atto tra Otto e Novecento un processo di *cartelización* di interi settori industriali[324]. Tale processo si calava all'interno di un sistema economico segnato «por su moderado crecimiento, [...], por su decidida oritenación hacia el asilamiento, el proteccionismo, el nacionalismo y el intervencionismo creciente del Estado»[325].

Ora, partendo da questo dato, ci interessa cercare di cogliere alcuni aspetti dalla realtà spagnola, ossia capire, in primo luogo, se vi fosse percezione negli ambienti giuridico-economici, del progressivo avanzamento - tanto in una prospettiva interna quanto esterna - del fenomeno della cartellizzazione dell'economia; e, in secondo luogo, osservare se detta percezione si sia riverberata, o meno, in una cultura della tolleranza, e se nei confronti della stessa si fossero eventualmente utilizzati dei correttivi per offrire, come avvenuto in Italia, riparo al 'sentimento morale della Società' (o, quanto meno, delle proposte in tal senso). Infine, si vuole cercare di cogliere se, e in quale misura, la scienza giuridica spagnola abbia avuto in quella italiana un referente per

322 A. DE VALLES, *I sindacati industriali e la loro rappresentanza in giudizio [...]*, cit., p. 313.

323 *Special Consular Reports, [...]*, cit., p. 505.

324 «la concentración empresarial se reflejó en la formación de consorcios como Unión Española de Explosivos (1896), Unión Resinera Española (1898), Sociedad Duro-Felguera (1900), la Papelera Española (1901), Hidroeléctrica Ibérica (1901), Altos Hornos de Vizcaya (1902), Sociedad General Azucarera (1903), Hidroeléctrica Española (1907) y el Cártel Central Siderúrgica de Ventas (1907)», F. J. MAESTRO BAECKSBACKA, *Precisiones sobre la historia del movimiento obrero español 1914-1917*, in «*Boletín de la Real Academia de la Historia*», 1987, p. 243. Per l'analisi della formazione di cartelli industriali in specifici settori si invita alla lettura di A. GÓMEZ MENDOZA, *La formación de un cártel en el primer tercio del siglo XX: la industria del cemento portland*, in «*Revista de Historia Económica*», Año V, N. 2, 1987, pp. 325-361; M. A. SÁEZ GARCÍA, *Hacia un cártel perfecto. Los acuerdos colusivos en el sector siderúrgico español (1871-1907)*, «Investigaciones de Historia Ecónomica», N.1, 2005, pp. 131-161» e S. HUPT, *Competir en los mercado internacionale. Altos hornos de Vizcaya, 1882-1936*, «*Revista de Historia Económica*», Año XXI, N. 2, 2003, pp. 335-371.

325 AA. VV., *Involución y autarquía: la economía española entre 1890 y 1914*, Editorial Compluntense, Madrid, 2000, p. 138.

affrontare, sotto il profilo teorico e pratico, il problema dei cartelli industriali, stante l'interesse generale della prima per la seconda[326].

Nell'anno del c.d. «desastre del 98»[327] - così ribattezzato per la perdita dell'impero coloniale spagnolo - usciva nelle pagine della *Revista de Navigación y Comercio* un articolo che, sebbene in generale riferisse della notevole influenza esercitata dai *trust* americani sugli eventi tragici che avevano portato alla caduta delle colonie spagnole, non trascurava di offrire al lettore un'immagine estremamente negativa su di essi:

> los trusts imponen, en efecto, la ley al obrero y al consumidor; oprimen al pais desde uno á otro extremo de la escala social, pues, dueños del mercado, de los productos, de la mano de obra, ejercen sobre los precios y los salarios una autoridad omnipotente, abusan y cometen, valga la palabra, un crimen de usura[328].

Tale ostilità nei confronti dei *trusts* si inserisce - a nostro avviso - in una linea di continuità nello sfavore con cui la società spagnola osservava l'evoluzione delle varie tipologie di patti per limitare la concorrenza, e che trovava nella condanna delle 'antiche' coalizioni commerciali da parte del *Tribunal Supremo* il proprio referente giuridico:

> es requisito esencial de todo contracto mercantil o puramente civil que recaiga sobre objeto licito no contrario a leyes, a la moral, ni al orden público, y no pueden estimarse como tales los pactos que tienden a alterar el precio de las cosas coartando la libertad de la contractación, y del trabajo y regulando sus condiciones, bajo cuyas bases non es licito estabelecer vinculo alguno eficaz de derecho[329].

Tuttavia, con l'avvio del nuovo secolo, la prospettiva iniziava a mutare, e anche la Spagna - nonostante le resistenze dell'opinione pubblica e di porzioni del mondo industriale[330] - finì per entrare gradualmente nell'alveo di quei paesi

326 Sul puto si veda diffusamente C. PETIT CALVO, *Revistas Españolas y legislaciòn extranjera el hueco del derecho comparado*, in «*Quaderni fiorentini per la storia del pensiero giuridico moderno*», n. 35 2006, pp: 256-338.

327 Sul significato e le conseguenze di questo accadimento si vedano le riflessioni di J. VELARDE FUERTES, *La economía española en 1898.* ¿Desastre o cambio?, in «Cuadernos Monográficos del Instituto de Historia y Cultura Naval», núm. 30, 1997, pp. 7-22.

328 A. BARRADO, *Los grandes «trusts» de los Estados Unidos*, in «*Revista de Navigación y Comercio*», Año X, Madrid 15 de Diciembre de 1898, Nùm. 243, 1898, pp. 579-586 e pp. 597-602.

329 *Tribunal Supremo, 15 Jenero, publicada el 7 de febrero, 1894*, in «Juresprudencia civil», 1894, p. 110. Per una storia della centralità del *Tribunal Supremo* in Spagna si veda M. M. LORENTE SARIÑENA, *La Doctrina legal y el silenciamiento de los juristas en una España sin código (1808-1889)*, in «Quaderni fiorentini per la storia del pensiero giuridico moderno», Vol. 40 *(Giudici e giuristi. Il problema del diritto giurisprudenziale fra Otto e Novecento)*, Tomo I, 2011, pp. 135-175.

330 Sul punto si veda il volume, *El trust azucarero y la opinión pública*, El Liberal, Madrid, 1903.

che aderivano alla cultura della tolleranza[331]. Infatti, le informazioni sui *trusts* americani continuarono, seppur lentamente, a filtrare all'interno della penisola - arricchite altresì da notizie sui cartelli tedeschi e sulla letteratura economica in materia, anche italiana - ma non più con uno spirito critico, quanto piuttosto trasmettendo il desiderio di incamminarsi sulla via della cartellizzazione[332]. Tuttavia, la consapevolezza che «en España no hemos llegado á un desarrollo industrial que permita la formación de estos grandes sindicatos» rappresentava il filo conduttore di questi pochi articoli, i cui commentatori, però, sottolineavano come «no por eso no deja de interesarnos lo que se refiere a esos trusts que encierran, probablemente, un germen de transformación económica»[333]. L'invito, dunque, era di approfondire la questione, ma nelle pagine degli articoli appena citati si potevano già ritrovare, anche se descritte sommariamente, tutte le questioni fondamentali che avvolgevano la materia: l'origine del fenomeno, la sua transitorietà o meno, la distinzione tra *trust* e cartello, le sue ricadute sociali, e così via. In particolare, dal 'libro italiano', ossia quello di Cossa, si coglievano i presunti aspetti meritori dell'azione sindacale[334], da unire «a las conclusiones del profesor» su come lo Stato non potesse in alcun modo «hostilizar á estas asociaciones, producto natural de la moderna concentración capitalista»[335].

Ma un contributo alla propagazione di questo nuovo clima favorevole alle intese sembra arrivare particolarmente dagli scritti pubblicati dal circuito delle *Reales Academias*, soprattutto da quella di *Ciencias Morales y Politicas*[336], che

331 In questo senso, le imprese produttrici di «papel pintando» si difesero, nel richiamato caso del 1894, affermando come il contratto di cartello che aveva portato alla nascita della *Sociedad Union Industrial* avesse assolutamente un «objeto lícito», ossia la cessazione delle «ruinosas competencias entre los socios», *Tribunal Supremo, 15 Jenero, publicada el 7 de febrero, 1894 [...]*, cit. p. 119.

332 L. Cubillo, *El gran trust americano del acero*, in «*Nuestro Tiempo*», Año I, N.8, 1901, pp. 194-203; J. Rocamora, *Los sindicatos industriales en Alemania*, in «*Nuestro Tiempo*», Año I, N.2, 1901, pp. 356-358 e G.B. Gamazo, *Los sindicatos industriales: un artículo alemán y un libro italiano*, in «*Nuestro Tiempo*», Año I, N.2, 1901, pp. 85-88.

333 G.B. Gamazo, *Los sindicatos industriales: un artículo alemán y un libro italiano [...]*, cit., p. 88.

334 «1°Ejercer la función de reguladores de los precios, constituyendo un ahorro sobre los precios de producción. 2° Disminuir la inestabilidad del mundo industrial, previniendo las crisis y tendiendo á garantizar el equilibrio entre la producción y el consumo. 3° Reunir en sí todas las ventajas de la gran industria. 4° Llevar al organismo económico un cúmulo de hechos que podrán contribuir, con las uniones obreras y las otras especies de asociaciones, á un porvenir meior para la sociedad», *ivi*, p. 87.

335 *Ibidem*.

336 Su questa *Academia*, centro di un «riformismo sumamente hetérogeno, producto de la confluenza de una pluralidad de sectores ideólogicos» (quali il conservatorismo di Antonio Cánovas del Castillio, orientato verso il modello bismarckiano o, le idealità del cattolicesimo sociale ispirato all'enciclica *Rerum Novarum*; il *krausismo español,* legato a un «reformismo tutelar de caractér no intevencionista»; o il c.d. «nuevo liberalismo» di origine inglese) si veda J. L. Malo Guillén, *La Real Academia de Ciencias Morales y Políticas ante*

dedicò il suo 'sexto concurso ordinario correspondiente al bienio 1902-1904' (e il relativo 'Premio Conde de Toreno') al tema, posto sotto forma di interrogativo, se ¿Son los sindicatos compatibles con la libertad de contractación?[337]. A vincere il concorso furono Pedro Quinzaños e il giovane amministrativista José Gascón y Marin[338], che ben presto diventerà una delle personalità di spicco del movimento spagnolo ed europeo della municipalizzazione dei pubblici servizi[339]. Mentre la prima opera, quella di Quinzaños, segnata da un forte legame con il cattolicesimo sociale, non apportava particolari riflessioni sui «sindicatos capitialistas» e, anzi, sembrava rimandare la questione cartellistica (e in generale la questione sociale) a una sorta di speranzosa attesa messianica per tempi migliori, dietro alla quale non poteva che celarsi il perpetuarsi di schemi oppressivi della classe operaia[340]; la seconda opera, invece, si inseriva a pieno titolo, nonostante il vizio della mancata separazione tematica dei *sindicatos industriales* dai *sindicatos obreros*, nell'alveo di quelle riflessioni europee che, nel segno della tolleranza, stavano cercando di proporre dei temperamenti all'azione sindacale. Infatti, Gascón y Marin si confrontava con tutto il 'pantheon' della scienza giuridico-economica europea ed internazionale (Menzel, Pic, De Rousiers, Liefmann, Kleinwachter, Jenks, Gunton, Brentano, ecc.), ma il contatto scientifico principale veniva ad instaurarsi soprattutto con gli italiani Cossa e Montemartini. Dal primo recepiva, traslitterandola e traducendola, la definizione di sindacato industriale come

---

el proceso de reformas sociales, in E. FUENTES QUINTANA (a cura di), *Economía y economistas españoles. (Las criticás a la economía clásica)*, Vol. V, Galexia Gutemberg, Barcelona, 1999, pp. 495-524. Recentemente la storiografia giuridica ha dato avvio ad un'opera di 'dissodamento' del contributo dato dalla scienza giuridica alle attività di questa *Academia*, sul punto di veda P. RAMÍREZ JEREZ e M. MARTÍNEZ NEIRA, *La historia del derecho en la Real Academia de Ciencias Morales y Políticas*, Dykinson, Madrid, 2017.

337 Si veda la prima di copertina del libro P. QUINZAÑOS, *Los sindicatos y la libertad de contractación*, 1904.

338 J. GASCÓN Y MARIN, *Los sindicatos y la libertad de contractación*, 1907, (*Segunda edición revisada y aumentada por el autor*), Tomo I e II, Barcelona, 1907, la cui pubblicazione era stata anticipata da un articolo nella rivista *El Fuero Español* e nella cui parte conclusiva si cennava anche alla questione sindacal-industriale, *cfr*. J. GASCÓN Y MARIN, *Concepto y naturaleza de los sindicatos*, in «El Fuero Español», Año, VIII, N. 262, 10 de Abril, 1905, pp. 113-116. Per notizie biografiche su Gascón y Marin si veda M. PILAR HERNANDO SERRA, *Gascón y Marin José (1875-1962)*, in C. PETIT (a cura di), *Derecho ex cathedra (1847-1936): diccionario de catedráticos españoles*, Dykinson, Madrid, 2019, pp. 191-192.

339 *Cfr*. J-A. SÁNCHEZ DE JUAN, *Il movimento di riforma municipale in Spagna e i rapporti con le reti intermunicipali europee (1900-36)*, in P. DOGLIANI e O. GASPARI (a cura di), *L'Europa dei comuni: origini e sviluppo del movimento comunale europeo dalla fine dell'Ottocento al secondo dopoguerra,* Donzelli, Roma, 2003, pp. 123-148.

340 «Cultiven los ricos la virtud de la claridad, practiquen los probes la virtud de la paciencia, y seguro estoy de que con ello las legislaciones positivas podrán tirar por la borda multitud de disposiciones encaminadas á regular limitativamente para la libertad indivdual la organiszación del capital y del trabajo [...] y la libertad de contractación no producirá los daños que en su funcionamiento actualmente engendra», P. QUINZAÑOS, *Los sindicatos y la libertad de contractación [...]*, p. 152.

«unión libre y convencional de emprendedores de un mismo ramo de industria para eliminar la concurrencia entre ellos y mantener para sus productos precios remuneratorios»[341]. Ma era soprattutto con il collega municipalista che Gascòn y Marin prediligeva il confronto e dal quale, però, prendeva le distanze, dando così eco a quella differenziazione di posizioni tra generalisti e dicotomisti vista in precedenza. Infatti, «según Montemartini», scrive l'amministrativista, la «finalidad especial» del «cartel» - la quale lo distinguerebbe ontologicamente dal *trust* - era quella di manipolare il prezzo delle cose; ma, in verità, lo spartiacque principale tra le due figure si doveva rinvenire per il giurista spagnolo, come per la maggior parte della dottrina europea, nella diversa intensità della «indipendencia industrial»[342]. Ponendosi nella traiettoria generalista, l'amministrativista argomentava di come i «modernos monopolios» rappresentassero nel, nel loro complesso, una «derivación logica de la libre concurrencia», ma dai quali avrebbero potuto discendere degli abusi nei confronti degli imprenditori terzi e dei consumatori. A questi inconvenienti si poteva offrire rimedio «entrando en la vía administrativa», all'interno della quale «publicidad», «inspección por el poder público» e «jurisdicción especial» erano le 'parole chiave' da recepire dal grande dibattito europeo su *trusts* e cartelli, e che trovavano comunque nella tolleranza - «lícito es el sindicato industrial» - il presupposto per qualsiasi azione correttiva[343]. Tuttavia, come nel caso dei generalisti italiani che si avvicinavano alla soluzione amministrativistica, si deve riscontrare come anche nell'opera di Gascón y Marin emerga il problema di non riuscire a declinare in concreto un programma di intervento amministrativo; così come nessun cenno veniva riservato dall'autore alla giurisprudenza del 1894 (e a una possibile soluzione per mezzo della clausola dell'ordine pubblico, nonostante sottolineasse come taluni sindacati potessero essere illeciti). Infine, tanto meno si riscontrano delle riflessioni sulla presenza nel codice spagnolo dell'antico delitto di coalizione commerciale[344]. Questo silenzio risulta silenzio risulta estremamente singolare se si considera che l'amministrativista dimostrava di conoscere perfettamente le problematiche contemporanee legate alla formu-

341 J. Gascón y Marin, *Los sindicatos y la libertad de contractación [...]*, Tomo I, p. 57.

342 *Ivi*, p. 68.

343 J. Gascón y Marin, *Los sindicatos y la libertad de contractación [...]*, Tomo II, pp. 130-135.

344 *Ivi*, p. 95. Come sottolineato dalla storiografia giuridica, «En cuanto a las concordancias en relación con otros códigos europeos anteriores, hay que señalar sobre todo la referida al Código francés en sus artículos 419 y 420, que en su composición y redacción se adivina la influencia que tuvo sobre el español. En el caso francés, el artículo 419 comenzará con aquellos que divulgan "hechos falsos o calumniosos", pero a continuación redacta los otros medios artificiosos, entre los que está la "reunión o coalición" de los principales oferentes de una mercancía. En estas condiciones, se puede señalar que, dada la más que evidente influencia del código francés y la redacción del último párrafo del artículo 452 del español, el uso "de cualquier otro artificio" en el artículo 451, distinto de esparcir rumores, se refiere también a las coligaciones para alterar el precio de las cosas», M. Cuerdo Mir e D. del Mar Sánchez González, *Tradiciones penales en la maquinación para alterar el precio de las cosas del Código Penal de 1848*, in «Anuario de historia del derecho español», n° 84, 2014, p. 320.

lazione dell'art 419 del codice francese. Inoltre, salvo qualche rara eccezione[345], tale silenzio appare come una costante del contenuto dibattito spagnolo sui sindacati industriali[346]. Tuttavia, si potrebbe considerare il mancato 'confronto' con la dimensione del penale come una manifestazione, in questo caso 'afona', di quei dubbi circa la capacità dei codici penali di assurgere a validi strumenti per poter affrontare un fenomeno che veniva percepito come nuovo rispetto alle coalizioni commerciali di epoche passate[347].

6. Un'alternativa alla cartellizzazione obbligatoria: la Ley Osma sull'industria degli azúcares

Mentre la dottrina giuridica era impegnata nell'analisi delle questioni attinenti la materia sindacale, recependo, come visto, concetti generali provenienti da altri paesi, e mentre, altresì, parte della scienza economica cercava

345 Un cenno alle inadeguatezze degli articoli del Codice penale del 1870 si può trovare in F. Rahola i Tremolos, *El trust del capital y el sindicato obrero. Discurso leido por D. Federico Rahola presidente de la Academia de Legislacion y Jurisprudencia de Barcelona en la seción publica inaugural del curso 1909-1910 dado el 28 de enero de 1910*, Hijos de Jaime Jesús Impresores, Barcelona, 1910, p. 36. Similmente, qualche anno più tardi, nel quadro di una ricostruzione teorica («el art. 557 del Código penal condena con graves penas á los que, esparciendo falsos rumores ó usando do cualquier otro artificio, consiguen alterar los precios naturales que resultarían de la libre concurrencia. El cartel ó el trust es indudablemente un medio artificioso de elevar el precio de las mercancías, y, por consiguiente, siempre que pueda probarse que ese precio ha sido elevado por una inteligencia entre los productores más de lo que se hubiera elevado de ser libre la concurrencia, hay derecho á aplicar este artículo del Código») ci si chiedeva «¿Se aplicarla si tal caso se diese?», D. Hilario Yaben Yaben, *Exposicón y crítica del llamado intervencionismo del Estado, Obra que obtuvo el «Premio del Conde de Torreánaz» concedido por la Real Academia de Ciencias Morales y Políticas en el cuarto concurso de dicha fundación, (tirienio de 1911 á 1914)*, Madrid, 1914, nota, 1 pp. 205-206.

346 Nessuna notizia si rinviene sulla questione penale in D. Melchor Salva, *Informe. En las sesiones del 21 de abril y 19 de mayo de 1903, con motivo de artículos publicados en L'Economiste Frangais y dos sesiones de la sociedad de economía política de París, sobre los trusts en los Estados Unidos y acera de si ¿puede ser grande una nación no teniendo colonias?*, in «Memorias de la Real Academia de Ciencias Morales y Politicas», Vol. 9, Tomo IX, Madrid, 1905, pp. 353-366 e più tardi L. Pérez-Ordoyo y Lapeña, *Función económica y social de los trusts. (Memoria premiada con accésit por la Real Academia de Ciencias Morales y Politicas en el concurso ordinario de 1918)*, Madrid, 1920. Altrettanto silente sul tema l'opera generale di R. Castillo García y Soriano, *La Reforma del Código Penal Español*, Avila, 1898.

347 Al contrario, parte della storiografia, invece, sembra creare una specie di linea temporale continua che va dalla Costituzione di Zenone sino alle riflessioni della giuscommercialistica degli anni '60, *cfr.* M. Cuerdo Mir e D. del Mar Sánchez González, *Tradiciones penales en la maquinación para alterar el precio de las cosas del Código Penal de 1848 [...]*, cit., si veda, in una prospettiva cronologica più contenuta ma comunque decisamente ampia, anche J. Pascual y Vicente, *Los más antiguos antecedentes conocidos de legislación antitrust son españoles. (Noticia documentada sobre los antecedentes históricos de la legislación antitrust)*, in «*Gaceta jurídica de la Unión Europea y de la competencia*», N° 225, 2003, pp. 113-115.

di 'aggiornare' la teoria economica classica per mezzo delle riflessioni provenienti da economisti aventi una originaria formazione giuridica[348], la classe politica del paese, invece, intraprendeva - già dal c.d. *sexenio revolucionario* in poi (1868-1874) - la via del «proteccionismo económico integral», che verrà a caratterizzarsi, con l'inizio del nuovo secolo, anche per l'«inspiraciòn en los cárteles alemanes»[349]. In particolare, questa fascinazione per il protezionismo tedesco e per la sua cultura pro-cartellistica, trovò il proprio culmine - in linea con le richieste che arrivavano dal mondo industriale spagnolo[350] - nella politica economica del c.d. *gobierno largo* de Antonio Maura (1907-1909)[351]. È pertanto probabile che questa circolazione della cultura sindacale tedesca abbia fatto sì che il legislatore spagnolo non adottasse provvedimenti legislativi volti ad esercitare una qualche forma di controllo sul fenomeno sindacale. Insomma, come in Germania, i sindacati industriali dovevano essere 'lasciati liberi' di crescere e prosperare su tutto il territorio dello Stato.

Ma, echi di un favore legislativo per i sindacati industriali possono rinvenirsi in alcuni frammenti di quella legislazione protezionistica di «cáracter sectorial»[352], che venne ad affiancarsi, per esigenze contingenti, agli interventi protezionistici di sistema[353]. Ora, prima di addentrarci, nell'analisi della prima, ossia della *ley Osma*, è opportuno soffermarci un instante sugli inter-

---

348 J. L. Malo Guillén, *El pensamiento económico del krausismo español*, in E. Fuentes Quintana (a cura di), *Economía y economistas españoles. (Las críticas a la economía clásica) [...]*, cit., pp. 389-450, particolarmente, per il periodo di nostro interesse, pp. 431-444.

349 J. Velarde Fuerte, *Stackelberg y su papel en el cambio de la pólitica económica española*, in E. Fuentes Quintana (a cura di), *Economía y economistas españoles. (La consolidación académica de la economía)*, Vol. VII, Galexia Gutemberg, Barcelona, 2001, p. 350.

350 In questo In questo senso si esprimeva l'organo degli industriali spagnoli: «Hora es ya de que nuestros Gobiernos, siguiendo el ejemplo de lo que sucede en otras naciones, se hallen en relación constante con los hombres que trabajan, con los hombres de iniciativas, procurando satisfacer sus justas exigencias», Redazione, *Nuestros propósitos y aspiraciones*, in «*La Industria Nacional. Órgano de la liga nacional de productores*», Año I, Madrid 30 de enero de 1908, N. 1°, 1908, pp. 1-2 e Redazione, *Orientacion economica*, cit., *[...]*, pp. 6-8.

351 Per un approfondimento sul pensiero economico di Maura si veda F. Maura Barandarián, *El nacionalismo economico de Antonio Maura*, in «*Razón española*», n. 212, 2019, pp. 259-286.

352 AA. VV., *La España del siglo XX*, Marcial Pons Historia, Madrid, 2003, p. 304.

353 Ci riferiamo, ad esempio, alla *reforma arancelaria* del 1906 e alla c.d. *Ley para la Protección de la Industria Nacional* emanata il 14 febbraio del 1907. In particolare, quest'ultima all'articolo 1 stabiliva che «en los contratos por cuenta del Estado para toda clase de servicios y obras públicas, serán admitidos únicamente los artículos de producción nacional». Si trattava cioè di un aiuto diretto alle imprese nazionali (ovvero quelle che, ai sensi del R. D. 23 de febrero de 1908, producevano in Spagna e il cui produttore era spagnolo) da parte dello Stato, salvo i casi in cui non fosse possibile fare affidamento su di esse «por imperfección del producto nacional», «por notable diferencia del coste del producto nacional con relación al producto extranjero», «por situación de urgencia, que no pueda ser satisfecha por la industria española» e, infine, «por no existir la producción nacional» (art. 1, Ley del 14 febrero del 1907) .

venti di portata generale, per chiarire un aspetto di fondo delle legislazione economica *maurista*. Buona parte della storiografia economica spagnola, infatti, non esita a definire detti interventi normativi come *corporativi*[354] e a declinare questo «ideal corporativo»[355] come una di quelle 'invarianti' caratterizzanti, sino al 1959 (anno dell'adozione del *Plan Nacional de Estabilización Económica* volto a far uscire il paese iberico dalla 'sacca' della politica autarchica), il sistema socio-economico spagnolo[356]. In particolare, nel caso della politica economica maurista, la sua componente corporativa si paleserebbe con la creazione nel 1907 del *Consejo Permanente de la Producción y del Comercio Nacional*: una «Junta de Productores para discutir los problemas industriales, mercantiles y agrícolas que así (quedaban) sustraídos al albedrío de los políticos»[357]. Tuttavia, - a nostro avviso - si fatica a scorgere in questo organo, per quanto innovativo, e in generale in tutta la politica economica maurista, delle strutture autenticamente corporative. Manca infatti la volontà di 'attrarre' il fattore lavoro all'interno di detta politica, così come è assente una cornice ideologico-dottrinale e istituzionale a cui riferire questi 'congegni'[358], i quali, allora, ci appaino piuttosto come degli espedienti riflesso di un cambiamento interno al protezionismo economico[359]. Diversamente, si corre il rischio, attratti dall'indubitabile fascino di questa complessa categoria storica, di ampliarne eccessivamente i confini. Si finirebbe così per qualificare

---

354 Si veda tra i tanti e per autorevolezza J. VELARDE FUERTES, *La politíca económica de Don Antonio Maura*, in B. PENDÁS GARCÍA, *Antonio Maura, en el centenario del «Gobierno Largo»*, FAES, Madrid, 2009, pp. 203-236.

355 AA. VV., *Involución y autarquía: la economía española entre 1890 y 1914 [...]*, p. 159.

356 *Cfr*. J. VELARDE FUERTES, *La politíca económica de Don. Antonio Maura [...]*, cit., p. 216.

357 *Ivi*, p. 213.

358 Come sintetizza efficacemente Pasetti è possibile considerare corporative «tutte le ipotesi proposte per promuovere un sistema di rappresentanza categoriale degli interessi, volto a eliminare l'antagonismo tra le classi e a favorire viceversa la conciliazione tra lavoratori e datori di lavoro, a inseguire la chimera dell'armonia sociale», M. PASETTI, *Alle origini del corporativismo fascista*, in M. PASETTI (a cura di), *Progetti corporativi tra le due guerre mondiali*, Roma, Carocci, 2006, pp. 12-13.

359 «La protección del Estado á la industria nacional contra la concurrencia extranjera tiene lugar principalmente por medio de los Aranceles y de los tratados de comercio. Además, y por lo que á nuestro pais, se refiere existe una ley denominada *de protección* á la industria nacional de 14 de febrero de 1907», *Industria Nacional*, in «Enciclpoedia Juridica Española, Tomo Dècimonono, Publicado por F. Seix Editor, Barcelona, 1910, p. 7. «El cambio hacia la política intervencionista tardó en hacerce realidad hasta el gobierno largo de Maura, cuyo ideario ecónomico era muy disitinto del liberalismo conservador de Cánovas. No sólo las ideas de los gobernantes sobre la intervención del Estado en la economía habían cambiado en 1907, sino que también lo habían hecho las circunstancias: se habían perdido las colonias, se había salido de la crisis económica de finales del siglo XIX, se había equilibrado el presupesto del Estado, y las presiones de los grupos empresariales y sindicalese se habían redoblado», F. COMÍN COMÍN, *Las modestas realizaciones de la nueva política económica intervencionista de la Restauración*, in E. FUENTES QUINTANA (a cura di), *Economía y economistas españoles. (Las críticas a la economía clásica) [...]*, cit., p. 203.

come corporativo qualsiasi intervento dello Stato nella sfera economico-sociale che si opponesse ai principi della scuola liberale. Tale puntualizzazione non intende essere una critica, ma piuttosto uno stimolo – aderendo agli risalenti auspici di Paolo Grossi sul dialogo tra storici del diritto e storici dell'economia – a riflettere nuovamente su concetti e idee legati ai rapporti tra Stato, diritto e mercato, che l'apparato analitico della storiografia giuridica può contribuire a chiarire con maggiore precisione[360]. Ci appare quindi più prudente e ponderata, quella recente storiografia che tende a individuare nella dittatura di Primo de Rivera e in quella di Franco due esperienze caratterizzate dalla presenza di autentici elementi corporativi[361].

Venendo, ora, alla c.d. *Ley Osma* sul controllo statale dell'industria dello zucchero si deve segnalare come la sua emanazione sia stata originata, come nel caso italiano dello zolfo, da un problema di sovrapproduzione della materia prima[362]. Tuttavia, per risolvere tale crisi si intraprese una strada alquanto differente rispetto a quella della cartellizzazione obbligatoria, e per certi versi molto più invasiva. Lo Stato, infatti, interveniva sul mercato recidendo completamente uno dei due tronconi della libertà economia, ossia quello della libertà di entrata nel mercato. Su questo punto, è bene ripercorrere sommariamente la vicenda storica: un gruppo di imprese, per porre fine alla guerra dei prezzi al ribasso innescata dalle richiamate vicende internazionali, diede corso alla creazione della *Sociedad General Azucarera*, comunemente ribattezzata dalla cronaca dell'epoca come *trust azucarero.* Tuttavia, il *trust* dovette far fronte, da una parte, alla concorrenza degli zuccheri esteri, dall'altra alla 'lotta' contro gli *outsiders*, riuniti per lo più in fabbriche cooperative[363]. Ora, se il primo problema venne risolto agevolmente: si aumentò il dazio di importazione dello zucchero, il secondo, invece, risultava di maggior difficile

360 *Cfr*. P. Grossi, *L'Europa del diritto. Uno storico del diritto in colloquio con gli storici del pensiero economico*, in «Il pensiero economico italiano», Anno XVI-2008-2, pp. 7-23

361 Sul punto si veda, M Pasetti, *L'Europa corporativa. Una storia transnazionale, tra le due guerre mondiali*, Bononia University Press, Bolgona, 2016, 154-177.

362 Si trattava di «una transformación de suministros con motivo de la pérdida de las Antillas y con abandonar en buena parte España las compras de azúcar de caña del Caribe, se había originado una sobreproducción de azúcar, en la península, en su mayor parte procedente de la remolacha», J. Velarde Fuertes, *La politíca económica de Don Antonio Maura, [...]*, cit., p. 214.

363 *Cfr*. B. Pérez Calle, *La modernización de la economía en España a través del discurso periodístico: unas referencias al papel de Luis Olariaga*, in «*Revista de Comunicación de la SEECI*», julio 2016, XX (40), 2016, p. 128. In particolare, dalla guerra dei prezzi «La Sociedad General Azucarera salió debilitada financieramente de la situación, aunque fortalecida en cuanto a que se consolidó como la principal empresa del sector con gran diferencia, ya que aglutinó a un sector mayoritario de empresas azucareras, pero no a la totalidad. En cualquier caso, en los años siguientes, al seguir aumentando la demanda de azúcar surgieron nuevas empresas en el sector», L. Gonzalo Germán Zubero, *El azúcar en la España contemporánea* in F. Morales Padrón (a cura di), *XVI Coloquio de Historia Canario-Americana*, Cabildo Insular de Gran Canaria, Gran Canaria, 2006, p. 2137.

soluzione, vista la pluralità degli interessi imprenditoriali contrapposti[364]. Il fallimento dei tentativi di trovare un compromesso tra il *trust* e i produttori indipendenti spinse il Ministro de Hacienda, Guillermo Joaquín de Osma y Scull, ad una soluzione draconiana. Alla «ipertrofia de la industria» che si era venuta a creare nel settore industriale dello zucchero si doveva rispondere con la soppressione (temporanea) della libertà d'industria: «durante el plazo de tres años, contados desde la fecha de esta ley, no se permitirá el establecimiento de nuevas fábricas de azúcar de caña ó de remolacha ni de nuevos trapiches para la fabricación de azúcares ó mieles de caña ó de remolacha, como tampoco la ampliación de la potencia máxima industrial de las fábricas ó trapiches existentes»[365]. Lo Stato, con questo espediente, riusciva, da una parte, a trovare un punto di equilibrio tra i diversi interessi imprenditoriali in gioco e, dall'altra parte, a proteggere e coordinare la politica economica interna. Infatti, la cristallizzazione del settore saccarifero finiva per garantire le posizioni di mercato già esistenti, soprattutto quella del *trust azucarero*. Tuttavia, - usando le parole di un commentatore dell'epoca - con questo «precedente funesto»[366], si affiancava allo strumento principe del protezionismo, ossia la politica daziaria[367], una inedita «extensión de la actividad regualdora del Estado»[368]. Ma «la trascendencia de la Ley Osma», come acutamente osservato, andava «más allá de la significación para la producción azucarera»[369], nel senso che, come nel caso del settore dello zolfo in Italia, si veniva a creare un modello potenzialmente replicabile per tutto il sistema industriale. Con la *Ley Osma* emergeva, dunque, una tendenza alternativa rispetto a quella della cartelizzazione obbligatoria: una politica basata sull'autorizzazione all'ampliamento e alla costituzione di nuovi impianti industriali, che sarebbe diventata uno dei punti centrali della politica economica dei regimi di

---

364 In questo senso si argomenta di una contrapposizione tra «burguesia provincial» e *trust*, *cfr.*, V. LUCEA AYALA, *El pueblo en movimiento: protesta social en Aragón (1885-1917)*, Prensa Universitaria de Zaragoza, Zaragoza, 2009, p. 344 e altresì *cfr.* G. SANZ LAFUENTE, *En el campo conservador: organización y movilización de propietarios en Aragón, 1880-1930, Prensa Universitaria de Zaragoza,* Zaragoza, 2005, p. 391.

365 Ley 3 de agosto de 1903, Art. 2, a). La libertà, allo scadere dei tre anni, avrebbe trovato una parziale (ri)espansione: «durante otros tres consecutivos años no se establecerán nuevas fábricas de azúcar de caña ó de remolacha en un radio de 80 kilómetros de fábrica ya establecida», art. 2, b).

366 AA. VV., *Involución y autarquía: la economía española entre 1890 y 1914 [...]*, cit., nota 36, p. 135.

367 Per una storia del protezionismo spagnolo si veda. P. FRAILE BALBÍN, *La retórica contra la competencia en España (1875-1975)*, Fundación Argentaria-Visor, Madrid, 1998, particolarmente per quanto qui di nostro interesse pp. 49-72.

368 AA. VV., *Involución y autarquía: la economía española entre 1890 y 1914 [...]*, cit., nota 36, p. 135.

369 *Ibidem*.

Primo de Rivera e di Franco[370]. Tuttavia, così come nel caso della legislazione di carattere generale, non ci si trova innanzi alla creazione di strumenti di politica economica corporativa, quanto piuttosto ad una declinazione originale del «régimen del expediente administrativo»[371].

370 Del resto, è risaputo che a partire dagli anni '20 e '30 la limitazione della concorrenza venisse affrontata con una politica di autorizzazione all'ampliamento e alla costituzione di nuovi impianti industriali e con una legislazione nazionale in tema di consorzi industriali, su questi aspetti si veda A. Borgioli, *Consorzi e società consortili*, in «*Trattato di diritto civile e commerciale*», Volume XLI, Giuffrè, Milano, 1985, p. 9 e P. Sylos Labini, *La politica economica del fascismo. La crisi del '29*, Moneta e Credito, vol. 67 n. 265, 2014, pp. 47-54.

371 Sembra cogliere questo aspetto diversamente allo scritto precedentemente richiamato, J. Velarde Fuertes, *El reinado de Alfonso XIII y el desarollo de la economia española*, in C. Seco Serrano (a cura), *Alfonso XIII en el centenario de su reinado*, Real Acedemia de Historia, Madrid, 2002, p. 56.

CAPITOLO III

TENDENZE GIURIDICHE GLOBALI INTORNO AI RAPPORTI TRA SINDACATI, STATO E SPAZIO INTERNAZIONALE

SOMMARIO: 1. *«Le domine du droit administratif»*: verso la convergenza orizzontale delle legislazioni nazionali? - 2. Lo 'spazio' internazionale come luogo per *«il ravvicinamento e l'unificazione parziale e progressiva dei diversi diritti nazionali»*: verso la convergenza verticale degli ordinamenti nazionali - 2.1 Progettualità ed esiti (fallimentari) della 'fucina' internazionalistica. - 3. *Cenni* intorno al fisco internazionale come strumento complementare per la catalogazione e il controllo degli *«enti monopolistici di carattere internazionale»*. - 4. Fuori dai *reports*: una terza convergenza (orrizontale), ossia la cartellizzazione obbligatoria come idealità comune per uscire dalla 'Grande depressione'.

1. «Le domine du droit administratif»: verso la convergenza orizzontale delle legislazioni nazionali?

Il primo periodo post-bellico fu caratterizzato, come è noto, da ricorrenti turbolenze economiche e finanziarie, accompagnate da gravi tensioni politiche, che evidenziarono l'inadeguatezza dei singoli Stati nell'affrontarle, rendendo sempre più necessario trasferire la gestione delle crisi a un livello politico superiore[372]. Questo contesto si intrecciava strettamente con alcune delle principali problematiche sorte prima e dopo il primo conflitto mondiale in materia di sindacati industriali: tra cui la loro crescente rilevanza, la necessità di aggiornare le normative nazionali, i tentativi di creare uno spazio internazionale per 'ripensare' i rapporti tra Stato, mercato e sindacati, nonché la crisi del '29 e le politiche economiche adottate per contrastarla. In particolare, le profonde trasformazioni nell'assetto economico durante il primo conflitto mondiale produssero nell'immediato

372 Sul punto si veda diffusamente S. MANNONI, *Da Vienna a Monaco (1814-1938), Ordine europeo e diritto internazionale*, Seconda Edizione, Giappichelli, Torino, 2019.

dopoguerra l'intensificazione del fenomeno sindacal-industriale[373], aprendo alla necessità di riflessioni dottrinali imperniate nel superare i confini nazionali e le tradizionali differenze tra *civil law* e *common law*. Di questa impellenza non aveva esitato a farsi carico Édouard Lambert[374], il cui celebre *Institut de droit comparé* di Lione aveva dato alle stampe, nel 1925, *L'oeuvre de la Fédéral Trade Commission*, opera del collaboratore americano Max Judd Wasserman[375]. Del resto, la materia sindacale era già ben conosciuta all'interno dell'Ateneo francese sin dalla fine dell'Ottocento, grazie agli approfondimenti che il giuscommercialista Paul Pic le aveva dedicato nelle varie edizioni del suo fortunato *Traité élémentaire de législation industrielle*[376]. Ciò che risulta particolarmente rilevante , per gli scopi di queste pagine, non è tanto il pregevole volume di Wasserman, quanto la *Préface* redatta dallo stesso Lambert, che si distingue per le sue riflessioni comparatistiche e per la proposta di creare nuovi spazi interdisciplinari e sovranazionali dedicati al dialogo sulla materia sindacale. In particolare, per quanto riguarda le prime, il comparatista lodava l'*enquête* condotta da Wasserman, considerandola fonte di stimolo per considerazioni volte a rilevare come, tanto negli Stati Uniti quanto in Europa, fosse in atto una comune tendenza verso il «domaine du droit administratif»[377]. Se negli Stati Uniti, osservava il giurista, questa tendenza aveva preso avvio già prima dell'inizio della conflagrazione mondiale, portando all'emanazione nel 1914 del *Federal Trade Act*[378] e all'istituzione della *Federal*

---

373 Per una testimonianza dell'epoca si veda R. PILOTTI, *La concentrazione industriale in Germania e il suo significato per il dopo-guerra*, Casa Editrice Italiana, Roma, 1918. Sull'espansione del fenomeno nel dopo guerra, F. L. PACE, *I fondamenti del diritto antitrust europeo. Norme di competenza e sistema applicativo dalle origini alla costituzione europea, [...]*, cit., pp. 17-18.

374 Per un approfondimento della nota figura del comparatista francese si invita alla lettura di C. PETIT, *Lambert en la Tour Eiffel, o el derecho comparado de la Belle Époque*, in A. PADOA-SCHIOPPA (a cura di), *La comparazione giuridica tra Ottocento e Novecento. In memoria di Mario Rotondi*, Istituto Lombardo di Scienze e Lettere, Milano, 2001, pp. 53-98.

375 M. J. WASSERMAN, *L'œuvre de la Federal Trade Commission : la dernière phase de la législation américaine contre les trusts, la spéculation illicite et les pratiques commerciales déloyales*, Giard, Paris, 1925. Sulla prima di copertina si possono leggere alcuni riferimenti circa gli studi e gli incarichi accademici di Wasserman: «Docteur en Droit (è sciences économiques) de l'Université de Lyon», «Directeur de la Salle de Travail d'Economie sociale comparée à Institut de droit comparé» e «Associate in economics à la Université de Illinois».

376 *Cfr*. P. PIC, *Traité élémentaire de législation industrielle*, Rosseau, Paris,1894, pp. 202-206, e a riprova della centralità della questione sindacale se ne veda l'ampliamento riservatole nell'edizione del 1930, *cfr.* P. PIC, *Traité élémentaire de législation industrielle,* Rousseau, Paris, 1930, pp. 358-388.

377 E. LAMBERT, *Préface*, in M. J. WASSERMAN, *L'œuvre de la Federal Trade Commission: la dernière phase de la législation américaine contre les trusts, la spéculation illicite et les pratiques commerciales déloyales, [...]*, cit., pp. XXIX-XXXI.

378 Giova sul punto ricostruire sinteticamente il percorso che portò all'emanazione del citato provvedimento. Nel 1912 il candidato democratico alla presidenza degli Stati Uniti, Woodrow Wilson (1856-1924), si aggiudicò la vittoria sui due sfidanti dell'area repubblicana

Trade Commission[379], in Germania era stata la «reconstruction d'après-guerre»

(Taft e Roosevelt), all'insegna del motto *New Freedom*. Come è stato opportunamente sottolineato la campagna elettorale per le presidenziali si distinse per un «dibattito esteso a tutta la nazione sui rapporti tra libertà politica e libertà economica all'epoca della grandi *corporations*», E. FONER, *Storia della libertà americana*, cit., p. 216. Se, da una parte, il candidato democratico riteneva che il governo federale avrebbe dovuto rafforzare le leggi *antitrust*, avendo come punto di riferimento un'economia decentrata - caratterizzata dalla produzione di cittadini indipendenti e volta a restituire alle comunità locali il diritto all'autogestione -, dall'altra, l'ex Presidente Roosevelt propugnava, nell'ottica di un'accettazione dell'ineluttabilità della «grandezza» dei processi di concentrazione (e della Nazione), un deciso controllo federale sulle grandi industrie attraverso commissioni regolatrici. Tuttavia, come sottolineato da Foner, in riferimento alla questione della concentrazione del potere economico, le differenze tra i due candidati apparivano più di forma che di sostanza, legate probabilmente al fatto che entrambi erano intrisi delle rispettive ideologie di appartenenza, rappresentative, sotto il profilo storico, di due idee di America differenti tra loro e aventi ciascuna una propria base elettorale di riferimento, *cfr. ivi*, p. 218. Comunque, il cuore del programma *New Freedom* promuoveva «un'operazione di smantellamento che avrebbe assicurato la sopravvivenza di una concorrenza regolata sostenendo le piccole imprese, spezzando le nuove combinazioni, restituendo il mercato alla libera impresa e ripartendo la ricchezza in modo più ampio», J. L. THOMAS, *La nascita di una potenza mondiale, gli Stati Uniti dal 1877 al 1920 [...]*, cit., p. 159. Alla base del programma vi era l'idea che pur essendo il *big business* un fattore assolutamente naturale del sistema economico statunitense e dunque del tutto inevitabile, la formazione dei *trusts*, invece, appariva come innaturale. Era quindi necessario compiere una distinzione tra comportamenti accettabili e comportamenti antisociali nell'industria. Una volta effettuata tale differenziazione sarebbe stato sufficiente porre, per legge, un elenco di pratiche inique e dunque vietate. In questo modo si respingeva la teoria rooseveltiana e del *New Nationalism* per cui «regolamentare [fosse] meglio che proibire o smantellare», *ivi*, p. 161. Tuttavia, Bernini offre una ricostruzione meno polarizzata: «mentre infatti Wilson si dichiarava in favore di una commissione federale volta alla regolamentazione della concorrenza, Roosevelt propugnava l'istituzione di una commissione con lo specifico compito di disciplinare le società impegnate nel commercio interstatale; Taft, a sua volta, intendeva restringere lo scopo del nuovo organo ad una applicazione ed esecuzione amministrativa delle leggi antitrust già esistenti. L'opinione di Wilson finì per prevalere», G. BERNINI, *La tutela della libera concorrenza e i monopoli (studio di dritto comparato). «Common law» e legislazione «antitrust» statunitense [...]*, cit., p. 270. Negli ambienti governativi, ci si rese presto conto di come l'euforica dinamicità del mercato nell'elaborare sempre nuove pratiche restrittive del commercio rendesse del tutto impossibile stilare un'elencazione completa e precisa di disposizioni proibitive: le lacune sarebbero state inevitabili e le corti non avrebbero potuto procedere ad alcuna censura in riferimento alle pratiche non comprese nell'elenco. Dunque, se risultava «impossibile specificare ciascun esempio di condotta errata, l'unica alternativa consisteva nell'investire una commissione regolatrice del potere discrezionale di applicare in pratica una regola assai generale», J. L. THOMAS, *La nascita di una potenza mondiale, gli Stati Uniti dal 1877 al 1920, [...], cit.,* p. 159, in questo senso si veda anche M. LIBERTINI, *La concorrenza degli antichi e la concorrenza dei moderni [...]*, cit., p. 106.

379 In particolare la *Federal Trade Commission* svolgeva le sue funzioni su tre principali direttrici. Innanzitutto, affiancava i giudici nell'interpretazione dello *Sherman Act*, offrendo supporto tecnico su questioni giuridiche complesse grazie alla sua competenza specialistica. In secondo luogo, era incaricata di prevenire e reprimere la concorrenza sleale, tutelando l'interesse pubblico piuttosto che i singoli operatori economici danneggiati. Infine, aveva il compito di indagare su *trust*, accordi e pratiche potenzialmente restrittive della con-

a dar luogo a un «règlement de ce problème», ossia alla fondazione di un «Tribunal des Cartells, qui est appelé à prendre [...] un rôle de cour suprême du commerce fort comparable, dans ses fins disciplinaires et pacificatrices, à celui que remplit aux Etats-Unis la Federal Trade Commission»[380]. L'adozione della legislazione tedesca in materia di cartelli si fondava, infatti, su un'impostazione pragmatica: si riteneva inutile vietare in modo assoluto tali accordi, che avrebbero comunque continuato a esistere in forme tacite o clandestine. Il legislatore preferì quindi recepire il principio del *Missbrauchsprinzip*, ovvero il principio dell'abuso, in base al quale i cartelli non erano formalmente vietati, ma consentiti entro i limiti stabiliti dai §§ 138 e 826 del BGB[381]. Tale impostazione derivava dalla convinzione, radicata nella dottrina economica tedesca, che i cartelli rappresentassero un esito inevitabile dell'evoluzione economica, la cui eliminazione – benché ipotizzabile – sarebbe equivalsa a una rinuncia al progresso[382]. L'obiettivo diventava quindi quello di limitarne quanto più possibile gli effetti negativi, legati soprattutto alla loro natura monopolistica. In quest'ottica, la *Kartellverordnung* del 1923 istituì un apposito Tribunale dei cartelli, di natura essenzialmente amministrativa, affiancato da uno speciale Ufficio di controllo presso il Ministero degli Affari economici, ai quali erano affidate le funzioni di vigilanza previste dalla legge. Il combinato disposto dei §§ 4 e 7 consentiva a tali organi di dichiarare nulli determinati accordi o di vietarne specifiche modalità attuative, qualora si ritenesse che potessero compromettere l'economia generale o il benessere collettivo. In particolare, il § 4 prevedeva che tale pericolo si configurasse qualora la produzione o la distribuzione fossero state limitate in modo ingiustificabile dal punto di vista macroeconomico, se i prezzi fossero stati artificialmente elevati, o se si fossero introdotti sovrapprezzi non giustificati, boicottaggi o discriminazioni contrattuali. Tuttavia, come osservato in dottrina, nonostante i presupposti ambiziosi, le sanzioni effettivamente applicabili risultavano deboli: il Ministro dell'Economia, pur formalmente incaricato della politica nazionale in materia di cartelli, non disponeva di poteri incisivi per agire in modo autonomo. Quest'ultimo poteva soltanto autorizzare le imprese coinvolte a ignorare le decisioni consortili qualora si configurasse un rischio per l'economia generale, oppure

---

correnza, promuovendo il rispetto volontario delle norme. Inoltre, offriva supporto tecnico anche ad altri organi federali, vigilando, tra l'altro, sull'esecuzione delle decisioni che disponevano lo scioglimento di concentrazioni anticoncorrenziali, *cfr.* G. Bernini, *La tutela della libera concorrenza e i monopoli (studio di dritto comparato). «Common law» e legislazione «antitrust» statunitense [...]*, cit., pp. 275-276.

380 E. Lambert, *Préface,* in M. J. Wasserman, *L'œuvre de la Federal Trade Commission: la dernière phase de la législation américaine contre les trusts, la spéculation illicite et les pratiques commerciales déloyales,* cit., *[...]*, p. XXXIV. Per un approfondimento della ripresa industriale tedesca dopo la guerra si invita alla lettura di A. D. Chandler Jr., *Dimensione e diversificazione* [...], pp. 825-968.

381 H. Bartholomeyczik, *La legge tedesca contro le limitazioni della concorrenza (GWB) [...]*, cit., p. 973.

382 R. Liefmann, *Cartelli, gruppi e trust*, in G. Masci (a cura di), *Organizzazione industriale* in *Nuova collana di economisti stranieri e italiani*, Vol. 7, UTET, Torino, 1934, pp. 790-792.

ricorrere al Tribunale dei cartelli per richiederne la nullità formale. Ma se le imprese avessero continuato ad attenersi agli accordi dichiarati invalidi, non sarebbero esistiti ulteriori strumenti coercitivi per far cessare le condotte[383]. È interessante segnalare come questo percorso verso l'amministrativizzazione della questione sindacale fosse stato fatto proprio anche dal circolo accademico lionese. Infatti, Etienne Antoninelli, professore di Economia Politica a Lione e direttore, insieme al civilista Maurice Picard e al penalista Pierre Garraud, delle *salles de travial de l'Institut de droit comparé*, aveva presentato, alla volta del 1924, un progetto al Parlamento francese per la costituzione di una commissione nazionale per il commercio illecito, «manifestement inspirée de la *Trade Commission* américaine»[384].

Ora, non si vuole qui addentrarsi in una comparazione tra l'esperienza statunitense e quella tedesca esulerebbe, infatti, dagli scopi del presente lavoro. Tuttavia, una loro analisi, seppur sommaria, risulta funzionale a introdurre le proposte elaborate dagli esperti della Società delle Nazioni, le quali trovavano in queste due legislazioni i loro principali referenti normativi. Inoltre, è opportuno darne conto, poiché la via amministrativa costituì un'opzione che, sebbene con intensità differenti, era già da tempo presente – come si è ricostruito – nel dibattito giuridico ed economico, sia italiano che spagnolo. Infine, un'analisi dell'evoluzione normativa statunitense e tedesca si rende necessaria per delineare l'affermarsi di un'ulteriore tendenza, quella della cartelizzazione obbligatoria, sviluppatasi dopo la crisi del 1929 e ontologicamente opposta a quella qui esaminata, la quale, come accenneremo nell'ultimo paragrafo di questo capitolo e approfondiremo nel successivo, trovò in Italia una propria e peculiare declinazione. Se le proposte e le iniziative volte a 'governare' il fenomeno dei sindacati industriali da una prospettiva amministrativa costituiscono un dato consolidato, è opportuno sottolineare come la circolazione di tali modelli abbia verosimilmente seguito un paradigma bidirezionale: dagli Stati Uniti verso l'Europa – si pensi, ad esempio, all'ipotesi formulata da Marghieri di istituire una commissione di vigilanza ispirata al modello della *Interstate Commerce Commission* – e, al contempo, dall'Europa verso gli Stati Uniti, come testimoniano le già menzionate relazioni consolari sul progetto austriaco e sulla realtà tedesca. Tale dinamica può dunque aver dato luogo a reciproche influenze, pur declinate in modo originale entro i rispettivi ordinamenti giuridici e tradizioni istituzionali. Del resto, leggendo la sintesi operata da Lambert sui motivi che spinsero il legislatore statunitense a istituire la nuova commissione, si possono avvertire gli echi delle riflessioni di Menzel. In particolare, emerge l'idea di un'attività di sorveglianza sulle coalizioni capitalistiche, affidata a una commissione amministrativa di esperti, la cui composizione e specializzazione consentissero di affrontare corretta-

383 F. Voigt, *German Experience with Cartels and their Control during the Pre-War and Post-War Periods*, in J. Perry Miller, *Competition Cartels and their Regulation*, North-Holland Publishing Company, 1961, p. 177.

384 P. Pic, *Traité élémentaire de législation industrielle, [...]*, cit., p. 388.

mente le problematiche legate agli abusi, effettivi o potenziali, connessi al funzionamento di tali aggregazioni economiche[385]. Il fatto poi che «The new Cartel Court» fosse «a special 'court' within the administrative system rather than part of regular judiciary»[386] e che la *Federal Trade Commission* si palesasse come un'agenzia governativa avente, tra le altre, anche una funzione «quasi giurisdizionale»[387], ci sembra che permetta di scorgere nelle due istituzioni le facce di una stessa medaglia. Il confronto, se calato nell'alveo dell'effettività degli strumenti normativi in mano alle due istituzioni per cercare di contrastare gli abusi dei sindacati industriali, sembra mettere in collegamento le due esperienze in un processo comune verso l'espansione di un controllo amministrativo sull'economia. Sul punto, ci sembra potersi proporre un raffronto tra il potere di *cease and desist orders* previsto dalla sez. 5 del *Trade Commission Act* e il § 9 della *Kartellverordnung*. Con il primo, la Commissione intimava alle imprese di cessare e desistere dall'attuare condotte anticoncorrenziali. Questi ordini poi potevano sempre essere riesaminati (abbandonati o conciliati) dalla commissione stessa ed eventualmente riveduti in via di appello dalle corti di giustizia, le quali, va detto, si opposero strenuamente all'idea che la commissione potesse dare luogo a nuove fattispecie scaturenti da un diritto commerciale consuetudinario e per questo slegato dagli istituti classici della *common law*[388]. Similmente, ma ponendosi a monte dei processi di controllo sui sindacati, il § 9 della legge tedesca sui cartelli stabiliva un sistema di controllo nei confronti sia della «interna forza di coalizione» (ossia di quelle misure di coazione imposte dal cartello ai suoi partecipanti), sia della «esterna forza di costrizione» (cioè di misure adottate in danno alle imprese non partecipanti)[389]. Nel senso che l'esecuzione di cia-

---

385 E. Lambert, *Préface,* in M. J. Wasserman, *L'œuvre de la Federal Trade Commission: la dernière phase de la législation américaine contre les trusts, la spéculation illicite et les pratiques commerciales déloyales*, cit., *[...]*, p XXIX. Corsivo dell'autore.

386 D. J. Gerber, *Law and competition [...]*, cit., p. 128.

387 G. Fontana, *La disciplina della concorrenza negli Stati Uniti d'America (Saggi di Diritto commerciali raccolti dal Prof. Tullio Ascarelli)*, Giuffrè, Milano, 1937, p. 125.

388 Cfr. G. Bernini, *La tutela della libera concorrenza e i monopoli (studio di dritto comparato). «Common law» e legislazione «antitrust» statunitense [...]*, cit., pp. 278-279.

389 «Si tratta degli accordi», scrive Liefmann, «che io comprendo sotto la espressione di contratti di esclusione o di esclusività: clausole di concorrenza, contratti di boicottaggio, blocco delle consegne o del lavoro, obblighi al commercio esclusivo, ecc. Le due espressioni non hanno esattamente lo stesso significato; "esclusione" significa più l'eliminazione, cioè il blocco e il boicottaggio, mentre contratto di "esclusività" l'obbligo esclusivo. [...] Tali provvedimenti sono applicati dai cartelli, in quanto i membri si impegnano vicendevolmente a non vendere a determinati compratori ovvero a non acquistare prodotti da determinati venditori, a non assumere determinati lavoratori, ecc.; oppure in quanto essi vincolano determinati gruppi di soggetti economici a vendere prodotti solo ad essi o ad acquistarne solo da essi. L'ultima forma è diretta contro i produttori indipendenti e serve come mezzo per rafforzare il cartello, in quanto i compratori di prodotti o i venditori di materie prime vengono obbligati al commercio esclusivo col cartello". Questo incande-

scuna di tali misure di coalizione o di costrizione necessitava dell'assenso preventivo del Presidente della Tribunale. In particolare, il § 9 stabiliva che l'autorizzazione avrebbe dovuto essere negata qualora le misure al vaglio del Tribunale avessero rappresentato una minaccia all'economia sociale o al bene comune ovvero fossero andati a limitare indebitamente la libertà di azione dei colpiti. Si trattava, insomma, di un potere di censura preventiva volto ad evitare possibili abusi da parte dei cartelli attraverso una regolazione amministrativa della loro di libertà industriale. In particolare, il § 9 permetteva alla Corte sia di tutelare la dimensione pubblica da un'azione nefasta dei cartelli, sia di assicurare una protezione al singolo, la cui libertà di movimento poteva essere indebitamente ristretta da ogni provvedimento adottato dal cartello. Si potrebbe dubitare, viste le tensioni socioeconomiche che attraversavano il paese in quel periodo e che lo spingeranno progressivamente verso un'economia monopolistica totalitaria, che il Tribunale sia stato in grado anche solo di scalfire gli abusi commessi dai cartelli. Tuttavia, parte della dottrina tedesca ha sostenuto come la Corte abbia sempre deciso con imparzialità, dopo un'accurata valutazione dei fatti, seguendo concetti di economicità e sovente fornendo un indirizzo costante. Questa ricostruzione trova conferma anche nella c.d. giurisprudenza sui blocchi, citata da Liefmann, dalla quale emerge che, pur muovendosi in un sistema economico a tendenza consortile, la Corte era riuscita a ritagliarsi un ruolo di mediazione tra interessi di ordine vario: essa valutava se il mezzo adottato fosse lecito, se il fine perseguito non fosse illecito e se vi fosse proporzione tra mezzo e fine. Questo ruolo di mediazione risulta evidente anche nella giurisprudenza sviluppatasi a seguito del § 8, secondo cui contratti e decisioni cartellari relativi alla produzione, vendita, condizioni commerciali o determinazione dei prezzi, richiedevano la forma scritta ed erano liberamente denunciabili da ogni partecipante in presenza di un motivo importante. Tale motivo, sempre considerato sussistente quando la libertà di azione economica fosse ingiustamente ristretta, venne variamente interpretato dalla Corte: dal peggioramento delle condizioni economiche generali, all'inadempimento degli obblighi da parte di altri membri del cartello, fino al mancato raggiungimento degli scopi comuni o all'incapacità dell'organizzazione di adattarsi al mutato contesto economico[390]. Questa disposizione rappresentava una pubblicizzazione di principi già presenti nel diritto civile, come previsto dal § 327 BGB, che consentiva lo scioglimento di una società per giusta causa. Tuttavia, il legislatore del 1923 ritenne opportuno rafforzare l'efficacia di tali strumenti attraverso una legge

scente magma contrattuale non doveva essere lasciato libero di espandersi in maniera incontrollata nella vita economica; doveva essere incanalato all'interno di adeguati argini giuridici: "la scienza giuridica ha il compito di fissare i limiti, entro i quali essi sono leciti, e di stabilire quando il profondo intervento nella libertà di azione dei singoli, che innegabilmente ad essi si accompagna, è da considerare come eccessivo e illecito"», R. LIEFMANN, *Cartelli, Gruppi e Trusts [...]*, cit., pp. 797-800.

390 *Ivi*, pp. 800-802 e pp. 783-784

speciale e l'istituzione di una magistratura dedicata. La legge cercava di offrire dunque un fondamento istituzionale per un'azione più incisiva contro gli abusi delle organizzazioni monopolistiche. Tale evoluzione si inserisce nel più ampio contesto di ibridazione tra diritto pubblico e diritto privato, riflesso della consapevolezza tedesca della progressiva erosione dell'unità tradizionale del diritto amministrativo. Il potere statale, simbolo della sovranità pubblica, si stava infatti contaminando con gli interessi economici[391]. In definitiva, ciò che emerge è il progressivo superamento del principio della libera concorrenza in favore di un principio di vigilanza statale sui cartelli, fondato su concetti sfumati e variabili come «economia generale», «benessere generale», «motivo importante», «economia sociale» e «bene comune». Questa vaghezza concettuale offriva da un lato ampi margini di interpretazione alla Corte, consentendole un ruolo attivo nella tutela dell'interesse collettivo, ma dall'altro la esponeva a derive conformiste man mano che il sistema tedesco si dirigerà verso una economia monopolistica totalitaria. Emblematico è il dato per cui fino al 1928 le pratiche coercitive non approvate superavano quelle autorizzate, mentre dopo quella data la tendenza si invertì radicalmente, segnando l'inizio di una nuova fase dell'economia tedesca[392].

'Desistenza' americana *e 'prevenzione'* tedesca, allora, non sono che - a nostro avviso – espressione della medesima tendenza, ascrivibili a una fase parallela a quella dello «Stato pesantemente regolativo»[393]. E nella quale la permeazione della sfera economica ad opera dello Stato - ferma la presa d'atto della inevitabilità dei processi di cartellizzazione e più in generale dei processi di limitazione della concorrenza - avveniva mediante la costruzione di sovrastrutture amministrative aventi la funzione non già di intervenire direttamente nel mercato quanto, piuttosto, di gettare un ponte tra Stato e imprese - contribuendo così (almeno idealmente) a un'autoregolazione *pacifica* del marcato - per correggere mediante concertazione gli errori 'sociali' derivanti da condotte sindacali lesive degli interessi dei terzi e della collettività[394]. È dunque con questo significato che ci appare possibile argomentare

---

391 Sul punto si veda diffusamente, B. SORDI, *La resistibile ascesa del diritto pubblico dell'economia*, in «Quaderni fiorentini per la storia del pensiero giuridico moderno», n. 28, (*Continuità e trasformazione: la scienza giuridica italiana tra fascismo e repubblica*), Tomo II, 1999, pp. 1039-1075.

392 *Cfr*. G. BERNINI, *La tutela della libera concorrenza e i monopoli, Comunità europee e legislazioni degli stati membri [...]*, cit., p. 235

393 B. SORDI, *La resistibile ascesa del diritto pubblico dell'economia, [...]*, cit., p. 1045.

394 È da questa prospettiva - a nostro avviso – che deve leggersi l'affermazione di Voigt per il quale in Germania la mancanza di coercizione effettiva nei confronti dei cartelli era 'figlia' dell'ideale «too optimistic» «then self-regulation of economy will insure optimal economic behaviour of the individual if only freedom of decisions perceived», F. VOIGT, *German Experience with Cartels and their Control during the Pre-War and Post-War Periods [...]*, cit., p. 178. Sul versante statunitense, un esempio in questo senso viene dalle c.d. *trade practice conferences*, sulle quali si avrà modo di soffermarsi alla volta dell'ultimo paragrafo di que-

di una *convergenza orizzontale* degli ordinamenti verso soluzioni amministrativistiche in tema di vigilanza sui sindacati industriali.

È possibile riflettere su un ulteriore piano interpretativo: il portato profondo delle pagine di Lambert deve infatti leggersi come un invito, rivolto all'osservatore contemporaneo, a rimeditare quella *conventional wisdom* secondo cui, oltreoceano, vi sarebbe stata una ferrea politica *antitrust* da contrapporre a una piena tolleranza del continente europeo per i sindacati industriali, la quale, come si è visto, subiva in realtà differenti declinazioni. Questa polarizzazione, se mai vi fu veramente, deve riscontrarsi nel periodo in cui negli Stati Uniti trovò applicazione il criterio c.d. *illegal per se*[395]. Tuttavia, nel momento in cui la Corte Suprema adottò la *rule of reason* tale dualismo si perse. La distinzione politica d'origine rooseveltiana tra *bad trusts* e *good trusts*[396], che sta alla base del principio giurisprudenziale di ragionevolezza, può essere interpretata come una declinazione analoga della tradizionale separazione europea tra sindacati leciti e illeciti. In entrambi i contesti, infatti, i giudici furono chiamati a bilanciare le esigenze del capitale con le istanze etiche e sociali delle rispettive comunità. Certamente nei due contesti la prospettiva appare ribaltata: se in Europa l'azione giudiziale era rivolta, come visto, a introdurre dei temperamenti nei confronti della tolleranza per il fenomeno sindacale, nella realtà statunitense, invece, a venire temperata era, piuttosto, l'intolleranza 'targata' *Sherman Act*. In questo contesto, marcato dal protagonismo del potere giudiziario, le soluzioni di tipo amministrativistico danno voce alle preoccupazioni raccolte da Lambert e provenienti dalla massa dei consumatori e dal mondo degli affari statunitensi circa l'efficacia della *rule of reason*: i primi, infatti, erano convinti che le «décisions» giudiziali fossero «dictées par les vues économiques personnelles» dei singoli giudici, mentre il secondo temeva l'«imprécision naturelle» del criterio di ragionevolezza e l'«inaptitude des juges à manier le seul critère qui pût permettre de tirer de cette règle des applications équitables: le critère de l'utilité économique»[397]. Nel senso che la *rule of reason* (così come, del resto, l'*ordine pubblico*[398]) era un criterio interpretativo dai confini giuridici

---

sto capitolo.

395 Per una sintesi della idealità sottese alla *per se illegality rule* si veda, R. Prodi e D. de Giovanni, *Mutamenti concorrenziali e regole del gioco*, in P. Bianchi (a cura di), *Antitrust e gruppi industriali [...]*, cit., pp. 70-71.

396 Sul punto si veda, W. Letwin, *Law and Economic Policy in America: The Evolution of the Sherman Antitrust Act*, The University of Chicago Press, Chicago, 1965, pp. 195-207.

397 E. Lambert, *Préface*, in M. J. Wasserman, *L'œuvre de la Federal Trade Commission: la dernière phase de la législation américaine contre les trusts, la spéculation illicite et les pratiques commerciales déloyales*, cit., *[...]*, p. XXVII.

398 La sua declinazione giurisprudenziale può essere ricondotta in quel «grand ensemble [...] constitué par les normes dont l'État encadrait l'économie privée, assurait sa protection, intervenait à titre de régulateur et instituait l'»ordre public» comme limite de la liberté d'action (en principe naturellement garantie). Ce processus se déroulait encore sous les formes traditionnelles de l'État de droit libéral, mais il n'en constituait pas moins objec-

talmente indeterminati da permettere al giudice di ritagliarsi ampi margini di discrezionalità, ma celando in quella stessa indeterminatezza il pericolo dell'arbitrio[399]. Allora è probabile che all'interno di questa comune indeterminatezza, complice anche la vaghezza delle elaborazioni teoriche intorno alla nozione di concorrenza, alla fine i percorsi logico-argomentativi utilizzati dai giudici statunitensi ed europei per applicare detti criteri, ossia per arrivare ad una declaratoria di ragionevolezza o irragionevolezza, piuttosto che di liceità o illiceità, non dovessero essere poi tanto dissimili tra loro[400].

2. Lo 'spazio' internazionale come luogo per «il ravvicinamento e l'unificazione parziale e progressiva dei diversi diritti nazionali»: verso la convergenza verticale degli ordinamenti nazionali

Si è detto che il secondo aspetto su cui Lambert insisteva particolarmente fosse quello della assoluta necessità di organizzare un 'campo' per il confronto tra giuristi ed economisti. Questa tendenza era già in corso negli Stati Uniti, dove «les économistes [...] abordent volontiers dans leurs revues professionnelles l'examen critique des décision rendues par les cours de justice sur les grands conflits du droit commercial ou industriel». Ma per il compara-

tivement une direction matérielle renforcée des processus économiques», M. Stolleis, *La Naissance de l'État interventionniste et le droit public. in* «Trivum. Revue franco-allemande de sciences humaines et sociales - Deutsch-französische Zeitschrift für Geistes- und Sozialwissenschaften», n. 22, 2016, p. 9 *[...]*, p. 9.

399 Sul punto si veda, G. Bernini, *La tutela della libera concorrenza e i monopoli (studio di dritto comparato). «Common law» e legislazione «antitrust» statunitense*, pp. 298-309. Oltretutto, Lambert aveva bollato come «capricieuse et cahotante» la giurisprudenza prodotta dall'applicazione della *rule of reason* e noti sono i rilevi critici del comparatista francese nei confronti del potere giudiziario statunitense, *cfr.* E. Lambert, *Le gouvernement des juges et la lutte contre la législation sociale aux États-Unis: l'expérience américaine du contrôle judiciaire de la constitutionnalité des lois*, Dalloz, Paris, 1921.

400 Si ricorderà ad esempio come le sentenze torinesi del 1885 avessero stabilito come la concorrenza fosse garantita dalla presenza sul mercato di altre industrie dedite alla produzione di cerini e come il Tribunale sanremese avesse stabilito che la libera concorrenza per esistere dovesse potersi esercitare effettivamente. Si trattava di una anticipazione rudimentale della *workable competition*, ossia per dirla con Bernini della «rivalità sufficientemente intensa tra un numero adeguato di produttori, così da offrire ai consumatori una ragionevole possibilità di scelta tra le varie offerte in concorrenza, e mantenere pertanto il potere monopolistico sotto controllo», la quale «potrebbe anche definirsi come una sorta di *rule of reason* degli economisti, che, pur non essendo naturalmente confondibile con *la rule of reason* giuridica, è ad essa assimilabile, nel senso che rappresenta un riconoscimento della inevitabilità del ricorso ad un giudizio discrezionale [...] al fine di una classificazione di differenti forme di comportamento economico», G. Bernini, *La tutela della libera concorrenza e i monopoli (studio di dritto comparato). «Common law» e legislazione «antitrust» statunitense [...]*, cit., p. 306.

tista, la traiettoria doveva essere più ambiziosa: si dovevano cioè creare 'luoghi' nuovi, neutrali e condivisi nei quali poter dialogare dell'assetto giuridico da dare alla questione sindacale. In questo senso, Lambert avanzava l'idea di creare una rete di sezioni locali della *Société de législation comparée*, nell'ottica di una vicendevole apertura della «chapelle économique aux juristes, et la chapelle juridique aux économistes», Tuttavia, questo risultato poteva essere perseguito anche attraverso strade diverse e in questo senso il comparatista francese riportava anche la proposta del collega americano John H. Wigmore - decano alla Northwestern University - di istituire un «organisation internationale», sul modello federativo del *Bureau International du Travail*, nella quale far confluire «toutes les compétences éprouvées, aussi bien commerciales que juridiques ou économiques»[401]. Gli auspici della comparatistica vennero fatti propri dalla Società delle Nazioni che, dal 1927 in poi, attraverso il proprio *Comité économique*, diede avvio ad un'opera di *études* redatti da economisti e giuristi, anticipata l'anno prima da alcuni lavori pubblicati dal *Bureau international du Travail* in preparazione alla *Conférence économique internationale* del 1927[402]. Le proposte della comparatistica e i lavori del costituendo 'spazio' giuridico internazionale non dovevano portare ad un dialogo fine a sé stesso, ma avrebbero dovuto costituire la premessa per dare avvio al «*ravvicinamento e [al]l'unificazione parziale e progressiva dei diversi diritti nazionali*», ossia, detto altrimenti, ad una normazione di carattere internazionale della questione sindacale[403]. Per certi versi, si potrebbe affermare, che con l'avanzare del processo di concentrazione industriale sovranazionale, in particolare nella forma delle *intese internazionali*[404], si facesse sempre

401 E. Lambert, *Préface*, in M. J. Wasserman, *L'œuvre de la Federal Trade Commission: la dernière phase de la législation américaine contre les trusts, la spéculation illicite et les pratiques commerciales déloyales*, cit., *[...]*, pp. XLII-XLIII.

402 Per alcuni cenni sull'isituzione del comitato si veda, B. Curli, *L'Italia, La Società delle Nazioni e la discussione sugli accordi industriali internazionali, 1927-31*, in «Rivista di Storia Economica», vol. 7, n. 1, 1990, pp. 25-26; mentre per una sintesi sulle conclusioni in tema di cartelli raggiunte all'interno della conferenza, si veda, M. Bertilorenzi, *The International Industrial Cartels Committee. The League of Nations, the International Chamber of Commerce, and the governance of international cartels (1920s-1940s)*, Conference: European Business History Association (EBHA), Paris, 2012, pp. 6-7. Per un approfondimento sulle varie questioni economiche trattate durante la conferenza del '27 si veda, J. Halperin, *La conférence économique international de 1927*, in AA. VV., *The League of Nations in Retrospect/La Société Des Nations: Rétrospective*, Walter de Gruyter, Berlin, 1983, pp. 343-357.

403 M. Sarfatti, Wasserman M. J, *L'œuvre de la Federal Trade Commission: la dernière phase de la législation américaine contre les trusts, la spéculation illicite et les pratiques commerciales déloyales* (Bibl. de l'Inst. de droit comp. de Lyon, Tome 13). Paris, Giard éd., 1925, in «Rivista internazionale di Filosofia del diritto», Anno VI, 1926, p. 326.

404 Come ricorda Gerber con questo termine ci si riferisce «generally to private agreements among competitors or potential competitors that reduce or regulate their output or their prices», D. J. Gerber, *Global Competition: Law, Markets and Globalization*, Oxford University Press, Oxford, 2017, p. 23. Per un approfondimento sulle terminologie impiegate nel contesto internazionale in riferimento a queste intese si veda H.A. Leonhardt, *The*

più percepita l'esigenza di dare luogo ad una parallela concentrazione giuridica, nei termini, appunto, di una progressiva unificazione delle legislazioni nazionali. Infatti, all'epoca i *sindacati internazionali* «sembravano costituire "un elemento di stabilità e controllo in un mondo sempre più instabile"»[405]. In particolare, l'imprenditoria internazionale vedeva in essi i congegni maggiormente efficaci per costruire una società globalizzata, votata, per dirla con le parole di Adrien Badin, «uno dei maggiori protagonisti dell'industria mondiale dell'alluminio», alla massima dell'«*ordre et profit*»[406]. Ma, in questa particolare visione ordinatrice dell'economico, il diritto, in quella che potremmo definire *lato sensu* la sua dimensione pubblicistica, avrebbe dovuto giocare una funzione marginale, se non addirittura nulla, rispetto a quella immaginata dalla comparatistica. Il processo di cartellizzazione internazionale (e nazionale), infatti, doveva percorrere la via, per dirla con una recente storio-

---

Development of Cartel+ Theory between 1883 and the 1930s - from International Diversity to Convergence: Syndicats Industriels, Ententes, Comptoirs, Trusts, Pools, Combinations, Associations, Kartells, Cartelle, Unternehmerverbände, [...], cit., pp. 59-62. Per un elenco dei principali cartelli internazionali nel periodo tra le due guerre mondiali si veda F. L. Pace, *I fondamenti del diritto antitrust europeo [...]*, cit., pp. 21-22.

405 B. Curli, *L'Italia, La Società delle Nazioni e la discussione sugli accordi industriali internazionali, 1927-31 [...]*, cit., p. 25. In questo senso, sempre Gerber elenca le diverse funzioni che si pensava che i cartelli internazionali avessero: «They provided a means of reducing the frequency and amplitude of price fluctuations and thus provided a cushion against the political and economic uncertainty of the period. They were also a means of distributing the burdens of excess production capacity, particularly in industries that had increased production to meet war needs or that were protected by high tariffs. In some contexts [...] they were also used to reduce the impact of high rates of inflation and concomitant currency volatility on participating firms», D. J. Gerber, *Global Competition: Law, Markets and Globalization [...]*, p. 24. Una risalente storiografia ha insistito su come i cartelli non siano stati in grado di razionalizzare gli investimenti e, mantenendo i prezzi alti, abbiano finito per influire negativamente sullo sviluppo della domanda. Tuttavia, recenti studi hanno dimostrato, almeno per alcuni settori industriali, come ciò non sia del tutto esatto. Infatti, se si guarda al caso dell'industria dell'alluminio «non fu la cartellizzazione che impedì la razionalizzazione della produzione internazionale e l'eliminazione degli impianti meno efficienti, ma fu la concorrenza latente tra due gruppi quasi equivalenti a spingere investimenti troppo grandi che, col senno di poi, si possono considerare come irrazionali ed azzardati»; «era la natura stessa dell'industria dell'alluminio, come industria 'nuova' e non ancora matura, che spingeva le imprese a prevenire la crescita della domanda, obbligandole a funzionare con una costante sovrapproduzione», M. Bertilorenzi, *Il controllo della sovrapproduzione. I cartelli internazionali nell'industria dell'alluminio in prospettiva storica (1886-1945)*, tesi di dottorato, Università degli studi di Firenze e Université Paris-Sorbonne (Paris-IV), a.a. 2009/2010, p. 196.

406 *Ivi*, p. 13. Tuttavia, si deve tenere presente come il «numero considerevole d'intese concluse tra le grandi imprese non deve far credere che la relazioni tra le imprese stesse fossero divenute più pacifiche. Le clausole degli accordi forniscono anzi la riprova della loro reciproca sfiducia, la quale non fu attenuata che in modestissima misura da certe forme di controllo, dallo scambio di brevetti e dalla formazione di società di studi in comune. In verità, le intese erano una forma di controassicurazione», J. J. Lador-Lederer, *Capitalismo mondiale e cartelli tedeschi tra le due guerre*, Einaudi, Torino, 1959, p. 203.

grafia, della *private Selbstregulierung* o *autorégulation privée*[407], espressione massima, almeno nel caso di specie, di un autentico autogoverno degli industriali, dove era esclusivamente il contratto a dover reggere e regolare la vita dei cartelli e le sorti dei partecipanti ad essi[408].

Tuttavia, un'altra parte della società, composta da «economists as well as writers from socialist and social democratic circles», nonché da rappresentanti delle «small and medium-sized industries», seppur anch'essa convinta del fatto che i cartelli internazionali fossero a tutti gli effetti un elemento di stabilizzazione del sistema economico, riteneva che gli stessi dovessero essere assoggettati a «some form of control»[409]. In questo senso, si proponeva, da parte di questi settori della società, di intraprendere un processo di *juridification* di livello internazionale, che avrebbe consentito la fuoriuscita della sfera sindacale dalla irrilevanza giuridica per quella dimensione[410]. Lo

---

407 La *private Selbstregulierung* o *autorégulation privée* implica una coincidenza sostanziale tra gli autori e i destinatari della regolazione, *cfr.* F. Cafaggi, *Le rôle des acteurs privés dans les processus de régulation: participation, autorégulation et régulation privée* in «*Revue française d'administration publique*», n° 109, 2004/1, pp. 23-35. Sulla possibilità di utilizzare in prospettiva storica i concetti di *Regulierung (régulation)*, *private Selbstregulierung* (*autorégulation privée*) e *regulierte Selbstregulierung (autorégulation régulée)* si veda diffusamente P. Collin e S. Rudischhauser, *Regulierte Selbstregulierung. Historische Analysen hybrider Regelungsstrukturen*, (Traduction de Laurent Cantagrel: *Autorégulation régulée. Analyses historiques de structures de régulations hybrides*), in «*Trivum. Revue franco-allemande de sciences humaines et sociales - Deutsch-französische Zeitschrift für Geistes- und Sozialwissenschaften*», n. 22, 2016.

408 Un approfondimento indiretto sulla centralità dello strumento del contratto si può ricavare, almeno per quanto riguarda il settore dell'alluminio, dalla lettura di M. Bertilorenzi, *The International Aluminium Cartel, 1886-1978. The Business and Politics of a Cooperative Industrial Institution*, Routledge, New York, 2016, particolarmente pp. 101-170. Ma si vedano, soprattutto in chiave generale, le pagine dedicate allo «etude analytique des clauses usuelles des ententes industrielles» di J. Tchernoff, *Ententes économiques et financières. Cartels, Syndicats, Trusts, Holdings devant les lois civiles, pénales, internationales. Organisation, fonctionnement, formules, clauses usuelles*, Librairie du Recueil Sirey, Paris, 1933, pp. 179-227.

409 D. J. Gerber, *Global Competition: Law, Markets and Globalization [...]*, cit., p. 26.

410 Come ricorda G. Teubner, *Juridifcation. Concepts, Aspects, Limits, Solutions*, in G Teubner (a cura di), *Juridification of Social Spheres: A Comparative Analysis in the Areas of Labor, Corporate, Antitrust and Social Welfare Law*, De Gruyter, Munich, 1987, pp. 3-41, «jurdification is a ugly word» (*ivi*, p. 3), nel senso che si tratta di un concetto sfuggente quanto difficile da circoscrivere, il quale «cannot be usefully analysed as universal historical phenomenon» (*ivi*, p. 12); tuttavia, generalizzando, è definibile come «l'ingresso o la maggior presenza nella sfera di rilevanza giuridica di fenomeni economici, scientifici, sociali», M. D'Alberti, *Nobiltà e miserie della giuridificazione*, in B. Marchetti e M. Renna (a cura di), *La giuridificazione*, Vol. III, in L. Ferrara e D. Sorace (a cura di), *A 150 anni dall'unificazione amministrativa italiana*, Firenze University Press, Firenze, 2016, p. 479. Sui legami tra pratiche restrittive della concorrenza e la *juridification*, anche se in una prospettiva solo parzialmente storico-giuridica, si veda K. J. Hopt, *Restrictive Trade Practices and Juridifcation: A Comparative Law Study*, in G Teubner (a cura di), *Juridification of Social Spheres: A Comparative Analysis in the Areas of Labor, Corporate, Antitrust and Social*

spazio internazionale, allora, assumeva una funzione costitutiva, diveniva cioè il luogo fondativo dello sforzo non solo di intrecciare la dimensione degli studi giuridici con quella degli studi economici, ma di creare un diritto nuovo, slegato, di fatto, dal giogo delle sovranità nazionali[411]. Inoltre, tale giuridificazione non avrebbe dovuto assumere le vesti di una «Regulierung» della sfera sindacale, ma avrebbe piuttosto dovuto permettere l'avvio di un processo di *regulierte Selbstregulierung* o, nella sua traduzione francese, di *autorégulation regulée*, ossia di una «coordination des intérêts sociétaux selon une visée commune, qui comporte (au moins potentiellement) une importance pour le bien commun»[412]. Come ricorda la storiografia giuridica di questa categoria concettuale dalla «forme hybride», che si situa a metà strada tra la *régulation étatique* e l'*autorégulation privée*, esistono diverse sottocategorie componibili per binomi; tra i tanti risulta di particolare interesse per queste pagine la combinazione *autorégulation initiée de manière privée* e *autorégulation initiée de manière étatique*[413], in quanto è possibile - a nostro avviso - affiancarvi un'ulteriore sottocategoria ossia quella che potremmo chiamare *autorégulation initiée de manière international*. Infatti, il tentativo di creare una

---

Welfare Law, [...], cit., pp. 291-331. Un esempio di *juridifcation* approdato a buon fine è quello «che ha riguardato la proprietà industriale: [...] la disciplina presenta sin dalla fine dell'Ottocento una dimensione internazionale (la prima Convenzione dell'Unione per la tutela della proprietà industriale risale al 1883), che si lega alla naturale dimensione ultrastatuale di tali diritti (di marchio e di brevetto), che ha condizionato la disciplina interna degli Stati», B. Marchetti e M. Renna, *I processi di giuridificazione: soggetti, tecniche e limiti*, in B. Marchetti e M. Renna (a cura di), *La giuridificazione*, Vol. III, *[...]*, pp. 12-13.

411 Sulla possibilità di considerare lo spazio «as a constituent key, in addition to a merely reconstructive key» negli studi di storia giuridica, si veda M. Meccarelli, *The Assumed Space: Pre-reflective Spatiality and Doctrinal Configurations in Juridical Experience*, in «*Rechtsgeschichte-Legal History*», n° 23, 2015, pp. 241-252.

412 P. Collin, «Autorégulation sociétale» et «autorégulation régulée» - des catégories fécondes pour une analyse (juridico-)historique»?, (Traduction de Flavien Le Bouter et Anthony Andurandin, Édition originale: «*Gesellschaftliche Selbstregulierung*» *und* «*Regulierte Selbstregulierung*» *– ertragreiche Analysekategorien für eine (rechts-)historische Perspektive ?*, in Collin, P./ Bender, G./ Ruppert, S./ Seckelmann, M./Stolleis, M. (éd.): Selbstregulierung im 19. Jahrhundert - zwischen Auronomie und staatlichen Steuerungsansprüchen, Francfort-sur-le-Main: Klostermann, 2011, p. 3-31), ora in «*Trivum. Revue franco-allemande de sciences humaines et sociales - Deutsch-französische Zeitschrift für Geistes-und Sozialwissenschaften*», n. 22, 2016, p. 4.

413 «Cette distinction renvoie, à titre indicatif, à différents motifs, mais aussi à diverses formes d'organisation. L'autorégulation initiée de manière privée visait fondamentalement la poursuite de buts situés dans le domaine du déploiement des libertés civiles et des conceptions d'organisation civiles : des buts économiques entrent ici en ligne de compte, mais aussi les buts de l'entraide sociale, de l'assistance sociale privée ou de la promotion de l'art. La forme typique d'organisation était l'association ou les coopératives d'achat et de crédit (Schulze-Delitzsch, Raiffeisen). L'initiative étatique, cependant, plaçait au premier plan l'effort pour mobiliser le potentiel social de telle manière qu'il réalisât des objectifs étatiques, soulageant ainsi l'État ou renforçant sa capacité d'action, par exemple à travers le recours à une expertise externe», *ivi*, p. 13.

legislazione di livello internazionale non si doveva tanto alla volontà dell'iniziativa dei singoli stati, ma, piuttosto, ai propositi della neonata tecnocrazia internazionale[414], decisa ad approfondire e intervenire sulle '*conséquences sociales*' prodotte dalla dinamica sindacale. Il momento costitutivo della giuridificazione avrebbe dovuto partire, dunque, dallo spazio internazionale; certamente sarebbe stato poi necessario un passaggio che avrebbe portato alla 'ribalta' la dimensione statuale, attraverso la ricezione di diposizioni generatesi in seno all'ordinamento internazionale.

2.1. Progettualità ed esiti (fallimentari) della 'fucina' internazionale: la 'proposta Oualid'

Per la dottrina internazionale, «chosen on the basis of practical experience or academic expertise»[415], la funzione dei cartelli andava al di là della sola stabilizzazione economica: «*la plus grande utilité des cartels réside en ceci qu'ils réunissent des domaines économiques encore hostiles les uns aux autres de par les conséquences de la guerre mondiale et facilitent, par ce moyen, la compréhension réciproque de classes sociales dont les décision politiques sont importantes*»[416]. La «régularisation»[417] alla quale si aspirava non era solo di natura economica, ma soprattutto politica; si usciva dalla logica darwiniana della lotta atomistica o tra complessi, per incanalarsi nell'idealità di un cooperativismo di matrice ultra-statale. Tuttavia, sembra forse sviante attribuire alla dimensione internazionalistica dell'epoca «the idea of using law to protect global competition»[418]. In realtà, non era la necessità di proteggere la concorrenza ad aver avviato la riflessione internazionale sulle intese - idealmente, infatti, *régularisation* era sinonimo di «limitation et, si possible» di «élimination de la concurrence international»[419] - quanto, come detto, l'idea di poter stabilizzare i mercati e i rapporti tra le nazioni, riuscendo, all'interno di questa dinamica, ad offrire protezione alla propagatasi «sensibilité sociale», per la quale la tendenza alla cartellizzazione, tanto nazionale quanto internazionale, era percepita «comme une imposition extraordinaire plutôt que comme une rationalisation de ses conséq-

414 Le affermazioni di cui sopra ci sembrano avvalorate dallo studio di Curili, che ricorda come il «Comitato Economico» fosse «una eterogenea commistione di rappresentanti della grande industria, banchieri, ex ministri a riposo, alti funzionari delle burocrazie nazionali», B. Curli, *L'Italia, La Società delle Nazioni e la discussione sugli accordi industriali internazionali, 1927-31 [...]*, cit., p. 27.

415 D. J. Gerber, *Global Competition: Law, Markets and Globalization [...]*, cit., p. 25.

416 J. Hirsch, *Monopoles nationaux et internationaux au point de vue des intérêts de l'ouvrier, du consommateur et de la rationalisation [...]*, cit., p. 22. Corsivo dell'autore.

417 K. Wiedenfeld, *Les cartels et les trusts [...]*, cit., p. 5.

418 D. J. Gerber, *Global Competition: Law, Markets and Globalization [...]*, cit., p. 24.

419 K. Wiedenfeld, *Les cartels et les trusts [...]*, cit., p. 35.

uences nécessaires: la baisse des frais de production, et la baisse des prix qui doit suivre à la longue»[420]. Si doveva, insomma, dotare di una qualche forma di tutela coloro i quali - lavoratori, consumatori e imprese - correvano il rischio di essere maggiormente lesi dall'attività dei sindacati industriali, in particolare internazionali. Lungo quest'asse William Oualid[421], apprezzato giurista franco-algerino e tra i più fervidi sostenitori della necessità di una giuridificazione internazionale del problema cartellistico, individuava le possibili 'criticità' dei rapporti tra sindacati industriali e lavoro, non tanto nel presunto abbassamento dei salari e dello *'standard of life'* dei lavoratori, quanto piuttosto nel potere delle coalizioni internazionali di erodere progressivamente le conquiste raggiunte dal sindacalismo operaio, unitamente al pericolo di un aumento dei tassi di disoccupazione determinato dalla concentrazione tecnica e dall'organizzazione economica, nonché dalla razionalizzazione geografica della produzione e della distribuzione[422]. In particolare, su quest'ultimo punto, Oualid sottolineava come l'accordo internazionale dei produttori avrebbe portato conseguenze più gravi del progresso ordinario limitato a una singola nazione, ossia avrebbe finito per colpire i flussi migratori creatisi per la ricerca di nuove prospettive di lavoro, poiché «régularisant une technique uniforme et réglementant une production selon un plan d'ensemble, elle ne conserverait même pas aux travailleurs congédiés d'un pays la ressource immédiate d'un emploi dans la même industrie d'un pays moins avancé». Una risposta efficace, per cercare di mitigare questa tendenza, doveva necessariamente arrivare dall'intervento congiunto degli organismi internazionali con le industrie cartellizzate, che avrebbero dovuto farsi carico, insieme, di allertare per tempo i lavoratori della possibilità del verificarsi di licenziamenti collettivi dovuti ai cambiamenti morfologici del mercato, istituendo altresì, per ogni settore industriale, un «fond spécial» per indennizzare la massa dei disoccupati. Invece, per quanto riguardava i rapporti tra i *consommateurs* e le *ententes internationales* «le point central» del loro stato di tensione era dato dalla «tendance» di questi ultimi a restringere la produzione ed elevare i prezzi. Occorre tuttavia rilevare che, nella visione della dottrina internazionalistica, tale tendenza veniva ad essere controbilanciata dal «bien le plus précieux», ossia la «stabilité de la production», la quale, potenzialmente, permetteva di mettere al riparo proprio i consumatori dalle improvvise perturbazioni dell'equilibrio di mercato e delle conseguenti fluttuazioni dei prezzi. Ciononostante, per correggere detta tendenza, una soluzione poteva venire dai

---

420 J. Hirsch, *Monopoles nationaux et internationaux au point de vue des intérets de l'ouvrier, du consommateur et de la rationalisation [...]*, cit., p. 23.

421 William Oualid fu professore di economia politica alla Facoltà di Diritto dell'Università di Parigi, all'interno della quale si impose come «spécialiste incontesté» di «législation industrielle et sociale», V. Assan, *Israël William Oualid, juriste, économiste, professeur des Universités (Alger, 26 janvier 1880 – Villeneuve-sur-Lot, 15 novembre 1942)*, in «*Archives Juives*», Vol. 46, n. 1, 2013, pp. 130-143: pp. 133-134.

422 W. Oualid, *Les ententes industrielles internationales et leurs conséquences sociales. La défense des travailleurs et des consommateurs [...]*, cit., pp. 6-11.

consumatori stessi attraverso l'istituzione di associazioni di consumatori sul modello della *Fédération internationale des associations des maîtres filateurs et manufacturiers de coton*[423]. Ma al di là di queste soluzioni, volte a raggiungere una tutela il più possibile ampia, era necessaria l'elaborazione di un diritto economico capace di regolare l'economia liberale sul piano internazionale, oltre che nazionale. Ora, sotto questo profilo, la natura giuridica della nuova tipologia di coalizioni non sembrava mettere particolarmente in difficoltà la dottrina internazionalistica che li definiva nei termini generalissimi di «accordes entre groupements nationaux déjà constitués»[424]. Non si voleva dare corso ad una specificazione delle nuove forme giuridiche assunte dai sindacati internazionali, preferendo, almeno se si guarda agli *études* maggiormente caratterizzati da un approccio giuridico, limitarsi a una differenziazione tra *intese nazionali* e *intese internazionali*[425]. Questo 'approccio' semplificato alla questione sindacale era funzionale - a nostro avviso - ad accelerare il percorso per addivenire a una legislazione internazionale da applicarsi così a tutte le diverse categorie di intese internazionali. La priorità, infatti, doveva essere quella di offrire una protezione generalizzata a lavoratori e consumatori. A questo proposito, la 'strategia' da seguire era chiara: «transporter sur le plan international les solutions déjà tentées et réalisées dans le domaine de la législation interne»[426]. Una sorta, quindi, di *legal transplant* verticale[427], un trasferimento, in un'ottica globalizzante, delle soluzioni giuridiche dagli ordinamenti nazionali allo spazio internazionale[428]. Il panorama dei diritti nazionali offriva un ventaglio di ipotesi che, pur non essendo particolarmente ampio, marcava differenze ontologiche

423 *Ivi*, pp. 11-13.

424 P. de Rousiers, *Les cartels et les trusts et leur évolution [...]*, cit., p. 18.

425 Sulle difficoltà nelle «terminological standardizations» si veda H. A. Leonhardt, *The Development of Cartel+ Theory between 1883 and the 1930s - from International Diversity to Convergence: Syndicats Industriels, Ententes, Comptoirs, Trusts, Pools, Combinations, Associations, Kartells, Cartelle, Unternehmerverbände [...]*, cit., pp. 53-64.

426 W. Oualid, *Les ententes industrielles internationales et leurs conséquences sociales. La défense des travailleurs et des consommateurs [...]*, cit. p. 18.

427 Sul tema la letteratura è particolarmente vasta e ci pare utile in questa sede affidarsi all'efficace sintesi che ne offre Eliana Augusti, la quale ha acutamente osservato come «lasciandosi alle spalle le contingenze della definizione del *transplant* come di uno "spostamento di una norma o di un apparato giuridico da un paese a un altro", dall'osservazione interdisciplinare dell'esperienza dei trapianti è mersa una fenomenologia ben più complessa, che si offre ad un'esplorazione in più direzioni: ci si può interrogare sul cosa si sposti, sul dove e per dove si sposti, sul chi imponga, determini, condizioni, favorisca lo spostamento, sul chi subisca, determini, accolga lo spostamento, su quali siano i fattori (interni ed esterni) che determinino o condizionino lo spostamento», E. Augusti, *Un diritto possibile Storie, teorie e prassi di modernità tra comparazione e globalizzazione*, in «Forum Historiae Iuris», 6/2016. (Disponibile online: https://forhistiur.net/2016-06-augusti/).

428 Su queste dinamiche si veda, di V. Perju, *Constitutional Transplants, Borrowing, and Migrations* in M. Rosenfeld e A. Sajo (a cura di), *Oxford Handbook of Comparative Constitutional Law*, Oxford University Press, Oxford, 2012, pp. 1304-1327.

tra una soluzione e l'altra. Il campo giuridico presentava, per dirla con Hirsch, «mesures prohibitives», «mesures de contrôle», «mesures d'encouragement», le quali erano andate, dalla fine dell'Ottocento in poi, a costellare il panorama delle possibili soluzioni dei rapporti tra Stato e «*monopoles privés*»[429]. Più sottile il ragionamento giuridico di Oualid: tutte queste misure, ed altre ad esse similari, dovevano essere considerate unitariamente ed ordinate in una scala di decrescente importanza. Si andava così dall'«interdiction et [...] restriction des ententes» alla «leur réglementation et leur contrôle», per arrivare alla «répression des contraventions et la sanction des engagements contractés et de mesures prescrites». Dalle misure previste nei vari paesi e riconducibili a questa scala di soluzioni, si dovevano estrarre quelle *préventives* e di *contrôle* che, insieme ad organi e sanzioni *ad hoc*, originassero un sistema di norme in rapporto di complementarità. In particolare, la *prevenzione* doveva sostanziarsi nell'introduzione - sugli esempi statunitense, inglese, australiano, sudafricano e norvegese - di una forma di pubblicità internazionale che permettesse di conoscere le intese internazionali:

> On estime que la clandestinité est le pire des inconvénients, que la proclamation de l'existence d'une entente, en attirant sur elle l'attention du public et des autorités, la limite dans ses prétentions et ses abus. On considère que la connaissance des entreprises groupées, de la nature des liens qui les unissent, du but qu'elles poursuivent, des moyens avoués dont elles usent, les empêchent, dans une certaine mesure, de se livrer à des actes délictueux ou dommageables.

La logica giuridica sottesa a questo meccanismo di riconoscimento era perfettamente chiara: ogni accordo internazionale che fosse stato debitamente dichiarato e iscritto in un registro ufficiale sarebbe stato considerato legittimo. Di conseguenza, non avrebbe potuto essere oggetto di procedimenti sanzionatori o azioni legali, se non nel caso in cui uno o più Stati coinvolti avessero fornito, secondo le modalità previste, prove concrete dell'irregolarità o dell'illiceità di alcune o tutte le attività compiute nell'ambito di tale accordo[430]. Con la presunzione di liceità, conseguente alla registrazione del cartello a livello internazionale, si voleva perseguire - a nostro avviso - un duplice obiettivo: da una parte porre rimedio alle inefficienze derivanti da approcci eccessivamente sanzionatori nei confronti dei sindacati (si pensi ad esempio al caso dello *Sherman Act*) e, dall'altra, sottrarre alla corti nazionali la possibilità di sindacare circa la liceità o meno dei cartelli, per

429 J. Hirsch, *Monopoles nationaux et internationaux au point de vue des intérêts de l'ouvrier, du consommateur et de la rationalisation [...]*, cit., p. 15.

430 W. Oualid, *Les ententes industrielles internationales et leurs conséquences sociales. La défense des travailleurs et des consommateurs [...]*, cit. pp. 19-25. La registrazione dei sindacati avrebbe dovuto essere accompagnata da informazioni riguardanti le società aderenti all'accordo, l'elenco degli Stati in cui insisteva la loro sede legale, la natura dei prodotti commercializzati o il settore produttivo in cui operava il sindacato, le condizioni dell'accordo, i suoi obiettivi, i suoi mezzi e, soprattutto, lo statuto o i contratti che avevano portato alla sua costituzione (*ivi*, p 34).

incanalare il controllo su di essi all'interno delle amministrazioni statali composte da esperti in materia. Gli apparati amministrativi, infatti, apparivano come maggiormente capaci di fronteggiare l'eredità post-bellica, di dare risposte a quella necessità di archiviare le soluzioni codicistiche che zavorravano il passaggio del capitalismo dalla dimensione protoindustriale a quella organizzata[431]. Il ruolo guida della Società delle Nazioni, attraverso la 'schedatura' dei cartelli, era determinante per dare un 'volto' al nuovo capitalismo in costruzione, assicurando però allo stesso tempo un controllo su di esso, così da superare la fase di un'autoregolazione del mercato pura e semplice, senza per questo però cadere in dinamiche collettivistiche. Così, la volontà dei sindacati di persistere nell'ombra avrebbe dovuto innescare, su impulso della Società delle Nazioni, l'intervento degli organi nazionali «analogues aux Commissions ou bureaux de contrôle américains ou autres». A quest'opera avrebbe dovuto sovraintendere un «*organe central*» della Società i cui membri sarebbero dovuti arrivare da rappresentanze dei governi, dei datori di lavoro, degli operai e delle cooperative di consumatori. Ma al di là della combinazione dei meccanismi di controllo e sanzione interni e internazionali[432], contenuti nella '*proposta Oualid*', ci sembra che l'aspetto maggiormente rilevante

431 *Cfr.* D. S. LANDES, *Prometeo liberato. La rivoluzione industriale in Europa dal 1750 ai giorni nostri [...]*, cit., pp. 468-639.

432 «II. Toute association ne se soumettant pas à cette formalité, et dont l'existence serait portée d'une façon ou l'autre à la connaissance de la Société des Nations, serait réputée poursuivre un but délictueux ou chercher à abuser de sa puissance économique. La Société des Nations serait autorisée en ce cas à prendre les mesures suivantes: *1° demander aux Etats membres de la Société des Nations, et dont les entreprises groupées auraient la nationalité, s'ils ont connaissance de l'existence de ces groupements et si ceux-ci sont constitués et fonctionnent conformément à la loi locale les concernant (laquelle, ainsi qu'il sera dit plus loin, serait uniforme ou quasi telle en tout pays adhérent); 2° si la réponse était négative, à inviter les Etats dont les membres du groupement auraient la nationalité à mettre, chacun sur leur territoire, leurs nationaux membres du groupement, en demeure de se conformer à la déclaration prescrite; 3° en cas de refus de ces membres, à inviter ces Etats à user de tous les droits que leur conférerait leur législation interne: dissolution, poursuites, amendes, etc.*, III. A l'effet d'assurer d'une manière uniforme la notion d'entente poursuivant un but contraire à l'intérêt public des consommateurs aux divers degrés et éventuellement des travailleurs, il serait créé, dans tous les Etats des organes analogues aux Commissions ou bureaux de contrôle américains ou autres, et dont les principales attributions seraient les suivantes: *a) contrôler localement le fonctionnement des ententes industrielles régulièrement constituées et déclarées, de façon à s'assurer continuellement que la régularité de forme et l'innocence présumée du but ne s'accompagnent pas, par la suite, d'une activité répréhensible; b) centraliser et contrôler le bien-fondé des plaintes dirigées contre les agissements des ententes internationales irrégulières exerçant leur activité sur le territoire ou prendre elles-mêmes l'initiative d'enquêtes sur ces agissements; c) saisir des résultats de leur enquête leur gouvernement pour que celui-ci, à son tour, en saisisse la Société des Nations, sans préjudice des mesures qu'il pourrait prescrire ou prendre sur son propre territoire en vertu de sa législation nationale et de son pouvoir souverain et de police, notamment des poursuites devant les tribunaux de droit commun ou les juridictions spéciales aux ententes industrielles*», W. OUALID, *Les ententes industrielles internationales et leurs conséquences sociales. La défense des travailleurs et des consommateurs [...]*, cit., pp. 34-35. Corsivo nostro.

in essa contenuto - oltre alla già citata presunzione di liceità del cartello derivante dalla registrazione - debba rinvenirsi nel tentativo singolare di dare attuazione al combinato disposto dell'art. VIII della suddetta proposta con la parte XIII del Trattato di Versailles, riguardante «les ouvriers agricoles ou l'application des lois ouvrières aux petits patrons travaillant seuls», e da cui sarebbe dovuta derivare la possibilità di deferimento degli Stati da parte dell'*organe central*[433] alla *Cour de Justice Internationale,* se «l'Etat ou les Etats ainsi saisis d'une demande d'intervention s'y refusaient ou contestaient le bien-fondé de la plainte, et si l'Etat plaignant persistait dans sa déclaration». Si trattava dunque di costruire, attraverso l'applicazione analogica degli art. 409-420 del Trattato, una «procédure adéquate de répression contre les Etats récalcitrants», capace, per mezzo di «une *décision judiciaire internationale* ayant acquis force de chose jugée, de mettre un terme aux agissements délictueux, illicites ou irréguliers d'ententes industrielles, créées ou exerçant leur activité sur leur territoire, s'y refuseraient»[434].

Il progetto di convenzione di Oualid, così come altri tentativi, meno dettagliati, per dare corso ad una *autorégulation initiée de manière international* si trovarono ben presto a dover fare i conti con gli egoismi sovrani e con il ripiegamento su sé stesse delle economie nazionali, a seguito della Grande Depressione. Ci riferiamo, in particolare, a quella complessa esperienza delle economie programmatiche che consolidarono tendenze già in atto all'interno degli Stati liberali europei e che, durante la parentesi bellica, ebbero modo di dare prova delle loro potenzialità sino ad imporsi nel corso degli anni Trenta come soluzione per uscire dalla crisi del '29[435]. La fascinazione per queste *nuove esperienze economiche*, per dirla con una nota raccolta di studi edita da Giuseppe Bottai nel 1935[436], finì per compromettere le progettualità internazionalistiche. Infatti, lo stesso Albert Thomas, direttore del *B.I.T.*, sviò dalle elaborazioni dottrinali della scienza giuridica ed economica internazionale dichiarando, durante la Sedicesima sessione della Conferenza Internazionale del Lavoro, che «il grosso dibattito sta nel conoscere come, per la partecipazione dei Governi e per il loro controllo, o semplicemente

---

433 «VII. Cet organe central de la Société des Nations aurait un triple rôle: *1° assurer la procédure prévue à l'article II ci-dessus* [ovverosia provvedere alla registrazione del sindacato]; *2° recevoir et instruire, notamment par l'intermédiaire des bureaux nationaux de contrôle des ententes industrielles, les plaintes dont il serait saisi, de la part des Etats, contre les ententes clandestines ou les agissements réputés délictueux ou dommageables des ententes déclarées: discrimination des prix, raréfaction abusive des approvisionnements, réduction injuste des salaires, etc.; 3° signaler ces plaintes aux Etats dont ressortissent les membres de l'entente industrielle incriminée, pour que ces Etats invitent celle ai en lui enjoignent de mettre un terme à ces agissements*», *ivi*, p. 36. Corsivo nostro.

434 *Ibidem.* Corsivo nostro.

435 Per un efficace sintesi del concetto di programmazione economica si veda U. Spirito, *Economia programmatica (fr. économie dirigée; ted. Planwirtschaft; ingl. planned economy; economic planning)*, in Enciclopedia Italiana - I Appendice (1938), (consultabile in https://www.treccani.it/enciclopedia/economia-programmatica_%28Enciclopedia-Italiana%29/).

436 AA. VV, Nuove esperienze economiche, Sansoni, Firenze, 1935.

per diritto di sorveglianza o d'informazione dell'opinione pubblica, queste intese possano rispondere allo scopo di una economia organizzata»[437]. Lo spirito delle progettualità internazionalistiche, invece, si inseriva nel solco di uno sviluppo della tradizione liberale, manifestatosi, come visto, nella volontà di *sorveglianza* e di *intervento eccezionale* sull'economico, piuttosto che in una sua *organizzazione*. Se non dell'incompatibilità, ma quanto meno della difficoltà a tenere insieme le 'spinte' programmatico-nazionalistiche con le progettualità internazionali, si era reso ben conto Rousiers, osservando come l'«intervention directe de l'Etat» per il tramite della cartellizzazione obbligatoria, avesse dato luogo a una «déformation complète du phénomène primitif des cartels». Nel senso che si era passati, dall'esperienza della guerra in poi, dall'«*entente libre à l'entente imposée*», ossia dall'autoregolazione privata, alla regolazione programmatica per mano dello Stato[438]. Su questa tendenza, che a partire dagli anni Trenta andò assumendo una portata più ampia, avremo modo di soffermarci in chiusura del presente capitolo; quello che ci interessa qui osservare è come il motivo del fallimento della proposta di giuridificazione internazionale - di per sé 'nuova' - debba essere rinvenuto nella circostanza che la stessa era, nel momento in cui fu avanzata, già anacronistica, a causa, appunto, dell'avanzare dei processi di cartellizzazione obbligatoria. Di questa tensione tra spazio internazionale e spazi nazionali se ne possono avvertire gli echi negli *Actes de la conférence économique internationale* che posero una pietra tombale sulle aspirazioni della dottrina internazionale:

> La Conférence s'est demandé s'il y avait lieu d'instituer pour les ententes un régime juridique spécial et une forme de contrôle [...]. La Conférence a reconnu que, quant aux ententes limitées aux producteurs d'un seul pays, il appartient à chaque gouvernement d'envisager comme il lui convient leur fonctionnement. Elle admet, d'autre part, qu'il n'est pas désirable que les législations nationales, en témoignant aux ententes une prévention a priori, fassent obstacle aux avantages qu'elles peuvent assurer. Quant aux ententes internationales, il a été généralement constaté que l'institution d'une juridiction internationale était impossible en présence des divergences existant entre les mesures que les différents pays ont cru devoir prendre en la matière et à cause des objections d'ordre national et constitutionnel que le principe d'une telle institution suggérerait à nombre d'Etats. On a fait observer, d'ailleurs, que les lois et les règlements, ainsi que les tribunaux de chaque pays, ont autorité, non seulement sur les ententes nationales, mais aussi sur les ententes internationales, dès qu'elles agissent sur le territoire national[439].

437 G. NICOLETTI, *Le colazioni economiche e la legge sui consorzi*, in «L'Economia Italiana», Anno XVIII, n. 1, 1933, pp. 16-17.

438 P. DE ROUSIERS, *Les cartels et les trusts et leur évolution, [...]*, cit., p. 15.

439 SOCIÉTÉ DES NATIONS, *Actes de la conférence économique internationale tenue a Genève du 4 au 23 Mai 1927, Rédigés par la section économique et financière*, Vol. 1, Genève, 1927, p. 50. Per un'analisi complessiva sui lavori della conferenza si veda la sintesi offerta da J. HALPERIN, *Les conférences économiques de l'entre-deux-guerres. Climat, résultats et leçons*, in «*Revue Suisse d'Economie Politique et de Statistique*», Basilea, 1952, pp. 361-376

Passava, così, il principio per il quale la «cooperation of nations must be voluntary» e che tutti gli «efforts to interfere with the private economic organization of a country by means of an international court of justice [...], would call forth immediately the danger of confusion». Piuttosto, in questo ridimensionamento delle progettualità internazionali, si doveva privilegiare la via dell'arbitrato su base volontaria per mezzo di «tribunals of high international standing in each separate case»[440]. Così, gli studi della dottrina internazionale finirono per perdere il loro approccio propositivo alla questione dei cartelli, per divenire strumenti di mera compilazione delle diverse soluzioni giuridiche nazionali[441]. Inoltre, è probabile che un contributo nel determinare l'insuccesso delle progettualità internazionali, in quel caos economico e politico che furono gli anni immediatamente successivi alla Grande Depressione, arrivò anche da quelle proposte italiane tese a propagandare a livello internazionale l'adozione di un *corporativismo universale*. Queste erano segnate dalla «diffidenza» per misure «come le unioni doganali e le intese industriali», le quali non avrebbero fatto altro che favorire, secondo i Bottai, i Carli, gli Arias, «la formazione di 'gruppi chiusi'», ostacolando il cammino verso «una "soluzione integrale e armonica del problema economico europeo"»[442]. Nonostante la difformità di visioni, le idealità italiane vennero comunque recepite dal *Comité économique* della Società, dando luogo a una pregevole raccolta

440 C. Lammers e K. Scholz, *The Cartel Question at the World Economic Conference*, in «*The Annals of the American Academy of Political and Social Science*», Vol. 134, (*Europe in 1927. An Economic Survey* (Nov., 1927)), p. 149.

441 Infatti, Lammers, nelle osservazioni preliminari dedicate alla ricognizione delle diverse legislazioni nazionali, osservava come «on s'est abstenu à dessein de prendre position sur certaines questions d'ailleurs importantes telle que celle de l'élaboration d'un droit international uniforme concernant les cartels ou autres groupements qui s'étendent à plusieurs pays. Cette monographie ne contient, pareillement, aucune suggestion au sujet de l'unification de la terminologie dans le domaine de la législation sur les cartels donner aux gouvernements ou à l'économie privée des recommandations quelconques concernât les meilleures réglementations législatives de la question de cartels», C. Lammers, *Observations préliminaires*, in Société de las Nations (section économique et financière), *La législation sur les cartels et les trusts (Monographie transmise par M. Lammers, Membre du Comité préparatoire de la Conférence économique internationale)*, Genève, 1927, pp. 5-6.

442 F. Amore Bianco, *Le corporazioni oltre lo Stato. Progetti di corporativismo internazionale nell'immaginario del fascismo*, in L. Cerasi (a cura di), *Genealogie e geografie dell'anti-democrazia nella crisi europea degli anni Trenta. Fascismi, corporativismi, laburismi*, Edizioni Ca'Foscari, Venezia, 2019, p. 248. Nella ricostruzione operata dall'autore delle varie fasi del sogno di realizzare un corporativismo internazionale, è di sicura suggestione la proposta avanzata da Filippo Carli alla volta del 1932, durante il Convegno di studi sindacali e corporativi di Ferrara, e volta ad auspicare «la "ricomposizione" internazionale degli "interessi produttivi" in un consiglio economico dotato di poteri reali di governo dell'economia. [...] una vera e propria "corporazione economica internazionale"», da realizzarsi attraverso la trasformazione ontologica del Consiglio Economico di Ginevra in un Consiglio corporativo internazionale, in seno al quale le rappresentanze dei vari Consigli Economici Nazionali sarebbero state scelte in modo da dare rappresentanza ai processi produttivi (*ivi*, p. 249).

di brevi monografie, poi confluite in un volume unico pubblicato dal comitato stesso e curato dall'economista Elli Lindner. Queste erano tese a una ricognizione delle strutture e funzioni di tutti i differenti *conseils économiques* sparsi nei diversi continenti, nell'ottica, come ricordato nella nota introduttiva all'*étude* e curata dal segretariato della Società delle Nazioni, di «associer les conseil économiques nationaux au sein de la Societé des Nations», per raggiungere un «rapprochement économique» capace di far uscire l'economico dalla «dépression [...] actuelle» nel quale era caduto[443]. Tuttavia, il problema di fondo di questo progetto era la sua irrealizzabilità, data dal fatto che questi diversi consigli economici nazionali, «là où elles existent», erano «diffèrent totalement les unes des autres par la constitution, les fonctions et l'importance»[444]. A questa circostanza, poi, si deve aggiungere il 'vizio d'origine' che segnò la breve avventura di questo percorso dottrinale - non vennero infatti pubblicati altri studi sul tema -, ossia che «cette étude a été entreprise à la suite de la résolution que Assemblée de la Société des Nations a adoptée à sa séance du 24 septembre 1931 et qui était due l'initiative du délégué italien, M. Bottai»[445]: nel giro di pochi anni, infatti, i rapporti tra l'Italia e la Società delle Nazioni si sarebbero rapidamente deteriorati, fino a sfociare in un'inevitabile rottura e nell'uscita dell'Italia dall'organizzazione[446].

3. Cenni intorno al fisco interazionale come strumento complementare per la catalogazione e il controllo degli «enti monopolistici di carattere internazionale»

Si è prima ricordato come la dottrina internazionalistica non avvertisse la necessità di dare corso a una accurata differenziazione dei concetti intorno alla nozione di *intesa*, limitandosi ad operare una distinzione su base meramente *territoriale* tra sindacati nazionali e sindacati internazionali. Tuttavia, le dottrine giuridiche nazionali erano consapevoli di quanto i secondi rappresentassero una categoria economica e giuridica del tutto peculiare rispetto ai primi - in virtù

443 E. Lindner, *Études sur les Conseils Economiques dans les différents pays du Monde Préparée pour le Comité Economique par M.lle Elli Lidner*, Société des Nations, Genève, 1932, pp. 5-6.

444 *Ivi*, p. 8.

445 *Ivi*, p. 10.

446 Su questi aspetti si veda C. Menguzzi Rostagni, *L'uscita dell'Italia dalla Società delle Nazioni*, in L. Tosi (a cura di), *L'Italia e le Organizzazioni internazionali. Diplomazia multilaterale nel Novecento*, CEDAM, Padova, 1999, pp. 89-114 e S. Duranti, *La propaganda antisocietaria fascista attorno alla metà degli anni Trenta*, in «ITALIA CONTEMPORANEA», giugno 2013, n. 271, 2013, pp. 167-207.

della rete di relazioni internazionali coinvolte[447] - e di come fosse necessario indagarne le varie declinazioni sotto il profilo giuridico. In questo senso, la dottrina francese aveva dato corso a una distinzione tra sindacati internazionali di ordine «inférieur» e sindacati internazionali di ordine «supérieur». I primi giuridicamente si risolvevano nella forma di un semplice *gentlemen's agreement* «ou en un contrat innommé», da sottomettere ai «*principes de droit international privé, au point de vue de sa validité, des conditions de sa formation, de son exécution et de ses effets*», mentre i secondi comportavano «*une organisation plus complète*»[448] (c.d. *kartel-bureau*). In particolare, per quest'ultima tipologia di sindacati, giuridicamente più complessa, si era alla ricerca, in virtù della massima di Badin, di spazi giuridici privi di norme di controllo particolarmente invasive sulle attività del sindacato internazionale e caratterizzati da regimi fiscali di favore[449].

Proprio su quest'ultimo aspetto merita di essere aperta una breve parentesi, non tanto per indagare sulle particolarità dei singoli sistemi fiscali nazionali in rapporto ai sindacati industriali - questo, infatti, porterebbe a sviare dai propositi del presente lavoro -, ma per abbozzare un'indagine sulle ripercussioni provocate nel diritto internazionale dall'avvento dell'impresa *a carattere internazionale*, nella forma peculiare dei c.d. *'enti monopolistici'* internazionali[450]. Intorno a questo tema è d'uopo cennare alle riflessioni del tributarista

---

447 Sul punto Lador-Lederer sottolineava come i cartelli internazionali, «con le loro reti di relazioni che coprono tutti i paesi del globo, appaiono come vere federazioni funzionali, le quali, riunendo diversi elementi, disparati sotto l'aspetto tecnico, ma affini sotto quello politico, erano particolarmente atte a raggiungere fini politici con mezzi economici, e inversamente fini economici con mezzi politici», J. J. LADOR-LEDERER, *Capitalismo mondiale e cartelli tedeschi tra le due guerre [...]*, cit., pp. 203-204.

448 J. TCHERNOFF, *Ententes économiques et financières. Cartels, Syndicats, Trusts, Holdings devant les lois civiles, pénales, internationales. Organisation, formules, clasues usuelles, [...]*, cit., p. 635-636.

449 «Les cartels internationaux fixent souvent leurs sièges dans des Etats où una législation hostile aux cartels n'est pas à redouter. Tout comme certains Etats de Etats-Unis d'Amérique savent attirer chez eux, par leur législation, les sièges de différents trusts, ainsi quelques petits Etats européens commencent à prendre la place en Europe, grâce à une législation adéquate, des Etats de New-Jersey et de Delawere», J. HIRSCH, *Monopoles nationaux et internationaux au point de vue des intérêts de l'ouvrier, du consommateur et de la rationalisation [...]*, cit., p. 20.

450 In riferimento alla tematica dell'impresa, la storiografia giuridica ha ampiamente ricostruito come le decadi successive al primo conflitto furono segnate, in buona parte dell'area europea, dalla progressiva affermazione, anticipata anni prima dalla giuscommercialistica tedesca, della volontà di «archiviare il modello di diritto commerciale incentrato sullo scambio, sulla circolazione, sul momento in senso stretto commerciale», F. MAZZARELLA, *Un diritto per l'europa industriale [...]*, cit., p. 143. Si prendeva atto di come, soprattutto, «la grande industria implica[sse] collegamenti dinamici e complessi, che trascendevano la statica e unilineare relazione tra proprietario e beni mobili»; l'impresa, infatti, «gravitava intorno a un'organizzazione unitaria, della quale gli atti, i contratti, i negozi e i rapporti erano semplici elementi, derivazioni fungibili, dipendenze logiche, retrocedeva lo scambio al momento secondario, conferendo al momento della produzione un ruolo di propedeu-

Mario Pugliese, sia per la circolazione internazionale avuta dal suo scritto *L'imposizione delle imprese di carattere internazionale. Società, filiali, cartelli, trusts, holding e investment trust*[451], sia per le riflessioni in esso contenute sulla necessità di costruire un diritto tributario internazionale. In questo senso, per il tributarista «lo sviluppo imponente delle imprese di carattere internazionale minaccia[va] di rendere la frode fiscale internazionale uno strumento di facile e costante applicazione»[452]. Per questo i problemi della *frode fiscale* e della *doppia imposizione*, tra loro connessi[453], richiedevano una risposta di natura

tica prevalenza», Id., *L'impresa*, in *Enciclopedia italiana di scienze, lettere ed arti*, VIII appendice, in P. Cappellini, P. Costa, M. Fioravanti, e B. Sordi (a cura di), *Il contributo italiano alla storia del pensiero, Diritto*, Roma, Istituto della Enciclopedia Italiana Treccani, 2012, pp. 438-445.

451 Un elenco accurato degli autori di maggior peso coinvolti nel processo di riscrittura dei meccanismi tributari internazionali e nel quale un ruolo non marginale aveva la componente dottrinale italiana, si può trovare nel *blog* curato da Irwin Collier, *Economics in the Rear-View Mirror Archival Artifacts from the History of Economics Transcribed and curated by Irwin Collier Scroll down for latest postings or click here for a blog introduction* (http://www.irwincollier.com/). In esso il curatore, a seguito di un prezioso lavoro negli archivi della Columbia University, ha riprodotto alcuni documenti del tedesco Henry Simon Bloch - dottore di ricerca presso l'Università di Nancy, poi emigrato negli Stati Uniti e per diversi anni professore di scienze delle finanze presso la Columbia University sino alla sua nomina ad Emerito - dai quali emerge con chiarezza la considerazione riservata ai lavori di Pugliese e della dottrina italiana, *cfr. Bibliography on international fiscal relations. (Compiled by Dr. Henri Bloch)*, 1940 (http://www.irwincollier.com/chicago-bibliography-on-double-taxation-bloch-1940) e *Selected list of french, german and italian works on public finance, (by S. E. Leland and H. S. Bloch)*, ca. 1944 (http://www.irwincollier.com/chicago-french-german-italian-public-finance-bibliography-bloch-ca-1944/).

452 M. Pugliese, *L'imposizione delle imprese di carattere internazionale. Società, filiali, cartelli, trusts, holding e investment trust*, CEDAM, Padova, 1930, pp. VII-VIII. Infatti, «con l'attuale sistema, [è] realmente impossibile applicare alle imprese internazionali l'imposta personale sul reddito, o la più moderna imposta personale sulle corporazioni, con le relative discriminanti, in quanto un tipo di imposta, per essere efficace, deve colpire globalmente il reddito sociale, tenendo conto della intera capacità contributiva dell'ente colpito, anziché frazionarsi in accertamenti, di carattere oggettivo, relativi ai vari Stati nei quali il reddito è prodotto. A queste osservazioni si aggiunga quella che tutte le convenzioni internazionali, non varranno, con l'attuale sistema, ad impedire le frode, che si verifica su larga scala, mediante manovre "interne" di bilancio che esperti contabili praticano ogni giorno fra società – madri e società – figlie e viceversa, imputando passività fittizie, facendo figurare falsamente mutui contratti con un'affiliata (con un corrispondente aggravio di interessi passivi), occultando reali cespiti d'entrata e così via. E non è facile scoprire simili frodi, che si trova a mezzo di giri contabili, che quadrano perfettamente nel bilancio generale dell'azienda», *ivi*, p. 127.

453 «le singole imposte, o quote d'imposta, applicate dai vari Stati non costituiscono delle frazioni – frutto d'una divisione – ma invece gli addendi d'un'addizione, perché gli Stati che hanno – o che pretendono d'avere – un titolo all'imposizione, applicano di propria volontà e iniziativa – con reciproca indipendenza – le proprie imposte. In tal guisa, sei si formasse il cumulo dei tributi, ai quali è sottoposta l'impresa ipotizzata, troveremmo che esso ora è troppo piccolo (evasione fiscale) ora troppo grande (doppia imposizione), rispetto quello che idealmente e razionalmente l'impresa sarebbe tenuta a pagare in un unico Stato»,

internazionale e un approccio scientifico del tutto nuovo, che andasse oltre i meri concetti di natura «tecnico-fiscale», per indirizzarsi, piuttosto, verso l'individuazione di «corretti principi giuridico-finanziari» internazionali. La loro assenza rendeva necessaria una formulazione autorevole di norme comuni a cui ispirarsi per ovviare agli inconvenienti provocati dall'assenza di coordinazione tributaria tra gli Stati. Alla base di questo processo di 'maieutica' giuridica vi era - anche in questo campo, verrebbe da dire - la presa d'atto dell'insufficienza, oramai lapalissiana, delle soluzioni tributarie modellate «*per soddisfare i bisogni delle economie nazionali del secolo scorso*», incentrate per lo più sull'imposizione delle persone fisiche[454].

Emergeva così, anche in questo ambito, il ruolo centrale che lo spazio internazionale, sempre per il tramite della Società delle Nazioni, avrebbe potuto assumere: quest'ultima, infatti, già alla volta del 1920, aveva dato mandato a un comitato di esperti, tra i quali figurava anche l'italiano Einaudi, di studiare la questione fiscale internazionale da una prospettiva transnazionale. Le ricerche portarono alla presentazione, nel 1923, di un *report*[455], al quale seguirono, tra il 1923 e il 1928, una serie di conferenze, organizzate per impulso sempre della Società delle Nazioni, fra gli esperti governativi in materia fiscale, e dalle quali scaturirono alcuni progetti di convenzione internazionale per regolare la materia fiscale nel campo dell'impresa internazionale[456]. Tali progetti, in sintesi, miravano a superare il c.d. *criterio del domicilio*, così come la nozione ad esso connessa di *direzione effettiva dell'impresa*[457], il cui combinato disposto portava alla conseguenza che lo

ivi, p. 36. Per un sintetico, quanto denso, approfondimento intorno a questo tema si veda l'acuta ricostruzione fatta da W. OUALID, *Les solutions internationales du problème des doubles impositions (Rapport présenté au, nom de la Commission financière au Comité Français d'Etudes pour la Société des Nations)*, in «Revue de Science et de Législation Financières», Paris, 1927, pp. 5-31.

454 M. PUGLIESE, *L'imposizione delle imprese di carattere internazionale. Società, filiali, cartelli, trusts, holding e investment trust [...]*, cit. p. 16.

455 Per una sintesi del rapporto si veda, W. H. COATES, *League of Nations Report on Double Taxation Submitted to the Financial Committee by Professors Bruins, Einaudi, Seligman, and Sir Josiah Stamp*, in «*Journal of the Royal Statistical Society*», Vol. 87, No. 1 (Jan., 1924), 1924, pp. 99-102.

456 *Cfr*. B. PLAGNET, *Droit fiscal international*, Litec, Paris, 1986, p. 22.

457 Pugliese ricordava come la *Camera di Commercio Internazionale,* durante il Congresso di Amsterdam del luglio del 1928, avesse stabilito che il domicilio, per quanto riguardava le società, dovesse essere inteso «"dans le sens du siège de la direction effective de l'entreprise, ou, si celle-ci ne peut pas être déterminée, dans le sens du siège social légal"». Tuttavia, il tributarista respingeva, così come altri suoi colleghi europei, tale definizione sottolineando come la sua inevitabile conseguenza fosse di recare «un ingiustificato danno per lo Stato nel quale è posta la sede legale»: «senza dubbio la direzione effettiva ha una grande importanza, ma non tale da assorbire completamente l'importanza della sede legale, presso la quale ha giuridicamente vita la persona morale "società"». Lì, infatti, avvenivano tutte quelle «essenziali relazioni giuridiche e patrimoniali della società», M.

Stato nel quale un'impresa aveva la direzione effettiva fosse depositario «del diritto di prelevare l'imposta globale sui redditi dell'impresa anche se prodotti all'estero»[458]. Questo schema, traslato nel campo dell'impresa a carattere internazionale, generava tensioni di natura politica tra Stati esportatori di capitali e paesi importatori. Per risolvere tale problematica, la Società delle Nazioni proponeva di distinguere le imposte in reali e personali, per attribuirle rispettivamente allo Stato d'origine del reddito e a quello del domicilio del contribuente, dando poi, in tutti i casi nei quali la realtà dell'imposta non fosse nettamente accertata, la priorità allo Stato del domicilio. Questa soluzione «semplicistica» aveva come conseguenza di costringere tutti gli Stati importatori di capitale straniero ad escludere le imposte personali o introdurre delle imposte reali, così da evitare di essere completamente spogliati, a beneficio degli Stati nei quali risiedevano i creditori, del diritto di colpire i redditi prodotti nel proprio paese. Diversamente, secondo i paesi importatori, era necessario cedere il passo, quanto meno in riferimento alle imposte sulla produzione dei redditi, al «*criterio obiettivo dell'origine o fonte dei redditi stessi*»[459]. Questa proposta di cornice tributaria cercava, evidentemente, di creare un vincolo giuridico tra le imprese di carattere internazionale e gli Stati nei quali le stesse operavano, imponendo alle prime una 'contropartita tributaria' per la protezione politica, sociale ed economica ricevuta ad opera dei secondi per la tutela dei beni e della formazione dei redditi[460].

Ferma restando la rilevanza del nodo appena richiamato, la dottrina giuridica poneva l'accento sulla necessità di indagare con maggiore precisione le interazioni tra l'ordinamento tributario e i nuovi complessi economici. In particolare, si doveva comprendere se esistessero sul mercato «degli enti con carattere internazionale vero e proprio», se, cioè, «i *trusts* e i cartelli» internazionali fossero degli enti di «carattere unitario», considerabili, essi stessi, «soggetti passivi dell'imposizione»[461]. Una questione giuridica nuova, che si allontanava dagli schemi delle «comuni» imprese internazionali, dove le c.d. *filiali* all'estero risultavano, se dotate di una propria personalità giuridica, sempre e comunque indipendenti dall'impresa-madre. Per risolvere il problema si tornava a riflettere sulle differenze tra *trusts* e cartello, sulla problematica questione della maggiore o minore intensità del 'vincolo di coesione' - questa volta, però, dal lato della prospettiva tributaria - così da utilizzarlo come parametro per l'individuazione del soggetto passivo d'imposizione. Se

Pugliese, *L'imposizione delle imprese di carattere internazionale. Società, filiali, cartelli, trusts, holding e investment trust [...]*, cit., nota 4, pp. 52-53.

458 *Ivi*, p. 32.

459 *Ivi*, p. 55. Corsivo nostro.

460 *Cfr*. C. Farquet, *Expertise et négociations fiscales à la Société des Nations (1923-1939)*, in «*Relations internationales*», vol. 142, n. 2, 2010, pp. 5-21: particolarmente, pp. 5-7.

461 M. Pugliese, *L'imposizione delle imprese di carattere internazionale. Società, filiali, cartelli, trusts, holding e investment trust [...]* cit., p. 106.

attorno al *trust* non sorgevano particolari dubbi - «col fatto di appartenere a un trust, le imprese che lo compongono, fondendosi intimamente tra loro, perdono la fisionomia tributaria propria» -, erano, invece, le sue due 'sottospecie', *investment trust* e l'*holding trust*, a rendere il problema più complesso[462]. Così avveniva allo stesso tempo anche per l'altro polo della dicotomia, quello dei cartelli, dove la 'sottospecie' dei c.d. *kartel-bureau* - già, come visto, rilevata da Ferrara - avente una «struttura particolarissima», sembrava minare il *leitmotiv* - vanto del capitalismo di stampo cooperativo tedesco - della assoluta indipendenza delle imprese ad esso partecipanti[463]. Ma al di là di tali questioni concettuali, prendeva avvio una riflessione più ampia, in una sorta di storicizzazione del 'tributario', legata alle necessità, per dirla con Benvenuto Griziotti, Professore di scienza delle finanze e di diritto finanziario prima a Catania e poi a Pavia, di rintracciare - quasi in connessione con il solidarismo giuscommercialista di matrice vivantiana[464] - «un fondo comune di equità e di criteri etici per le varie forme di prestazioni richieste ai singoli per

462 L'*investment trust*, osservava Pugliese, era «un *trust improprio*», perché con esso non si dava corso ad «alcuna fusione d'azienda e perché, anche se, in ipotesi, l'investment trust tiene nel portafoglio l'intero pacco di azioni di una società, esso non esercita alcuna attività né produttiva né di diretto controllo su tale società, essendo i suoi scopi speculativi e non industriali». Si dovevano, allora, differenziare le due parti di cui era formato il reddito dell'*investment trust*, ossia i dividendi delle azioni straniere dalle attività di speculazione. I primi rappresentavano un reddito prodotto all'estero, e il diritto di imposizione su di essi non poteva che spettare allo Stato o agli Stati nei quali il reddito era stato prodotto. Le seconde, invece, essendo frutto di un'«attività economica propria» di natura speculativa («acquisti, rivendite di titoli, riporti, pegni, comodati)». In questo caso, per capire a chi spettasse il diritto di imposizione su queste attività, si doveva operare «come avviene per il reddito di qualunque società», pertanto, il diritto di imposizione non poteva che assurgere in capo allo Stato dove il trust aveva la propria sede. Quanto agli *holding trusts* - aventi uno «scopo conservativo»: le aziende che ne fanno parte «intendono sottrarre i propri titoli alle oscillazioni rovinose e alle speculazioni di borsa, [...] conservando, nella cassa della "holding" la maggioranza della azioni» - gli Stati stranieri avrebbero dovuto tassare i redditi e dividendi delle singole società, mentre «il possesso dei titoli delle medesime da parte di un "holding trust", col relativo godimento dei dividendi», non avrebbe potuto divenire «titolo d'imposizione rinnovata dei redditi, per nessun Stato», M. Pugliese, *L'imposizione delle imprese di carattere internazionale. Società, filiali, cartelli, trusts, holding e investment trust [...]*, cit., pp. 113-119.

463 l'«organismo superiore (il bureau centrale)», «a) esercita una importantissima funzione economica di direzione e coordinamento; b) esercita una diretta influenza sulla distribuzione degli utili fra i membri del cartello, imponendo multe (passività) per gli enti multati) e concedendo sovvenzioni in caso di vendite inferiori ai minimi pattuiti [...]; c) ha propri amministratori i quali ricevano delle «tantièmes» in tale qualità ; d) ha propri impiegati stipendiati e propri salariati; e) ha una propria cassa, formata da contribuzioni comuni e quindi un reddito proprio di carattere capitalistico [...]. Per contro 1) non ha un capitale proprio, ma solo un deposito degli associati; 2) non distribuisce quindi dividendi; 3) non esercita attività di scambio; 4) non assume obbligazioni in proprio, *ivi*, pp. 109-110 e p. 121.

464 *Cfr*. R. Teti, *Imprese, imprenditori e diritto*, in *Storia d'Italia*, *Annali 15*: *L'industria*, (a cura di F. Amatori, D. Bigazzi, R. Giannetti, L. Segreto), Torino, Einaudi, 1999, pp. 1213-1303: pp. 1250-1263.

i bisogni collettivi di ciascuna società»[465]. Per questa ragione, era più che mai urgente riflettere sulla corretta imposizione dei 'sopraredditi monopolistici', per costruire, conseguentemente, «una imposizione veramente razionale degli enti – monopolistici o no – di carattere internazionale», ossia, detto altrimenti, di dare corso a un «sistema di spartizione di imposta unica»[466]. Questo 'sistema', nella visione di Pugliese doveva edificarsi per mezzo di una convenzione internazionale aperta all'adesione di tutti gli Stati, che prevedesse la creazione di una *Corte internazionale fiscale*[467], ma soprattutto l'istituzione di un *registro internazionale fiscale*, il quale avrebbe rappresentato un «sistema di controllo sulle grandi concentrazioni», dotato di una maggiore efficacia rispetto al registro dei sindacati proposto da Oualid ed altri. Nel senso che, se le concentrazioni non avessero voluto svelare il «genere» di legami intercorrenti tra i consociati, avrebbero potuto certamente farlo, ma «l'eventuale maggior peso fiscale» sarebbe stato, in questi casi, supportato dalla «presunzione» di trovarsi innanzi ad «un organismo sostanzialmente unico (o quanto meno, legato da lucrosi patti monopolistici, che si vogliono tenere segreti)», e «dotato, quindi, di maggiore capacità contributiva»[468].

4. Fuori dai reports: una terza convergenza (orizzontale), ossia la cartellizzazione obbligatoria dell'economia come idealità comune per uscire dalla 'Grande depressione'

Alla volta del marzo del '32, l'allora Capo del governo italiano introduceva, con queste parole, la richiesta di approvazione della *Legge 16 giugno 1932, n. 834 (Disposizioni riguardanti la costituzione ed il funzionamento di Consorzi fra esercenti uno stesso ramo di attività economica)*:

> La situazione particolarmente delicata in cui trovasi l'economia del nostro paese, data la profonda e persistente crisi che travaglia l'economia mondiale, ha determinato un movimento abbastanza diffuso, diretto a conseguire il coordinamento e la disciplina delle forze produttive, al fine di attenuare lo squilibrio tra le potenzialità della produzione e la capacità di assorbimento del mercato. Sono indici di questa

465 B. Giriziotti, *Principi di politica, diritto e scienza delle finanze*, Padova, CEDAM, 1929, p. 149.

466 M. Pugliese, *L'imposizione delle imprese di carattere internazionale. Società, filiali, cartelli, trusts, holding e investment trust [...]*, cit., p. 125.

467 Questa avrebbe dovuto «dirimere le controversie [...] sia sui limiti d'applicazione dell'imposizione internazionale rispetto i contribuenti (illegittimità, violazione del protocollo, abuso di potere), e sul merito di essa, sia sulle controversie [sorte] fra i vari Stati rispetto la ripartizione della imposta percetta», *ivi*, pp. 132-133.

468 *Ivi*, p. 133.

tendenza i numerosi Consorzi volontari [...], e ancor più le ripetute ed insistenti richieste che provengono al Governo per invocare la costituzione di Consorzi obbligatori[469].

Così come avvenuto in epoca liberale – quando, con l'emanazione della legge istitutiva del *Consorzio obbligatorio dello zolfo*, si diede corso al primo esperimento europeo di cartellizzazione obbligatoria - l'Italia fu la prima nazione europea a dotarsi di una normativa generale in materia di consorzi obbligatori. La peculiarità di tale normativa, osservava Mussolini, risedeva nel fatto che «gli scopi» dello schema di legge erano «nettamente diversi» da quelli che avevano «ispirato le principali legislazioni straniere». Il riferimento era rivolto espressamente al sistema *antitrust* statunitense e alla *Kartellverordnung* tedesca; è in questa luce che si comprende il nostro precedente intento di richiamare e porre sommariamente in dialogo le due legislazioni. Queste, secondo il Capo del governo, erano nate avendo «per fine precipuo [...] di contrastare o, quanto meno, di infrenare la formazione spontanea delle intese industriali». Il «modello» terzo ideato dall'Italia mirava invece «ad un esame generale del problema», al fine di valorizzare i presunti aspetti positivi del movimento cartellistico, ponendolo così al servizio delle «esigenze dell'economia nazionale»[470]. Anticipiamo qui, per rinviare al prossimo capitolo sia l'analisi di questa normativa sia la discussione sulla sua eventuale ascrizione al sistema corporativo, che i risultati della legge furono in realtà nulli: nessun consorzio obbligatorio fu costituito in applicazione di tale disciplina. Tuttavia, riteniamo che tale insuccesso non debba indurre a relegare nell'ombra l'esperienza italiana. Le differenze rispetto ai contesti in cui la tendenza alla cartellizzazione obbligatoria - o alla legalizzazione di quella volontaria - fu perseguita con maggiore intensità, in particolare Germania e Stati Uniti, attengono essenzialmente al piano quantitativo, ovvero alla misura in cui gli strumenti normativi trovarono effettiva applicazione. Spostando invece l'attenzione sul piano qualitativo, è possibile mettere in luce le specificità e le originalità del modello italiano[471]. Tuttavia, per cogliere pienamente la peculiarità della legislazione italiana, risulta preliminarmente necessario soffermarsi anche sulle

469 Mussolini, *Camera dei deputati: Presentazione del dis. di legge (primo min. Mussolini) 26 marzo 1932*, (doc. 1279), in «Le leggi e i decreti reali secondo l'ordine della inserzione nella Gazzetta Ufficiale. Raccolta completa ed annotata della legislazione italiana», Società editrice del periodico «Il Foro Italiano», Roma, 1932, p. 753.

470 *Ivi*, p. 754.

471 Ideazioni, quelle del sistema italiano, che trovarono l'interesse degli ambienti accademici statunitensi che, alla volta del 1940, accolsero sulle pagine del *Journal of Political Economy* un articolo dell'economista Fausto Pitigliani, dedicato allo sviluppo della questione consortile in Italia, *cfr*. F. R. Pitigliani, *The Development of Italian Cartels Under Fascism*, «Journal of Political Economy», Vol. 48, No. 3 (Jun., 1940), 1940, pp. 375-400. Un approfondimento sul versante delle fonti americane, tanto archivistiche quanto dottrinali, potrebbe forse permettere di dimostrare come le legislazioni italiane del 1932 e del 1937, in materia di consorzi obbligatori e volontari, abbiano suscitato un'attenzione transnazionale ben più significativa di quanto comunemente riconosciuto dalla storiografia contemporanea.

due realtà quantitativamente più rappresentative, incanalando così l'analisi verso uno studio globale dell'esperienza cartellistica obbligatoria. Da tale angolazione è possibile, da un lato, completare il quadro delle tendenze giuridiche in tema di sindacati industriali fin qui ricostruite e, dall'altro, aprire nuove prospettive di analisi sul piano dei rapporti tra quest'ultimi, Stato e spazio internazionale. In particolare, si delinea la possibilità di individuare una terza linea di convergenza, da affiancare a quelle già precedentemente osservate. L'adozione, in diversi ordinamenti, di normative generali in materia di consorzi obbligatori o di piena legalizzazione di quelli volontari non fu il semplice esito di dinamiche tecnico-legislative, ma rispose a una serie complessa di motivazioni, giuridiche, economiche e istituzionali, che meritano di essere, seppur sommariamente, indagate. In tali esperienze si riscontra, con varia intensità, un trasferimento di competenze normative e regolative da organi rappresentativi a strutture amministrative, con l'effetto di ridefinire in profondità l'equilibrio tra iniziativa privata e intervento pubblico. Questo processo, pur differenziandosi da paese a paese, dischiude una matrice comune: la crescente esigenza di integrare le forme spontanee di cooperazione tra imprese all'interno di cornici giuridiche funzionali agli interessi macroeconomici degli Stati.

L'emergere di questa terza convergenza si colloca in netta antitesi rispetto alle idealità «pacificatorie» promosse dalla dottrina internazionalistica, orientata alla creazione di strutture sovranazionali – o al rafforzamento di quelle amministrative nazionali – con l'obiettivo di contenere gli abusi derivanti dalle intese. Il fenomeno della cartellizzazione obbligatoria si configurava, invece, come uno dei costrutti economico-giuridici ereditati dal trauma sistemico della guerra mondiale del 1914-1918. Terminata la parentesi bellica, si poneva con forza la questione di come gestire tale eredità e di quale assetto istituzionale fosse in grado di assorbirne o ridefinirne le funzioni. L'interrogativo risultava particolarmente urgente nella Germania del primo dopoguerra, dove il fenomeno aveva raggiunto dimensioni quantitative imponenti e i cui echi non tardarono ad arrivare anche in Italia[472]. Già alla volta del 1918, il giovane economista liberale, Costantino Bresciani Turroni[473], osservava come la Germania si trovasse divisa tra chi, da una parte, chiedeva di abbandonare l'esperienza del «militarismo economico» che aveva caratterizzato il periodo bellico[474], auspicando, dunque, il ritorno a un regime di piena libertà indu-

472 *Cfr. supra*, nota 220.

473 Per una ricostruzione biografia e scientifica di Bresciani Turroni, si veda L. Costabile, *Bresciani Turroni, Costantino*, in «Il Contributo italiano alla storia del Pensiero - Economia (2012)», (consultabile in https://www.treccani.it/enciclopedia/costantino-bresciani-turro-ni_%28Il-Contributo-italiano-alla-storia-del-Pensiero:-Economia%29/).

474 C. Bresciani Turroni, *La reazione contro il militarismo economico in Germania*, in «Giornale degli Economisti e Rivista di Statistica», 1918, pp. 121-133. Per un approfondimento sulle scelte di politica economica della Germania durante il periodo post-bellico si veda P. Wulf, *Le premesse ideali dell'industria tedesca nella ristrutturazione dell'economica dopo*

striale e chi, dall'altra, riteneva che il sistema economico tedesco dovesse, anche in tempo di pace, proseguire sulla via dell'organizzazione creata da Rathenau in occasione del conflitto mondiale, massimizzando (e strumentalizzando) le sue visioni economiche sulla necessità di dar corpo a un capitalismo organizzato[475]. A prevalere fu, come è noto, questa seconda prospettiva[476], tanto che il Segretariato della Società delle Nazioni, durante gli anni della *'détresse économique'*, osservava, in apertura di uno studio redatto dall'economista tedesco Sigfrid Tschierschky, come le «nouvelles dispositions» della Germania

> visent surtout à surveiller et à influencer la politique des prix fixes par les organisations professionnelles, elles renforcent le contrôle gouvernemental et constituent des interventions importantes dans l'organisation économique privé, en prévoyant, en même temps, la création de nouveaux cartels forces, assujettis au contrôle de le Etat[477].

Nonostante l'intensificarsi di quest'ultimo processo, gli studi della Società delle Nazione, se si fa astrazione di quanto appena riportato e della fuggevole intuizione di Rousiers, lasciarono nell'ombra quanto stava avvenendo in Germania. Ciò era dovuto probabilmente alla mancanza di una comprensione autentica e profonda dei piani tedeschi che, soprattutto dall'instaurazione del *Terzo Reich* in poi, «movevano dall'idea che sarebbe stato più agevole creare un impero autarchico, dissociato dal circuito economico mondiale, anziché integrare la Germania nell'insieme dei piani di lotta comune contro la depressione»[478]. Un progetto, quello appena richia-

la Prima guerra mondiale, in P. Hertner e G. Mori, *La transizione dall'economia di guerra all'economia di pace in Italia e Germania dopo la Prima guerra mondiale*, il Mulino, Bologna, 1981, pp. 181-206.

475 Per un'analisi approfondita delle contraddizioni teoriche e delle implicazioni politiche del concetto di capitalismo organizzato nel pensiero di Rathenau, si veda, M. Cacciari, *Walter Rathenau e il suo ambiente. Con un'antologia di scritti e discorsi politici (1919-1921)*, De Donato, Bari, 1979,

476 Tuttavia, intorno alla direzione assunta dalla politica economica tedesca non mancavano forti perplessità, espresse da esponenti autorevoli della dottrina cartellistica. Ancora negli anni Trenta, mentre il sistema di cartellizzazione obbligatoria si avviava verso una fase di perfezionamento, Richard Lieffmann metteva in guardia contro i rischi connessi alla sua istituzionalizzazione. A suo avviso, lo Stato, «come tutore del diritto e del benessere, deve rimanere al di sopra dell'economia ed operare in essa con efficacia equilibratrice»; al contrario, qualora fosse stato «implicato nei conflitti di interesse» o, peggio, si fosse trasformato esso stesso in «soggetto economico», avrebbe irrimediabilmente compromesso la propria capacità di regolare con imparzialità la vita economica, R. Liefmann, *Cartelli, gruppi e trust [...]*, cit., p. 828.

477 *Note du Secreteriat, N°officiel: E529 (I) (a), Geneve, 20 julliet*, 1932, in S. Tschierschky, *Etude sur le nouveau régime juridique des ententes économiques (cartels, etc.) en Allemagne et en Hongrie, [...]*, cit. p. 2.

478 J. J. Lador-Lederer, *Capitalismo mondiale e cartelli tedeschi tra le due guerre [...]*, cit.,

mato, in antitesi rispetto agli sforzi per realizzare un coordinamento internazionale della questione sindacale, un progetto che era destinato a sfruttare i sindacati industriali per riaffermare l'imperio della sovranità nazionale tedesca nello spazio internazionale, spogliando quest'ultimo delle sue potenzialità politico-decisionali in materia economica, per declassarlo, così, a mera piattaforma economica sulla quale imporre le proprie linee di politica economica. In questa nuova visione, l'istituto del cartello perdeva la propria caratteristica che tante tensioni aveva generato nei rapporti con lo Stato, ossia quella di rappresentare una «deroga alla pretesa degli Stati a una sovranità illimitata», perdeva, in altre parole, il suo carattere di 'resistenza' alle teorie economico-nazionalistiche del dopoguerra, veniva, insomma, fagocitato dallo Stato, divenendone espressione della sua riaffermata sovranità. È per questo che la giuridificazione internazionale fallì; essa subì una manovra a tenaglia, dove una morsa - come si è visto - aveva la forma dell'ostruzionismo opposto dai sindacati volontari ad ogni tentativo di essere sottoposti a forme di controllo, mentre l'altra era rappresentata dalla volontà, via a via sempre più intensa, di assorbire i cartelli all'interno dei processi d'affermazione delle sovranità statali. Tuttavia, non si deve essere portati a ritenere che questo processo si sia imposto, come potrebbe apparire stando alle pagine di Bresciani Turroni, nonostante l'ostilità dei vertici della classe imprenditoriale. Infatti, come ricostruisce Lador-Lederer

> non avendo di mira che i loro interessi egoistici e non conoscendo la vera portata delle armi economiche di cui credevano di sapersi servire [...], i grandi industriali e uomini d'affari tedeschi giocarono, [...] un ruolo doppiamente nefasto: nefasto per il regime capitalistico, di cui essi precipitarono la crisi, e nefasto per la pace nel mondo[479].

---

p. 5. «Lo scopo era di [...] stabilire [...] un sistema di produzione (e, quindi, un sistema di equilibrio di prezzi) basato non più sul principio della divisione internazionale del lavoro, bensì sull'equilibrio della bilancia dei pagamenti. [...] gli economisti tedeschi avevano [...] deciso di non partecipare a un sistema secondo il quale anche in Germania i costi di produzione sarebbero dovuti dipendere dalle fluttuazioni del mercato mondiale e che avrebbe costretto la Germania a adattarne le condizioni di produzione. Sapendo che il risanamento della loro economia avrebbe richiesto gravi sacrifici, gli uomini politici tedeschi erano stati d'avviso che i sacrifici dovevano servire non già a ripagare gli enormi crediti ottenuti, ma consolidare l'economia interna del paese. [...] la decisione presa dagli economisti tedeschi aveva dietro di sé una solida preparazione e prevedeva anche che il lato negativo fosse completato da un'azione positiva: azione che, in un mondo di logica a rovescio, doveva consistere nell'economia di guerra. Poiché anche, e soprattutto, in Germania, la crisi era crisi di sovraproduzione, essa sfociò nel problema di trovare possibilità di impiego per le officine inattive da anni, senza che tuttavia la massa dei prodotti avesse a inondare i mercati. La sola soluzione accettabile fu quella di tesaurizzare la produzione sotto forma di riarmo [...]. Solo a queste condizioni la politica economica, assistita da un'ampia libertà di manovra sui mercati internazionali per mezzo delle intese di cartello e del dumping, poteva essere in grado di assicurare sufficiente stabilità dei prezzi domestici», *ivi*, p. 211.

479 *Ibidem*.

È tenendo fermo questo punto che si deve osservare l'avvicendamento delle legislazioni tedesche sui cartelli nel periodo successivo al 1923 e nelle quali il passaggio dall'ideale di una sorveglianza 'dialogante' sui cartelli alla fagocitazione degli stessi nella politica economica di Stato può rinvenirsi nel decreto-legge del 1° dicembre 1930, conosciuto a livello internazionale come il decreto *Pour la sauvegarde de l'économie et des finances national*. Con tale provvedimento emergenziale si dava la possibilità allo Stato di creare consorzi obbligatori nei settori «de *l'industries et de l'exploitation de denrées agricoles*, à savoir de *transformation du sucre* et des *pommes de terre* (fécule et farine de pomme de terre) et de la *laiterie* (préparation et transformation»), sul modello di quelli creati alla volta del 1919 e del 1930 nei settori dell'industria del carbone, della potassa e dell'alluminio. Ai sensi dell'1°comma dell'art. 7, le imprese del settore erano obbligate («doivent former») a prendere parte a queste intese e, in esecuzione del decreto, il primo cartello obbligatorio ad essere costituito in quel settore fu l'*Union économique de l'industrie sucrière*[480]. Ci si indirizzava, con questi provvedimenti, da un regime costituito, sino al 1930, da «règles exceptionnelles de droit public»[481], verso un «capitalismo monopolistico totalitario»[482], che vide il suo trionfo attraverso le leggi del 15 luglio 1933 *(Gesetz über Änderung der Kartell-Verordnung e Gesetz über Errichtung von Zwangskartellen)*. Con la seconda legge, veniva attribuito al Ministro federale dell'Economia

480 Il suo statuto poneva finalità economiche ambiziose: «Aux termes l'article 3 de des statuts, cette Union a pour objet, «en égard aux conventions conclues avec d'autres pays producteurs de sucre, et tout en assurant la satisfaction des besoins nationaux, en développant la consommation intérieure et en tenant compte des possibilités d'exportation, de régler l'économie sucrière allemande de manière à assurer à l'industrie de la betterave une mise en valeur suffisante de sa production dans les limites du prix que la réglementation douanière permet d'obtenir pour le sucre». Ma ad essere di interesse per queste pagine è il combinato disposto degli articoli del decreto con quelli dello statuto e dai quali derivava: a) che le imprese «récalcitrantes» potevano essere obbligate - anche per il tramite del 'ricatto' della prigione o dell'ammenda (art 10 del decreto) - ad aderire al cartello obbligatorio anche in violazione delle norme previste nei loro statuti (art. 8 comma 2° del decreto); b) che il Ministro dei Rifornimenti e dell'Agricoltura risultava titolare di un penetrante controllo sull'organizzazione del cartello, sulla ripartizione delle quote di mercato e sulla politica dei prezzi (art. 7, 8, 9 dello statuto), S. Tschierschky, *Etude sur le nouveau régime juridique des ententes économiques (cartels, etc.) en Allemagne et en Hongrie, [...]*, cit. p. 20.

481 H. Decugis, R. E. Olds, S. Tschierschky, *Etude sur le régime juridique des ententes industrielles,* Publications de la Société de las Nations, Genève, 1930, p. 26. Ci appare sintomatico di questa progressione verso la cartellizzazione obbligatoria il fatto che il primo studio confezionato dagli esperti della Società delle Nazioni, quello del 1927, sulle varie legislazioni nazionali in materia di *trusts* e cartelli, non cennasse minimamente alle norme eccezionali di diritto pubblico del 1919, *cfr*. C. Lammers, *La législation sur les cartels et les trusts [...]*, pp. 22-25.

482 F. Neumann, *Behemot. Struttura e pratica del nazionalsocialismo*, Milano, Mondadori, 1999, p. 294 (ed. orig. *Behemoth. The Structure and Practice of National Socialism*, New York, Oxford University Press, 1942).

un potere generale che gli consentiva di istituire cartelli obbligatori, obbligare le imprese esterne ad aderire a quelli già esistenti, vietare la creazione di nuove imprese, impedire l'ampliamento delle dimensioni o delle capacità produttive di quelle esistenti e regolare direttamente il volume della loro produzione. Parallelamente, la prima legge del 15 luglio 1933 *(Gesetz über Änderung der Kartell-Verordnung)* interveniva in modo significativo sulla legislazione del 1923, modificando anzitutto il § 9 della Kartell-Verordnung. Il legislatore nazionalsocialista ridefiniva il concetto di «restrizione ingiustificata» della libertà economica, legittimando l'uso di strumenti coercitivi da parte dei cartelli – come boicottaggi e sanzioni – nei confronti delle imprese giudicate «inaffidabili». Secondo la nuova formulazione, non si configurava alcuna lesione della libertà economica quando l'impresa era gestita da soggetti privi della necessaria affidabilità *(Zuverlässigkeit)* nei rapporti economici, e in particolare quando l'offerta di beni o servizi avveniva a prezzi ritenuti economicamente ingiustificati, tenuto conto non solo degli interessi dell'impresa stessa, ma anche dell'interesse pubblico e dell'equilibrio complessivo dell'economia nazionale. Questa disposizione, solo in apparenza tecnica, rappresentava in realtà uno strumento di selezione ideologica e politica, volto a mascherare sotto criteri economici (quali l'affidabilità gestionale o la razionalità dei prezzi) una più profonda logica autoritaria e centralizzata di controllo dell'economia. Si trattava di un tipico meccanismo del nazionalsocialismo tedesco, che riconosceva formalmente l'iniziativa privata ma la subordinava integralmente agli obiettivi dello Stato, sostituendo al libero mercato un modello di organizzazione economica rigidamente gerarchizzata, in cui la sopravvivenza dell'impresa dipendeva dalla sua aderenza a parametri imposti dall'alto. In tale contesto, la norma sul § 9 fungeva da dispositivo normativo per legittimare l'esclusione selettiva degli operatori economici ritenuti «inadatti» al progetto nazionalsocialista, inserendosi pienamente nella strategia di concentrazione produttiva e disciplinamento della produzione. A questa logica rispondeva anche la modifica del § 4, comma 1, con cui la legge del 1933 attribuiva per la prima volta direttamente al Ministro dell'Economia il potere di «dichiarare nullo un contratto di cartello o di vietarne una determinata modalità di esecuzione», qualora fossero messi in pericolo la vita economica complessiva della nazione *(Gesamtwirtschaft)* o l'interesse pubblico *(Gemeinwohl)*. Si trattava di un ampliamento significativo delle prerogative ministeriali, che fino ad allora si limitavano alla facoltà di sollecitare un intervento del Tribunale dei cartelli. Con la riforma del 1933, invece, si introduceva un meccanismo amministrativo diretto e immediato, perfettamente coerente con la più generale logica autoritaria e accentratrice del nuovo ordinamento economico in fase di edificazione[483]. Va però segnalato, che il provvedimento del '33 - così come

483 *Cfr.* W. C. KESSLER, *The new german certel legislation: July 15, 1933, in* «The American Economic Review», Vol. 24, No. 3, September 1934, pp. 477-482; P. C. NEWMAN, *Key German Cartels Under the Nazi Regime*, in «*The Quarterly Journal of Economics*», Volume

la legge italiana sui consorzi obbligatori del 1932 - deve essere ricondotta, per coglierne appieno il significato, anche nell'alveo degli strumenti di politica economica per cercare di uscire dalla crisi del '29. Infatti, il comunicato stampa ufficiale che accompagna l'approvazione della legge giustificava con queste parole l'adozione del provvedimento in parola:

> La grave depressione che incombe sull'economia tedesca ha colpito più severamente quei settori dell'industria con una possibilità produttiva largamente eccedente le attuali possibilità di assorbimento del mercato. L'intensificazione della concorrenza e il basso livello dei prezzi che ne risultano [...] hanno reso più vicina la minaccia della rovina di imprese importanti per la nostra economia nazionale[484].

La formazione di consorzi obbligatori, come si è già avuto modo di ricordare - ma non è superfluo insistervi - non costituiva, in sé, una novità assoluta. Ciò che invece segnava una profonda discontinuità rispetto all'ordinamento liberale era la mutazione del quadro giuridico di riferimento, che si articolava su più piani: da un lato, il passaggio da un regime di eccezione a una disciplina di carattere sistemico e permanente; dall'altro, la progressiva esautorazione del circuito parlamentare, sostituito da un potere esecutivo investito di una discrezionalità ampia e incontestata nella decisione di istituire – o meno – tali strutture associative obbligatorie. Si trattava, in ultima analisi, non di una mera evoluzione normativa, ma del riflesso giuridico di un più ampio disegno politico, volto a ricondurre l'intera vita economica entro i binari di una razionalità autoritaria, nella quale la libertà contrattuale e l'autonomia dell'iniziativa privata erano tollerate solo nella misura in cui si rendevano funzionali alla volontà ordinatrice dello Stato. Questa evoluzione legislativa determinava inoltre una significativa compressione dei principi di libertà contrattuale e di proprietà privata: le imprese erano infatti obbligate ad aderire a cartelli imposti per legge, perdendo ogni autonomia nella definizione dei propri rapporti negoziali, e subivano restrizioni sostanziali nell'uso dei propri mezzi produttivi, attraverso limiti legali all'ampliamento, alla produzione e agli investimenti.

Fu certamente la Germania il luogo in cui la soluzione «anticrisi» della cartellizzazione obbligatoria venne perseguita con maggiore coerenza e determinazione. Ma il fascino di questa via di governo dell'economia non rimase circoscritto al solo contesto tedesco. Anche altri ordinamenti ne furono, in varia misura, attratti. Tra questi, come si è già avuto modo di cennare, vi fu l'Italia. Ma l'interesse per la forma organizzata e regolata del consorzio si fece strada persino in paesi che, per tradizione e ideologia, avevano guardato con sospetto - se non con ostilità - a ipotesi di coordinamento collettivo dell'iniziativa economica privata. È questo il caso emblematico degli Stati Uniti,

---

62, Issue 4, August 1948, pp. 576–595; NEUMANN, *Behemot. Struttura e pratica del nazionalsocialismo [...]*, cit. p. 294.

484 *Ivi*, p. 294.

dove tale tendenza, pur declinandosi in forme peculiari, affiora in controluce nell'intricata e complessa esperienza del *New Deal*. Naturalmente, non rientra nei confini della presente indagine la pretesa di ricostruire in modo esaustivo l'architettura istituzionale e normativa del progetto rooseveltiano[485]. Ciò che preme, piuttosto, è richiamare l'attenzione sul significativo mutamento nei rapporti tra Stato e sistema *antitrust*, entro cui si può cogliere una legalizzazione progressiva delle forme di coordinamento volontario tra imprese, accompagnata dall'emergere di spinte più decise verso modelli di concentrazione coattiva dell'iniziativa economica privata. Tra le normative che gradualmente aumentarono i casi di deroga alla disciplina *antitrust*[486], il più eclatante è rappresentato dell'*Export Trade Act*, approvato alla volta del 1918, e con il quale si consentiva alle industrie statunitensi di «sottoscrivere accordi di fissazioni di prezzi o divisioni dei mercati, a condizione che tali accordi non [avessero] effetti negativi sul mercato interno», in sostanza, si permetteva la creazione di cartelli d'esportazione e, agli stessi, di andare esenti alle discipline *antitrust* e alle loro sanzioni[487]. Gli studi comparatistici alla Lambert,

---

485 Ci appare tuttavia doveroso indicare alcune letture utili ad orientarsi – in particolare nel confronto con altre esperienze nazionali – nella complessa vicenda statunitense. Per una visione di respiro globale si veda K. K. Patel, *New Deal. Una storia globale*, Torino, Einaudi, 2018. Sulla comparazione tra i modelli americani ed europei si veda W. Schivelbusch, *Tre New Deal. Parallelismi fra gli Stati Uniti di Roosevelt, l'Italia di Mussolini e la Germania di Hitler. 1933-1939*, Milano, Tropea, 2008. Per il nodo storiografico dei rapporti tra *New Deal* e corporativismo fascista, F. Catalano, *New Deal e Corporativismo fascista di fronte alle conseguenze della «grande crisi». Discussioni storiografiche*, in «Il Movimento di Liberazione in Italia», n. 2, 1967, pp. 3-34. Un riferimento particolarmente fecondo, per il percorso di riflessione che qui si propone, è rappresentato dall'opera di W. Hawley, *Il New Deal e il problema del Monopolio. Lo Stato e l'articolazione degli interessi nell'America di Roosevelt*, Bari, De Donato, 1981, che consente di cogliere come, nell'America rooseveltiana, il tradizionale impianto della disciplina concorrenziale sia stato riformulato – se non addirittura sospeso – in nome di una razionalizzazione dell'economia fondata su nuove forme di coordinamento, concentrazione e regolazione pubblica. In una sintesi particolarmente efficace, Hawley annota come il *NIRA* fosse «in realtà il prodotto di tendenze, obiettivi ed ideali profondamente radicati nella storia americana. [...]. C'era in primo luogo la visione di una società organica dominata dal *business*, di un ordine produttivo razionale e cartellizzato in cui gli industriali avrebbero pianificato e diretto l'economia, i profitti avrebbero dovuto essere sicuri ed il governo avrebbe dovuto provvedere ai 'truffatori' recalcitranti. C'era in secondo luogo l'ideale di una democrazia cooperativa [...] un sistema nel quale i gruppi economici organizzati si sono uniti nello sforzo di pianificare le loro attività, razionalizzare il loro comportamento, raggiungere la felicità per tutti. In terzo luogo, c'era l'ideale concorrenziale, la vecchia visione di una economia atomistica nel quale le decisioni fondamentali erano prese in un mercato impersonale ed il perseguire interessato privato produceva il massimo beneficio per la società» (*ivi*, p.22).

486 Per un loro elenco si veda G. Bernini, *La tutela della libera concorrenza e i monopoli (studio di dritto comparato). «Common law» e legislazione «antitrust» statunitense [...]*, cit., pp. 281-290.

487 M.M. Delfino, *Concorrenza (in Diritto americano)*, in «*Digesto delle discipline privatistiche: Sezione commerciale*», Vol. 3, UTET, Torino, 1988, p. 356. Sul tema la letteratura risulta particolarmente avara, ma per un'analisi critica delle disposizioni contenute in quella legge si veda il *report* commissionato dalla *Federal Trade Commission* allo *Chief* della sua *Export*

piuttosto che il filone dei *report* internazionali, rilevano questa graduale compressione. In un'opera, 'raccolta' da un grande maestro del diritto commerciale quale fu Tullio Ascarelli, ossia *La disciplina della concorrenza negli Stati Uniti d'America* del 1937, Giovanni Fontana coglieva la torsione significativa nella finalità storica della disciplina della concorrenza in atto negli Stati Uniti: «non più la protezione di diritti individuali, come nella *common law*, né la tutela del principio della concorrenza come nelle leggi *antitrust*, ma la protezione della produzione e del commercio, indipendentemente o in contrasto col principio di concorrenza individuale»[488]. In questo percorso di progressiva compressione della disciplina *antitrust*, la *section 5(a)* del *NIRA* rappresenta un punto di svolta non secondario: una sospensione formale del quadro normativo vigente, che per estensione applicativa e implicazioni sistemiche, sfiorava i contorni di una vera e propria abrogazione di fatto:

> While this title is in effect (or in the case of a license, while Section 4 (a) is in effect) and for sixty days thereafter, any code, agreement, or license approved, prescribed, or issued and in effect under this title, and any action complying with the provisions thereof taken during such period, shall be exempt from the provisions of the anti-trust laws of the United States.

Gli albori di questo processo risalivano al momento in cui la *Federal Trade Commission* inaugurò la prassi di indire delle *trade practice conferences* con l'obiettivo di svincolare la disciplina della concorrenza dal potere giudiziario, per affidarla al dialogo tra organo amministrativo - la *FTC* - e le categorie produttive. Nascevano da questo dialogo tra amministrazione e industria i c.d. *codes of ethics*, le cui norme ivi contenute, una volta approvate dalla Commissione, sarebbero divenute obbligatorie per tutta la categoria. La necessità di valutare se una condotta fosse o meno sleale veniva meno: era sufficiente la violazione del codice per legittimare l'intervento della *Federal Trade Commission*, che poteva constatare l'infrazione ed emettere direttamente un ordine di *cease and desist*. Il modello che, prendendo forma a partire dal 1919, aveva condotto, entro il 1933, all'elaborazione e all'adozione di codici in seno a circa centocinquanta industrie, imponeva ormai la necessità di una «sistemazione legislativa»[489]. Tale sistemazione giunse, non a caso, proprio nello stesso anno,

---

Trade Section of Legal Divison, E. L. Love, *Pratice and Procedure under the Export Trade Act (Webb-Pomerene Law)*, Washington, 1935.

488 G. Fontana, *La disciplina della concorrenza negli Stati Uniti d'America (Saggi di Diritto commerciali raccolti dal Prof. Tullio Ascarelli)*, Giuffrè, Milano, 1937. La monografia venne anticipata da una serie di scritti minori sul tema: Id., *I codici Roosevelt di leale concorrenza*, in «Rivista di Politica Economica», Vol. 1, 1935, pp. 295-319 e pp. 409-424; Id. *La concorrenza sleale negli Stati Uniti d'America*, in *Studi in onore di R. Della Volta*, Firenze, Casa editrice poligrafica universitaria, 1936.

489 G. Fontana, *La disciplina della concorrenza negli Stati Uniti d'America [...]*, cit.; p.52.

attraverso l'approvazione del *NIRA*, segnando così un momento di svolta nell'istituzionalizzazione del modello stesso. Tuttavia, i nuovi codici - che presero eufemisticamente il nome di *codes of fair competition* - assumevano, all'interno della complessa galassia planista[490], una funzione specifica, soprattutto nella lettura proposta dai planisti di destra. Questa corrente che, attraverso la figura dell'*administrator* della *NRA* Hugh Johnson (anche dopo le sue dimissioni), prese le redini del compromesso rooseveltiano durante l'intero periodo noto come *early New Deal*[491], interpretava i codici come l'attuazione concreta del cosiddetto piano Swope[492]. Presentato nel 1931 da Gerard Swope, presidente della General Electric, questo progetto prevedeva la costruzione di un'economia «coordinata» sul modello cartellistico europeo (e in particolare tedesco). Non a caso, il presidente Herbert Hoover - respingendo la proposta - non esitò a definirla «la più gigantesca proposta di monopolio mai fatta nella storia»[493]. L'interesse dei *business men* americani per una cartellizzazione sul modello europeo era dato oltre che dalla convinzione che le intese avrebbero permesso di stabilizzare i diversi settori produttivi, anche dalla circostanza che i *kartel-bureau* (e non dunque i semplici cartelli), a differenza dei *trusts*, rendevano possibile, come si è visto, di mantenere intatta l'indipendenza delle singole imprese che vi aderivano, rendendo allo stesso tempo possibile la creazione di un organo di direzione del cartello, capace determinare la politica della produzione e dei prezzi nei diversi settori industriali[494]. Del

490 Infatti, l'articolazione ideologica che caratterizzava il dibattito sull'intervento statale nell'economia durante il New Deal si distribuiva lungo un asse politico che andava dai sostenitori di un forte dirigismo statale fino ai fautori di un autogoverno imprenditoriale. Sull'estremo sinistro dello spettro si collocavano i planisti, i quali auspicavano il trasferimento del potere decisionale dagli imprenditori allo Stato o ad organismi esterni al mondo degli affari; al centro si trovavano coloro che proponevano forme di cooperazione tra governo e industria; mentre a destra si raccoglievano le esperienze dell'economia bellica e dell'associazionismo imprenditoriale degli anni Venti, convinte che «la maggior parte delle decisioni dovrebbero essere affidate a leaders illuminati del mondo degli affari, operanti attraverso organizzazioni di autogoverno industriali», E.W. HAWLEY, *Il New Deal e il problema del Monopolio. Lo Stato e l'articolazione degli interessi nell'America di Roosevelt [...]*, p. 22.

491 Per una ricostruzione di questo periodo si veda per quanto riguarda la nostra prospettiva - la compressione delle normative *antitrust* - R. J. R. PERITZ, *Competition Policy in America: History, Rhetoric, Law*, Oxford, Oxford University Press, 2001, pp. 114-140.

492 *Cfr.*, G. SWOPE, *The Swope Plain. Details, Criticism, Analysis*, New York, 1931.

493 E.W. HAWLEY, *Il New Deal e il problema del Monopolio. Lo Stato e l'articolazione degli interessi nell'America di Roosevelt [...]*, cit., p. 42.

494 Così sintetizzava Lorwin il cuore del piano Swope: «esso presuppone la modificazioni delle leggi contro i *trusts*, che, come già si è detto hanno lo scopo di impedire le unioni. Pubblicato il piano Swope, un gran numero di uomini di affari si fecero avanti con vari progetti di carattere simile [...]. Tutti questi progetti rivelano una tendenza verso un capitalismo organizzato, che manterrebbe i tratti essenziali della proprietà privata e del profitto privato con una direzione collettiva degli affari da parte degli uomini di affari stessi», L. L.

processo in atto dava una lucida testimonianza l'economista Francesco Vito:

> l'atteggiamento dello Stato moderno nei confronti delle intese monopolistiche è radicalmente mutato. Non vi è ormai un sol paese al mondo che le proibisca. Dappertutto esse hanno acquistato per così dire pieno diritto di cittadinanza [...]. Perfino negli Stati Uniti [...] gli ultimi anni hanno visto una vasta fioritura di accordi monopolistici, sorti con l'appoggio dello Stato (per mezzo dei così detti «codici di leale concorrenza» introdotti dal New Deal Rooseveltiano)[495].

Il *NIRA*, infatti, riconosceva al Presidente non solo la possibilità di 'legalizzare' i *voluntary codes* (ossia cartelli volontari) ma anche di imporre *motu propriu*, ai sensi della *section 3 (d)*, la costituzione di *compulsory code*, ossia dei veri e propri cartelli obbligatori[496]. Questo potere di riconoscimento della cartellizzazione volontaria e imposizione di quella obbligatoria, considerato unitariamente, prescindeva dal controllo parlamentare, dotando il governo di un potere di direzione sull'economico in accordo con il capitale[497]. Si comprende, nel quadro fin qui tracciato, come l'in-

---

LORWIN, *Piani economici negli Stati Uniti* in AA. VV, *L'economia programmatica*, Firenze, Sansoni, 1933, p. 111. Quando l'ideale dell'idea associativa, di una sintesi tra capitale e lavoro attraverso l'egida delle Stato iniziò a declinare, Gerad Swope «suggerì che sarebbe stato meglio sostituire la *NRA* con una *National Chamber of Commerce and Industry*, che avrebbe assunto il compito di sorvegliare gli organi di governo dei codici ed assicurare il consenso», E.W. HAWLEY, *Il New Deal e il problema del Monopolio. Lo Stato e l'articolazione degli interessi nell'America di Roosevelt [...]*, cit., p. 71.

495 F. VITO, *I sindacati industriali (Consorzi e gruppi)*, Giuffrè, Milano, Terza ed. rifatta, 1939, p. 172.

496 *Section 3, (d)*: «Upon his own motion, or if complaint is made to the President that abuses inimical to the public interest and contrary to the policy herein declared are prevalent in any trade or industry or subdivision thereof, and if no code of fair competition therefor has theretofore been approved by the President, the President, after such public notice and hearing as he shall specify, may prescribe and approve a code of fair competition for such trade or industry or subdivision thereof, which shall have the same effect as a code of fair competition approved by the President under subdivision (a) of this section».

497 Fu proprio questo uno dei motivi per cui la Corte Suprema dichiarò alla volta del 27 maggio 1935 l'incostituzionalità del *N.I.R.A.*, essa sottolineava come i codici Roosevelt fossero a tutti gli effetti «"codici di legge"» e che per tanto «"il Congresso non può delegare al Presidente l'esercizio di un potere senza vincoli per creare tutte quelle leggi che egli crede possano essere necessarie o consigliabili per la riabilitazione o l'espansione del commercio e dell'industria"», cit. in G. FONTANA, *La concorrenza sleale negli Stati Uniti d'America [...]*, cit. p. 228, per un approfondimento sul problema dell'assenza di limiti nella delega legislativa fatta al Presidente si veda *ivi*, pp. 228-232, nonché per un approfondimento sui profili di incostituzionalità del *N.I.R.A.* prima della sentenza si veda diffusamente M. F. GALLAGHER, *Government Rules Industry. A Study of NRA*, New York, Oxford University Press, 1934; inoltre, AA. VV., *Some Legal Aspects of the National Industrial Recovery Act*, in «Harvard Law Review», Vol. 47, No. 1(November, 1933), 1933, pp. 85-125 e, per quanto riguarda il potere di delega, si veda F. R. BLACK, *N.I.R.A. and the delegation of legislative power to the President*, «Coronel Law Quarterly», n. 19, 1934, pp. 389-398.

tervento pubblico dovesse avere un ruolo propulsivo nell'attivazione di dinamiche di auto-coordinamento settoriale, orientate verso un controllo centralizzato, ad esempio, delle quantità prodotte e dei livelli di prezzo[498], fino a determinare l'imposizione di decisioni collettive alle minoranze imprenditoriale non allineate[499].

498 Sulla funzione effettiva dei *codes of fair competition* nel promuovere pratiche di coordinamento settoriale si veda, B. ALEXANDER, *The Impact of the National Industrial Recovery Act on Cartel Formation and Maintenance Costs*, in «The Review of Economics and Statistics», vol. 76, n. 2, 1994, pp. 245–254; J. E. TAYLOR, P. G. KLEIN, *An Anatomy of a Cartel: The NIRA and the Compliance Crisis of 1934*, in «Research in Economic History», n. 26, 2008, pp. 235-271; M. KREPPS, *Another Look at the Impact of the NIRA on Cartel Formation and Maintenance Costs*, in «The Review of Economics and Statistics», vol. 79, n. 1, 1997, pp. 151-154.

499 Come argomentava Charles R. Stevenson, una delle voci più rappresentative del planismo di destra «[n]on solo bisogna dare al mondo imprenditoriale il diritto di stabilire accordi al suo interno e di dirigere i vari settori produttivi come una sola impresa [...] ma la maggioranza di un settore deve avere il diritto di imporre le proprie decisioni sulla minoranza», cit. in E. W. HAWLEY, *Il New Deal e il problema del Monopolio. Lo Stato e l'articolazione degli interessi nell'America di Roosevelt [...]*, cit., p. 43. Così, «la NRA mostrò una forte tendenza non solo a dare agli imprenditori ciò che essi volevano, ma anche a giustificare tutto ciò con la formalizzazione di una linea politica. Uomini che esprimevano il punto di vista imprenditoriale dominavano il NRA's Policy Board, [...]. Furono sostanzialmente questi uomini gli artefici [...] di altre prese di posizione formali, nelle quali sembravano sposare la linea delle segreterie delle associazioni imprenditoriali e dei planisti filo-imprenditoriali, accettare l'idea dell "autogoverno industriale" e permettere in una misura notevole la cartellizzazione dell'economia», *ivi*, p. 61.

CAPITOLO IV

OLTRE LA TOLLERANZA: I CONSORZI NEI REGIMI AUTORITARI DI ITALIA E SPAGNA

SOMMARIO: 1. *Reports* (parzialmente) fuori fase: Italia e Spagna come *«payes où le cartels et les trusts son subits au droit commun»*. - 1.1. La convergenza spezzata, ossia la legislazione sui consorzi obbligatori del '32: il riflesso di un 'corporativismo moderato'. - 1.2. La 'rielaborazione' post-legislativa del 'corporativismo progressivo': il tentativo di superare l'idiosincrasia tra corporazione e consorzio. - 1.3. Due (in)successi del corporativismo progressivo. - 2. Il consorzio tra lacune legislative e rielaborazione concettuale: un laboratorio teorico per scienze economiche e giuridiche. - 2.1. Un contratto per gli industriali: dottrina e giurisprudenza nella 'archiviazione' del *«domma della libera concorrenza»*. - 2.2. Un altro fronte comune di lavoro per giuristi ed economisti: l'irrisolto problema dell'idiosincrasia tra corporazione e consorzio. - 3. Il consorzialismo nella Spagna di Primo de Rivera: un ingranaggio di una politica economia frenetica. - 4. Riflessi italiani nell'«Orden Nuevo»: il tentativo di costruire la compatibilità tra *Sindicatos Verticales* e consorzi volontari. - 4.1. L'incompatibilità 'necessaria': lo specchio di una visione dirigistica totale.

1. Reports (parzialmente) fuori fase: Italia e Spagna come «payes où le cartels et les trusts son subits au droit commun»

Alla volta del 1930, l'internazionalistica collocava nella *Tableau synoptique de la législation concernant les cartels et les trust* l'Italia e la Spagna, insieme a Gran Bretagna, Belgio Francia, Svizzera, Olanda, Polonia e Ungheria, tra quei paesi dove le problematiche legate ai cartelli e ai *trusts* venivano risolte per il tramite dei principi di '*droit commun*'[500]. In particolare, si segnalava come

500 L'altro polo della tavola sinottica comprendeva quei «pays ayant établi une réglementation particulière des cartels et des trusts», tra i quali rientravano Germania, Norvegia, Stati Uniti, Argentina, Austria, Ungheria, Australia, Canada e Nuova Zelanda, H. Decugis, R. E. Olds, S. Tschierschky, *Etude sur le régime juridique des ententes industrielles [...]*, cit., pp. 19-20.

nella penisola italiana trovassero riconoscimento: l'«annulation judiciaire des conventions illicite»[501] e, sul punto, venivano richiamate le sentenze napoletane e la giurisprudenza torinese del 1908[502], insieme alla «répression pénale du délit d'altération des prix des atteintes à la liberté du commerce et de l'industrie par violence ou menaces» e alla «surveillance administrative de l'activité économique»[503]. Tali osservazioni non erano che l'eco, sebbene attenuato e parziale, delle determinazioni maturate nel corso del periodo liberale, di cui costituivano un riflesso incompleto e, per certi versi, distorto. Infatti, per l'internazionalistica la sorveglianza amministrativa italiana si esauriva nelle norme della «loi sur l'émigration»[504], senza riservare alcun richiamo allo spostamento d'asse dall'*entente libre à l'entente imposée*. Si ometteva così di considerare - persino a livello di semplice richiamo - episodi significativi come l'istituzione del *Consorzio obbligatorio dello Zolfo*, della *Camera Agrumaria*, nonché l'originale processo di cartellizzazione coattiva che prese forma nel settore dei residuati bellici immediatamente dopo la conclusione del primo conflitto mondiale[505]. Parimenti, venivano trascurati i consorzi obbligatori creati o confermati negli anni terminali del regime liberale[506], la

501 *Ivi*, p. 21

502 *ITALIE* (*Etude presentè par M. R. DECUGIS)*, in H. Decugis, R. E. Olds, S. Tschierschky, *Etude sur le régime juridique des ententes industrielles [...]*, cit., p. 77.

503 H. Decugis, R. E. Olds, S. Tschierschky, *Etude sur le régime juridique des ententes industrielles [...]*, cit., p. 21.

504 *ITALIE (Etude presentè par M. R. DECUGIS)*, in H. Decugis, R. E. Olds, S. Tschierschky, *Etude sur le régime juridique des ententes industrielles [...]*, cit., p. 78.

505 In questo settore, il percorso intrapreso dal legislatore italiano si configurò, per taluni aspetti, antitetico rispetto all'evoluzione coeva del modello tedesco. In luogo di un'accentuazione dell'intervento statale in chiave concentrativa, come avveniva oltre Reno, si assistette, in Italia, a un impiego dei consorzi quale strumento di progressiva dismissione dell'apparato produttivo costruito in funzione bellica, orientato a un graduale ripristino delle logiche di mercato. In particolare, «il progetto iniziale prevedeva la cessione dei materiali ad un grande consorzio di imprenditori, cui avrebbero dovuto partecipare anche le maggiori banche, e che avrebbe assicurato allo Stato una forte cointeressenza sugli utili di gestione». Tuttavia, a tale disegno unitario venne infine preferita una soluzione frammentata: la costituzione di quindici consorzi distinti, ciascuno corrispondente a una determinata categoria merceologica. La peculiare - e, sotto il profilo della tutela dell'interesse economico pubblico, strutturalmente ambigua - conformazione di tali organismi risiedeva nel fatto che essi costituivano veri e propri «enti di creazione statale dove i consorziati erano essenzialmente operatori interessati all'acquisto dei materiali avuti in gestione, e i cui interessi di acquirenti, pertanto, entravano in collisione con quelli dello Stato», A. Carparelli, *Uomini, idee, iniziative per una politica di riconversione industriale in Italia*, in P. Hertner e G. Mori, *La transizione dall'economia di guerra all'economia di pace in Italia e Germania dopo la Prima guerra mondiale [...]*, cit., pp. 235-236.

506 Si consideri, a titolo esemplificativo, ad esempio, il *Decreto Luogotenenziale del 24 gennaio 1918, n. 284,* che dava «facoltà al Commissario generale dei combustibili di rendere obbligatoria la costituzione di consorzi fra esercenti miniere limitrofe oppure l'unificazione delle gestioni, l'uso in comune dei mezzi d'impianto, di trasporto, ecc.», F. Vassalli, *Della*

cui persistenza e implementazione nei primi anni del fascismo attestano, per contro, una linea di continuità e di progressiva istituzionalizzazione di pratiche economico-amministrative fondate sull'intervento cogente dello Stato[507]. Con riferimento alla Spagna, pur notando come «le gouvernement espagnol reconnaît les désirs de la concentration industrielle», al punto da istituire un vero e proprio «Comité régulateur de la production industrielle»[508] - sul quale si avrà modo di tornare più oltre - si rilevava, al contempo, l'esistenza di una «répression pénale d'altération des prix»[509]. Un simile dato lasciava trasparire l'intento, almeno sul piano normativo, di contrastare gli eccessi della pratica cartellistica, contenendone gli abusi attraverso strumenti di natura sanzionatoria. In realtà, il *Tribunal Supremo*, proprio in omaggio a quella «evolución de las ideas en esta materia» del «legislador» - evocata dall'internazionalistica - aveva dichiarato, superando il proprio precedente del 1894, che si dovessero considerare «como lícitas de su objeto, en sus fines y en las mutuas convenciones de los socios» tutte le intese volte a limitare la concorrenza[510]. Tale pronuncia contribuiva a legittimare i processi di cartellizzazione volontaria, così come quel richiamo alle 'nuove idee' del legislatore risultava funzionale a dare 'copertura' ai processi di cartellizzazione obbligatoria in taluni settori industriali, in riferimento ai quali il *report* giuridico taceva.

---

legislazione di guerra e dei nuovi confini del diritto privato [...], cit. p. 15. In questa stessa linea si colloca il *Decreto-legge 26 maggio 1918, n. 739,* che prorogava il consorzio obbligatorio dello zolfo e la *Legge 7 aprile 1921, n. 647,* che trasformava l'ufficio di vendita della *Camera Agrumaria* da facoltativo ad obbligatorio.

507 Alla volta del 1923, *con il Regio Decreto 11 marzo 1923, n.° 560*, veniva creato il *Consorzio Industrie Fiammiferi* con una triplice finalità dichiarata: proteggere l'industria nazionale dalla pressione dei trusts stranieri, riorganizzarne la struttura produttiva per riconquistare i mercati perduti durante il conflitto, e garantire, al contempo, una tutela efficace dei consumatori, *cfr.* G. Rosselli, G. Fucini, M. de Vincenzo, *1923-1932. Nove anni dopo (alla scadenza del Consorzio Industrie Fiammiferi)*, Pisa, 1932, p. 5. La volontà di sottrarre interi comparti produttivi alle dinamiche concorrenziali emerge con particolare nettezza dall'art. 4 del medesimo decreto, il quale stabiliva che i prezzi di vendita al pubblico dei fiammiferi, di qualunque tipo e qualità, sarebbero stati fissati con decreto ministeriale su proposta di una specifica commissione, escludendoli così esplicitamente dal gioco del libero mercato. L'esperienza del *Consorzio Industrie Fiammiferi* segnò un precedente destinato a consolidarsi: nei successivi anni furono creati consorzi obbligatori tra i produttori e i commercianti di marmo di Carrara, nonché tra i produttori di essenza di bergamotto, dando così forma a una rete sempre più fitta di interventi di razionalizzazione coattiva del mercato in settori considerati strategici. Per i riferimenti normativi, V. Salandra, *Il diritto delle unioni di impresa (consorzi e gruppi) [...]*, cit, p. 47.

508 *ESPAGNE, (Etude presentè par M. R. DECUGIS)*, in H. Decugis, R. E. Olds, S. Tschierschky, *Etude sur le régime juridique des ententes industrielles [...]*, cit., p. 51.

509 H. Decugis, R. E. Olds, S. Tschierschky, *Etude sur le régime juridique des ententes industrielles [...]*, cit., p. 21.

510 *Tribunal Supremo, 21 de abril de 1926, publicada el 27 y 28 de diciembre*, pp. 1-2, (consultabile in https://www.poderjudicial.es/search/TS/openDocument/c50595467b038e90/19260101).

1.1. La convergenza spezzata, ossia la legislazione italiana sui consorzi obbligatori del '32: il riflesso di un 'corporativismo moderato'

La presenza di consorzi obbligatori, tanto nell'Italia liberale quanto nei primi anni della dittatura fascista, consente di interpretare tale fenomeno come una vera e propria invariante nella politica economica dei due periodi. In effetti - come è stato acutamente osservato - la cesura tra il regime liberale e quello fascista va colta nella «condanna radicale» operata dal fascismo nei confronti dei «principi del liberalismo politico», e non già nei confronti dei «fondamenti del liberalismo economico»[511]. Tuttavia, questa linea di continuità, se difficilmente sembra potersi spezzare, subisce, almeno nel nostro campo d'indagine, un'incrinatura se si tengono in conto le parole di Mussolini, richiamate nell'ultimo paragrafo del precedente capitolo, sulla necessità di creare un '*modello terzo*'. L'intento dichiarato non era più quello di replicare interventi settoriali e occasionali, mirati a sanare singole crisi produttive o a razionalizzare comparti strategici in maniera episodica, bensì quello di giungere a una legislazione organica e di portata generale, capace - almeno in linea di principio - di disciplinare l'intero assetto del mercato, subordinandolo stabilmente alle esigenze superiori dell'economia nazionale. Echi, questi, della teoria economica rocchiana, approdata già nel 1919 a una sua sistematizzazione e per la quale «allargata l'impresa a tutto il territorio dello Stato», si sarebbe dovuto creare «per ogni industria un cartello o un sindacato nazionale, che con la sua possente organizzazione unitaria» evitasse «le inutili concorrenze interne, per affrontare, nelle condizioni di massima efficienza economica possibile, le lotte della concorrenza mondiale»[512]. In particolare, il programma economico di Rocco mirava, nel suo complesso, a combinare il sistema dei dazi protettivi con quello dei sindacati industriali, per dare vita a un sistema di politica economica inedito per l'Italia, fortemente legato alle richiamate tendenze economiche tedesche del post-guerra ed estraneo non solo alla dottrina economica liberale, ma anche alle idealità perseguite dal campo protezionista[513].

---

511 A. Somma, *I giuristi e l'asse culturale Roma-Berlino. Economia e politica nel diritto fascista e nazionalsocialista*, Vittorio Klostermann, Frankfurt am Main, 2006, p. 217 e p. 213

512 A. Rocco, *Il momento economico sociale*, in «Politica», 24 aprile, 1919, ora in Id., *Scritti e discorsi di Alfredo Rocco, II. La lotta contro la reazione antinazionale (1919-1924),* Giuffrè, Milano, 1938, p 586.

513 «la trustificazione di talune industrie protette italiane deve essere guardata con sospetto e con rammarico da liberisti e da protezionisti insieme. Dai liberisti perché essa è indice di una tendenza ad un perdurante sfruttamento di tutta la protezione doganale; e dai protezionisti, i quali non siano dimentichi delle loro origini ideali e delle loro promesse più solenni, perché essa indica che gli industriali interni, invece di fare ogni sforzo per perfezionarsi e ridurre i costi, ed invece di far beneficiare i consumatori, lottando tra loro, di ogni successiva riduzione di costi, preferiscono accordarsi tra loro per trasformare il dazio, che doveva essere uno strumento di progresso tecnico, in un mezzo di dominazione e di incre-

Nel pensiero di Alfredo Rocco, lo sviluppo del consorzialismo obbligatorio non si esauriva in una mera tecnica di razionalizzazione produttiva o in un mezzo per fronteggiare singole emergenze settoriali. Esso assumeva piuttosto un valore strategico di sistema, idoneo ad accelerare - secondo la sua visione - il processo di avvicinamento dei contrapposti sindacati di classe, determinando al contempo il loro progressivo inserimento all'interno dell'ordine economico nazionale. Tale inserimento sarebbe dovuto avvenire sotto l'egida di un apparato produttivo sempre più presidiato da grandi complessi industriali, orizzontali e verticali, concepiti come strutture portanti di un'economia nazionale organica. Attraverso questo processo, la lotta concorrenziale e la lotta di classe, considerate entrambe come fattori di disgregazione interna, sarebbero state definitivamente superate, lasciando spazio a una forma inedita e originale di capitalismo monopolistico totalitario: l'organizzazione corporativa della produzione, articolata su una pluralità di *sindacati integrali*. Questi ultimi, nella sua concezione, non erano che «giganteschi cartelli monopolistici» capaci di assorbire al proprio interno tanto le imprese minori quanto i sindacati di categoria, trasformandosi così in strumenti mediante i quali lo Stato potesse realizzare l'organizzazione unitaria della produzione. Ciò significava non soltanto la soppressione della concorrenza «logoratrice» tra imprese nazionali, ma anche l'eliminazione delle forme di conflitto sociale quali scioperi e serrate, considerate residui di un'epoca segnata dalla frammentazione e dal disordine. Nel nazionalismo di Rocco, si dispiega, dunque, un legame stretto e coerente tra autoritarismo politico e protezionismo economico: lo Stato forte non è soltanto garante della disciplina sociale, ma anche promotore attivo dello sviluppo economico. Il potere pubblico, nella sua visione, è chiamato non solo a regolare, ma anche a stimolare l'attività produttiva, creando le condizioni per la sua espansione e proteggendola da ogni minaccia esterna. Questa traiettoria ideologica e istituzionale risente in maniera evidente della suggestione esercitata dalla *Neue Wirtschaft* di Walther Rathenau. Basti pensare, in particolare, all'idea del sindacato industriale obbligatorio, promosso e riconosciuto per via legale dallo Stato: un modello che Rocco definiva come la «forma economica perfetta», in quanto identificabile con il *cartello interaziendale nazionale*, detentore del monopolio assoluto su un intero ramo produttivo, capace di garantire la massima compattezza del sistema economico e di spostare la competizione dal piano interno a quello internazionale[514].

Tuttavia, se le parole del Capo del Governo in merito ai consorzi obbligatori, sembravano prefigurare un'evoluzione della politica economica del regime nella direzione di un sistema nuovo, generale e ordinato - secondo una linea

mento di profitti privati», L. EINAUDI, *Dazi doganali e sindacati fra industriali*, in «Corriere della Sera», 3 marzo 1914, p.1.

514 *Cfr*. R. D'ALFONSO, *Costruire lo stato forte: politica, diritto, economia in Alfredo Rocco*, FrancoAngeli, Milano, 2004, p. 135 e pp. 151-152.

riconducibile alla visione consortile rocchiana -, tale prospettiva risultava recisamente smentita da uno degli allievi più vicini a Rocco. Infatti, Alberto Asquini, relatore in sede di Commissione del disegno di legge sui consorzi obbligatori, pur sottolineando come la nuova disciplina si distaccasse in modo netto dalle esperienze straniere - spostando, come egli stesso affermava, «le basi fondamentali del problema cartellistico», giacché «non si limita il monopolio, ma lo si crea e lo si pone sotto la tutela dello Stato» -, avvertiva con lucidità il rischio insito in una progettualità economica priva di misura. Nel suo intervento, infatti, richiamava l'attenzione sul fatto che, nel campo dell'organizzazione industriale e in particolare nelle sue forme più complesse, fosse essenziale «non perdere il senso del limite», poiché proprio l'ambito economico - «che si muove in funzione di un complesso di fattori spesso imponderabili» - rappresentava il settore in cui «è limitato l'impero della ragione umana» e in cui risultano particolarmente «scarse le probabilità di successo delle organizzazioni smisurate e dei piani economici a lunga scadenza». Si trattava, in definitiva, di un monito razionale, interno al dibattito corporativo stesso, che segnalava i pericoli di un'eccessiva fiducia nell'ingegneria statale applicata all'economia, e che riaffermava la necessità di mantenere vivo il principio di proporzione all'interno di ogni costruzione giuridico-economica[515]. Il futuro sottosegretario ai Servizi economici dell'Industria e del Commercio del Ministero delle Corporazioni prendeva così le distanze dal maestro, sbarrando la strada ad un cartellizzazione obbligatoria dell'economia in grande stile. A suo giudizio - condiviso dalla maggioranza della Commissione - sarebbe stato infatti «pernicioso» considerare il consorzio obbligatorio, concepito come «rimedio contingente in uno stato di necessità contingente», alla stregua di un possibile indirizzo stabile di politica economica[516]. Le motivazioni poggiavano su solide basi di

515 A. Asquini, *Camera dei deputati: (relaz. Della Commis. (rel. Asquini) 27 aprile 1932, (doc. 1279 A)*, in «Le leggi e i decreti reali secondo l'ordine della inserzione nella Gazzetta Ufficiale. Raccolta completa ed annotata della legislazione italiana», Società editrice del periodico «Il Foro Italiano», Roma, Anno 1932, pp. 758-759. Corsivo nostro.

516 *Ivi*, p. 760. Similmente si era già espresso Stefano Benni, allora Presidente della Confederazione degli industriali, e che alla volta del 1930 sottolineava come: «Gli accordi [...] devono corrispondere ad un bisogno sentito della categoria e dei gruppi interessati, avere a fondamento la fiducia reciproca dei partecipanti e uno spirito di mutua collaborazione fra loro, essere corrispondenti al vantaggio del Paese. Essi devono, inoltre, rappresentare la soluzione più adatta per avviare una data branca d'industria verso un'organizzazione produttiva più economica, che consenta la riduzione dei costi, una maggiore capacità di espansione all'interno e all'estero, un'organizzazione quindi più efficiente e perciò meglio rispondente agli interessi della Nazione. *Perciò, ci siamo sempre recisamente dichiarati contrari ad ogni forma di consorzio obbligatorio, perché la fiducia e la collaborazione* [...] *non possono essere imposti e perché un decreto può bensì tagliare il nodo gordiano di un intricato problema giuridico, ma non può in sé e per sé assicurare energie fattive e capitali ad una branca industriale strutturalmente malata»*, cit. in R. SCHEGGI, *Contributo allo studio dei consorzi volontari [...]*, nota 4, p. 197. Corsivo nostro. La figura di Benni è particolarmente interessante in quanto rappresentava l'anello di congiunzione tra le rivendicazioni del consorzialismo italiano e le idealità della tecnocrazia ginevrina. Era, infatti,

pratica economica, legate, pur nella convinzione degli aspetti positivi dei consorzi obbligatori, alla consapevolezza dei fenomeni distorsivi a cui poteva portare la generalizzazione di un sistema economico internamente costruito su di essi[517]. La relazione di Asquini, allora, aveva un duplice obiettivo. In primo luogo, si utilizzava l'argomento della 'crisi' non come occasione per generalizzare il processo di cartellizzazione coatta dell'economia - come, invece, avverrà in Germania alla volta del '33, e dove, oltretutto, si assisterà ad una strumentalizzazione degli ideali corporativi[518] - bensì per allontanarlo definitivamente dal panorama dei possibili indirizzi di politica economica del regime. Infatti, riconducendo il ricorso all'istituzione di consorzi obbligatori alla 'contingenza' del momento, Asquini recideva alla base le spinte alla cartellizzazione obbligatoria alla Rocco, un'opzione, questa, che comunque continuò a circolare all'interno della galassia corporativa[519]. L'altro argomento - questa volta giuridico - adoperato contro tutti coloro che avevano come punto di riferimento le idealità

---

uno dei membri del Comitato Economico Consultivo della Società delle Nazioni, insieme ad altri protagonisti del mondo industriale italiano dell'epoca, tra i quali, ad esempio, Felice Guarnieri, presidente dell'Associazione fra le Società Italiane per Azioni e direttore della Sezione economica della Confederazione degli industriali, e Giuseppe de Michelis, presidente dell'Istituto Internazionale dell'Agricoltura, sul punto e sugli altri rappresentanti italiani in senso al Comitato si veda, B. Curli, *L'Italia, La Società delle Nazioni e la discussione sugli accordi industriali internazionali, 1927-31 [...]*, cit., p. 28. Guarnieri, in particolare fu chiamato nel '27 a curare per la Società delle Nazioni il *report* sulla situazione giuridica dei cartelli in Italia, *cfr. Rapport présenté au Secrétariat de la Société des Nations par F. GUARNERI (Rome, 8 février 1927)* in, C. Lammers, *La législation sur les cartels et les trusts [...]*, cit., p. 21, mentre Benni concentrò il suo impegno sui lavori di carattere economico del 1930 e del 1931, *cfr.* A. S. Benni, C. Lammers, L. Marlio, T. A. Meyer, *Les aspects économiques de différentes ententes industrielles internationales [...]*, cit. e A. S. Benni, C. Lammers, L. Marlio, T. A. Meyer, *Ententes industrielles internationales [...]*, cit.

517 «a) perché l'illusione di potere attraverso la difesa dei prezzi all'interno, sostenere meglio la concorrenza sui mercati esteri, è destinata il più delle volte a spuntarsi contro le altrui ritorsioni doganali; b) perché i consorzi invece di favorire possono impedire o ritardare o addirittura invertire quel procedimento selettivo delle imprese, che dovrebbe essere l'apporto positivo della crisi; c) perché infine i consorzi obbligatori impegnando lo Stato come organo di controllo, potrebbero in definitiva impegnarlo anche come organo di salvataggio», *A. ASQUINI, Camera dei deputati: (relaz. Della Commis. (rel. Asquini) 27 aprile 1932, (doc. 1279 A) [...]*, cit., p. 758.

518 Come sottolinea Neumann «ideologicamente, le teorie corporative ebbero un certo impulso dal fascismo italiano e della teoria sociale cattolica [...]. L'idea corporativa [...] venne immediatamente strumentalizzata dai cartelli per rafforzare il loro potere e distruggere gli outsider e i concorrenti. Subito dopo la rivoluzione nazionalsocialista, molti cartelli introdussero il *Führerprinzip* nelle loro organizzazioni. Nominarono, così manager nazionalsocialisti e, con il loro potere del partito dietro di loro, costrinsero i renitenti a aderire al cartello pena la loro distruzione. L'idea corporativa venne così distorta per promuovere una concentrazione monopolistica coatta. Questa è una delle ragioni, secondo i nazionalsocialisti, per le quali l'intero processo corporativo venne bloccato nel 1933», F. Neumann, *Behemot. Struttura e pratica del nazionalsocialismo [...]*, cit., pp. 258-260.

519 F. Carli, *Secondo Convegno di Studi sindacali e corporativi, Ferrara, 1932-X. Le crisi economiche e l'ordinamento corporativo*, Roma, 1932, nota 1, p. 23.

rocchiane, si strutturava nel porre l'accento sulla non 'conformità' di «un orientamento dell'economia verso un sistema generale di consorzi obbligatori» con «l'art. 7 della Carta del lavoro»: se l'iniziativa privata era «lo strumento più efficace e più utile nell'interesse della Nazione», tuttavia chi traeva beneficio dalla stessa avrebbe dovuto sempre e comunque «sopportarne i rischi»[520]. Ma, il secondo obiettivo perseguito (e raggiunto) da Asquini era la marginalizzazione delle posizioni di tutti coloro i quali chiedevano un forte coinvolgimento della «dimensione corporativa» nella dinamica consortile. Come è stato ricostruito, le riflessioni di Asquini, infatti, rimandano ad un *corporativismo moderato*, che vedeva nei «ministeri» i soggetti a cui attribuire la «funzione essenziale d'intervento [...] lasciando poco spazio alle iniziative delle corporazioni»[521] . In coerenza con questa impostazione, come ricorda Gagliardi, nel febbraio del 1932 il Comitato corporativo centrale aveva elaborato una prima versione della legge, che assegnava alle sezioni del Consiglio nazionale delle corporazioni funzioni di vigilanza sull'attività consortile. Tuttavia, nella stesura finale del provvedi-

520 A. Asquini, *Camera dei deputati: (relaz. Della Commis. (rel. Asquini) 27 aprile 1932, (doc. 1279 A), [...],* cit. pp. 760-761.

521 Asquini, Alberto, in «Dizionario Biografico degli Italiani», Vol., 34, 1988, consultabile in https://www.treccani.it/enciclopedia/alberto-asquini_(Dizionario-Biografico). Tra le pagine dell'Annuario del '32 della Confederazione generale fascista dell'industria italiana è possibile trovare traccia di questo modo di intendere il corporativismo particolarmente congeniale agli industriali: per questi, infatti, «l'ordinamento corporativo» aveva attribuito alle «Organizzazioni sindacali i mezzi e il prestigio necessari per promuovere ed attuare una politica di coordinamento della produzione». Forti di questa investitura gli industriali rivendicavano come «mediante il [loro] interessamento» si fosse arrivati tanto alle rinnovazioni di accordi di cartello in scadenza, quanto alle stipulazioni di patti ex novo «anche in settori che sembravano, fino a non molto tempo fa, piuttosto alieni da tali forme di organizzazione». Se questo era la prima linea d'azione su cui operava la Confederazione, la seconda si palesava nella circostanza che, «raggiunto l'accordo» e «pur seguendo d'appresso l'attività dei Consorzi», la stessa evitava «ogni partecipazione al loro funzionamento interno», limitandosi ad una «funzione moderatrice e conciliatrice» tanto sul lato dei «rapporti interni tra i consorziati», quanto su quello dei «rapporti con le aziende rimaste fuori dall'accordo», nonché delle «categorie consumatrici». Infine, la Confederazione sottolineava la sua capacità nello stimolare il Governo, e particolarmente il «Capo del governo», nell'adottare provvedimenti «d'autorità» - ossia decreti leggi - per la creazione di consorzi obbligatori, così da piegare la «resistenza» di quella «infima minoranza» di «ditte dissenzienti» ad entrare in accordi di cartello a carattere «totalitario». Ecco che «l'intervento dello Stato» doveva avere una funzione esclusivamente coercitiva, mentre «la responsabilità delle norme di costituzione e di funzionamento e le condizioni di partecipazione», invece, dovevano essere adottate dall'«assemblea degli interessati», «liberi di darsi gli ordinamenti interni [...] meglio [...] adatti al raggiungimento dei fini del Consorzio, mentre gli eventuali dissensi» dovevano essere «deferiti all'arbitrato del Presidente della Confederazione dell'Industria». Nelle idealità degli industriali, la dimensione corporativa si esauriva - basti guardare la cronistoria della genesi della pluralità di cartelli volontari contenuta nell'Annuario - in un potere di *moral suasion* in capo al Ministero delle Corporazioni, per convincere tutte le imprese ad entrare negli accordi di cartello e che avrebbe potuto, in situazioni eccezionali di conflitto interno al mondo industriale, mutare, portando, su impulso del Capo del Governo, ad imporre per decreto la costituzione di consorzi obbligatori, *cfr. Annuario della confederazione fascista degli industriali*, Roma, 1932, pp. 557-573.

mento - poi approvato in via definitiva - tale assetto fu radicalmente modificato: il ruolo centrale non fu più affidato agli organi corporativi, bensì trasferito alle organizzazioni imprenditoriali, cui spettava la responsabilità di predisporre le intese, mediare tra gli interessi coinvolti ed elaborare gli statuti dei consorzi[522]. Così, alle corporazioni venne attribuito, solo e in determinate ipotesi, il compito di dare pareri obbligatori, ma non vincolanti, in varie fasi della 'vita' dei consorzi[523]. Inoltre, e soprattutto, se nel processo di 'osservazione' della vita economica dei consorzi, le corporazioni competenti venivano ampiamente coinvolte[524], diversamente, sul versante della correzione dei comportamenti economici non funzionali agli interessi del sistema economico nazionale, erano solo i ministeri competenti a poter intervenire in maniera incisiva[525]. Le disposizioni 'corporativo-moderate' di Asquini, inoltre, erano evidentemente segnate dalla volontà di salvaguardare la centralità del ruolo che la classe imprenditoriale pretendeva di avere nella creazione[526], direzione e controllo della dina-

522 A. GAGLIARDI, *Il corporativismo fascista*, Laterza, Bari, 2010, p. 146.

523 Art. 1, comma 3: «Sentito il parere delle Corporazioni competenti, con uguale procedura, si può disporre che singoli Consorzi obbligatori, i quali regolino rami di attività economica tra loro connessi, siano coordinati nell'interesse della economica nazionale»; art. 6, comma 5: «Il Consorzio può essere soppresso, prima del termine assegnato pe la sua durata, con decreto reale [...] e sentito, ove occorra, il parere della Corporazione interessata, quando la sua esistenza sia diventata, a giudizio insindacabile del governo, non più conforme agli interessi generali del paese»; art. 9: «Con decreto reale, su proposta del ministro competente, sentite le Corporazioni interessate, potranno essere sottoposte a revisione le norme legislative, che regolano i Consorzi obbligatorio esistenti, allo scopo di armonizzarle e coordinarle con le diposizioni della presente legge».

524 Art. 7: «Le Corporazioni interessate hanno i seguenti compiti: a) di seguire l'azione del Consorzio e di esaminare le direttive generali; b) di comunicare al ministro competente le loro osservazioni; c) di curare sulla base degli elementi raccolti e delle osservazioni da esse fatte la compilazione di una relazione, da rimettere periodicamente al Comitato corporativo centrale sull'attività generale del Consorzio e sui risultati conseguiti in rapporto agli interessi della produzione».

525 Art. 6: «I Consorzi devono comunicare ai ministri competenti le deliberazioni relative alle direttive delle loro azioni e tutti quegli atti che possono essere eventualmente richiesti. Qualora le direttive del Consorzio non rispondano ai fini voluti il ministro competente può invitare il Consorzio stesso, con apposita diffida da farsi per il tramite delle Confederazione interessata a modificare la propria azione. Il ministro medesimo può disporre, ove la diffida non raggiunga il suo scopo, che, entro un termine fissato con suo decreto, i componenti degli organi direttivi cessino dalla carica e si provveda contemporanea- mente alla loro sostituzione. È inoltre, in sua facoltà, di propria iniziativa o su proposta della Corporazione interessata, di delegare un suo funzionario ad assistere a riunioni degli organi direttivi del Consorzio. Il Consorzio può essere soppresso, prima del termine assegnato per la sua durata, con decreto reale emanato a norma dell'articolo 1 e sentito, ove occorra, il parere della Corporazione interessata, quando la sua esistenza sia diventata, a giudizio insindacabile del governo, non più conforme agli interessi generali del paese».

526 Nell'articolo 1 è possibile scorgere, forse, un compromesso tra classe imprenditoriale e il regime: infatti, la costituzione del consorzio poteva essere disposta o su richiesta dagli imprenditori a determinate condizioni (rappresentanza del 70 per cento del numero complessivo delle imprese e del 70 per cento della produzione media effettiva dell'ultimo trien-

mica consortile, preoccupata, oltretutto, per l'emergere di versioni più o meno integrali di corporativismo, la cui conseguente applicazione avrebbe inevitabilmente portato alla scomparsa della loro autonomia[527].

1.2. La 'rielaborazione' post-legislativa del 'corporativismo progressivo': il tentativo di superare l'idiosincrasia tra corporazione e consorzio

La legislazione del '32 portava al centro del dibattito dell'epoca il tema della compatibilità o meno tra corporativismo e consorzialismo. La questione era entrata indirettamente in circolazione nel dibattito dottrinale economico già qualche mese prima dell'approvazione della legge, sebbene non da una prospettiva così specifica, per opera di Francesco Vito[528] che, sotto l'influenza dei

nio, o in mancanza rappresentanza dell'85 percento della produzione), oppure direttamente su impulso del governo, sentita la corporazione competente, per esigenze dettate dall'economia generale del paese.

527 Durante il secondo convegno di studi corporativi e sindacali, tenutosi a Ferrara dal 3 all'8 maggio del '32, proprio nei mesi a cavallo tra la presentazione del testo sui consorzi obbligatori (marzo) e la sua approvazione (giungo), il *corporativismo moderato* alla Asquini si accreditò come una delle quattro posizioni teoriche che il regime avrebbe potuto percorrere. In particolare, quest'ultima, si caratterizzava per «concepire il corporativismo come uno strumento giuridico necessario per facilitare la risoluzione del rapporto di lavoro e al tempo stesso per garantire un migliore assetto distributivo della produzione. *Era una posizione che accettava possibili interventi razionalizzatori dello Stato, ma che negava sia l'interventismo statale in campo economico sia eventuali limitazioni dell'iniziativa privata e del diritto di proprietà»*, F. Perfetti, *Lo stato fascista. Le basi sindacali e corporative*, Ed. Le lettere, Firenze, 2010, p. 209. Corsivo nostro. Questa corrente, prevalse sulle altre, imponendosi politicamente, con la nomina a sottosegretari di Asquini e Brugi nel rimpasto del luglio del 1932, dando corso, secondo Bottai, a un clima di «"vaga reazione anticorporativa"», frutto delle preoccupazioni suscitate nel mondo imprenditoriale dalla famosa relazione ferrarese di Ugo Spirito sulla corporazione integrale, *cfr.* G. Melis, *La macchina imperfetta. Immagine e realtà dello Stato fascista*, il Mulino, Bologna, 2018, pp. 435-436. Sul convegno di Ferrara e sul corporativismo integrale di Spirito si vedano le pagine di F. Perfetti, *Lo stato fascista. Le basi sindacali e corporative [...]*, cit., pp. 209-248. Per una ricostruzione del pensiero di Spirito in rapporto con le altre idealità corporative si veda I. STOLZI, *L'ordine corporativo: poteri organizzati e organizzazione del potere nella riflessione giuridica dell'Italia fascista [...]*, cit., particolarmente pp. 150-194.

528 Figura affascinante quella di Vito: plurilaureato presso l'Ateneo partenopeo e instancabile ricercatore (svolse diversi periodi di ricerca a Monaco, Londra, Berlino e negli Stati Uniti, presso la Columbia University), era uno degli esponenti di punta del circolo degli economisti dell'Università Cattolica di Milano. Le sue idealità, legate alla necessità di saldare etica cristiana ed economia all'interno di un sistema economico che doveva rimanere capitalistico, lo portarono - vedi *infra* - ad essere oggetto di continui attaccati da parte degli economisti legati al regime. Per riferimenti biografici e relativi alla sua traiettoria scientifica si veda D. Parisi, *Vito, Francesco Maria Gerardo* in *Enciclopedia Italiana, Appendice VII, Il Contributo italiano alla storia del Pensiero – Economia (2012),* Roma, Istituto della Enciclopedia Italiana Treccani, 2012.

risultati dell'inchiesta tedesca sui cartelli del 1926, dichiarava come lo Stato dovesse oramai riconoscere l'«*insostituibile funzione*» dei «cartelli» e limitarsi, per mezzo delle sue amministrazioni, «a combatter[ne] gli abusi»[529]. Questa visione, confermata e ampliata in un saggio apparso nella rivista *Economia*, andava inevitabilmente a togliere terreno alle ambizioni della dimensione corporativa, di imporsi come protagonista, non solo del controllo sui consorzi (obbligatori e volontari), ma anche della disciplina dell'economia nel suo complesso[530]. Il corporativismo veniva ridotto da Vito a mero fattore emozionale, capace di provocare nulla più che un «avvicinamento fra le varie categorie di produttori»; così come la proposta, già avanzata qualche anno prima, sulla quale ritorneremo più oltre, circa la possibilità di estendere il contratto collettivo dal campo del lavoro a quello economico, veniva bollata come «pericolosa»; la creazione di organi che avessero la funzione di esercitare un controllo preventivo sull'attività dei consorzi, diversi dalla pubblica amministrazione, risultava totalmente «inaccettabile»[531]. Ma è soprattutto quel richiamo alla *'insostituibile funzione'* dei consorzi che toccava in anticipo le corde del problema di quale fosse l'organo chiamato effettivamente, tra la corporazione e il consorzio, a dare disciplina alle dinamiche del mercato. Abbiamo visto, infatti, come la legge del '32 avesse di fatto cristallizzato un sistema in linea con le esigenze del mondo industriale, scontentando, conseguentemente, tanto coloro i quali perseguivano la costruzione di un *corporativismo economico*[532],

529 F. Vito, *L'inchiesta industriale tedesca e i cartelli* in «*Rivista internazionale di scienze sociali e discipline ausiliarie*», 1931, p. 741.

530 Per un panorama delle diverse scuole di pensiero all'interno del corporativismo economico si veda E. Zagari, *Corporativismo e teoria economica*, in A. Mazzacane, (a cura di), *Diritto, economia e istituzioni nell'Italia fascista*, Nomos, Baden-Baden, 2002, particolarmente pp. 77-82.

531 F. Vito, *I sindacati e lo Stato*, (Estratto dalla Rivista «*Economia*», vol. IX - n.3 - Anno X, Roma, 1932), pp. 29-31. La condanna di questa ricostruzione non tardò arrivare: da subito, con la presa di distanza della direzione in testa al saggio, in un secondo momento, con l'articolo di Renato Galli che lo accusava di affrontare la questione dei sindacati con un approccio non conforme «all'indirizzo corporativo», facendo «coincidere» i rapporti tra Stato e sindacati industriali col problema giuridico di un controllo statale a posteriori su di essi, R. Galli, *I sindacati industriali e lo Stato corporativo*, in «Economia: rivista di economia corporativa e di scienze sociali», Anno X, Vol. IX, n. 4 (aprile 1932), pp. 401-416: p. 401. Lo scontro tra Vito e Galli e le continue tensioni con Arias, così come la «felice ambiguità» con cui il primo cercò con un secondo articolo di «correre ai ripari», senza mai riuscire però a scrollarsi di dosso l'etichettatura di essere non corporativista, sono stati ampiamente ricostruiti in P. Ranfagni, *I clerico fascisti. Le riviste dell'Università cattolica negli anni del regime [...]*, cit. pp.112-115 e pp. 203-210.

532 Tale corrente «attribuiva al corporativismo la funzione di elemento propulsore e acceleratore dello sviluppo economico e sociale del Paese e si risolveva nella proposizione di provvedimenti tecnici qualificati "corporativi" o nella elaborazione di "sistemi" corporativi "integrali". I suoi sostenitori, pur non discutendo il principio della proprietà privata, ammettevano la possibilità di imporre ad essa limiti sociali e non negavano neppure l'ipotesi di una qualche forma di controllo o intervento dello Stato sull'economia e sulla produzione», F. Perfetti, *Lo stato fascista. Le basi sindacali e corporative [...]*, cit., p. 210.

quanto il mondo sindacale nel suo complesso[533], dando così avvio ad una proliferazione di articoli sulle principali riviste, legate ai diversi settori del regime, tesi ad interrogarsi sulla compatibilità o meno tra corporazioni e consorzi[534]. In ambedue gli ambienti, i processi di cartellizzazione dell'economia venivano percepiti come qualche cosa di alieno alla dimensione corporativa; come un vero e proprio pericolo per le sue aspirazioni ordinatorie dell'economico. Una delle voci più autorevoli sul tema era quella di Bottai, che, nelle sue dichiarazioni alla Camera dei deputati, in occasione dell'approvazione della legge del '32, osservava come:

> noi [corporativisti] ci siamo trovati d'avanti a questo fenomeno: che proprio quell'azione di coordinamento nazionale dell'economia che è compito precipuo dell'ordine corporativo di promuovere, veniva a [...] contaminarsi [...] con le tendenze consorzialistiche e monopolistiche, [provocando] delle curiose e pericolose deformazioni. [...] le tendenze ai Consorzi sono sempre antitetiche con il principio corporativo[535].

Tuttavia, questa idiosincrasia poteva essere gradualmente superata, attraverso la ricerca di un progressivo coordinamento tra corporazioni e consorzi. In questo senso, allora, nonostante le affermazioni appena richiamate, la legge del '32 poteva leggersi, per Bottai, come «una legge tipicamente corporativa», in quanto si proponeva di «richiamare gradatamente il movimento delle concentrazioni produttive, mercè l'intervento dello Stato, entro l'orbita della corporazione, regolatrice, moderatrice, vigilatrice»[536]. La necessità di approcciare il fenomeno consortile dal lato di un *corporativismo progressivo* si manifestava anche nella riflessione di Ferruccio Lantini, nel quale l'idiosincrasia tra corporazioni e consorzi veniva ampiamente attenuata[537]. In Lantini,

533 Preoccupato, in generale, dal fatto che «un corporativismo non meglio definito potesse comportare lo svuotamento del sindacato e potesse risolversi in un puro e semplice strumento burocratico che avrebbe operato da freno e avrebbero costituito un intralcio», (*ibidem*). A tale questione si legava la preoccupazione che i consorzi avessero potuto assorbire le funzioni delle corporazioni, isolando il sindacalismo e impedendogli così di giocare un ruolo sul versante della disciplina della produzione e dei prezzi; è da tale timore che derivano tutte quelle posizioni sindacali che marcavano l'impossibilità di una 'conciliazione' tra corporazioni e consorzi e le quali esploderanno con forza - vedi *infra* - alla volta dell'approvazione della legge sui consorzi volontari del 1937.

534 Per una ricognizione di questa mole dottrinale che direttamente o indirettamente si occupò della tematica dei rapporti tra corporazioni e consorzi si vedano le sezioni di *Bibliografia*, in «Il diritto del lavoro», Anno VI, Parte I, 1932, pp. 99-101; pp. 201-205; pp. 291-293; pp. 397-401; pp. 486-489; pp. 589-593; pp. 681-687.

535 G. Bottai, *I discorsi di S.E. Bottai sulla legge per consorzi. Le dichiarazioni alla Camera*, in «*Commercio*», n. 5, maggio 1932, pp. 279-280.

536 *Ivi*, p. 280.

537 «da noi essi [i consorzi] non rappresentano soltanto e semplicemente una forma di associazionismo più o meno alla moda, ma una istituzione corporativa, alla quale anche è dato di contribuire ad attuare le discipline e le solidarietà collettive, proprie del corporativismo.

infatti, il «controllo corporativo», così come declinato nel testo del '32, non rappresentava una sconfitta per il corporativismo, bensì «il punto di incontro e di conciliazione delle varie tesi manifestatesi intorno al progetto» di legge; si trattava di una estrinsecazione dell'«essenza» stessa «del corporativismo», caratterizzata dallo «sviluppo graduale, armonico e continuo degli organi corporativi [...] che solo possono realizzare l'accordo tra le categorie, la solidarietà degli interessi e la serena disciplina verso lo Stato, anche intorno e sopra i Consorzi obbligatori medesimi»[538]. Meno conciliante era Gino Arias, impegnato - come si ricorderà - già dalla prima decade del XX secolo nello studio del fenomeno cartellistico. Per l'economista fiorentino si doveva prendere atto dell'evoluzione profonda avvenuta nel liberalismo economico, ossia di come «le intese moderne dei produttori» fossero divenute compatibili con «il regime di libera concorrenza»[539], ma si doveva essere altrettanto consapevoli della 'menzogna' liberale ad esse sottesa, cioè che le stesse potessero dare corso al «massimo vantaggio economico per la collettività». Infatti, argomentava, «le intese di produttori hanno sempre un fine particolaristico e sostanzialmente monopolistico», dato dall'«inversione» del «rapporto tra capitale e produzione» - «la produzione per il capitale e non il capitale per la produzione» - che finiva per danneggiare proprio la collettività che il 'gioco' cartellistico ambiva presuntamente a tutelare. Per questa ragione, s'imponeva l'«intervento» dello Stato che, tuttavia, doveva andare oltre il dualismo «Stato-gruppo», per creare una «sintesi» tra i due per mezzo dell'«economia corporativa». Arias, il cui pensiero è parzialmente integrale, riduceva il testo approvato nel '32 a una semplice «*legge precorporativa*» che doveva essere superata con la creazione di un nuovo modello di intesa, ossia l'«intesa corporativa»: una «*superimpresa* [...] concepita, predisposta, regolata e controllata dallo Stato», senza però che questo portasse ad «escludere [...] altre forme di impresa»[540]. Tuttavia, alle istanze più o meno conciliatorie, più o meno integrali del *corporativismo progressivo* dei Bottati, dei Lantini, degli Arias, si

È, dunque, opportuno che l'entusiasmo obbligatorio non sia fine a sé stesso», F. LANTINI, *La disciplina dei consorzi e l'attività commerciale*, in «Commercio», n. 5, maggio 1932-X, p. 277.

538 *Ivi*, p. 278. Per una biografia di Lantini si veda la voce biografica redatta da B. GARZARELLI, *LANTINI (Ferruccio)*, in «Dizionario Biografico degli Italiani», Volume 63, 2004, (consultabile in https://www.treccani.it/enciclopedia/ferruccio-lantini_(Dizionario-Biografico).

539 G. ARIAS, *Unioni di produttori e intervento di Stato*, in «*L'Ordine Corporativo*», Anno II, n. 3, 1935, pp. 1-3: p. 1. Del resto, gli studi di teoria economica dell'epoca, svolti da «Piero Sraffa, Harold Hotelling, Edward Chamberlein, Joan Robison ed altri teorici», stavano mettendo in luce come le «categorie dell'oligopolio e del duopolio erano più pertinenti alla realtà di quelle di libera concorrenza, ed il compito dell'economista era quello di costruire una teoria ibrida nella quale far spazio sia ad elementi monopolistici che ad elementi concorrenziali», HAWLEY, *Il New Deal e il problema del Monopolio. Lo Stato e l'articolazione degli interessi nell'America di Roosevelt [...]*, cit., p. 232.

540 G. ARIAS, *Unioni di produttori e intervento di Stato [...]*, cit., 2-3.

affiancavano visioni più nette dei rapporti che avrebbero dovuto intercorrere tra corporazione e consorzio, legate al *corporativismo integrale* alla Spirito:

> I Consorzi erano e sono nell'economia capitalistica liberale un mezzo necessario [...] contro gli eccessi della libera concorrenza e per garantire il profitto, ma la corporazione mangia i Consorzi, onde non è più il caso di visualizzare questi ultimi dentro il corporativismo, o e di considerare se e quando i Consorzi possono trovare nel corporativismo ausilio e tutela, se e quando al contrario il corporativismo non può che combatterli[541].

Se non si fosse arrivati a questa fagocitazione, sarebbero stati i consorzi a 'mangiare' le corporazioni, o, detto fuori di metafora, ad «assorbir[ne] completamente le funzioni»[542].

A fronte di queste posizioni estreme, il corporativismo progressivo insisteva sulla necessità di non fermarsi alle petizioni di principio, per cercare di intendere esattamente il possibile stato dei rapporti tra i due organismi economici. In questo senso, se già nel '33 si approdava ad una definizione di *consorzio in generale*, posta in rapporto di complementarità con quella di corporazione[543], nel '35 si cercava di mettere in connessione la corporazione con la *figura specifica del consorzio obbligatorio*, constatando come ambedue compartissero tra loro dei «punti di contatto» e «un unico elemento di distinzione»:

> ambedue regolano fenomeni economici di scambio e di produzione [...]; ambedue hanno facoltà di dettare norme obbligatorie per determinate categorie di persone; ambedue hanno una base volontaristica perché la corporazione è riunione di associazioni sindacali liberamente costituite ed il consorzio obbligatorio si forma, nella maggior parte dei casi, con il presupposto di un precedente consorzio volontario. Rimane unico elemento di distinzione, la loro diversa natura giuridica[544].

541 L'espressione veniva attribuita da Mantelli, uno tra i primi studiosi dei rapporti tra corporazioni e consorzi, a un non ben precisato «collega, il quale insegna scienze corporative in una R. Università [...] ispirato da un articolo di Ugo Spirito apparso in *Critica Fascista* del 15 ottobre 1933: *"La corporazione mangia i sindacati"*», cit. in G.B. Mantelli, *Consorzi per la vendita della produzione industriale in Italia* in «Rivista di Politica Economica», Vol. I, 1935, p. 269-270.

542 G. Dall'orto, *Corporazioni, consorzi obbligatori e compagnie commerciali*, in «L'Ordine Corporativo», 1937, p. 69.

543 «Noi siamo indotti a definire il *Consorzio* un aspetto dell'organizzazione di categoria con tutti gli attributi che alla categoria si sommano, mentre la Corporazione, per noi, traendo origine dal presupposto di collaborazione, non è un aspetto di interessi unilaterali, ma realizzazione di disciplina degli interessi di categoria nell'orbita di quelli collettivi e nell'interesse della nazione», G.B. Mantelli e G. Roggero, *I consorzi per la vendita della produzione industriale in Italia*, Milano, 1933, pp. 27-28.

544 A. Sommavigo, *Natura Giuridica dei Consorzi Obbligatori*, Genova, 1935, pp. 21-22.

In questo intreccio di comunanze e diversità e in virtù del controllo corporativo introdotto per legge, si poteva ritracciare la soluzione intorno al problema dei loro rapporti considerando «il consorzio obbligatorio [...] come uno dei modi con i quali la corporazione traduce in atto le sue deliberazioni»[545]. Questa determinazione, insieme al richiamo alla natura giuridica dei consorzi, sono temi che troveranno un approfondimento da parte della dottrina economia e di quella giuridica, tuttavia, per coglierne appieno la portata, è preliminarmente necessario completare gli sviluppi della normativa in tema di consorzi per osservare la forte tensione tra i vari settori del regime all'interno della quale il mondo industriale riusciva ad imporsi.

1.3. Due (in)successi del corporativismo progressivo, ossia la legge sui consorzi volontari del '37 e il decreto-legge sul coordinamento dell'attività dei consorzi obbligatori amministrativi

Il quadro normativo in tema di consorzi, si arricchiva, alla volta del 1936, con la promulgazione del Regio Decreto-Legge *16 aprile 1936, n. 1296*, poi convertito in legge l'anno seguente (*Legge 22 aprile 1937, n. 961*) e recante *'norme circa i Consorzi volontari di produzione o di vendita'*. I protagonisti erano cambiati: «la reazione anticorporativa del duo Asquini e Brugi»[546] - ossia il tentativo di imporre un corporativismo moderato, aderente alle aspirazioni della classe imprenditoriale - sembrava archiviata; ad imporsi, in questa nuova fase, era stato il *corporativismo progressivo* di Lantini e degli altri[547]. Per quest'ultimo, divenuto nel frattempo Ministro delle Corporazioni, la legge del '37 - naturale completamento della normativa del '32[548] - rappresentava

545 *Ivi*, p. 22.

546 L'espressione è di Bottai, cit. G. Melis, *La macchina imperfetta [...]*, cit., p. 436.

547 Deve sottolinearsi come l'avvento della legislazione sui consorzi volontari si inseriva in quella che Guido Melis ha definito «la quinta fase» del corporativismo, inauguratasi alla volta del 1934 e la quale «coincise con il varo effettivo delle corporazioni. [...] Fu questo (o almeno si disse) il pieno compimento della riforma», (G. Melis, *La macchina imperfetta [...]*, cit., p. 418). Tuttavia, si deve ricordare come il disegno di legge sulla costituzione e funzioni delle corporazioni, tradotto in legge il 5 febbraio 1934, n. 164, fosse un'eredità del corporativismo «sostanzialmente burocratico-centralistica» di Asquini, (*cfr. Asquini, Alberto*, in «Dizionario Biografico degli Italiani», cit.), e forse fu proprio questo uno dei motivi per i quali il compimento della riforma del '34 alla fine «segnò paradossalmente anche l'esaurimento» del corporativismo, G. Melis, *La macchina imperfetta [...]*, cit., p. 418. Per un approfondimento su questa fase si veda, A. Gagliardi, *Il corporativismo fascista [...]*, pp. 106-125.

548 «Il provvedimento, ricollegandosi alla legge precedente, determina, con un principio di carattere generale, quel controllo sulle intese volontarie che l'art. 10 della legge 16 giugno 1932 stabiliva soltanto caso per caso: si tratta, quindi di un ulteriore passo, come sopra si è accennato, con criteri generali, verso il necessario controllo delle attività economiche,

un altro «passo in avanti» verso la realizzazione di un efficace «azione delle corporazioni» creando quel «necessario collegamento tra gli Enti consortili da un lato e gli Istituti corporativi dall'altro»[549]. Un sistema eretto, gli faceva eco Genovesi - relatore alla Camera - non sulla contingenza della crisi, come per la legislazione del '32, ma sulla volontà di attribuire ai meccanismi di sorveglianza e controllo una «importanza permanente» all'interno di un inquadramento «organico» delle diverse iniziative[550]. La legge del '37, si diceva negli ambienti del corporativismo progressivo, aveva risolto, con «vesti nuove», la «vecchia questione» dei rapporti tra Stato e coalizioni industriali, infondendo nelle stesse, attraverso la «certezza delle direttive [...] determinate dagli organi corporativi», una «coscienza corporativa»[551]. Tuttavia, si trattava di un'armonia del tutto apparante destinata ad infrangersi difronte alla mancanza di un apparato corporativo capace di imporsi effettivamente, anche con sanzioni, sugli enti consortili, tanto in caso di mancata o incompleta trasmissione dei propri dati, quanto sui loro comportamenti non in linea con le aspettative di politica economica corporativa[552]. Per rendersene conto, è sufficiente confrontare il testo del decreto del '36 con la sua conversione in legge, nella quale, se da una parte, meglio si specificavano, estendendoli, i dati che i consorzi erano obbligati a trasmettere alle corporazioni, dall'altra, si eliminava il ruolo centrale che il Ministero delle Corporazioni e le corporazioni avrebbero dovuto espletare nel correggere l'attività dei consorzi:

---

allorché esse rappresentino complessi notevoli la cui azione, in alcuni casi, si può in qualche modo anteporre agli interessi superiori del paese», F. LANTINI, *Camera dei deputati: Presntaz. Del dis. di legge (min. corp. Lantini) 15 settembre 1936 (doc.1346)*, in «Le leggi e i decreti reali secondo l'ordine della inserzione nella Gazzetta Ufficiale. Raccolta completa ed annotata della legislazione italiana», Società editrice del periodico «Il Foro Italiano», Roma, Anno 1937-XV, pp. 583-584.

549 *Ivi*, p. 584.

550 «in ogni formazione, noi abbiamo fatto salvo il principio dell'*iniziativa individuale* [...]. Si pensi, inoltre, che all'iniziativa individuale si aggiunge, quella *sindacale*, delle confederazioni competenti essendo commesso il compito di presentare e documentare le domande; quella *corporativa*, per cui produttori, lavoratori e dirigenti tecnici, sono chiamati attraverso le Corporazioni interessate, a invigilare; quella statale, infine, nella competenza delle singole amministrazioni e nel supremo intervento del Capo del Governo», C. GENOVESI, *Camera dei deputati: relaz. della Commiss. (rel. Genovesi) 8 dicembre (doc. 1346 A): discusso e approvato 16 dicembre*, in «Le leggi e i decreti reali secondo l'ordine della inserzione nella Gazzetta Ufficiale. Raccolta completa ed annotata della legislazione italiana», *[...]*, cit., pp. p. 588.

551 P. CORTI, *Consorzi e corporazioni*, in «Rassegna corporativa: rivista bimestrale di diritto ed economia», n. 1, 1937, p. 20 e p. 23.

552 *Cfr*. A. GAGLIARDI, *Il corporativismo fascista [...]*, cit., p. 149 e G. GUALERNI, *Industria e fascismo, Per una interpretazione dello sviluppo economico italiano tra le due guerre*, Vita e Pensiero, Milano, 1976, pp. 157-160.

Regio Decreto-Legge 16 aprile 1936-XIV, n. 1296. (Norme circa i Consorzi volontari di produzione o di vendita):	*Conversione in legge del Regio decreto-legge 16 aprile 1936-XIV, n. 1296:*
Art. 1. - Consorzi volontari comunque denominati e costituiti i quali abbiano per oggetto la disciplina della produzione o della vendita fra gli esercenti di uno stesso ramo o di rami fra loro connessi di attività economica, oltre alle comunicazioni prescritte nel primo comma dell'art. 10 della legge 16 giugno 1932, n. 834, sono tenuti a trasmettere annualmente alla segreteria delle Corporazioni competenti copia dei loro bilanci accompagnata da una relazione sull'attività svolta dal Consorzio, con la indicazione di tutti gli elementi che, secondo i casi, possono essere necessari per una completa valutazione dell'azione esercitata dal Consorzio per il conseguimento dei suoi fini. *Le Corporazioni competenti possono, attraverso le Amministrazioni statali alla cui vigilanza i Consorzi sono soggetti, chiedere ai Consorzi stessi, che sono tenuti a fornirli, determinati elementi, quali listini di prezzi, quantitativi di merce venduti e, in generale, dati sulla attività economica da essi controllata.* *Sulla base di tali elementi la Corporazione competente esaminerà l'azione svolta dai Consorzi ed ogni altro problema che, in relazione a tale attività, interessi l'economia nazionale.* *In rapporto alle risultanze di questo esame il Ministro per le corporazioni, sentite le Corporazioni interessate, potrà impartire ai Consorzi direttive intese a modificare la loro azione, avvalendosi in caso inosservanza dei poteri conferitigli dall'art. 6 della legge 16 giugno 1932, n. 834.*	Art.1- I Consorzi volontari, comunque denominati o costituiti, i quali abbiano per oggetto la disciplina della produzione o della vendita fra gli esercenti di uno stesso ramo, o di rami fra loro connessi, di attività economica - ivi compresi i consorzi che raggruppano aziende produttrici di servizi - oltre alle comunicazioni prescritte nel primo comma dell'articolo 10 della legge 16 gennaio 1932, n. 834, sono tenuti a trasmettere annualmente alla Segreteria delle Corporazioni competenti *copia dei loro bilanci* accompagnata da una relazione sull'attività svolta dal Consorzio con l'indicazione di tutti gli elementi, *(quali listini di prezzi, quantitativi di merce venduta, quote di produzione in relazione alla potenzialità degli impianti)* necessari per una completa valutazione dell'azione esercitata dal Consorzio per il conseguimento dei suoi fini. *Le Corporazioni possono, attraverso le Amministrazioni statali, alla cui vigilanza i consorzi sono soggetti, chiedere ai consorzi stessi o alle aziende consorziate, dati tecnici od economici riferentisi all'andamento delle aziende nei rapporti di queste con i Consorzi.*

Inoltre, a tale questione si aggiungeva anche il cortocircuito interno alla politica economica corporativa, intesa come attuazione concreta di un modello teorico - quello della (presunta) economia corporativa[553] - che, pur nella sua formulazione normativa, si scontrava con le contraddizioni strutturali del sistema:

553 «Dopo il 1935 la disciplina accademica "economia politica" si muta in "economia politica corporativa". La maggior parte degli economisti scelgono la strada di chiamare corporativa la propria concezione dell'economia, magari formatasi molti anni prima che di corporativismo si cominciasse a parlare. In altri termini, aggiungono il termine senza cambiare la sostanza», R. Faucci, *Dall'«economia programmatica» corporativa alla programmazione*

> qualora si fosse giunti ad una legislazione diversa, che avesse accolto cioè tutte le richieste dei Corporativisti, sarebbe rimasta sempre uno strumento inefficace, perché gli uomini che l'avrebbero dovuta attuare erano i Presidenti delle Corporazioni, ossia gli esponenti di quei Consorzi che essi stessi dovevano controllare[554].

Tale circostanza, unita alle altre, era il riflesso di quella tendenza ad imporsi in norma della cronica diffidenza - nonostante le prese di posizione ufficiali[555] - del mondo industriale per interventi verticali di natura eterodiretta in materia di intese[556], tipica della mentalità economica-liberale italiana, disposta ad accettare (o a richiedere) ingerenze pubbliche in materia consortile, a condizione che esse fossero previamente condivise e ne riflettessero il consenso. Ingerenze che potevano anche arrivare alla costituzione di consorzi obbligatori, ma che avrebbero dovuto rappresentare, sempre e comunque, rare eccezioni all'interno di un processo di cartellizzazione volontario, declinazione autentica dell'autogoverno per come inteso dalla classe imprenditoriale. In riferimento a quest'ultimo punto, si deve sottolineare come gli studi di storia del corporativismo abbiano teso, seguendo il tracciato del dibattito dell'epoca sulla natura corporativa o meno delle legislazioni del '32 e del '37, a non porre particolarmente l'accento sull'importanza del movimento consortile volontario all'interno dell'economia Italiana[557]: per rendersene conto, invece,

---

economica: il dibattito fra gli economisti, in «Quaderni fiorentini per la storia del pensiero giuridico moderno», n. 28, 1999, (*Continuità e trasformazione: la scienza giuridica italiana tra fascismo e repubblica*), Tomo I, p. 26.

554 G. Gualreni, *Industria e fascismo [...]*, cit., p. 158.

555 *Cfr. Annuario della confederazione fascista degli industriali*, Roma, 1937, pp. 668-670.

556 Ne erano ben consapevoli gli ambienti sindacali che insistevano, sino all'separazione, sulla necessità che «la corporazione 'assorbisse' le «funzioni» dei consorzi ossia, la «disciplina del contingentamento della produzione» insieme alla «determinazione dei prezzi». Infatti, se la seconda, alla volta del '37, «era stata demandata agli organi corporativi», la prima, essendo collettiva ma unilaterale - cioè esercitata dal punto di vista degli interessi capitalistici - doveva, proprio per questa sua unilateralità, essere trasferita a dei «comitati tecnici corporativi» (L. Begnotti, *Sempre in tema di consorzi*, in «Rivista del lavoro», 1937, pp. 37-41: p. 37 e p. 40.), i quali, come ha sottolineato Gagliardi, avrebbero avuto la funzione di «rendere pubblici organismi privati», A. Gagliardi, *Il corporativismo fascista*, [...], cit., p. 147-148. Il sindacalismo, come ricordava Corti, attribuiva ai consorzi «una funzione negativa, deformante di taluni rapporti a tutto scapito della chiarezza e dell'armonia dell'ordine corporativo»: si trattava di «diaframmi tra gli organi corporativi e l'attività dei singoli, destinati a coprirne incapacità o deviazioni» e, per questo, «da eliminare senza indugio», P. Corti, *Consorzi e corporazioni [...]*, cit., p. 21. Cenni intorno alla figura di Corti, professore di *Economia Corporativa* nella *Scuola di perfezionamento in studi corporativi* presso la Libera Università di Ferrara, si possono trovare in G. Cazzetta, *La Facoltà di Giurisprudenza nella Libera Università di Ferrara (1860-1942)*, in, AA. VV, *Annali di storia delle università italiane*, CLUEB, Bologna, 2004, pp. 209-237: nota 136, p. 232.

557 Fanno, invece, eccezione alcuni scritti della storiografia giuridica che, osservando come nelle 'agende' dei giuristi vi fosse un interesse scientifico profondo per il tema, hanno indirettamente messo in luce la diffusione dei processi di cartellizzazione volontaria, *cfr.* P. Grossi, *Itinerari dell'impresa* in «Quaderni fiorentini per la storia del pensiero giuridico moderno», n.

è sufficiente scorrere il lungo elenco di consorzi volontari allegato da Genovesi alla sua relazione[558]. Tra questi - all'interno di una cornice più ampia fatta di consorzi per disciplinare la reciproca concorrenza[559], anche di natura internazionale[560] - erano presenti, per rispondere alle conseguenze della fase autarchica che stava attraversando il regime a seguito della guerra d'Etiopia, anche consorzi per l'approvvigionamento e la ripartizione delle materie prime provenienti dall'estero, così come di quelle disponibili all'interno. In questo settore, gli industriali rivendicavano come la loro mobilitazione, per far fronte al sostentamento della produzione, fosse stata diretta con una immediatezza di esecuzione che di certo non sarebbe stata ottenibile se l'«azione di Governo [...] avesse dovuto disciplinare e collegare l'attività dei singoli produttori». Le intese governate dagli industriali erano divenute degli «organi di collaborazione verso i poteri dello Stato», capaci di attuare nell'«interesse dell'economia nazionale» senza, aggiungiamo, il bisogno di alcun coordinamento da parte del sistema corporativo[561].

Quanto poi alla possibilità di prevedere delle eccezioni al volontarismo consorzialista degli industriali, queste erano ben visibili, oltre che in quei consorzi obbligatori confermati o creati *ex-novo* e richiamati all'inizio di questo capitolo, anche in quegli enti che Scagnetti rubricava come «di incoraggiamento e di controllo dell'iniziativa privata»[562]. In particolare, ci riferiamo, per quanto attiene al nostro campo d'indagine, all'*Istituto Cotoniero Italiano* e all'*Ufficio Vendita dello Zolfo Italiano* [563]: il primo era nato alla volta del 1913 come con-

---

28, (*Continuità e trasformazione: la scienza giuridica italiana tra fascismo e repubblica*), Tomo II, 1999, p. 1022 e B. Sordi, *La resistibile ascesa del diritto pubblico dell'economia [...]*, cit., p. 1055.

558 *Cfr. Camera dei deputati: relaz. della Commiss. (rel. Genovesi) 8 dicembre (doc. 1346 A): discusso e approvato 16 dicembre, [...]*, cit., pp. 590-591.

559 *Cfr. Annuario della confederazione fascista degli industriali [...]*, cit., pp. 664-666.

560 Si pensi a quella particolarissima vicenda del consorzio *Mercurio Europeo*, un cartello volontario formato da tutte le imprese produttrici di mercurio italiane e spagnole che arrivò a detenere il controllo mondiale della produzione e della vendita del mercurio. Per una ricostruzione delle vicende che portarono alla costituzione di questo cartello internazionale, il quale era attenzionato anche dal governo statunitense per il fatto di detenere il controllo del 90 per cento della produzione mondiale (sul punto cfr. C.N. Schuette, *Quicksilver*, United States Department of Commerce, Bureau of Mines, U. S. Government Printing Office, Washington D.C., Bullettin n. 335, 1931, pp. 155-156), si veda L. Segreto, *Monte Amiata. Il mercurio italiano. Strategie internazionali e vincoli extraeconomici*, Franco Angeli, Milano, 1991, pp. 78-87.

561 *Cfr. Annuario della confederazione fascista degli industriali [...]*, cit., pp. 662-663.

562 G. Scagnetti, *Glie enti di privilegio nell'economia corporativa italiana*, CEDAM, 1942, p. 153.

563 *Ivi*, pp. 161-178. Mentre gli altri enti catalogati da Scagnetti erano l'*Ente Nazionale per la Cellulosa e la Carta*; l'*Ente Nazionale Risi*; l'*Ente Nazionale Serico*; l'*Ente Nazionale Moda*; l'*Ente Nazionale per l'Artigianato e le piccole Industrie,* l'*Ente del Tessile Nazionale*; l'*Ente Nazionale per l'Incremento delle Industrie Turistiche e Alberghiere*; l'*Ente per il Miglioramento dell'Industria Solfifera Siciliana*; l'*Ente per il Cotone dell'Africa Orientale*; *I Consorzi Provinciali fra i Produttori nell'Agricoltura*; l'*Ente Distribuzione Rottami*; l'*Ufficio Metalli Nazionali.*

sorzio volontario tra i produttori di cotone e derivati dalla sua lavorazione[564], per poi essere trasformato, nel 1934, in consorzio obbligatorio, mentre, il secondo - come si ricorderà - era stato istituito *ab origine* come obbligatorio. La loro peculiarità risiedeva nel fatto di essere stati entrambi dotati di personalità giuridica[565]. Erano chiamati ad agire nell'interesse economico dello Stato, tuttavia venendo gestiti direttamente dagli industriali che li avevano voluti. In riferimento a questi enti la storiografia, ma è una considerazione che coinvolge l'intera politica economica del regime, ha sottolineato come i provvedimenti che li istituirono, ignoravano «completamente l'esistenza e le funzioni delle corporazioni», creando un 'cortocircuito' in riferimento all'organismo preposto alla disciplina della produzione e dei prezzi[566]. Tuttavia, va riconosciuto che tali osservazioni, seppur fondate, rischiano di apparire eccessivamente rigide, almeno per quanto riguarda il caso dei consorzi. In

564 Sulla nascita e le critiche della scuola liberale economica a questo istituto si veda A. Cabiati, *L'Istituto Cotoniero Italiano e la crisi [...]*, cit., pp. 274-325.

565 L'art 2 del *R.d.l. 11 dicembre, 1933, n.1699. Nuove disposizioni per l'industria zolfifera nazionale* enunciava solennemente che «L' Ufficio per la vendita dello zolfo italiano ha personalità giuridica», ai sensi dell'art. 6, si attribuiva al suo consiglio di amministrazione la funzione di determinare «il contingente annuo di produzione che ciascun produttore potrà emettere a disposizione dell'Ufficio, per la vendita», la quale era, insieme alla fissazione dei prezzi a cui vendere lo zolfo, di esclusiva competenza dell'Ufficio stesso (*cfr.* art. 12). Similmente l'art. 1 del *R.d.l. 3 marzo 1934, n. 291. Conferimento della personalità giuridica all' Istituto Cotoniero Italiano e determinazione dei suoi compiti e degli organi e dei mezzi occorrenti per il suo funzionamento*, stabiliva che all' «Istituto Cotoniero Italiano è conferita la personalità giuridica, ed entrano a farne parte tutte le aziende cotoniere che producono nel Regno filati di cotone o di cascame di cotone, anche se misti con altre fibre tessili». L'art. 2 comma 2° tra le varie funzioni dell'ente prevedeva che l'istituto fosse titolato a «proporzionare la produzione dei filati alle possibilità di assorbimento dei mercati; a) favorendo lo smercio dei manufatti di cotone ë misti; b) disciplinando la produzione dei filati nei modi che saranno determinati nello statuto» e a «regolare le condizioni di vendita e di pagamento dei filati».

566 Su questi aspetti si veda S. Cassese, *Corporazioni e intervento pubblico nell'economia*, in «Quaderni Storici delle Marche», n.9, Ancona, settembre, 1968, pp. 452-453. Questa circostanza emerge con chiarezza se ci si sofferma sul contenuto di una breve monografia dedicata al *modus operandi* dell'Istituto Cotoniero Italiano, dove si può osservare come fosse l'Istituto stesso a gestire la disciplina della produzione, dei prezzi e, soprattutto, a sanzionare, attraverso proprie circolari, tutte quelle imprese del settore che non davano attuazione alle direttive dell'ente, (*cfr.* M. Aristide, *Enti ed Istituti creati in forza di disposizioni legislative per l'esercizio di determinate attività economiche. L'Istituto Cotoniero Italiano,* Milano 1944, pp. 46-50). Se poi si procede ad osservare la vicenda zolfifera, alla volta del 1940 il contingentamento della produzione venne totalmente abolito, 'liberalizzando' il mercato senza che venisse previsto alcun rinvio alla dimensione corporativa. Quanto ai prezzi, si stabiliva che per un periodo di dieci esercizi consecutivi, *l'Ente Zolfi Italiani* fosse autorizzato a garantire la liquidazione di un prezzo minimo per gli zolfi grezzi, che saranno messi a sua disposizione dai produttori, e la a misura del prezzo minimo per ogni tonnellata di zolfo grezzo per ciascun esercizio sarebbe stata stabilita con decreto del Ministro per le corporazioni, di concerto con il Ministro per le finanze e su proposta del Consiglio di amministrazione dell'Ente, *cfr.* art. 3 della *Legge 2 aprile 1940, n. 287* (*Istituzione dell'Ente Zolfi Italiani*).

questo ambito specifico, infatti, esse finiscono per marginalizzare eccessivamente i tentativi della dimensione corporativa di accreditarsi come catalizzatore di una nuova politica economica. Le differenze tra testi normativi proposti e testi normativi adottati mettono in luce indirettamente una notevole, quanto interessante, tensione interna ai vari settori del regime, marcata da una continua *'rincorsa'* del corporativismo. Una rincorsa che nei suoi risultati legislativi presentava, per rimanere in metafora, il fiato corto, e che preferiva enfatizzare una presunta progressività del processo corporativo anziché riconoscere apertamente le resistenze strutturali che ne ostacolavano l'attuazione piena. Quanto appena affermato risulta con evidenza se si guarda, ad esempio, ai passaggi che portarono all'adozione della legge sui consorzi obbligatori nell'aprile del '32: questa, infatti, era stata anticipata qualche mese prima dalla creazione del c.d. consorzio obbligatorio siderurgico (*D.M. 18 gennaio 1932. Costituzione in Consorzio obbligatorio dei produttori nazionali di ferro, acciaio e di vergella e suoi derivati*), il quale sfuggiva totalmente a qualsivoglia controllo corporativo[567]. Di tutta risposta gli ambienti corporativi cercarono - come si è visto - di imporre un proprio progetto per una legislazione generale in materia di consorzi obbligatori che avrebbe affidato un ruolo guida nei processi di cartellizzazione obbligatoria alla dimensione corporativa. Il risultato finale, si ricorderà, fu una legge che di fatto marginalizzava la capacità d'azione di quest'ultima. Lo stesso avveniva - come ricostruito poc'anzi - in tema di consorzi volontari. Infine, su consorzi costituti come enti pubblici, è forse possibile aprire a un secondo livello interpretativo, che poniamo quale interrogativo aperto: è possibile che questi fossero nati come circuito alternativo per sfuggire dagli eventuali controlli, seppure blandi, a cui sarebbero stati sottoposti in virtù della legge del '32? Anche in questo caso, comunque, è possibile osservare una 'rincorsa' corporativa, e che si manifestava con il *decreto-legge 11 maggio 1936, n. 1689* (*Coordinamento delle attività degli Istituti ed Enti operanti nel campo della produzione nazionale*) - convertito in legge senza modifiche - il cui primo articolo stabiliva come:

> gli Enti e gli Istituti costituti in forza di disposizioni legislative per l'esercizio di determinate attività economiche devono trasmettere annualmente al Ministero delle corpo-

567 In riferimento a questo consorzio, gli industriali ricordavano - oltre al fatto che era stato lo stesso Mussolini a volerne la costituzione su loro sollecitazione, a causa della, resistenza di una «infima minoranza» non intenzionata ad aderire al progetto di consorzio volontario totalitario - come «l'intervento dello Stato» si fosse limitato a rendere possibile «la realizzazione di quella che è stata considerata dagli interessati la condizione *sine qua non* dell'organizzazione consortile, cioè la partecipazione della totalità dei produttori». In questo modo, il governo si era «mantenuto lealmente aderente ai principi della Carta del Lavoro, risolvendo felicemente un problema complicato e delicato di politica economica, in modo da unire ai vantaggi della autonomia amministrativa delle aziende e della responsabilità dei dirigenti un principio di disciplina oggi più che mai necessaria». La disciplina della produzione veniva calata tra i compiti dell'«assemblea degli interessati [..] liberi di darsi gli ordinamenti interni che meglio ritengono adatti al raggiungimento dei fini del Consorzio», *Annuario della confederazione fascista degli industriali*, Roma, 1937, p. 566.

razioni copia del loro bilancio, accompagnata da una relazione sull'attività da essi svolta e devono inoltre comunicare al Ministero medesimo tutte quelle altre informazioni delle quali siano richiesti. Tali informazioni dovranno essere fornite a mezzo dell'Amministrazione statale alla cui vigilanza gli Enti od Istituti sono soggetti. Il Ministro per le corporazioni, presi accordi con gli altri Ministeri interessati, sottopone all'esame della Corporazione o delle Corporazioni competenti, le notizie raccolte sull'azione esercitata dall'Ente e i risultati conseguiti e provoca, ove sia il caso, quelle indicazioni di massima sulle direttive più adeguate agli interessi generali economici della Nazione.

Tuttavia, si trattava di un'arma spuntata in quanto l'art. 2 stabiliva come «le disposizioni dell'articolo precedente» non modificassero «le norme in vigore circa i poteri di vigilanza e di controllo» riservate alle diverse «Amministrazioni dello Stato sui singoli Enti o Istituti». Il decreto, convertito in legge senza modificazioni (*Legge 22 aprile 1937, n. 962*), creava un doppione burocratico che, stante anche la poca collaborazione della classe industriale, probabilmente impediva una effettiva penetrazione della dimensione corporativa nella vita di questi enti. Non si spiega altrimenti la circostanza per cui Bottai - pur nel contesto di una retorica ufficiale che presentava anche questo provvedimento come un successo sulla strada dell'intervento corporativo in economia[568] - prendesse atto, alla volta del'43, di come il «sistema di politica economica» si fosse sviluppato «sopra un diverso binario», rappresentato da «Enti economici che di fatto hanno assunto una natura pressoché monopolistica, con la conseguenza che certe potestà corporative non hanno praticamente, per tali settori, possibilità di utile svolgimento». La rincorsa nel cercare di incidere nella dinamica economica era irrimediabilmente frenata dalla forza delle «confederazioni padronali» che, come avvenuto a livello internazionale, erano riuscite a ridimensionare tutte quelle sgradite ingerenze sulla conduzione dei propri affari, relegando, nel caso italiano, «l'ordinamento corporativo» a «semplice espediente politico», anziché a «sistema avente proprie cause, propri fini e idonei mezzi per la disciplina dell'economia»[569]. Le rincorse del corporativismo, che abbiamo precedentemente definito progressivo, ci appaiono, allora, più che dei compromessi con il mondo industriale, quasi delle concessioni fatte dal secondo al primo, in linea con una concezione di corporativismo alla Asquini, riflesso di quei rilievi sulla classe imprenditoriale italiana precedentemente sottolineati. Tuttavia, l'irriducibile - verrebbe da dire - Bottai, nel prendere atto che «tutto ciò che il fascismo ha realizzato nel settore produttivo è da rifare», proponeva di operare una

568 Si veda sul punto la presentazione del disegno di legge di Lantini e le relazioni delle Commissioni presiedute al Camera e al Senato rispettivamente da Genovesi e Guadagnini in «Le leggi e i decreti reali secondo l'ordine della inserzione nella Gazzetta Ufficiale. Raccolta completa ed annotata della legislazione italiana», Società editrice del periodico «Il Foro Italiano», Roma, Anno 1937-XV, pp. 597-600.

569 G. Bottai, *Funzione economica delle corporazioni*, in «Economia Fascista», n. 1, 1943, pp. 8-16.

riconduzione entro il perimetro corporativo di quei «fenomeni di deviazione della prassi dai principi» corporativi e, allo stesso tempo, di procedere ad eliminare quelli che con essi risultavano incompatibili[570]. In particolare, nella prima categoria rientrava tutta «la disciplina frammentaria imposta da Organi ed Enti i più vari», il riferimento correva, con tutta probabilità, tanto agli *enti di incoraggiamento* e *di controllo dell'iniziativa privata*, quanto e soprattutto, per dirla sempre con Scagnetti, agli «enti di gestione diretta», tra i quali, ovviamente, primeggiava l'I.R.I.[571] - «ente autonomo, non solo [...] di salvataggio finanziario ma anche e soprattutto di risanamento industriale»[572] - creato e diretto da un «gruppo sostanzialmente lontano, per origini, cultura, relazioni, metodologia d'azione e di pensiero, dal dominante universo fascista»[573]. L'altro polo 'corporativamente problematico' era quello dei consorzi obbligatori, in riferimento ai quali l'ex Ministro delle corporazioni, ammetteva, ormai lontano dagli entusiasmi per le realizzazioni legislative del 'suo' corporativismo progressivo, come «l'azione corporativa» fosse stata, anche «nella stessa formulazione della legge, assai blanda e, comunque, soltanto sussidiaria del controllo amministrativo»[574]. Il disagio che trapelava dallo scritto di Bottai era tutt'altro che isolato, ma rappresentava una delle ultime manifestazioni residue di quel corporativismo progressivo che, di lì a poco, sarebbe stato travolto - insieme al regime - dagli sviluppi della conflagrazione mondiale[575].

570 *Ivi*, p. 16. A questa categoria Bottai riconduceva i «Sindacati Industriali di categoria che non si limitano a creare imprese, che abbiano poi vita indipendente, ma le promuove e le contiene nella propria sfera direttiva, con una fisionomia cartellista. Le leve del comando produttivo sono in tali casi, in mano alle Confederazioni padronali. Non si vuole qui disconoscere la tendenza alle coalizioni economiche, ma si vuole affermare che esse devono essere regolate, attraverso gli strumenti istituzionali di disciplina giuridica, dagli Organismi Corporativi» (*ibidem*).

571 Come ricorda Gagliardi, la richiesta di sottoporre il controllo dell'I.R.I. nelle mani del Ministero delle Corporazioni era «un vecchio cavallo di battaglia dei corporativisti», G. Gagliardi, *Il corporativismo fascista [...]*, p. 153

572 G. Melis, *La macchina imperfetta. Immagine e realtà dello Stato fascista [...]*, cit. p. 477. La storiografia sul tema dello *Stato imprenditore* è particolarmente vasta, sul punto ci limitiamo a segnalare le pagine di G. Melis, *La macchina imperfetta. Immagine e realtà dello Stato fascista [...]*, cit., pp. 467-496; V. Castronovo, *Un profilo d'insieme*, in V. Castronovo (a cura di), *Storia dell'IRI. Dalle origini al dopoguerra: 1933-1948 (Storia e società)*, vol. 1, Editori Laterza, Bari, 2012, pp. 3-78; mentre per uno sguardo più incentrato sui protagonisti che portarono alla costruzione di questo ente si veda D. Felsini, *Tecnocrati nella transizione. Culture economiche e stili manageriali all'IRI dalla fondazione al dopoguerra*, in S. P. Barucci (a cura di), *La cultura economica tra le due guerre*, FrancoAngeli, Milano, 2015, pp. 130-142.

573 G. Melis, *La macchina imperfetta. Immagine e realtà dello Stato fascista [...]*, cit. p. 496.

574 G. Bottai, *Funzione economica delle corporazioni*, [...], cit. p. 16.

575 Ci riferiamo ai due progetti del'37 e del '43 di Tullio Cianetti e a quello di Ferruccio Lantini del '39. In particolare, il primo progetto Cianetti era incentrato su di un rilancio delle funzioni delle corporazioni tra le quali spiccava «"l'accentramento e il controllo dell'andamento economico delle aziende, dei consorzi, dei gruppi industriali ed enti operanti nel settore economico; controllo sull'osservanza delle leggi e delle norme corporative ema-

2. Il consorzio tra lacune legislative e rielaborazione concettuale: un laboratorio teorico per scienze economiche e giuridiche

Sul piano pratico, l'incidenza della dimensione corporativa sulla disciplina dei consorzi fu, in definitiva, pressoché nulla. Tuttavia, a essa va riconosciuto il merito di aver esercitato una funzione rivitalizzante nei confronti degli studi giuridici in materia consortile. Fino al 1932, infatti, salvo pochi contributi isolati, non si erano registrati significativi progressi nel tentativo di ordinare una prassi consortile che, pur essendo ben radicata, continuava a sfuggire a una sistemazione teorica organica[576]. Con l'entrata in vigore delle due normative sul tema, ci si sarebbe potuti attendere un impegno da parte della dottrina amministrativistica nel dare forma a un'elaborazione sistematica degli aspetti pubblicistici connessi agli interventi legislativi in materia di consorzi. Eppure, come già osservato, il diritto amministrativo ha storicamente teso a mantenere una distanza tra razionalità giuridica e razionalità economica. Il baricentro della riflessione giuridica sui consorzi - tanto obbligatori quanto volontari - rimase così saldamente collocato nell'ambito del diritto commerciale, come già era avvenuto durante il periodo liberale, confermando la persistente centralità della scienza giuscommercialistica nell'elaborazione teorica di tali fenomeni. Questo dato emerge nitidamente se si osserva come, alla volta del 1938, all'interno del *Nuovo Digesto Italiano,* la materia dei consorzi venga scissa in due parti: la prima, dedicata ai *Consorzi* in generale e curata dall'amministrativista Luigi Raggi[577]: la seconda, riservata

---

nate; applicazione di sanzioni"», mentre il progetto di Lantini era più modestamente teso a rilanciare il Ministero delle Corporazioni nella cornice della campagna autarchica, per un loro approfondimento si veda G. Gagliardi, *Il corporativismo fascista [...]*, cit., pp. 150-159. Una richiesta per una «riforma organica della legislazione vigente in materia di consorzi», per fare di questi «dei veri e propri organi della politica economica corporativa», arrivava anche dal massimo organo corporativo - il Comitato Corporativo Centrale - che nel 1939, approvava un mozione informata a dei nuovi principi, che avrebbero dovuto sovraintendere la «complessa materia consortile»: «A) Classificazione dei Consorzi secondo i loro caratteri distintivi e loro posizione nei confronti della pubblica economia [...]; B) Controllo dello Stato sul funzionamento dei vari tipi di Consorzi; C) Disciplina delle intese fra produttori, diretta ad evitare che a mezzo di esse si possano eludere le disposizioni relative al controllo statale sui Consorzi; D) Poteri degli organi corporativi per la vigilanza e la tutela sui Consorzi e sugli Enti ed Istituti affini previsti da leggi speciali e per il loro efficace coordinamento; E) Riordinamento dell'Ispettorato Corporativo quale organo incaricato dell'esercizio di queste nuove e complesse funzioni ispettive», A. Ficcadori, *Il controllo corporativo sui consorzi*, in «Raccolta di Studi Politici ed Economici diretta da Luigi Lojacono», III Serie, n. 66, Roma, 1939, pp. 1-8.

576 Un cenno ai «consorzi commerciali» veniva riservato dall'amministrativista Giovanni Solmi *cfr.* G. Solmi, *La teoria generale dei consorzi amministrativi nel diritto italiano*, Athenaeum, Roma, 1920, pp. 49-51.

577 L. Raggi, *Consorzi* in Nuovo Digesto Italiano, Vol. III, Torino, UTET, 1938, pp. 953-956.

ai *Consorzi commerciali* e curata dal giuscommercialista Giuseppe Auletta[578]. Raggi, seppur vero, cennava ai «consorzi obbligatori industriali», ma solo per sottolineare come «l'intervento dell'amministrazione nella loro formazione e nel loro funzionamento» dovesse portare a classificarli comunque tra «i consorzi volontari privati», affidando ad Auletta il compito di una loro disamina. I giuscommercialisti si trovarono così a dover affrontare, in solitudine, una situazione normativa di particolare complessità. I due provvedimenti legislativi avevano infatti introdotto una disciplina a marcato contenuto pubblicistico - peraltro caratterizzata da evidenti disomogeneità[579]-, senza però offrire una definizione giuridica del consorzio né tentare una sua sistemazione in chiave privatistica. Il risultato fu un quadro normativo frammentario e squilibrato, nel quale il legislatore sembrava presupporre l'esistenza del consorzio come istituto giuridico, senza tuttavia fornirne i necessari fondamenti teorici. In tal modo, veniva di fatto demandato alla dottrina il compito di colmare i vuoti concettuali lasciati aperti. Non si era proceduto, cioè, alla creazione di una nuova figura contrattuale tipica, con una struttura propria e autonoma, e si imponeva così la necessità di una ricostruzione induttiva dell'istituto consortile non solo sul piano giuridico, ma anche attraverso un inquadramento economico-funzionale, capace di distinguerlo con chiarezza da altri modelli organizzativi similari. La dottrina cercava pertanto di sottrarre il «regolamento giuridico del contratto di consorzio» a quella condizione di strutturale «incertezza» che, in assenza di un intervento normativo sistematico, stava inducendo i produttori a rivolgersi sempre più frequentemente a soluzioni giuridiche formalmente differenti - ma funzionalmente assimilabili - rispetto al contratto consortile. L'obiettivo immediato della classe industriale era infatti quello di accedere ai benefici connessi alla personalità giuridica, che il consorzio, nella sua configurazione indefinita e priva di riconoscimento tipico, non garantiva. In tal modo, si assisteva a una progressiva traslazione verso l'utilizzo di negozi causalmente diversi, quali società cooperative o anonime, strumenti in grado di offrire un quadro più certo sotto il profilo giuridico e, al tempo stesso, una flessibilità sufficiente a realizzare scopi consortili in forma indiretta[580]. Sulle elaborazioni dottrinali in tema di contratto di consorzio si tornerà a breve; resta tuttavia significativo, già in questa sede, osservare come la scienza economica, pur muovendosi da una prospettiva autonoma, abbia tentato di offrire una ricostruzione concettuale del fenomeno consortile che, per la sua forza sistematica, si è rivelata preziosa anche per la riflessione giuridica, contribuendo a delinearne un quadro interpretativo più articolato e consapevole. Sul piano della comprensione econo-

578 G. Auletta, *Consorzi commerciali*, in *Nuovo Digesto Italiano*, Vol. III, Torino, UTET, 1938, pp. 956-966.

579 Infatti, l'art. 1 della legge del '32 parlava di consorzi obbligatori tra esercenti uno stesso ramo di attività economica allo scopo di disciplinare la produzione e la concorrenza, mentre l'art.1 della legge del '37 faceva riferimento ai consorzi per la disciplina della produzione e della vendita fra gli esercenti di uno stesso ramo o di rami fra loro connessi di attività economica e di consorzi che raggruppano aziende produttrici di servizi.

580 G. Auletta, *Consorzi commerciali [...]*, cit., pp. 963-964.

Mario Rotondi[587] - che aveva esordito nel panorama accademico italiano con una monografia, frutto degli studi londinesi, dedicata all'istituto fiduciario del *trust*[588]. Franceschelli poneva l'accento sull'autonomia contrattuale delle parti coinvolte nell'accordo di consorzio, spogliandola delle connotazioni moraleggianti tipiche dell'elaborazione liberale, ed elevandola a criterio oggettivo, idoneo a distinguere tale accordo da altre forme aggregative quali i «gruppi», le «fusioni» e i «trusts», in cui - attraverso schemi contrattuali differenti - quell'autonomia veniva contrattualmente dissolta[589]. Parimenti, l'autonomia veniva ripresa come «spartiacque» per differenziare i consorzi volontari da quelli obbligatori, nei quali «non solo il "se", ma anche il "come" del consorzio» veniva «sottratto all'autonomia privata e regolato coattivamente mediante norme giuridiche»[590]. Certamente, la ricostruzione unitaria di Vito poteva affascinare qualche giurista, come Vittorio Salandra, che si cimentava nella ricostruzione di un concetto giuridico unitario di unioni di imprese da affiancare a quello economico[591], ma che tuttavia veniva prontamente respinto dalla maggioranza della dottrina. In particolare, Ascarelli, in virtù di quella ontologica differenza tra «ordinazione» economica e «ordinazione» giuridica, ricordava al collega l'impossibilità di una perfetta sovrapposizione dei due fenomeni, per come analizzati dalle due scienze[592]. La biparti-

587 Sulla figura di Rotondi si veda il denso saggio di A. Monti, *Un giurista «internazionale». Mario Rotondi (1900-1984) attraverso le sue carte*, in «Le Carte e la Storia. Rivista di storia delle istituzioni», 2/2017, pp. 20-31.

588 R. Franceschelli, *Il «trust» nel diritto inglese*, CEDAM, Padova, 1935.

589 R. Franceschelli, *I consorzi industriali*, CEDAM, Padova, 1939, p. 79.

590 *Ivi*, p. 94. Nel senso che mentre nei consorzi volontari l'obiettivo di dotarsi di personalità giuridica si perseguiva, attraverso «la forma della società anonima», nel consorzio obbligatorio è lo Stato stesso che, «provvedendo a creare ex novo un organismo consortile, gli conferisce, con lo stesso provvedimento con cui il consorzio viene costituito, la personalità giuridica», ivi, pp. 121-122. Una visione più articolata rispetto alla dottrina maggioritaria, caratterizzava, invece, la riflessione di Widar-Cesarini Sforza, il quale differenziava tra consorzi obbligatori amministrativi e consorzi obbligatori corporativi, in una ricostruzione tesa a marcare le differenze tra i 'prodotti' del «diritto tradizionale» da quelli dell'ordinamento corporativo: se i primi sono caratterizzati dall'obbligo, che essi hanno verso lo Stato, di raggiungere i loro scopi, perché sono scopi dello Stato, invece, i secondi, «hanno la cosiddetta potestà d'imperio (esplicantesi nella formazione di norme obbligatorie per tutta le imprese di una categoria), ma non la ricevono dallo Stato, perché la posseggono per la loro stessa natura di organizzazioni normative». Nei consorzi obbligatori amministrativi era lo Stato a sostituire «alla normazione consortile la sua legge», o a disciplinare «direttamente determinate attività produttive», o a fare dello «statuto del consorzio una parte integrante della propria legislazione», W. Cesarini Sforza, in AA. VV., *L'organizzazione sindacale e corporativa*, in *Trattato di Diritto Corporativo*, Parte Prima, Società Editrice Libraria, Milano, 1940, p. 441.

591 «le unioni di impresa sono vincoli giuridici stabili volontari o forzosi, cui gli esercenti una attività economica che abbia carattere di impresa si sottopongono o vengono sottoposti nell'interesse comune, e il cui oggetto consiste nella disciplina totale o parziale, a mezzo di una organizzazione collettiva, della suddetta attività, che viene esercitata individualmente», V. Salandra, *Il diritto delle unioni di imprese (Consorzi e gruppi) [...]*, cit., p. 84

592 «Il SALANDRA stesso [...] scrive che non esiste un contratto di gruppo, come esiste invece

anni '50, Ascarelli, ripercorrendo il dibattito dottrinale in tema di consorzi svoltosi durante il periodo qui preso in esame, ricordava come il fatto che «tutta la dottrina giuridica» fosse esclusivamente impegnata nell'«individuare il contratto di consorzio come contratto tipico e di dettarne la disciplina legale», avesse finito per mettere nell'ombra il «problema della liceità del consorzio» e «delle singole clausole delle intese consortili». Era questo, ricordava il giurista romano, un tema che, se sviluppato, avrebbe permesso di uscire dalla questione della liceità o illiceità in sé del fenomeno sindacale e di concentrarsi, piuttosto, sulle singole clausole contenute negli accordi di consorzio. Tuttavia, era il momento storico, argomentava il giurista, a rendere quell'opzione non percorribile: la crisi del '29, infatti, aveva fatto sì che si fosse sviluppata una fobia per le conseguenze degli eccessi di produzione, piuttosto che per i danni che una restrizione della concorrenza avrebbe potuto causare per il progresso tecnico e per i consumatori[608]. In questo senso, anche l'analisi della giurisprudenza dell'epoca permette di osservare questo 'stacco'. Infatti, se già nel 1919 compariva sulle pagine della *Rivista di diritto commerciale* una rassegna critica, particolarmente accurata, volta a fare il punto sullo stato della giurisprudenza in materia di concorrenza - e nella quale si ribadivano principi ormai divenuti patrimonio consolidato della scienza giuridica di epoca liberale[609] -, nel 1927 il Tribunale di Milano tornava ad affrontare esplicitamente il tema della liceità degli accordi restrittivi della concorrenza. In quell'occasione, l'accordo veniva ritenuto «valido» purché rispettasse due condizioni: fosse «limitato nel tempo» e riferito a «prodotti aumentabili o per i quali non fosse esclusa del tutto la libera concorrenza». Il giudice milanese confermava così la necessità di valutare ogni caso singolarmente, ma introduceva anche una distinzione concettualmente rilevante: separava l'esame della liceità dell'accordo in sé da quello relativo alle singole clausole contrattuali in esso contenute, aggiungendo un tassello ulteriore alla progressiva definizione giurisprudenziale del confine tra accordi leciti e illeciti[610]. In questa lenta e difficoltosa progressione verso un'analisi puntuale delle singole clausole contrattuali contenute negli accordi di cartello, la legislazione del 1932 intervenne in modo dirompente, affermando - sia pure indirettamente - una legittimazione legale generalizzata della realtà consortile. Una delle prime sentenze *post* crisi del '29 in materia di «*consorzi*», in evidente sintonia con il nuovo lessico legislativo, relegava la questione della liceità a una nota marginale a fine pagina[611].

consorzi», F. Franceschelli, *I consorzi industriali [...]*, p. 367.

608 *Cfr*. T. Ascarelli, *Sul progetto di legge «antitrust»*, in «Rivista Trimestrale di Diritto e Procedura Civile», Anno IV, 1950, pp. 742-759: p. 747.

609 *Cfr*. F. Pestalozza, *Rassegna critica della giurisprudenza in materia di concorrenza illecita (anno 1916-1917)*, in «Rivista di diritto commerciale», Parte I, 1919, pp. 248-252.

610 *Tribunale di Milano, 28 febbraio, 1927*, in «Il Foro italiano», I, 1927, p. 1062.

611 Cfr. *Corte d'Appello di Milano, 28 febbraio, 1933*, in «Il Foro italiano», I, 1933, nota. 3, p. 826.

Da quel momento in avanti, il tema della liceità scompare progressivamente dalla giurisprudenza, soppiantato da una presunzione normativa di conformità assoluta dei consorzi all'interesse pubblico. Ad entrare nelle sentenze, adesso, non erano più i discorsi sull'ordine pubblico dei Laurent, dei Marcadè, dei Borsari - per cercare di rimediare ai possibili abusi dei cartelli a tutela del 'sentimento morale della società' - ma direttamente la relazione di Asquini, funzionale, nel nuovo clima pienamente pro-consortile, a capire se i consorzi non costituiti in forma di società potessero o meno essere considerati delle società irregolari, e dunque, avere personalità giuridica[612]. È Auletta, annottando una sentenza del 1935, a cogliere appieno il nuovo clima nel quale i giuristi sono chiamati a prestare la propria opera intellettuale: se alla «fine dello scorso secolo» e con «l'alba del nuovo» si era assisto a un «impallidimento del domma della libera concorrenza», adesso la «grande crisi» e la «moderna economica» imponevano di edificare «un regime d'intesa», così da «eliminare la concorrenza» e «regolare la produzione». In questo spostamento degli assi portanti del sistema economico, i codici apparivano - per usare le parole di Finzi - «doppiamente fuori fase»[613], il «compito del giurista» e della «giurisprudenza» risiedeva nel «costruire un regolamento aderente ai bisogni economici che il contratto deve assolvere, preparandone così il futuro riconoscimento legislativo»[614]. Se, la giurisprudenza assolse al suo compito dichiarando solennemente, alla volta del '37, come «i consorzi tra esercenti di uno stesso ramo di attività economica non [fossero] contrari alla legge»: «le tendenze legislative odierne non li avversano, ma si propongono piuttosto di disciplinarli»[615], la dottrina, dal canto suo, riuscì a fornire al consorzio una disciplina contrattuale tipica. La codificazione del consorzio tra imprenditori, sancita negli articoli 2602 e seguenti del codice civile del 1942, si colloca come tappa terminale - per quanto non risolutiva - del peculiare processo normativo iniziato nel '32 e segnato dalla persistente tensione tra coordinate privatistiche e pubblicistiche. L'intervento codicistico non va inteso, pertanto, come semplice sistemazione tecnica, bensì come esito di un tentativo - solo parzialmente riuscito - di unificare sul piano formale istanze eterogenee che avevano dominato la disciplina consortile. La normativa degli anni Trenta, come visto, non aveva saputo offrire una disciplina civilistica compiuta dei consorzi. Essa si era mossa lungo direttrici prevalentemente funzionali, legate al controllo della produzione e alla razionalizzazione dell'offerta, piuttosto che orientate a una costruzione sistematica dell'istituto. Il risultato era stato un impianto normativo orientato alla

612 *Ivi*, pp. 834-836.

613 E. Finzi, *Verso un nuovo diritto commerciale* in «Archivio di studi corporativi», Anno IV, fasc. II, 1933, pp. 215-215.

614 G. Auletta, *Il contratto di consorzio ed il suo regolamento giuridico. Fallimento di un consorziato e suoi effetti, (Nota a Corte d'Appello di Milano, 13 gennaio 1936)*, in «Il Foro italiano», I, 1936, pp. 1086-1087.

615 *Corte d'Appello di Milano, 18 dicembre, 1936*, in «Rivista di diritto commerciale», II, 1937, p. 335 e p. 344.

regolazione e al coordinamento, ma privo di un fondamento concettuale chiaramente riconducibile al diritto privato. Sarà proprio questa «lacuna», avvertita già da una parte della dottrina dell'epoca, a offrire al legislatore del 1942 il pretesto, e insieme l'occasione, per tipizzare il consorzio tra imprenditori come contratto autonomo[616]. Ma l'operazione codificatoria, pur ambiziosa, non si sottraeva all'ambiguità di fondo: l'articolo 2602, pur nella sua formulazione sintetica, incorporava riferimenti concettuali tra loro disomogenei. Da un lato, la volontà di inquadrare il consorzio entro lo schema del contratto plurilaterale; dall'altro, la persistenza di elementi che rimandavano a una logica di intervento pubblico e a una funzione economicamente regolativa. La formulazione appare, quindi, il frutto di un compromesso teorico più che l'esito di una costruzione dogmatica coerente. Ciò che emerge è una figura ibrida, stratificata, che solo formalmente viene tipizzata, ma che continua a riflettere quella duplice matrice da cui proviene. Per questo la codificazione del consorzio va letta non solo come esito giuridico, ma anche come momento di cristallizzazione - ambigua - di tensioni ideologiche, economiche e sistematiche che avevano attraversato l'intera stagione del regime[617].

2.2. Un altro fronte comune di lavoro per giuristi ed economisti: l'irrisolto problema dell'idiosincrasia tra corporazione e consorzio

L'esigenza di offrire un sempre maggior riconoscimento giuridico a quella «tendenza moderna» alla categoria, spingeva Ascarelli ad addentrarsi nel terreno del diritto corporativo mettendolo, in 'concorrenza' con la prassi consortile. L'art. 8 comma 1 della Legge 5 febbraio 1934, n. 163[618], infatti, permetteva di:

> disciplinare non solamente rapporti intercorrenti tra imprenditori di categorie contrapposte rappresentate da associazioni sindacali [...] ma anche i rapporti tra

616 R. FRANCESCHELLI, *Per il regolamento legislativo dei consorzi industriali (Progetto e relazione) [...]*, cit., p. 524

617 *Cfr*. G. D. MOSCO, *I consorzi tra imprenditori*, Milano, Giuffrè, 1988, pp. 39-41.

618 Art. 8 comma 2: «La Corporazione esercita detta funzione in seguito a proposta dei ministri competenti o su richiesta di una delle associazioni collegate, con l'assenso del Capo del Governo». Art. 9: «Gli accordi stipulati, ai sensi dell'art. 12 della legge 20 marzo 1930, n. 206, da associazioni sindacali che siano collegate da una Corporazione, devono, prima della approvazione di cui all'art. 2 della presente legge, essere sottoposti al parere della Corporazione». Art. 10: «La Corporazione, nel ramo di sua competenza, ha facoltà di stabilire, nei modi di cui al secondo comma dell'art. 8, le tariffe, per le prestazioni ed i servizi economici e quelle dei prezzi dei beni di consumo offerti al pubblico in condizioni di privilegio». Art. 11: «Le norme, gli accordi e le tariffe di cui agli articoli precedenti sono soggetti alla approvazione dell'Assemblea Generale del Consiglio Nazionale delle Corporazioni e diventano obbligatori quando siano pubblicati con decreto del Capo del Governo, da inserire nella raccolta ufficiale delle leggi e dei decreti del Regno».

imprenditori nell'ambito di una stessa categoria ai fini di una disciplina unitaria della produzione. È pertanto possibile il dettare in via corporativa, e perciò con efficacia di diritto oggettivo e per tutti gli appartenenti alla categoria, avendo di mira i superiori interessi della economia nazionale e con la partecipazione di tutti gli interessati, quella disciplina della reciproca concorrenza tra imprenditori, che viene dettata con i contratti di cartello e consorzio, limitatamente a quanti vi partecipino, senza carattere di norma di diritto oggettivo, ad opera dei soli imprenditori consorziati e senza la partecipazione degli altri interessati[619].

Una simile ipotesi circolava già dalla fine degli anni '20 negli ambienti del corporativismo economico; era stato infatti Filippo Carli, dalle pagine di *Critica Fascista,* a porsi la domanda se fosse possibile estendere al campo economico il regime del contratto applicato nel campo del lavoro[620], venendo subito accolta dalla dottrina giuridica in una prospettiva de *jure condendo*[621]. Questa soluzione, però, era stata interpretata come una forma di controllo sui contratti-tipo, finalizzata a arrivare ad un'equa predisposizione delle condizioni generali di contratto[622]. Tuttavia, partendo dalla riflessione di Ascarelli, sembra emergere un secondo livello interpretativo, che ci riporta al problema tratteggiato all'inizio di questo capitolo, ossia quello sulla compatibilità tra corporazione e consorzio, tema questo che veniva sviluppato, portandolo alla sua estrema conseguenza, da Cesarini-Sforza:

> la legge 5 febbraio del 1934 permette una completa sostituzione della disciplina corporativa a quella consortile, riproducendone gli effetti ma insieme potenziandoli»; «permette [...] la formazione di una disciplina interconsortile senza bisogno di preventiva intesa fra le organizzazioni di categoria, poiché tale disciplina può essere dettata dalla corporazione[623].

Con gli accordi economici collettivi, dunque, si sarebbe potuti arrivare a superare le due legislazioni consortili '*precorporative*' e la necessarietà stessa di creare consorzi per disciplinare la concorrenza. Il quadro veniva arricchito dalle osservazioni di Franceschelli, che, aderendo all'impostazione binaria di Ascarelli - sarebbe stata la politica ad individuare «i limiti entro i quali con-

619 T. Ascarelli, *Consorzi volontari tra imprenditori*, Giuffrè, Milano, 1937, p. 56.

620 F. Carli, *Aspetti e problemi dell'economia corporativa*, in «Critica Fascista», 1928, pp. 409-410: p. 409.

621 «il tormentoso problema della colazioni industriali», dichiarava senza remore di sorta Dario Guidi, non poteva che trovare «la sua naturale e logica soluzione nel regime corporativo, attraverso la estensione del regolamento di categoria ai rapporti delle categorie produttrici fra di essi», D. Guidi, *Regime Corporativo e diritto commerciale*, in «Diritto e pratica commerciale», 1928, p. 11.

622 Sul tema si veda il saggio di G. Chiodi, *Un pioniere della giustizia contrattuale: Lorenzo Mossa e i contratti di adesione*, in «Quaderni fiorentini per la storia del pensiero giuridico», n. 45, 2016, pp. 249-293: particolarmente pp. 282-285.

623 W. Cesarini Sforza, in AA. VV., *L'organizzazione sindacale e corporativa [...]*, p. 448.

viene ricorrere ad una disciplina in via consorziale e dei casi nei quali invece è più opportuno far capo a una disciplina in via corporativa»[624] - sottolineava come si dovesse rilevare la presenza di «numerosi» accordi collettivi economici anche tra contrapposte categorie, nei quali era «evidente quello scopo di disciplina della produzione e dello scambio [...] propri dei consorzi industriali»[625]. Dal ricco materiale raccolto da Franceschelli, ci sembra che detti accordi possano trovare una corrispondenza con quelle intese che oggi definiremmo verticali, così come la possibilità di un loro utilizzo per disciplinare i rapporti economici tra imprenditori di una stessa categoria comportava, nei fatti, la creazione di intese orizzontali su di un livello superiore, ossia corporativo, dove la differenza rispetto ai consorzi era data dal fatto che le clausole contrattuali, proprie di questi ultimi, venivano recepite come norme giuridiche, dotate di efficacia generale[626]. La conseguenza di una simile impostazione era già stata intuita intorno al 1927, nella consapevolezza che avrebbe potuto condurre, seppure indirettamente, a una cartellizzazione obbligatoria dell'economia[627], previo assenso, in virtù della normativa del '30, del capo del

---

624 T. Ascarelli, *Consorzi volontari tra imprenditori*, Giuffrè, Milano, 1937, p. 56-57.

625 R. Franceschelli, *I consorzi industriali [...]*, cit., p. 178.

626 «Gli accordi economici collettivi, che pur potendo intervenire [...] a disciplinare materie di carattere consortile [...] si differenziano dai consorzi per la loro qualità di vere e proprie norme giuridiche», *ivi*, p. 350. Oltretutto, il «sistema» verticale poteva comunque servirsi di «un consorzio volontario» come «mezzo di attuazione degli obblighi imposti dall'accordo economico, e perché, nei limiti tracciati dall'accordo stesso, il consorzio distribuisce tra i produttori le ordinazioni che gli pervengono, e perché si introduce anche una specie di rispetto delle zone. Sicché può ben dirsi che [...] si ha il cumulo di due strumenti potenzialmente diretti allo stesso scopo, ma che si integrano attraverso la subordinazione del consorzio all'accordo economico, o meglio attraverso la necessità che l'azione del consorzio sia conforme alle disposizioni dell'accordo. Si che quest'ultimo, da un lato, rafforza i vincoli di coesione già esistenti tra i produttori, e mira, dall'altro ad attuare un regolamento giuridico della collaborazione tra le opposte categorie economiche dei produttori e dei commercianti», *ivi*, p. 179.

627 «Si può pensare addirittura alla estensione, senza alcun limite, dell' istituto del contratto collettivo dal campo del lavoro al campo economico, nel senso di dar forza obbligatoria *ex lege* nei confronti di tutta una categoria di produttori e della corrispondente categoria di commercianti a contratti-tipo di vario contenuto economico, in guisa da obbligare le intere categorie professionali interessate alla loro osservanza nella conclusione dei contratti particolari, si tratti di soci iscritti o non iscritti alle corrispondenti, associazioni sindacali. Si può pensare, più modestamente, a rendere obbligatori ex lege, nei confronti di tutta una categoria di produttori, soltanto alcune specie di contratti-tipo unilaterali aventi per oggetto questioni di razionalizzazione, e, nei confronti di tutta una categoria di produttori e della corrispondente categoria dei commercianti, alcune specie di contratti-tipo bilaterali aventi per oggetto materie ben determinate e che, comunque, non concernino i prezzi né questioni di ripartizione di clientela. Con l'attuazione del primo dei due sistemi si giungerebbe, in sostanza, alla creazione di veri e propri consorzi obbligatori anche in materia di prezzi e di ripartizione di clientela fra industriali e commercianti dei vari rami di produzione, consorzi che legherebbero costoro in un sistema economico rigido dove la libertà di concorrenza per i singoli sopravviverebbe in un campo assai modesto», V. de Sanctis, *Le concentrazioni industriali e commerciali nella legislazione italiana*, in Studi di diritto e pratica commerciale, Serie II, n. 29, Edizioni di «*Diritto e pratica commerciale*», Roma, 1927,

Governo[628]. Si trattava, come ricordava Vito, della declinazione in chiave giuridica della posizione economica massimalista di Carli (e di Rocco), alla quale si contrapponeva la richiesta di «attribuire il controllo dei consorzi alla Confederazione degli industriali»[629]. Ambedue le tesi erano, per l'economista della Cattolica, incoerenti con la logica del sistema corporativo, che non era compatibile né con processi di cartellizzazione obbligatoria generalizzata, anche dietro la rassicurante dicitura di 'accordo economico collettivo', né con una diffusione di un consorzialismo volontario senza controlli. Per l'economista, queste posizioni erano il frutto di quella poca chiarezza delle normative del '32 e del '37, che nell'attribuire il controllo sui consorzi alla corporazione, avevano lasciato «completamente nell'ombra» il come «dovesse svolgersi l'attività disciplinatrice» da parte di quest'ultima[630]. In particolare, Vito, in virtù di quella *insostituibile funzione dei consorzi* sulla quale, come si ricorderà, aveva posto l'accento alla volta del '26, osservava che la «conclusione» di Carli era «più ampia della premessa»:

> se è esatto che alla corporazione spetti, in ultima istanza, la disciplina dei prezzi e della produzione. Sottrarre alle private formazioni monopolistiche il potere di regolare a loro arbitrio il mercato non significa negar ogni funzione, e quindi lo stesso diritto di esistenza, alle associazioni di imprese. Significa delimitare la sfera

p. 19. Una simile valutazione troverà riscontro anche nella riflessione di Cesarini Sforza, che ne coglierà le implicazioni sistemiche con particolare chiarezza: «Qualsiasi regolamento collettivo di rapporti economici, stabilito sia mediante accordi sia mediante norme, si risolve in clausole tipiche che operano imperativamente nei contratti individuali. Se è la corporazione che determina queste clausole, con ciò essa colloca ciascuna categoria d'imprese, a cui le norme si riferiscono, in una posizione cartellistica; le singole imprese di una categoria sono vincolate ad applicare le suddette clausole alle imprese della categoria contrapposta la soluzione corporativa non fa che riprendere quella cartellistica. Quando poi le corporazioni stabiliscono le tariffe per le prestazioni ed i servizi economici, o i prezzi dei beni di consumo offerti al pubblico in condizione di privilegio, si può parlare di veri e propri cartelli creati corporativisticamente», W. Cesarini Sforza, *Corporazione e consorzi*, in «Commercio: rivista mensile dell'economia commerciale italiana», n. 7, 1936, p. 367.

628 Art. 11, legge 20 marzo 1930, n.206: «Le norme, gli accordi e le tariffe di cui agli articoli precedenti sono soggetti alla approvazione dell'Assemblea Generale del Consiglio Nazionale delle Corporazioni e diventano obbligatori quando siano pubblicati con decreto del Capo del Governo, da inserire nella raccolta ufficiale delle leggi e dei decreti del Regno».

629 F. Vito, *Prezzi e costi del regime corporativo dei consorzi*, in «*Commercio: rivista mensile dell'economia commerciale italiana*», n. 9, 1938, p. 33. Una simile logica era sostenuta dallo stesso Carli, il quale, come riporta Vito, osservava che «Quando si è stabilito - scriveva il Carli - con la legge 5 febbraio 1934 che la corporazione nel ramo di sua competenza ha la facoltà di stabilire le tariffe per le prestazioni ed i servizi economici, e quelle dei beni offerti al pubblico in condizioni di previlegio, si è voluto togliere all'arbitrio degli interessi particolari la manovra libera sui mercati, attraverso formazioni di carattere monopolistico», *(ibidem)*.

630 *Ivi*, p. 32.

d'azione delle coalizioni rispetto a quella della corporazione attribuendo a quest'ultima la disciplina definitiva del mercato[631].

Considerazione queste già recepita, come si è visto, dagli ambienti del corporativismo progressivo e dalla quale ne erano discesi una serie di interrogativi[632], cui si faticava a dare risposte che uscissero da un mero idealismo[633]. Diversamente, Vito, non esattamente il prototipo dell'economista corporativo, preoccupato che l'economia corporativa potesse divenire «un'economia totalitaria di monopolisti»[634], riusciva a penetrare il tema, osservando come i rapporti tra corporazione e consorzi dovevano essere intesi all'interno di una scala gerarchica, nella quale la funzione della corporazione era quella di imporre al consorzio di non oltrepassare, nella fissazione del prezzo, il livello del costo dell'impresa marginale[635]. Tuttavia, tale obbligo doveva essere integrato, «per non avere un irrigidimento di posizioni», con l'ordine all'impresa marginale di dare corso a un miglioramento della propria struttura produttiva per addivenire alla riduzione dei costi[636]. Questa ricostruzione, della quale non siamo interessati a saggiare la validità, in quanto usciremmo dal nostro campo di studio e che, per Vito, doveva essere messa al centro di

631 *Ivi*, p. 33.

632 «a) Come espressione dell'iniziativa privata, entro quali limiti ed a quali condizioni possono i consorzi arricchire la funzione di essa nel quadro dell'economia corporativa? b) Sino a che punto la loro azione può considerarsi una forma di autodisciplina indirizzata a finalità corporative, e quindi fattispecie concreta di operante coscienza corporativa? c) Sino a che punto essi possono esplicare la propria attività organizzativa con aderenza maggiore alle particolari situazioni produttive che non quella con la quale in loro assenza agirebbero gli organi corporativi? I vantaggi di questa autodisciplina potrebbero venire neutralizzati da eventuali maggiori difficoltà che da essa stessa conseguissero a quel controllo degli organi corporativi che non deve comunque mancare?», P. Corti, *Consorzi e corporazioni [...]*, pp. 20-29.

633 Sul punto *cfr. ivi*, pp. 23-28.

634 F. Vito, *Prezzi e costi del regime corporativo dei consorzi [...]*, cit., p. 34.

635 La conseguenza era chiara, se «il prezzo di consorzio [...] si elevasse al di sopra del costo dell'impresa marginale, assicurerebbe profitti esorbitanti alle imprese coalizzate e si risolverebbe in un palese sfruttamento del consumatore in quanto quel prezzo andrebbe al di là della riconosciuta funzione del consorzio, consistente nel conservare l'impresa marginale», *ivi*, p. 37.

636 «Le imprese producenti a costi inferiori a quello dell'impresa marginale, vedendosi garantito dal controllo corporativo un discreto margine di profitto, non sarebbero più stimolate a migliorare l'organizzazione tecnica ed economica della produzione, in vista della riduzione dei costi. Tanto meno sarebbe stimolata in tale direzione l'impresa marginale. Per ovviare a tale inconveniente, occorrerebbe integrare la misura di controllo dianzi indicata con l'obbligo fatto all'impresa marginale di migliorare la propria struttura produttiva e pervenire alla riduzione dei costi. Ciò stimolerebbe indirettamente anche le rimanenti imprese al progresso tecnico, perché, in previsione della riduzione del prezzo di consorzio, da attuarsi in armonia con la riduzione del costo dell'impresa marginale, esse sarebbero interessate a conservare il medesimo margine di profitto e ciò non potrebbero ottenere se non riducendo il proprio costo», *ibidem*.

una «riforma della disciplina dei consorzi»[637], veniva lodata dagli ambienti del corporativismo progressivo. Si dava corso così ad una sua sistematizzazione, circoscrivendo le varie fasi che il controllo corporativo avrebbe dovuto avere[638]. Tuttavia, come già osservato, nessuna riforma venne mai alla luce, la mentalità cartellistica degli industriali, per come l'abbiamo descritta precedentemente, resistette tanto alle posizioni massimaliste quanto al corporativismo progressivo. Se si osserva la parte pubblicistica della normativa in tema di consorzi contenuta nel codice del 1942, né l'art. 2618, relativo all'approvazione dei contratti consortili, né l'art. 2619, sul controllo dell'attività consortile, contengono elementi che facciano intravedere una funzione 'guida' della dimensione corporativa[639]. Allo stesso modo, l'art. 2616, nonostante fosse presentato come una «norma generale che va decisamente oltre le disposizioni della legge 16 giugno 1932 n. 834»[640], si limitava a riprodurre il potere dell'autorità governativa di creare consorzi e di trasformare quelli volontari in obbligatori[641]. Nella Relazione al Codice si ritornava sulla necessità di sviluppare un adeguato controllo corporativo, tuttavia, il rapido cenno riservato sul tema dal Guardasigilli Grandi appare più come un richiamo di circostanza, uno dei tanti *refrains* che pullulavano le riviste del regime, che una progettualità dai contorni definiti[642].

---

637 F. Vito, *Riforma della disciplina corporativa dei consorzi*, in «Commercio: rivista mensile dell'economia commerciale italiana», n. 12, 1939, pp. 3-7.

638 I «momenti [...] del processo di controllo della corporazione sul consorzio debbono essere: a) individuazione dell'impresa marginale; b) esatta conoscenza della curva dei costi di essa; c) azione di stimolo e di coazione dell'impresa marginale al miglioramento della propria struttura produttiva ed alla riduzione quindi del proprio costo; d) azione di contenimento, nell'interesse dei consumatori, del prezzo di consorzio al livello di semplice copertura del costo dell'impresa marginale», P. Corti, *Un notevole contributo alla soluzione del problema del controllo corporativo*, (Estratto da «Economia», Anno XVI, Nuova Serie, Volume XII, N. 3-4), 1939, pp. 1-2.

639 Art. 2618: «I contratti previsti nel presente capo, se sono tali da influire sul mercato generale dei beni in essi contemplati, sono soggetti ad approvazione da parte dell'autorità governativa, sentite le corporazioni interessate». Art. 2619: «L'attività dei consorzi è sottoposta alla vigilanza dell'autorità governativa. Quando l'attività del consorzio risulta non conforme agli scopi per cui è stato costituito, l'autorità governativa può sciogliere gli organi del consorzio e affidare la gestione a un commissario governativo ovvero, nei casi più gravi, può disporre lo scioglimento del consorzio stesso».

640 Ministero di Grazia e Giustizia, *Codice Civile: Testo e Relazione Ministeriale*, Istituto Poligrafico dello Stato, Roma, 1943, n. 1056, p. 242.

641 Art. 2616: «Con provvedimento dell'autorità governativa, sentite le corporazioni interessate, può essere disposta, anche per zone determinata, la costituzione di consorzi obbligatori fra esercenti lo stesso ramo o rami similari di attività economica, qualora la costituzione stessa risponda alle esigenze dell'organizzazione della produzione. Nello stesso modo, ricorrendo le condizioni di cui al comma precedente, possono essere trasformati in obbligatori i consorzi costituiti volontariamente».

642 «La disciplina data dal codice ai consorzi, inquadrata nell'ordine corporativo, postula necessariamente un sistema di controlli sulla costituzione e sull'attività dei consorzi stessi,

3. Il consorzialismo nella Spagna di Primo de Rivera: un ingranaggio di una politica economia frenetica

Alla volta del 1933, Lorenzo Mossa teneva presso *l'Universidad Central* di Madrid tre conferenze dedicate all'analisi dell'impresa negli ordinamenti sovietico, nazionalsocialista e corporativo italiano, sottolineando la necessità di superare un diritto commerciale ormai inadeguato alle trasformazioni dell'economia contemporanea. A suo avviso, occorreva dar vita a un nuovo *derecho de la economía*, incentrato, come noto, sulla teoria dell'impresa[643]. Di queste tre lezioni, è la prima - intitolata *Derecho mercantil y transformaciones del capitalismo* - a sollecitare in particolare la nostra attenzione, in quanto strettamente connessa ai temi qui trattati. Agli occhi di Mossa, il modello corporativo italiano rappresentava, per i colleghi spagnoli, un possibile punto di riferimento: una soluzione da ammirare, capace di offrire risposta ai «problemas de la organización económica» attraverso una valorizzazione al «máximo» del «principio asociativo». Una valorizzazione che si realizzava anche attraverso il riconoscimento dei «sindicatos económicos de la producción, de la industria y del comercio», non tanto come meri organi di rappresentanza settoriale, quanto piuttosto come strumenti funzionali agli obiettivi generali del sistema corporativo, in particolare quelli di «asistencia, desenvolvimiento y protección»[644]. La riflessione sul rapporto tra Stato e cartelli sarà poi ripresa e ampliata dallo studioso italiano l'anno successivo, in un nuovo ciclo di conferenze tenuto presso l'*Universidad Internacional de Santander*, dove Mossa individuava una seconda tendenza emergente: quella del «tránsito del cártel libre al obligatorio», da lui definita come una «fase característica y verdaderamente nueva del Derecho de la Economía»[645]. Le considerazioni di Mossa non dovevano sorprendere più di tanto i suoi interlocutori: la Spagna era uscita da pochi anni dall'esperienza della dittatura di Primo de Rivera, che aveva fatto dell'intervento statale in economia - anche attraverso

---

perché in tanto essi sono tutelati, in quanto operano nel quadro degli interessi superiori della produzione e secondo le direttive fissate dalle corporazioni per i rispettivi settori economici», MINISTERO DI GRAZIA E GIUSTIZIA, *Codice Civile: Testo e Relazione Ministeriale [...]*, n. 1057, p. 242.

643 Per un'analisi della teoria mossiana dell'impresa, «segnata da oscurità e ambiguità di cui l'autore [...] costella le proprie pagine», si veda P. GROSSI, *Scienza giuridica italiana. Un profilo storico (1860-1950)*, Giuffrè, Milano, 2000, pp. 196-205.

644 L. MOSSA, *Las Conferencias del Profesor Mossa en la Universidad Central (Pronunciadas los días 29 y 31 de marzo y 1° de abril)* in «Revista del Derecho Privado», Tomo XX, (enero-diciembre), 1933, pp. 251-252. Si tratta, come riporta la nota redazionale contenuta a fine pagine, di un «resumen» redatto «personalmente» da Mossa.

645 A. POLO, *Principios del Derecho de la Economía. Por el Prof. Lorenzo Mossa, Extracto de las Conferencias pronunciadas en la Universidad Internacional de Santander, Curso verano 1934*, in «Revista del Derecho Privado», Tomo XXI, (enero-diciembre), 1934, p. 354.

la promozione di *consorcios* obbligatori - il fulcro della politica economica del regime. Lo stesso Primo de Rivera, in un registro ampiamente celebrativo, non esitava a «dar gracias a Dios por haberme inspirado la creación del Consejo de la Economía Nacional [...], su Comité Regulador de la Producción», insieme a quell'insieme di strutture regolatrici - «Consorcios y Comités reguladores» - attraverso cui intendeva dare forma a un nuovo ordine economico ispirato all'intervento coordinato dello Stato[646]. Era un tema, quello dei consorzi, probabilmente troppo compromesso con l'architettura economica del regime precedente, la cui politica aveva finito per rafforzare i gruppi di potere già consolidati in Spagna[647], perché potesse essere oggetto di ampie e serene trattazioni da parte della dottrina giuridica. La Repubblica, infatti, pur riconoscendo la centralità dell'intervento statale in economia, stava cercando di costruire una politica economia tutta tesa al 'sociale'[648]: «[u]n Estado intervencionista y director en el ámbito económico, pero no controlador, tuitivo de los derechos y libertades de las personas comenzando por la igualdad»[649].

---

646 M. Primo de Rivera, *El intervencionismo en la producción*, in *El pensamiento de Primo de Rivera (sus notas, articulos y discurso)*, Madrid, 1929, p. 329. Qualche parola sul *Comité Regulador de la Producción Nacional* si rende necessaria, una delle principali leve d'intervento nella strategia economica adottata dal regime di Primo de Rivera. Questo organismo introdusse un sistema autorizzativo preventivo, volto a regolare la costituzione di nuove imprese, nonché l'ampliamento e il trasferimento degli impianti industriali esistenti, con l'obiettivo, come si accennerà in chiusura di capitolo, di estendere l'esperienza della *Ley Osma*. Tuttavia, l'internazionalistica invitava a ridimensionare la porta di questo organismo, sottolineando como «après que l'autorisation préalable a été accordée, l'administration n'intervient pas dans la gestion de ces entreprises et ne cherche pas à s'opposer à la concentration industrielle qui se produit en Espagne», *ESPAGNE, (Etude presentè par M. R. DECUSIG)*, in H. Decugis, R. E. Olds, S. Tschierschky, *Etude sur le régime juridique des ententes industrielles [...]*, cit., p. 52.

647 Sul punto si veda diffusamente, C. González Martínez, *La Dictadura de Primo de Rivera: una propuesta de análisis*, in «*Anales de Historia Contemporánea*», n. 16, 2000, pp. 337-408.

648 «La dirección de la economía, la intervención en el mercado y las políticas activas forzosas e ineludibles en la medida que suponen una obligación del Gobierno y Administraciones Públicas en cuanto órganos estatales frente a sus administrados» sono «elementos irrenunciables del Estado Social de la época y requisitos todos que recogerá la Constitución de 1931», C. Álvarez Alonso, *El estado social de la segunda república española (1931)*, in «Quaderni fiorentini per la storia del pensiero giuridico moderno», n. 46, 2018, (*Giuristi e stato sociale*), Tomo I, p. 321.

649 *Ivi*, p. 334. In questa direzione ci sembra andare il preambolo del *Real Decreto de 28 de febrero de 1930* del *Ministerio de Econonúa Nacional*, con il quale si «desmontaba en concreto la política de autorización previa para la instalación y ampliación de industrias que había sido adoptado por la Dictadura en 1926» e si affermava solennemente che «"había en este concepto de la intervención coercitiva del Estado en el libre juego de la producción industrial un error fundamental, que consiste en pretender sustituir la acción automática de la contraposición de fuerzas que crea la competencia, por una regulación oficial que somete a la producción a una tutela que, si en algún caso puede evitar daños aislados o riesgos de determinados sectores de la producción, la expone en cambio globalmente a toda ella a los inconvenientes de una debilitación de sus impulsos y a un entorpecimiento de su acci6n, que, a la larga, no podía menos de slealtamente peljudicial"», cit. in P. Fraile

I colleghi spagnoli, comunque, accolsero con favore le riflessioni del «Maestro» sulle due tipologie di consorzi e, recensendo le *note preliminari* di Ascarelli in tema di consorzi volontari, sollevavano un interrogativo lasciato aperto: «¿cuál deberá ser la doctrina que los juristas elaboren acerca de estos contratos y cláusulas especiales?»[650]. Tuttavia, fu piuttosto il tema dell'impresa - sollecitato anche dall'intervento di Mossa - ad attirare l'attenzione della riflessione scientifica, trovando un primo terreno di elaborazione nell'opera di Joaquín Garrigues[651].

Nonostante l'assenza di una vera elaborazione giuridica sul tema, si può cogliere come gli anni della dittatura abbiano contribuito a legittimare il consorzialismo volontario. Già nel 1926, infatti, la giurisprudenza - in sintonia con le idealità economiche promosse dal regime - aveva riconosciuto senza riserve la liceità delle intese tra imprese. Questo mutamento di mentalità in senso pro-consortile veniva prontamente riferito da uno dei maggiori economisti spagnoli dell'epoca, Román Perpiñá Grau[652], il quale osservava che la finalità principale delle imprese, nel costituirsi in sindacati economici, risiedeva nel duplice obiettivo di «obtener mayores beneficios y disminuir el riesgo de su capital», obiettivi raggiungibili «anulando la competencia, adaptando la producción a la demanda del mercado y fijando luego los precios»[653]. Pur consapevole dei rischi insiti in tali concentrazioni - «los sindicatos, si bien es verdad que merced a su gran potencia adquirida se prestan a abusos de poder» - Perpiñá ne sottolineava al tempo stesso il valore sistemico, riconoscendo che «la fuerza económica organizada que representan rinde a todo Estado incalculables beneficios»[654]. L'articolo di Grau descrive il *modus ope-*

BALBÍN, *La intervención económica durante la Segunda República*, in J. VELARDE FUERTES, (coord.), *1900-2000. Historia de un esfuerzo colectivo: cómo España superó el pesimismo y la pobreza*, Vol. I, Planeta, Madrid, 2000, p. 428. Per un'analisi delle continuità e discontinuità nella politica economica tra dittatura e repubblica si veda diffusamente il capitolo citato.

650 E. LENGLE, *Ascarelli (Tullio): Note preliminari sulle intese industriali (Cartelli e Consorzi). - Padova, Cedam, 90 págs.*, in «Revista del Derecho Privado», Tomo XXII, (Enero-diciembre), 1935, p. 354.

651 Per una biografia del commercialista spagnolo e sul suo contributo alla sistemazione teorica dell'impresa in Spagna si veda, F. MAZZARELLA, *Un diritto per l'Europa industriale, [...]*, cit., pp. 273-286.

652 Per una ricostruzione della traiettoria scientifica di Perpiñá Grau e per i suoi studi sui cartelli si veda, J. VELARDE FUERTES, *Homenaje al Excmo. Sr. D. Román Perpiñá Grau*, in «Anales de la Real Academia de Ciencias Morales y Políticas», Real Academia de Ciencias Morales y Políticas, Madrid, n 71, 1994, pp. 553-575.

653 R. PERPIÑÁ GRAU, *Sindicatos y evolución industrial. Una síntesis de las grandes fuerzas de organizació económica*, in «La industria española: Revista mensual. Organo de la Cámera oficial de industria de Barcelona», Año X, núm. 117/118/ 119, 1926, pp. 365-367; pp. 2-4; pp. 34-36: p. 2.

654 *Ivi*, p. 366.

randi delle aziende sindacate, tratteggia - sebbene ancora con un linguaggio che a breve non sarà più attuale - la differenza tra cartello (*sindicato*) e gruppo (*trust*), dando conto, tra l'altro, delle «corrientes actuales» delle cartellizzazione internazionale. Ciò che, tuttavvia, è assente nella ricostruzione dell'economista è la proposta di strumenti correttivi per contenere gli eventuali abusi provocati dal movimento sindacal-industriale, dei quali l'autore mostra di essere pienamente consapevole[655]. Il regime, dal canto suo, intervenne sul piano legislativo attraverso un parziale rinnovamento della codificazione, volto più a riaffermare l'autorità normativa che a incidere strutturalmente sull'ordinamento economico. Non tanto, però, attraverso il codice penale del 1928, con il quale ci si limitava a riproporre, senza sostanziali modifiche, il tradizionale delitto di *maquinaciones para alterar el precio de las cosas*, quanto piuttosto con la riforma del Libro II del *Código de Comercio*, nel quale vennero inseriti - per citare l'organo di stampa degli industriali spagnoli - «unos tímidos inicios de legislación antitrust, determinándose que por razón de interés público, atendiendo al número y calidad de los componentes, podrá exigirse el otorgamiento de permisos gubernativos para su constitución y funcionamiento»[656]. Si trattava, per la verità, dell'introduzione di una forma di pubblicità e di controllo estremamente tenue, ben lontana dalla portata dell'*antitrust* statunitense e ancor più dalla complessità sistemica della legislazione tedesca in materia di cartelli, della quale si raccoglieva puntuale eco nella *Revista de Derecho Privado*, anche grazie alla collaborazione con ambienti accademici tedeschi[657]. In realtà, l'art. 202 della riforma del *Código de Comercio* sanciva un pieno riconoscimento della mentalità cartellistica, autorizzando esplicitamente le compagnie mercantili a «unirse, asociarse y federarse con otras Compañías para la realización en común de operaciones de comercio propias del negocio o negocios a que se dediquen y para el cumplimiento de ortros fínes lícitos propios de la vida mercantil»[658]. Il pro-

---

655 Va segnalato che il tema dei *trusts* e dei *cartelli* era tornato al centro della riflessione negli ambienti accademici spagnoli già da alcuni anni, grazie al «concurso ordinario de 1918» bandito dalla *Real Academia de Ciencias Morales y Políticas*. Tuttavia, le due opere vincitrici, pubblicate alla volta del 1920 - H. Yaben y Yaben, *Función económica y social de los trusts*, Madrid, 1920, e L. Pérez-Ordoyo y Lapeña, *Función económica y social de los trusts*, cit., - affrontarono il tema da una prospettiva prevalentemente economica, senza introdurre elementi sostanzialmente nuovi rispetto alle riflessioni già sviluppate da Gascón y Marín agli inizi del secolo.

656 *La reforma del Codigo de Comercio*, in «La Industria Nacional: Organo de la liga nacional de productores», Año XIX, Madrid 31 de octubre de 1926, núm. 226, 1926, p. 147.

657 H. Stoll e L. Perels, *Reseña crítica de la legislació, bibliografía y jurisprudencia del derecho privado alemán durante el año 1923*, in «Revista de Derecho Privado», Tomo XI, (mayo), 1924, p. 152.

658 J. F. Lasso Gate, *Codificación mercantil*, in *Crónica de la codificación española*, Vol VI, Ministerio de Justicia (Comisión General de Codificació), Madrid, 1998, pp. 480-481. Sull'*otorgamiento de permisos gubernativos* si veda, *ivi*, p. 433.

getto, travolto da numerose critiche, non fu mai approvato[659]. Tra le tante contestazioni risalta quella del liberale Luis Olariaga - *catedrático* di *Política Social y Legislación comparada del Trabajo* alla Centrale di Madrid[660] - il quale, già impegnato da anni nella denuncia del *trust azucarero*, non esitava a condannare in modo netto i cartelli tra imprenditori[661], attaccando l'«ambiente» e «las personas» intervenute nella redazione dell'progetto[662]. Il riferimento correva ai senatori Antonio Goicoechea Cosculluela e José María González de Echávarri y Vivanco - *Catedrático de Derecho Mercantil* presso l'Università di Valladolid[663]- entrambi appartenenti al campo conservatore e legati alle idealità interveniste di Maura. Era contro questa tradizione - orientata a «promover toda clase de intervenciones y reglamentaciones de la vida española [...] por el interés profesional de una clase» - che si levava con fermezza la critica di Olariaga. La riflessione del giurista andava però oltre il contingente, per sottolineare come era stata indirettamente la guerra ad esacerbare «el esprítu intervencionista» dell'epoca maurista[664]. È infatti del 2 marzo 1917 la *Ley de Auxilio* a las Industrias che «completó» la *Ley de Protección* del 1908[665]; ed è «en virtud de la facultad concedida al Gobierno por la ley de 2

659 Sul punto si veda, C. Petit, *Democracia y Derecho Mercantil. Textos y contextos de Joaquín Garrigues, Nuevos hechos, nuevo Derecho de Sociedades anónimas (1933)*, in «Revista de Derecho Mercantil» n° 307, 2018, pp. 196-197.

660 Per una biografia di Olariaga si veda M. Castro Valdivia, *Olariaga y Pujana, Luis (1885-1976)*, in C. Petit (a cura di), *Derecho ex cathedra (1847-1936): diccionario de catedráticos españoles [...]*, cit., pp. 329-330.

661 «Otra de las causas o de los factores perturbadores del funcionamiento normal de la economía liberal han sido los sindicatos industriales, los consorcios de productores (...) tratando a todo trance de defender los precios sin rebajarlos, aunque hubiese que ir restringiendo la producción. Por conservar los precios se ha ido destrozando la producción. He aquí uno de los factores que influye en ese mecanismo elástico de la economía liberal, que le da una rigidez en un sector muy importante de su formación y que evita que se produzca la necesaria articulación, el necesario reajuste de la oferta y de la demanda», cit. in B. PÉREZ CALLE, *La modernización de la economía en España a través del discurso periodístico: unas referencias al papel de Luis Olariaga [...]*, cit., p. 132.

662 L. Olariaga, *Espíritu y orientació de la reforma del Libro II del Código de Comercio (Conferencia pronunciada en Bilbao el día 31 de enero de 1927)*, Editorial Vizcaina, Bilbao, 1927.

663 In particolare, per una biografía di Echávarri si veda, C. PETIT, *González de Echávarri y Vivanco, José María, (1875-1950)*, in C. Petit (a cura di), *Derecho ex cathedra (1847-1936): diccionario de catedráticos españoles [...]*, cit., pp. 222-223.

664 L. Olariaga, *Espíritu y orientació de la reforma del Libro II del Código de Comercio [...]*, cit., p. 7.

665 Sul punto si veda, J. L. García Ruiz, *Introdución*, in J. L. García Ruiz (a cura di), *Políticas industriales en España. Pasado, presente y futuro*, Ediciones Parainfo, Madrid, 2019, p. XII. Per un approfondimento della normativa del '17 come completamente della normativa del 1908 e mezzo «de fomento del nacionalismo ecónomico en apoyo de la burguesía nacional» si veda A. Serrano Gutiérrez, S. Roldán López, J. Muñoz, *La vía nacionalista del capitalismo español*, Tomo I, *Orgines y desarollo (1874-1923)*, in «Cuadernos económicos de ICE, n. 5, 1978, pp. 192-198.

Marzo» che venne creato il primo consorzio obbligatorio spagnolo: un *Consorcio nacional carbonero* entre todos los productores de combustibles, istituito per far fronte (anche) alla «nuevas dificultades de competencia cuando la guerra termine»[666]. Questi provvedimenti si inscrivevano nella tradizionale commistione tra amministrazione ed economia che caratterizzava la Spagna sin dall'epoca liberale, una tendenza che la guerra non fece che amplificare. Non erano mancati, in tal senso, rilievi critici volti a evidenziare le ripercussioni che il conflitto aveva avuto sull'assetto giuridico delle legislazioni dei paesi belligeranti[667]. A ciò si aggiunse, in ambito spagnolo, un interventismo statale sempre più marcato nella sfera economica, promosso e consolidato dal regime[668]. A ben vedere, l'ipertrofia normativa che caratterizzò la politica economica di Primo de Rivera non fu tanto il frutto di una visione personale - come pure il dittatore si compiaceva di suggerire, attribuendosi, come visto in precedenza, un'ispirazione quasi provvidenziale - quanto piuttosto l'effetto composito delle diverse correnti interventiste che animavano il suo governo. Tuttavia, un cambio di passo si rese evidente a partire dal 1925, con il passaggio dal direttorio militare a quello civile: fu allora che si assistette, al «paso de las soluciones improvisadas a una economía planificada y dirigida»[669]. Alla guida dei ministeri chiave venne posta una nuova élite tecnica, identificata come «capa tecnocrática», promotrice di un disegno economico più coerente, nel cui ambito anche il processo di cartellizzazione obbligatoria - promosso in particolare dal *Ministro de Fomento*, Rafael Benjumea y Burín - poté trovare spazio e legittimazione[670]. La cartellizzazione, in ogni caso, non si affermò mai come architrave di sistema, rimanendo piuttosto uno degli ingranaggi - per

666 *Real decreto de1 2 de Julio de 1917*, in «Gaceta de Madrid», 14 Julio 1917, n. 195, pp. 160-162. Sulla questione carbonifera e sulle aspirazioni sottese alla creazione di questo consorzio si veda, G. Nuria Rabanal, *El sector minero energético*, in AA. VV. *XXV años de economistas y economía leonesa, Eolas Ediciones*, Leoón, 2012, pp. 63-80: particolarmente pp. 65-67.

667 «el terremoto económico producido por la guerra, y, dada la relación de este aspecto social con el Derecho, se comprenderá que todas las ramas juridicas han sufrido transformaciones, cuyo estudio debe preocupar a los verdaderos jurisconsultos», E. Miñana, *El derecho civil y comercial de la guerra*, «Revista del Derecho Privado», Tomo VII, (Enero), 1920, p. 18.

668 «La Dictadura, en realidad, no hace más que reforzar la via nacionalista proteccionista del capitalismo español adquiriendo unas peculiaridades características de intervencionismo estatal y une expansion considérable del sector publico», in Colectivo de Historia, *La dictadura de Primo de Rivera y el bloque de poder en España*, in «Cuadernos económicos de ICE», n. 6, 1978, p. 201.

669 C. Velasco Murviedro, *Concentración e intervención en la dictadura: Hechos y ideas*, in «Cuadernos económicos de ICE», n. 10, 1979, p. 146.

670 *Consorcio Nacional Arrocero* (1927), *Consorcio Nacional Almadrabero* (1928), *Consorcio del Plomo* (1928), *Consorcio obligatorio de Expendedores de Carne Fresca y Conservadas de Madrid* (1929), a cui si devono aggiungere tutta una serie di «organismos más o menos monopolísticos», J. Velarde Fuertes, *Política economica de la dictadura*, Guadiana de Publicaciones, Madrid, 1973, p. 170

quanto significativi - di un capitalismo monopolistico-totalitario in lenta fase di costruzione. Su questa struttura vennero innestati, per iniziativa del *Ministro del Trabajo*, Eduardo Aunós, elementi tratti dal lessico e dalla prassi corporativa italiana[671]. Senza voler qui entrare in una disamina sistematica, è da riportare come il corporativismo spagnolo del periodo primoriverista rimanga confinato alla sfera sindacale e del lavoro: non si apre a un dibattito sulla possibilità di sviluppare un corporativismo anche economico, non penetra nei centri decisionali dell'apparato industriale, e soprattutto non riesce a configurarsi come un'alternativa - né strutturale né funzionale - all'interventismo statale di matrice liberale, che il regime si limita a razionalizzare e sistematizzare[672].

4. Rifessi italiani nell'«Orden Nuevo»: il tentativo giuridico spagnolo di costruire la compatibilità tra Sindicatos Verticales e consorzi volontari

Se il 1934 fu l'anno di Mossa in Spagna, il 1939 segnò invece l'approdo in Italia del giuscommericalista Joaquín Garrigues, autore di tre conferenze[673], delle quali venne pubblicata una sintesi all'interno della *Rivista di Diritto Commerciale*, limitatamente alla parte dedicata all'impresa nel «nuovo ordine»[674]. L'intervento più specificamente incentrato sul *Sindicato Vertical* come *instrumento de organización económica* trovò invece spazio nell'*Archivio di Studi Corporativi*[675]. Il modello corporativo delineato da Garrigues si presentava come sensibilmente distante dalle realizzazioni italiane: conteneva affermazioni che non potevano non risultare indigeste agli ambienti sindacali del regime - «los sindicatos profesionales han muerto en España: el Caudillo no ha estimado prudente resucitar las agrupaciones sindicales»[676] - e rifletteva una concezione unitaria e centralizzata dell'organizzazione produttiva, in parte differente dalle formulazioni del corporativismo italiano. Comunque,

671 Per un'analisi delle idealità e progettualità del politico catalano si veda S. Fernández Riquelema, *Politica, Autoridad y Trabajo. Eduardo Aunós y Estado corporativo en España*, in «La Razón Histórica», n. 10, 2010, pp. 17-31.

672 *Cfr*. M. A. Perfecto, *Política social y regenracionismo en la Dictadura de Primo de Rivera*, in «*Studia Zamorensia*», n. 1, 1994, pp.. 223-242.

673 Le prime due tenute presso l'Aula Magna dell'Università di Pisa, su invito della Facoltà di Giurisprudenza e della Scuola Superiore di Studi Corporativi, la terza, invece, presso la Società Leonardo da Vinci di Firenze, *cfr*. J. Garrigues, *Tres conferencias en Italia sobre el fuero de Trabajo*, Ediciones 'FE', Madrid, 1939.

674 J. Garrigues, *L'impresa nel nuovo ordine*, in «Rivista di Diritto Commerciale», I, 1939, pp. 333-349.

675 J. Garrigues, *Il nuovo ordine in Spagna. Sindacati verticali e Corporazioni*, in «Archivio di Studi Corporativi», Anno X, fasc. III, 1939, pp.163-187.

676 J. Garrigues, *Tres conferencias en Italia sobre el fuero de Trabajo [...]*, cit., p. 28.

dalle pagine dell'*Archivio*, il giursita lodava la creazione degli «órganos de autodisciplina de la economía» realizzati in Italia, così come l'utilizzo che lo Stato nazionalsocialista aveva fatto del «cartél» – ossia l'averlo convertito in «instrumento de planificación de la economía [...] para servir los fines de su política económica»[677]-, ma, allo stesso tempo, sottolineava come il regime *nacional-sindicalista* fosse andato oltre questi due modelli, realizzando una sintesi originale e più avanzata rispetto alle esperienze tedesca e italiana:

> la palabra «vertical», que califica al sindicato y lo singulariza para distinguirlo de todos los demás sindicatos posibles, es un término propio de la economía. En efecto, la forma moderna de producción en masa trae por consecuencia un proceso de integración económica que se manifiesta bajo las más variadas formas de asociación jurídica. Pero desde el en sentido horizontal o en sentido vertical. En el primer caso se trata de la unión de empresas de la misma naturaleza [...] que quieren suprimir la competencia atribuyéndose distintos mercados o unificando los precios. En el segundo caso se trata de empresas de distinta naturaleza, pero ligadas económicamente en la obtención de un mismo producto [...]. Esto permite concentrar bajo un mismo criterio directivo todos los estadios de la producción de una mercancía dada [...]. La finalidad de estas concentraciones es típicamente capitalista: dosificar la producción y unificar las condiciones de venta para conseguir los empresarios un beneficio mayor. Pero si a la finalidad capitalista de estas concentraciones se sustituye una organización corporativa en el sentido de que la agrupación se extienda no sólo a los empresarios, sino a los demás factores de la producción (técnicos y obreros) y en el sentido que se inspire no en el interés egoísta de los empresarios, sino en el interés supremo de la producción nacional, tendremos un sindicato vertical. Esta interpretación ha sido acogida en el F. DEL T. El ciclo de producción es el criterio para la constitución del sindicato según la definición del FUERO: «integración de un organismo unitario de todos los elementos que consagran sus actividades al cumplimiento proceso económico, dentro de un determinado servicio o rama de la producción» (XIII.3)[678].

Il cartello, così spogliato della sua originaria funzione capitalistica, avrebbe potuto fungere da strumento di sintesi tra i diversi elementi dell'industria, armonizzando interessi tradizionalmente contrapposti in nome dell'«interés totalitario de la producción nacional»[679]. Non si tratta, qui, di ripercorrere nel dettaglio le articolazioni dell'esperimento spagnolo, né di rinnovare la lettura - già sedimentata - di un corporativismo rivelatosi, ancora una volta, più enunciazione che costruzione effettiva[680]. L'interesse risiede altrove: nel rapporto tra

677 *Ivi*, p. 22.

678 *Ivi*, pp. 26-27.

679 *Ivi*, p. 27.

680 Per una ricostruzione dell'esperienza *nacional-sindicalista* e del suo insucesso, con cenni anche comparativi rispetto al corporativismo italiano, si veda M. A. PERFECTO, *El nacional-sindicalismo español como proyecto económico-social*, in «Espacio, tiempo y forma»,

consorzi e *nacional-sindicalismo*, osservato attraverso la lente della riflessione giuridica del tempo. Alla base dell'esperienza *nacional-sindicalista* si può osservare una mentalità dichiaratamente anticartellistica, maturata già nei primi decenni del Novecento, e alimentata da un diffuso sospetto verso le concentrazioni economiche, percepite come ostacolo allo sviluppo di un'economia nazionale autonoma e ordinata[681]. Un segno evidente di tale orientamento si ritrova nell'*anteproyecto* di Codice penale promosso nel 1938 dalla *Falange Española Tradicionalista y de las J.O.N.S.*, nel quale si qualificavano come «actos contrario a la economía patria y castigados con la pena de 6 a 10 años de privación de libertad, los trusts y coligaciones industriales costituídas con propósito de especulación»[682]. Questa ostilità impedisce la prosecuzione della tradizione liberale, impegnata nella ricerca di meccanismi correttivi degli abusi legati al fenomeno cartellistico. La soluzione proposta si orienta, invece, verso un approccio totale, volto a risolvere alla radice il problema mediante la «desarticulación del capitalismo financiero, agrario e industrial»[683], accompagnata dal conseguente trapasso delle funzioni svolte dagli organi capitalistici a un organismo superiore. Il *Sindicato Vertical*, organo di diritto pubblico, funzionalmente subordinato allo Stato, doveva avere tanto funzioni sociali quanto economiche, così da porre fine alla dualità tra capitale e lavoro, convertendo «empresarios y obreros en productores con la empresa concebida como comunidad de trabajo al servicio de los intereses generales definidos por el Estado»[684]. Un corporativismo, quello *nacional-sindicalista*, che respinge le simpatie pro-consortili rocchiane del 1919, avvicinandosi piuttosto, come si vedrà nel prossimo paragrafo, alle soluzioni corporative integrali italiane in tema di consorzi. Ma è anche un corporativismo, quello spagnolo, profondamente diverso da quello diffuso, quasi di sfuggita, da Mossa alla volta del '33, più interessato, nella sua ricostruzione della teoria dell'impresa, a sottolineare l'irreversibilità della cartellizzazione, senza però immergersi nel problema della compatibilità tra corporazione e cartelli. Per il giurista era sufficiente che il «sistema corporativo, no

n° 27 (*Construindo o Estado Corporativo: as experiências históricas de Portugal e Espanha*), 2015, pp. 131-162.

681 Questa era nata negli ambienti del nazionalismo economico che facevano capo ad Emilio Riu y Periquet e alla sua *Revista nacional de economia*, come forma di reazione al dominio del capitale straniero in Spagna dove la forma «monopolística que toda gran industria toma en España» è «causa de atraso industrial», E. Riu y Periquet, *Causas del atraso industrial en España*, in «Revista nacional de economia», 1918, pp. 28-30. Sull' importanza e diffusione di questa rivista si veda J. Miguel Fernández Pérez, *La «Revista Nacional de Economía» y el nacionalismo económico*, in E. Fuentes Quintana (a cura di), *Economía y economistas españoles. (La modernización de los estudios de economia)*, Vol. VI, Galexia Gutemberg, Barcelona, 2001, pp. 1043-1052.

682 J. Ramon Casabo Ruiz, *El anteproyecto de codigo penal de 1938 de F.E.T. y de la J.O.N.S.*, Univeridad de Murcia, Murcia, 1978, p. 33.

683 M. A. Perfecto, *El nacional-sindicalismo español como proyecto económico-social [...]*, cit., p. 138.

684 *ivi*, p. 152.

meno que cualquier otro, consient[a] la formación libre y espontanea de los cárteles», con «al lado carteles obligatorios»[685]. Il corporativismo di Mossa, sia chiaro, non è mero 'intervento diretto dello Stato', con il quale lo stesso «se coloca en condicione privilegiadas parecidas a las que mantiene el empresario»; piuttosto, aspira a divenire ordine gerarchico, senza tuttavia sfociare in un *verticalismo*, sinonimo di assorbimento anche delle funzioni consortili[686]. Il problema del coordinamento e dell'estensione tra norma corporativa e consorzi - e, come suo ulteriore risvolto, la questione della compatibilità tra corporazione e consorzio -, colti ma non sistematizzati da Mossa, si presentano come nodi teorici ancora aperti, destinati a riaffiorare, con tratti propri, anche nel dibattito spagnolo. In questo quadro si inserisce l'azione di Aunós che, pur 'relegato' al *Ministerio de Justicia* e dunque distante dalle sedi in cui si andavano riscrivendo i rapporti tra Stato ed economia, contribuì in modo decisivo alla circolazione delle elaborazioni del corporativismo economico italiano attraverso il circuito delle *Escuelas Sociales* fondate durante la sua permanenza al *Ministerio de Trabajo*, tra le quali centrale fu quella di Barcellona, diretta dal fratello Antonio[687]. In particolare, tali riflessioni trovarono accoglienza nei *Cuadernos de Estudios Económicos y Sociales*, la collana della *Escuela Social* di Barcellona, con la pubblicazione della traduzione in spagnolo dell'edizione del '39 del

685 A. Polo, *Principios del Derecho de la Economía. Por el Prof. Lorenzo Mossa, Extracto de las Conferencias pronunciadas en la Universidad Internacional de Santander, Curso verano 1934 [...]*, cit., 354.

686 La «intervención jerárquica», scrive Mossa, si manifesta come un modello di organizzazione economica nel quale lo Stato assume il compito di regolare dall'alto l'insieme delle iniziative produttive, dando così origine a forme distinte ma complementari di governo dell'economia: da un lato, l'economia pianificata *(«economía programática o planificada»)*, dall'altro, l'economia corporativa. Nella prima, lo Stato comanda e l'impresa obbedisce; nella seconda, prevale invece una logica pattizia e integrativa, fondata sull'accordo tra i diversi fattori economici, in vista di un ordinamento comune. Per il giurista, questa forma si realizza nell'autarchia economica, espressa attraverso le corporazioni, dotate di autogoverno, capaci di esprimere sia una rappresentanza politico-sociale, sia una «normación económica». Quest'ultima consiste nel dettare, «con eficacia análoga a la ley formal, normas generales de conducta de las empresas», segnando un passaggio decisivo verso un diritto dell'economia strutturato secondo modelli normativi autonomi. Tale normazione, tuttavia, non sopprime il contratto collettivo economico, che resta efficace all'interno delle singole categorie, e anzi ne condivide alcune tensioni sistemiche. «Los delicados problemas que surgen del corporativismo económico responden en parte a aquellos que surgen del contrato colectivo económico», osserva Mossa, rilevando come le difficoltà siano in gran parte problemi di relazione tra livelli normativi. Il nodo, infatti, risiede nella connessione tra normazione astratta e obbligazioni concrete, tra «ley general, normación corporativa, cártel obligatorio y voluntario, contrato organizado de empresa y contrato individual», un intreccio questa che il giurista rilevava come ancora privo di una soluzione soddisfacente, e che costituiva uno dei punti più complessi del nascente diritto dell'economia, *ibidem*.

687 Sull'organizzazione della scuola, destinata alla formazione dei funzionari pubblici del nuovo stato *nacional-sindicalista*, si veda il volumetto informativo, contente i corsi impartiti e l'elenco dei collaboratori, Escuela Social, *La Escuela Social de Barcelona*, Barcelona, 1940.

volume di Vito, con una riproposizione, ovviamente, della sua teoria dei rapporti che dovevano intercorrere tra corporazioni e consorzi volontari[688]. Il tema dei rapporti tra corporativismo e consorzialismo, dunque, penetra anche nel contesto spagnolo, divenendo il problema della compatibilità tra *nacional-sindicalismo* e consorzi, tra un *Derecho Economicó* che ponga al centro dei propri studi non solo il fenomeno dell'impresa, ma anche quello delle *'uniones de empresas'*. L'opera di Vito circola al di fuori del circuito delle scuole corporative dei fratelli Aunós, per entrare nelle riviste giuridiche. In particolare, il volume dell'economista italiano diviene il punto di riferimento per un articolo sulle unioni di impresa di Garrigues pubblicato nella sua neonata *Revista de derecho Mercantil*[689]. La citazione e recezione delle riflessioni vitiane, consentono a Garrigues di modulare l'integralismo ideologico che aveva caratterizzato le sue posizioni del 1939. In questo senso, il suo pensiero - a basso contenuto ideologico e orientato alla costruzione di soluzioni giuridiche operative - lo qualifica, come è stato osservato, come un giurista funzionalmente franchista, capace di attraversare, senza fratture, le diverse stagioni della dittatura, pur senza mai rinnegare l'orizzonte del *nacional-sindicalismo*[690]. In particolare, il giuscommercialista riconosce che lo Stato si sostituisce alle «colosales agrupaciones» attraverso «sus instrumentos propios de organización política de la economía»; al tempo stesso, tuttavia, ammette che il fenomeno delle *uniones de empresas* possa continuare a dispiegarsi anche al di fuori di un pieno assorbimento nell'apparato statale. In definitiva, viene riconosciuta la possibilità di ammet-

---

688 F. Vito, *Las uniones de empresas en la economía fascista (Sindicatos industriales, Consorcios y Grupos)*, Traducción de la tercera edición italiana, Bosch, Barcelona, 1941. Le finalità dell'impresa editoriale sono ambiziose e vengono costantemente riprodotte nella página finale di tutti i volumi pubblicati: «*La creciente importancia de las cuestiones economicósociales y la correlativa extensión de la tutela estatal a mas esferas; la especial preocupación por los problemas de la vida del trabajo, cuyo resultado ha sido el notabilismo incremento del volumen legislativo sobre la materia; la amplitud del Derecho social, tante en orden a la doctrina como a la actividad prolesional de abogados; la proclamada subordinación de la economia a la politica; el acusado contenido social de los regimenes politicos modernos y la necesidad de acometer la ingente obra de reconstrución y reforma económica de Españia, hacen necesaria la intensificación de la cultura social, tanto en el orden pedagogico como en el bibliográfico*», per un conferma si veda *ivi*.

689 J. Garrigues, *Formas sociales de uniones de empresas*, in «Revista de derecho mercantil», Vol. II, n. 7, 1947, pp. 51-78.

690 Cfr. sul punto, A. Aragoneses, *Joaquín Garrigues y la revista de derecho mercantil. Dictadura y modernización de la economía durante el franquismo*, in F. Fernández-Crehuet e S. Martín (a cura di), *Los juristas y el «régimen». Revistas jurídicas bajo el franquismo*, Editorial Comares, Granada, 2014, pp. 251-252. Per un approfondimento dei rapporti tra regime e giuristi si invita alla lettura di S. Martín, *Los juristas en la gènesis del franquismo ¿Un contraste posible?*, in I. Birocchi e L. Loschiavo (a cura di), *I giuristi e il fascino del regime*, TrE-Press, Roma, 2015 pp. 389-422 e Id., *Los juristas en los orígens de la dictadura (1937-1943)*, in F. Fernández-Crehuet e S. Martín (a cura di), *Los juristas y el «régimen». Revistas jurídicas bajo el franquismo [...]*, cit., pp. 11-132; mentre, per una prospettiva di lungo corso, si veda Id, *Del Fuero del Trabajo al Estado social y democrático. Los juristas españoles ante la socialización del derecho*, in «*Quaderni fiorentini per la storia del pensiero giuridico moderno*», n. 46, 2018, (*Giuristi e stato sociale*), Tomo I, 2016, pp. 335-384.

tere l'esistenza di consorzi volontari dentro al sistema *nacional-sindicalista*, a condizione che siano sottoposti a una qualche forma di «vigilancia»[691]. Con queste premesse, tutte politiche, Garrigues poteva avviare un primo e ancora rudimentale tentativo di costruzione di una «estructura jurídica de las uniones de empresas», senza tuttavia riuscire a elaborare una vera teoria giuridica dei consorzi volontari, secondo l'impostazione metodologica delineata da Ascarelli, e rimanendo ancorato a una difficile sintesi unitaria del fenomeno. Una simile prospettiva, del resto, aveva già suscitato riserve nella dottrina giuridica italiana: si ricorderà la proposta salandriana di affiancare a un concetto economico di unione d'impresa una definizione giuridica unitaria - suggestiva per la sua apparente coerenza sistematica - ma prontamente respinta dalla maggioranza degli studiosi, in virtù delle differenze insite tra le due dimensioni. Comunque, il tentativo embrionale di delineare una *estructura jurídica de las uniones de empresas* sarà ripreso, non senza difficoltà, da autori successivi. Tra i primi è Trias De Bes, che, partendo proprio dalle riflessioni di Garrigues, si cimenta nella ricostruzione della «prehistoria» giuridica del fenomeno, arrivando ad analizzare, seppur sommariamente, anche l'esperienza dei *codici Roosevelt* come esempio di «verdaderos carteles legales». Tuttavia, il «fondo incancelable de libertad y voluntad individual» che permaneva in essi li rendeva, agli occhi dell'autore, un progetto inadeguato alle esigenze del momento; era piuttosto «la cartelización en gran estilo establecida por los regímenes fascista y nacionalsocialista», con le relative elaborazioni giuridiche, a fornire - per la sua compiutezza formale e la coerenza interna - un modello verso cui orientare la riflessione. Inizia così un primo, quanto difficile, tentativo di sistemazione giuridica dell'istituto consortile, cercando di ricondurre il fenomeno alle forme giuridiche familiari della «sociedad civil» o dell'«asociación», pur riconoscendo, con realismo teorico, «la dificultad de encajar la institución en alguna de las categorías jurídicas existentes», segno evidente della tensione tra l'eterogeneità del dato economico e la rigidità delle categorie dogmatiche disponibili[692]. Per altri giuristi, quali Antonio Polo, Alfredo Robles Álvarez de Sotomayor o Miguel Motos Guirao, gli inquadramenti conservativi risultano ormai insufficienti. La riflessione dottrinale doveva piuttosto incamminarsi verso una ricezione delle riflessioni mossiane, predisponendo una nuova branca del diritto capace di abbracciare, in modo sistematico, la realtà economica delle imprese, delle loro forme associative e delle dinamiche di concentrazione produttiva[693]. Solo attraverso l'elaborazione di un '*nuevo derecho de la economía*', dotato di strumenti con-

691 J. GARRIGUES, *Formas sociales de uniones de empresas*, [...], cit., p. 54.

692 F. TRIAS DE BES, *Los concorcios de industriales: Notas para el estudio de las «inteligencias entre empresas»*, in «Revista de Derecho Privado», Tomo XXXI (marzo), 1937, pp. 153-163:

693 *cfr*. A. POLO, *El nuevo derecho de la economía*, in «Revista de derecho mercantil», Vol. I, n. 3, 1946, pp. 373-414, A. ROBLES ÁLVAREZ DE SOTOMAYOR, *Formas de concentración y dominio de las empresas*, in «*Revista General de Legislación y Jurisprudencia*», Año XCVII, Segunda época, Tomo XVII (185 de la colección), pp. 415-447, 1949; MIGUEL MOTOS GUIRAO, *Las uniones de empresa y el Estado*, Granada, Escuela Social de Granada, 1950.

cettuali e normativi capaci di affrontare la complessità delle trasformazioni produttive contemporanee, sarebbe stato possibile rispondere in modo adeguato alla «peligrosidad» insita nelle varie forme di concentrazione:

> A éste es al que cumple fijar la naturaleza y la disciplina jurídica de los nuevos fenómenos económicos, imposible de realizar sin tener un conocimiento completo de su fundamento, de sus formas de manifestación, de las características que las diferencian entre sí, y más aún de que las tendencias generales de su desarrollo, su influencia sobre el proceso productivo general, su posición frente al particular frente a los intereses de la comunidad. El Derecho de las uniones y de las concentraciones de empresas es materia de la nueva disciplina. Es el Derecho económico el que llega a imponer la responsabilidad conjunta a las empresas consorciadas; [...]. Es esta disciplina, por último, la única capaz de cambiar el signo netamente egoísta de las primitivas formas de concentración para darles una finalidad social[694].

Il punto di partenza condiviso, dal quale prende avvio il tentativo di costruire una disciplina giuridica induttiva del consorzio volontario, è rappresentato dal riconoscimento - ritenuto pieno e indiscusso - della «legalidad» di tale istituto all'interno dell'orizzonte normativo del *nacional-sindicalismo*. A rendere giuridicamente praticabile questa ipotesi è la lettura coordinata del *Fuero del Trabajo* con la *Ley de Ordenación Sindical*, che ne forniscono il fondamento sistematico[695]. In un tentativo interamente orientato a riconoscere nei consorzi un «mecanismo» capace di accompagnare un processo di «desenvolvimiento industrial», si delinea una concezione per cui l'intervento dello Stato nelle unioni di impresa deve mantenere un carattere proporzionato e funzionale al bene comune, inteso, come espressione degli interessi superiori dell'economia nazionale[696]. L'atteggiamento dello Stato nei confronti delle coalizioni poteva dunque restare contenuto entro i margini di una «actitud simplemente vigilante aunque fiscalizadora», sempre che queste non si configurassero come «un serio peligro para los intereses nacionales», escludendo così la dimensione sociale più ampia, ovvero gli interessi della collettività non immediatamente riconducibili all'*interés nacional*[697].

---

694 A. Robles Álvarez de Sotomayor, *Formas de concentración y dominio de las empresas, [...]*, cit., pp. 433-434.

695 «El Estado – afrima el Fuero de Trabajo – no serà será empresario sino cuando falte la iniciativa privada o lo exijan los intereses superiores de la Nación, y a continuación añade: El Estado reconoce la iniciativa privada como fuente fecunda de la vida económica del país, estimulando cuantas iniciativas tiendan al perfeccionamiento de la Economía Nacional. Y la misma ley de Ordenación Sindical, en su artículo 18. °, reconoce como función-deber de los Sindicatos no sólo reconocer, sino "promover y fomentar toda iniciativa que tenga por objeto la mejor organización de la pro- ducción"», F. Trias de Bes, *Los concorcios de industriales: Notas para el estudio de las «inteligencias entre empresas» [...]*, cit., p. 159.

696 *Ivi*, p. 162.

697 Miguel Motos Guirao, *Las uniones de empresa y el Estado, [...]*, cit., p. 20.

4.1. L'incompatibilità necessaria: lo specchio di una visione dirigistica totale

Una risposta netta alle aperture prospettate da parte della dottrina giuscommercialista non tardò ad arrivare dagli ambienti del *nacional-sindicalismo*. Nel 1949, il *Consejo Económico Sindical Nacional*, attraverso le pagine della propria rivista, *De Economía*, affermava con chiarezza che:

> deben considerarse no sólo innecesarias, sino además peligrosas, cualquiera asociación, agrupación o ... como (llámase como se quiera a estos consorcios) de empresas, por cuanto nuestra economía es unidad orgánica, y para ordenarla, regirla y encauzarla el Estado ha considerado como único instrumento al Sindicato Vertical[698].

In questa prospettiva, l'intero impianto normativo al quale la dottrina aveva fatto riferimento per legittimare l'eventualità di consorzi volontari esterni al sistema sindacale veniva reinterpretato in senso opposto, e cioè per escludere radicalmente qualsiasi forma di aggregazione economica che non trovasse fondamento e disciplina all'interno del *Sindicato Vertical*[699]. La controversia non nasceva da un'elaborazione puramente teorica, ma trovava origine in una vicenda concreta, nella quale - secondo i settori più ortodossi del *nacional-sindicalismo* - il legislatore sarebbe intervenuto «contra la ley»[700], attribuendo al *Consorcio Textil Algodonero*, struttura interaziendale, competenze specifiche nell'ambito regime di regolazione del settore cotoniero, in violazione del principio di esclusività dell'intervento economico riservato al *Sindicato Vertical*[701]. La vicenda si concluse con la dissoluzione del consor-

---

698 J. Muñoz Campos, *Ante los Consorcios de Industriales. Unas sugerencias Económico-Jurídicas*, in «De Economia: Revista de Estudios Economicos-Sociales», n. 6 (Oct-Dic), 1949, pp 18-23.

699 Cfr. *ivi*, pp. 22-23.

700 *Ibidem.*

701 Il consorzio, infatti, era un organismo privato, creato nel 1944 in seguito a un accordo tra un gruppo di importanti industriali catalani e il ministro del Commercio e dell'Industria, Demetrio Carceller Segura, con l'obiettivo di garantire l'importazione di cotone, allora ostacolata dalla marina britannica come misura di pressione contro il regime franchista (P. Ysàs e C. Molinero, *Els industrials catalans durant el franquisme*, Eumo Editorial, Barcelona, 1991, p. 20). Sotto il profilo funzionale, si trattava - come osservava Campos - di una *unión interempresaria,* orientata a «buscar una mayor inteligencia entre las empresas para conseguir, por cuantos medios se coloquen a su alcance, una mejora productiva y un más eficaz rendimiento en las industrias» (J. Muñoz Campos, *Ante los Consorcios de Industriales. Unas sugerencias Económico-Jurídicas [...]*, cit., p. 22). Il modello del consorzio fu oggetto di aperta approvazione anche in ambito internazionale. Trias de Bes riportava, a tal proposito, l'intervento pronunciato nel 1946 alla Camera di Commercio di Barcellona dal direttore del National Cotton Council of America, nel quale si sottolineava il «ganado prestigio entre los algodoneros americanos» conquistato dal consorzio spagnolo, F. Trias de Bes, *Los concorcios de industriales: Notas para el estudio de las «inteligencias entre empresas» [...]*, cit., p. 163.

zio e il trapasso delle funzioni consortili all'*Organisación Sindical Española*[702]. Tuttavia, l'evoluzione successiva di questo caso dimostra come la disarticolazione degli interessi capitalistici - funzionale, almeno in linea teorica, al raggiungimento di una presunta, quanto autoritaria pace sociale[703] - non fosse stata realmente conseguita. Quegli interessi, infatti, non venivano disaggregati, ma piuttosto cristallizzati e ricollocati entro un circuito apparentemente unitario, totalizzante e gerarchico, all'interno del quale riuscivano tuttavia a conservare intatta la propria autonomia[704]. Tuttavia, la stretta connessione tra il caso del consorzio *algodonero* e le riflessioni dottrinali consente di osservare una realtà, quella *nacional-sindicalista*, che per certi aspetti riuscì a bloccare sul nascere un dibattito giuridico orientato alla costruzione di uno schema contrattuale ispirato al modello italiano, volto a offrire riconoscimento e protezione normativa ai consorzi volontari[705]. Ciononostante, la storiografia ha

702 Commentando la «Orden de 23 de febrero 1954 (B.O.E. n°58)», il giurista Agustín de Semier, poteva compiacersi di come detto provvedimento provocasse «la disolución del Consorcio de Industrias Textiles Algodoneras», rappresentando «un nuevo paso para el logro de aquella unión sindical promulgada en 26 de enero de 1940. En el presente caso las funciones que venia llevando a cabo el disuelto Consorcio, serán ejercidas, en adelante, por el Sindicato Nacional Textil», A. DE SEMIER, in *Informacio espanaola para el extrajero (Derecho Publico)*, in «Revista del Instituo de Derecho Comparado de Barcelona», n. 2 (enero-junio), 1954, pp. 379-389. Come ha evidenziato la storiografia l'«incorporación de las organizaciones patronales se ofrecía como un objetivo más que apetecible a las ansias de influencia de los Sindicatos». Tuttavia, «el grado de resistencia a ser absorbidas impidió, en los casos más importantes, la consecución de ese propósito», M. A. APRICIO, *El sindicalismo vertical y la formación del estado franquista*, EUBINAR, Barcelona, 1980, p. 137.

703 «La paz social no puede estar a merced de poderosas asociaciones, que en sus manos poseen un patrimonio extraordinario», J. MUÑOZ CAMPOS, *Ante los Consorcios de Industriales. Unas sugerencias Económico-Jurídicas [...]*, cit., 19

704 Al consorzio subentrò il *Servicio Comercial de la Industria Textil Algodonera*, formalmente inquadrato nel *Sindicato Nacional Textil*, ma di fatto gestito dagli stessi industriali del settore, ai quali veniva riconosciuta un'ampia autonomia tanto sul piano operativo, quanto su quello finanziario, *cfr.* P. YSÀS e C. MOLINERO, *Els industrials catalans durant el franquisme, [...]*, cit., pp. 20-21.

705 Tra coloro che guardavano con attenzione al modello italiano, ritroviamo sia Robles Álvarez de Sotomayor, che valorizzava come il «nuevo Código civil italiano» considerasse «los carteles como un contrato» (A. Robles Álvarez de Sotomayor, *Formas de concentración y dominio de las empresas*, cit., p. 437), sia Miguel Motos Guirao, il quale - nel quadro di una lettura comparata che estendeva l'analisi anche agli ordinamenti statunitense, tedesco, francese e russo - riconosceva nel Codice civile italiano del 1942 un modello normativo dotato di una propria coerenza sistemica, ritenendolo potenzialmente adattabile al contesto spagnolo come riferimento giuridico per la disciplina delle unioni d'impresa. In un richiamo espresso, quanto entusiasta, all'art. 2595 - «la concurrencia debe desarrollarse de modo que no dañe los intereses de la economía nacional» - il giurista tratteggiava il contenuto dell'intero Capitolo II del Libro V - «consagrado» ai consorzi tra imprenditori - come espressione di un diritto capace di addivenire a una soluzione giuridica ordinante, (MIGUEL MOTOS GUIRAO, *Las uniones de empresa y el Estado, [...]*, cit., p. 14) Tuttavia, nel suo complesso, si trattava di letture in parte anacronistiche della normativa italiana, che non tenevano conto, ignorandolo, del mutato contesto politico-istituzionale europeo,

da tempo segnalato la marginalità del *nacional-sindicalismo* nella disciplina dell'economia all'interno del regime[706], una marginalità che, seppure in modo indiretto, veniva riconosciuta dagli stessi ambienti politici sindacali:

> El Sindicato Vertical, no es un órgano del Estado, sino un instrumento al servicio de su política económica y utilitaria. Para disciplinar la economía el Estado utiliza el instrumento de los Sindicatos, pero ello no significa que el Estado se base exclusivamente en los Sindicatos ni que la soberanía nacional vaya a residir en los sindicatos[707].

Questa realtà emerge con particolare evidenza se si torna alle riflessioni dei giuristi sulla costruzione del *nuevo derecho de la economía* e, in particolare, all'articolo di Polo che apriva il primo numero della *Revista de derecho mercantil*, la nuova iniziativa editoriale promossa da Garrigues[708]. Nella sua ricostruzione del *nuevo derecho de la economía* - in cui Polo si distanzia dalla centralità attribuita ai consorzi nella riflessione mossiana, relegandola a una componente tra le molte che compongono il diritto dell'economia - non compare alcun riferimento all'*instrumento sindical* come organo preposto alla disciplina dell'economia. Al contrario, il giurista osservava come l'intervento statale in ambito economico si fosse progressivamente consolidato attraverso strumenti del tutto eterogenei rispetto al modello sindacale, tra i quali spiccava, l'INI - al cual se confía la misión de propulsar y financiar [...] en servicio de la nación, la creación y el resurgimiento de nuestras industrias - e il «régimen de previa autorización ministerial para la instalación de nuevas industrias, traslado o ampliación de las existentes, regulado por la ley de 8 de septiembre y la orden de 12 de septiembre de 1939»[709]. In particolare,

---

segnato dal superamento dei regimi autoritari e dal venir meno delle architetture economiche a essi funzionalmente connesse.

706 Infatti, dopo «la caída en desgracia del Delegado Nacional Gerardo Salvador Merino», *l'Organizacón Sindical* «se fue burocratizando y se convirtió en un engranaje administrativo más del Estado». I motivi che portarono all'insuccesso dell'esperienza nazional-sindacale furono diversi, tra i principali sono stati osservati: «las diferencias sobre el modelo sindical entre los fundadores de Falange, los intereses de los falangistas franquistas y los demás grupos políticos que se habían unido a la guerra civil, pero también la resistencia del empresariado y la propia Iglesia católica a integrarse en un Sindicato único monopolizado por Falange perdiendo su influencia y sus organizaciones», M. A. Perfecto, *El nacional-sindicalismo español como proyecto económico-social [...]*, cit., pp. 153-155.

707 R. Fernandez Cuesta, *Intemperie, victoria y servicios: Escritos y discursos*, Ediciones del Movimiento, Madrid, 1951, p. 91.

708 Per un'analisi delle finalità e delle diverse *'etapas'* della rivista, si veda, A. Aragoneses, *Joaquín Garrigues y la revista de derecho mercantil. Dictadura y modernización de la economía durante el franquismo [...]*, cit., pp. 255-270.

709 A. Polo, *El nuevo derecho de la economía [...]*, cit., p. 403. Sulla centralità dell'*Instituto Nacional Industrial* nel regime franchista e per cenni comparativi rispetto alla *'parecida pero diferente'* IRI, si invita alla lettura di E. San Román, *Ejército e industria: el nacimiento del INI*, Crítica, Barcelona, 1999, particolarmente per il raffronto con l'esperienza italiana, pp. 143-149.

all'interno di questo *regime*, che la storiografia economica spagnola riconduce sotto il nome di *condicionamiento industrial*, è possibile individuare - come essa stessa ha messo in evidenza - una linea di continuità riconosciuta già nel 1947 dalle autorità franchiste. Tale linea prende avvio con l'esperimento condotto nel settore dello zucchero attraverso la *Ley Osma*, si estende poi, a livello generale, con il regime di Primo de Rivera - anche mediante la creazione del *suo Comité Regulador de la Producción Nacional* - e, pur senza potersi pienamente dispiegare a causa della caduta del regime, viene ripresa, perfezionata e, infine, posta al centro della politica economica del *nuevo orden*. Un'evoluzione che si sviluppa, tuttavia, senza che su di essa il circuito dei *Sindicatos Verticales* esercitasse la minima influenza[710]. Il *'nuevo derecho de la economía'* delineato da Polo, una volta spogliato della sua veste declamatoria orientata a proporlo come catalizzatore del *bien común*[711], si configura piuttosto come uno strumento di legittimazione di quell'«extremismo» dirigista[712], che mirava a riconcentrare il potere economico nelle mani delle élite, dopo l'erosione subita nel corso, seppur breve, dell'esperienza repubblicana[713].

Gli effetti dell'interruzione del dibattito sul contratto di consorzio e sull'elaborazione di una disciplina giuridica pro-consortile degli anni '40 e '50, determinata dal caso *algodonero*, potrebbero aver agevolato - sia pure indirettamente - la rapida adozione, nel '63, di una legge *antitrust*[714]. Si tratta, tuttavia, di un'ipotesi che si propone qui solo come spunto per future indagini, trattandosi di un'osservazione riferita a un panorama esterno a quello qui preso in esame, e riconducibile alla Spagna del cosiddetto secondo franchismo. Infatti, *la Ley 110/1963, de 20 de julio, sobre Competencia Desleal y Prácticas Restrictivas de la Competencia*, fu un risultato reso possibile dalla pressione convergente esercitata da una nuova tecnocrazia interna - incarnata nel *Plan de Estabilización* del 1959 - e da un contesto internazionale segnato tanto

---

710 *Cfr*. sul punto, L. Pires, *Regulación industrial y atraso economico en la dictadura de Franco*, Dykinson, Madrid, 2003, pp. 18-22 e pp. 89-103.

711 Sulla tradizionale retorica dei giuristi anche del regime franchista nel presentare questi provvedimenti come finalizzati al perseguimento del bene comune si veda, A. Aragoneses, *Joaquín Garrigues y la revista de derecho mercantil. Dicctadura y modernización de la economía durante el franquismo [...]*, citp. 253.

712 F. Comín Comín, *Hacia la economia dirigida y protegida,* in E. Fuentes Quintana (a cura di), *Economía y economistas españoles. (La modernización de los estudios de economía) [...]*, cit., p. 977

713 *Cfr*, A. Aragoneses, *Joaquín Garrigues y la revista de derecho mercantil. Dictadura y modernización de la economía durante el franquismo [...]*, cit., p. 254.

714 Sulla maniera in cui, nell'Italia repubblicana, la permanenza di parti della normativa corporativa degli anni Trenta, unita alla presenza, nel Codice civile del 1942, di disposizioni favorevoli alla concertazione tra imprese, e a un dibattito dottrinale fortemente diviso, abbiano contribuito a ritardare l'introduzione di una legislazione *antitrust*, si veda, G. D. Mosco, *I consorzi tra imprenditori [...]*, cit., pp. 41-60.

dalle sollecitazioni statunitensi, quanto dal progressivo, seppur lento, avvicinamento della Spagna agli equilibri economici europei. A commentare il nuovo impianto normativo è, ancora una volta, Garrigues, che, nel dar conto delle pressioni esercitate dagli ambienti nordamericani sul governo spagnolo per l'adozione di una legislazione *antitrust*, osservava come apparisse «un tanto paradójico que con esta corriente de pura cepa capitalista coincidan el III Congreso de Trabajadores y el I Congreso Sindical», nel corso dei quali - riportava il giurista - si era venuti invocando la «revisión de todos los monopolios legales y de hecho» e l'adozione di misure «para evitar la constitución de sociedades, trusts, cárteles y otros medios»[715]. Sebbene le due esperienze - *antitrust* statunitense e *nacional-sindicalismo* – rispondano a logiche e obiettivi diversi, è da ricordare, lo si è visto, la profonda mentalità anticartellista caratterizzante la seconda. Il paradosso può essere allora individuato nella rinuncia all'essenza stessa della «sindicación», cioè la pretesa ad essere la unica «forma política de la economía entera de España»[716], più affermata sul piano teorico che effettivamente tradotta nella pratica.

715 J. Garrigues, *La defensa de la competencia mercantil. (Cuatro conferencias sobre la Ley española de 20 de julio de 1963 contra Prácticas Restrictivas de la Competencia)*, Sociedad de estudios y publicaciones, Madrid, 1964, p. 38

716 Preambolo alla *Ley de Bases de la Organización Sindical de 6 de diciembre de 1940,* in *B.O.E., 7 diciembre, 1940, n°342*, p. 8389.

UNA NOTA CONCLUSIVA, MA CON UNO SGUARDO APERTO

La riflessione sul fenomeno dei sindacati industriali ha condotto, in questa ricerca, a indagare le molteplici modalità attraverso cui il diritto ha cercato di confrontarsi con le nuove forme di concentrazione economica emerse tra la fine del XIX secolo e la metà del XX. Dall'analisi comparata tra Italia e Spagna, ma anche attraverso frequenti riferimenti ad altre esperienze europee e internazionali, emerge la complessità di un processo di trasformazione che ha investito le categorie giuridiche, la funzione della legge, il ruolo della dottrina e della giurisprudenza, e più in generale l'idea stessa di mercato. È emersa una pluralità di atteggiamenti, di strumenti concettuali e normativi, di sensibilità dottrinali, che dimostrano quanto il fenomeno sia stato tutt'altro che marginale nei due ordinamenti. Nonostante le differenze di contesto – politico, istituzionale e culturale – Italia e Spagna si sono confrontate con questioni giuridiche sorprendentemente simili: la qualificazione delle nuove forme associative del capitale; la compatibilità tra concentrazione economica e libertà di concorrenza, e i dogmi della libertà contrattuale e proprietaria; il ruolo dello Stato tra funzione regolativa e intervento diretto. In entrambi i casi, dottrina e giurisprudenza hanno cercato di fornire una base concettuale e risolutiva a fenomeni in continua evoluzione. L'esperienza dei sindacati industriali ha messo in evidenza i limiti della concorrenza pura come unico principio regolativo dell'economia. Di fronte a fenomeni nuovi e mutevoli, la riflessione giuridica ha cercato di dare contenuto giuridico a concetti economici in trasformazione, elaborando modelli concettuali e proposte normative capaci di rispondere a esigenze concrete del mondo produttivo. Accanto a questo sforzo di sistemazione, non sono mancate elaborazioni volte a prevenire o contenere gli effetti distorsivi legati alla concentrazione di potere economico. Le risposte giuridiche non si sono sviluppate soltanto nei confini nazionali: un tratto caratteristico del periodo analizzato è rappresentato dalla circolazione di modelli, categorie e soluzioni normative tra ordinamenti. Il confronto, spesso veicolato da fonti diplomatiche e inchieste ufficiali, ha contribuito a definire un linguaggio comune della tolleranza cartellistica. L'Italia ha seguito un'evoluzione originale, combinando influenze esterne e traiettorie proprie, mentre la Spagna ha partecipato con maggiore cautela, assumendo spesso il modello italiano come riferimento. Il problema dei sindacati industriali ha sollecitato anche una pluralità di risposte istituzionali fondate sul ricorso al diritto amministrativo. Di fronte all'inadeguatezza degli strumenti penalistici e civilistici, la regolazione amministrativa è emersa come ambito privilegiato per mediare tra esigenze di coordinamento produttivo e tutela dell'interesse collettivo. Commissioni tecniche, autorità pubbliche, esperimenti di vigilanza sovranazionale – come quelli promossi dalla Società delle Nazioni – hanno cercato di costruire forme di controllo razionale sulla concentrazione economica. Tuttavia, questi tentativi si sono scontrati con la frammentazione degli ordinamenti, il ritorno degli egoismi nazionali e, infine, con la crisi degli anni Trenta. In quel contesto, la transizione da forme volontarie di coalizione a modelli generali di cartellizzazione coattiva si inserisce nella più ampia cornice di uno Stato che aspira ad assumere direttamente la funzione di guida e direzione del sistema produttivo. Nei regimi autoritari di Italia e Spagna, la potenziale centralità di un sistema consortile organizzato si misura, con intensità e modalità differenti, con le soluzioni corporative adottate. Ne scaturiscono dibattiti dottrinali particolarmente densi, segnati da una tensione costante tra consorzialismo e corporativismo, e da soluzioni spesso divergenti nei due ordinamenti. Il bilancio complessivo che emerge da questo studio è quello di un diritto che non ha mai smesso di interrogarsi sulle proprie capacità di leggere e disciplinare la realtà economica. I sindacati industriali hanno rappresentato, per più di mezzo secolo, una sfida concettuale, normativa e politica. Non strumenti neutri, ma istituzioni economiche attraversate da tensioni ideologiche, da conflitti di interessi e da profonde ambivalenze. Interrogare quelle risposte, ricostruirne il senso e seguirne gli sviluppi nel tempo non è solo un'operazione storica, ma anche un modo per riflettere sul rapporto tra diritto e potere economico nel lungo periodo. Se oggi l'attenzione si è spostata verso una cultura della concorrenza, ciò non significa che la stagione dei sindacati industriali debba essere consegnata definitivamente al passato. Al contrario: nella fase attuale, segnata dalla tensione tra capitali transnazionali e sovranità statali, tra *deregulation* e protezionismo, tra retoriche nazionaliste e nuove forme di concentrazione oligarchica - spesso veicolate da architetture digitali e poteri di piattaforma - si moltiplicano gli interrogativi che il giurista può rivolgere al proprio tempo. Quali strumenti possiede oggi il diritto per confrontarsi con queste nuove formazioni del potere economico? Quali lezioni si possono trarre dalle esperienze passate? E quali forme giuridiche sapranno accompagnare o resistere - alle trasformazioni che si annunciano all'orizzonte? Non si tratta di replicare modelli del passato, ma di coglierne la vitalità latente. In tal senso, questo lavoro si propone anche come punto di partenza per un successivo approfondimento comparato, esteso ad altri contesti, oltre a quello italiano e spagnolo, e finalizzato alla costruzione di una mappa delle risposte giuridiche alla concentrazione del potere economico tra XIX e XX secolo.

BIBLIOGRAFIA

A.A.S., *Corte di Cassazione di Torino, 31 dicembre 1885*, in «La Giurisprudenza di Torino», 1886.

AA. VV., *La España del siglo XX*, Marcial Pons Historia, Madrid, 2003.

AA. VV, *Annali di storia delle università italiane*, CLUEB, Bologna, 2004.

AA. VV., *Involución y autarquía: la economía española entre 1890 y 1914*, Editorial Complutense, Madrid, 2000.

AA. VV., *Economia programmatica*, Sansoni, Firenze, 1933.

AA. VV., *Nuove esperienze economiche*, Sansoni, Firenze, 1935.

AA. VV., *Some Legal Aspects of the National Industrial Recovery Act*, in «Harvard Law Review», Vol. 47, No. 1(November, 1933), 1933.

Acemoglu D. e **Robison J. A.**, *Perché le nazioni falliscono. Alle origini di potenza, prosperità, e povertà*, Il Saggiatore, Milano, 2013.

Adorni G., *Alcune forme di coalizioni industriali e mercantili nell'età presente*, in «Rivista internazionale di Scienze Sociali e Discipline Ausiliarie», 1897.

Alexander B., *The impact of the National Industrial Recovery Act on Cartel formation and Maintenance Costs*, in «*Review of Economics and Statistics*», Vol. 76, 1994.

Álvarez Alonso C., *El estado social de la segunda república española (1931)*, in «*Quaderni fiorentini per la storia del pensiero giuridico moderno*», n. 46 (*Giuristi e stato sociale*), Tomo I, 2018.

Amar M., *Sulle coalizioni nell'industria e nel commercio*, in «Monitore dei Tribunali», Anno XXVII, n. 18, 1886.

Amar M., *Industria*, in «*Enciclopedia Giuridica Italiana*», Vol. VIII, Parte, I, 1902.

Amato G., *Il gusto della libertà*, La Terza, Bari, 1998.

Amatori F., e **Felsini D.**, *La «cooperazione contrattuale» 1900-1965* in Gigliobianco A., e Toniolo G., (a cura di), *Concorrenza, mercato e crescita in Italia: il lungo periodo*, Marsilio, Venezia, 2017.

Amore Bianco F., *Le corporazioni oltre lo Stato. Progetti di corporativismo internazionale nell'immaginario del fascismo*, in Cerasi L. (a cura di), *Genealogie e geografie dell'anti-democrazia nella crisi europea degli anni Trenta. Fascismi, corporativismi, laburismi,* Edizioni Ca'Foscari, Venezia, 2019.

Angelelli C., *Il fondamento di alcune critiche sul Consorzio obbligatorio per l'industria solfifera siciliana*, Roma, 1918.

Angeloni V., *Sindacati finanziari. Studio di diritto commerciale*, Vallardi, Milano, 1909.

Aparicio M. A., *El sindicalismo vertical y la formación del estado franquista*, EUBINAR, Barcelona, 1980.

Aragoneses A., *Joaquín Garrigues y la revista de derecho mercantil. Dictadura y modernización de la economía durante el franquismo*, in F. Fernández-Crehuet e S. Martín (a cura di), *Los juristas y el «régimen». Revistas jurídicas bajo el franquismo*, Editorial Comares, Granada, 2014.

Arias G., *Natura economica e disciplina giuridica dei sindacati di aziende*, in «Il Giornale degli economisti», 1910.

Arias G., *Sulla classificazione dei sindacati finanziari*, in «Il Diritto commerciale», 1911.

Arias G., *Unioni di produttori e intervento di Stato*, in «L'Ordine Corporativo», Anno II, n. 3, 1935.

Aristide M., *Enti ed Istituti creati in forza di disposizioni legislative per l'esercizio di determinate attività economiche. L'Istituto Cotoniero Italiano*, Milano 1944.

Ascarelli T., *Consorzi volontari tra imprenditori*, Giuffrè, Milano, 1937

Ascarelli T., *Le unioni di impresa*, in «*Rivista di diritto commerciale*», I, 1935.

Ascarelli T., *Note preliminari sulle intese industriali (Cartelli e Consorzi)*, Pliniana, Selci Umbrio, 1933.

Ascarelli T., *Sul progetto di legge «antitrust»*, in «Rivista Trimestrale di Diritto e Procedura Civile», Anno IV, 1950.

Asquini, Alberto, in «*Dizionario Biografico degli Italiani*», Vol, 34, 1988.

Assan V., *Israël William Oualid, juriste, économiste, professeur des Universités (Alger, 26 janvier 1880 – Villeneuve-sur-Lot, 15 novembre 1942)*, in «Archives Juives», Vol. 46, n. 1, 2013.

ASSO F. e **FIORITO L.**, *Sulla apertura internazionale della manualistica italiana negli anni 1860 – 1922: alcune riflessioni generali e il caso dei trusts*, in AUGELLO M. M. e GUIDI, M. E. L. (a cura di), *L'economia divulgata. Stili e percorsi italiani (1840 - 1922). La «Biblioteca dell'economista» e la circolazione internazionale dei manuali*, Vol. III, Milano, FrancoAngeli, 2007.

AUFELLO M. M. e **GUIDI M. E. L.**, *Economisti e scienza economica nell'Italia liberale (1848-1922). Una storia istituzionale*. Vol. I, FrancoAngeli, Milano, 2019.

AUGELLO M. M. e **GUIDI M. E. L.** (a cura di), *L'economia divulgata. Stili e percorsi italiani (1840 – 1922). Teoria e paradigmi*, Vol. II, Milano, FrancoAngeli, 2007.

AUGUSTI, E, *Un diritto possibile Storie, teorie e prassi di modernità tra comparazione e globalizzazione*, in «Forum Historiae Iuris», www.forhistiur.de/2016–06.

AULETTA G., *Consorzi commerciali*, in «*Nuovo Digesto Italiano*», Vol. III, Torino, UTET, 1938.

AULETTA G., *Il contratto di consorzio ed il suo regolamento giuridico. Fallimento di un consorziato e suoi effetti, (Nota a Corte d'Appello di Milano, 13 gennaio 1936)*, in «Il Foro italiano», I, 1936.

BALBI D., *I sindacati industriali e commerciali e l'azione dello Stato: per un ordinamento legislativo dei sindacati industriali e commerciali*, 1905.

BALBI, D., *Sindacati industriali e commerciali nell'economia odierna*, Brescia, 1901.

BANNISTER, R. C. (a cura di), *On Liberty, Society, and Politics: The Essential Essays of William Graham Sumner*, Indianapolis Liberty Fund, 1992.

BARASSI L., *Nota a Corte di Appello di Napoli, 2 luglio 1900*, in «Il Foro italiano», I, 1900.

BARJOT, D. e **SCHRÖTER, H. G.**, *Introduction générale. Pourquoi un numéro spécial sur les cartels?* in «*Revue économique*», 2013/6 (Vol. 64).

BARJOT D., *Cartels: a Path to Europe? The Role of Louis Loucheur (1872-1931)*, in «Revue économique», 2013/6 (Vol. 64).

BARONCI M., *La politica sociale della «Rerum novarum»*, Coletti Editore, Roma, 1946.

BARRADO A., *Los grandes «trusts» de los Estados Unidos*, in «*Revista de Navigación y Comercio*», Año X, Madrid 15 de Diciembre de 1898, Nùm. 243, 1898.

Bartholomeyczik H., *La legge tedesca contro le limitazioni della concorrenza (GWB)*, in «*Rivista delle società*», Anno III, 1958.

Beaud, M. *Storia del capitalismo*, Roma, Edizioni Lavoro, 1984.

Begnotti L., *Sempre in tema di consorzi*, in «Rivista del lavoro», 1937.

Beltrame Quattrocchi L., *Nota a Corte di Cassazione di Napoli, 26 maggio 1903 in «Il Foro italiano»,* 1903.

Berla M., *Teoria della concorrenza e interesse del consumatore nel pensiero di Tullio Ascarelli: prospettive e sviluppi*, Giuffrè, Milano, 2002.

Bernini G., *Breve analisi storico comparativistica della legislazione antitrust degli Stati Uniti d'America*, Minerva Tecnica, Bologna, 1958.

Bernini G., *La tutela della libera concorrenza e i monopoli (studio di dritto comparato). «Common law» e legislazione «antitrust» statunitense*, Vol. I, Giuffrè, Milano, 1963.

Bernini G., *La tutela della libera concorrenza i monopoli. Comunità europee e legislazioni degli stati membri*, Vol. II, Giuffrè, Milano, 1963.

Berri G. e **Sanesi N.**, *Accaparramento*, in «*Enciclopedia Popolare Italiana o Tesoro universale di utili cognizioni*», Milano, 1871.

Berti L. e **Pezzoli A.**, *Le stagioni dell'antitrust. Dalla tutela della concorrenza alla tutela del consumatore*, Università Bocconi Editore, Milano, 2010.

Bertilorenzi M., *Il controllo della sovrapproduzione. I cartelli internazionali nell'industria dell'alluminio in prospettiva storica (1886-1945)*, tesi di dottorato, Università degli studi di Firenze e Université Paris-Sorbonne (Paris-IV), a.a. 2009/2010.

Bertilorenzi M., *The International Aluminium Cartel, 1886-1978. The Business and Politics of a Cooperative Industrial Institution*, Routledge, New York, 2016.

Bertilorenzi M., *The International Industrial Cartels Committee. The League of Nations, the International Chamber of Commerce, and the governance of international cartels (1920s-1940s)*, Conference: European Business History Association (EBHA), Paris, 2012.

Betocchi C., *Le coalizioni industriali nell'economia e nel diritto*, Napoli, 1891.

Bianchi P., *La rincorsa frenata. L' industria italiana dall'unità alla crisi globale*, Il Mulino, Bologna, 2013.

Bianchi P., *Politiche della concorrenza e monopolizzazione*, in P. Bianchi (a cura di), *Antitrust e gruppi industriali*, il Mulino, Bologna, 1988.

Bigiavi W., *In tema di cartelli e consorzi, a proposito di una recente pubblicazione*, in «*Rivista di diritto commerciale*», I, 1937.

Birocchi, *Enciclopedie giuridiche tra storia e valutazione scientifica*, in Conte G. (a cura di), *Evoluzione e valutazione della ricerca giuridica*, Napoli, Edizioni scientifiche italiane, 2015.

Black F. R., *N.I.R.A. and the delegation of legislative power to the President*, «Coronel Law Quarterly», n. 19, 1934.

Boccardo, G., *Concorrenza*, in «Dizionario della economia politica e del commercio», F.lli Treves Editori, Milano, Vol. I, 1875.

Boccardo, G., *Monopolio*, in «*Dizionario della economia politica e del commercio*», Vol. III, F.lli Treves, Editori, Milano, 1877.

Bognetti G., *Lo spirito del costituzionalismo americano. La Costituzione liberale*, Giappichelli, Torino, 2000.

Borgioli A., *Consorzi e società consortili*, in «*Trattato di diritto civile e commerciale*», Volume XLI, Giuffrè, Milano, 1985.

Bottai G., *I discorsi di S.E. Bottai sulla legge per consorzi. Le dichiarazioni alla Camera*, in «Commercio», n. 5, maggio 1932.

Bottai, G., *Funzione economica delle corporazioni*, in «*Economia Fascista*», Vol. 1, 1943.

Bozzini U., I sindacati industriali, Milano, 1905.

Bozzini U., *Coalizioni di padroni*, (Estratto dalla *Enciclopedia Giuridica Italiana*), Milano, 1908, poi in *Enciclopedia Giuridica Italiana*, Vol. III, parte II, 1913.

Bozzini U., *Nota a Corte di Cassazione, 26 maggio 1903*, in «*La Corte d'Appello. Rivista critica di Giurisprudenza e Dottrina*», Vol. IV, 1903.

Brentano L., *Vecchie e nuove opinioni sulla cooperazione*, in «La Riforma Sociale», Anno I, Vol. II, 1894.

Bresciani Turroni C., *La reazione contro il militarismo economico in Germania*, in «*Giornale degli Economisti e Rivista di Statistica*», 1918.

Brugi B., *A. Sraffa. La lotta commerciale. Prolusione al corso di diritto. commerciale alla Regia Università di Macerata (Pisa, 1894)*, in «*Rivista italiana per le scienze giuridiche*», 1894.

Brugi B., *Sindacati leciti, (Nota a Corte di Cassazione di Torino, 12 luglio 1910)*, in «Rivista di diritto commerciale», I, 1911.

Brunetti A., *(I) Della legittima difesa nella concorrenza sleale (Nota a Tribunale di Venezia, 14 aprile 1904)*, in «*Rivista di diritto commerciale*», II, 1904.

Brunetti G., *Coalizioni illecite, (Nota a Corte d'Appello di Firenze, 20 febbraio 1909)*, in «*Giurisprudenza italiana*», I, 1909.

Bugni E., *Delle coalizioni industriali lecite ed illecite*, in «*Monitore dei tribunali*», Anno XLVI, n. 26, 1905.

Cabiati A., *L'Istituto Cotoniero Italiano e la crisi*, in «*La riforma sociale Rivista critica di economia e di finanza*», Anno XX, vol. XXIV, n. 4, 1913.

Cacciari M., *Walter Rathenau e il suo ambiente. Con un'antologia di scritti e discorsi politici (1919-1921)*, De Donato, Bari, 1979.

Cafaggi F., *Le rôle des acteurs privés dans les processus de régulation: participation, autorégulation et régulation privée*, in «*Revue française d'administration publique*», n° 109, 2004/1.

Caminati A., *Vecchia e giovane scuola storica dell'economia politica: metodo storico e ruolo dello Stato*, in R. FINZI (a cura di), *Il ruolo dello stato nel pensiero degli economisti*, Il Mulino, Bologna, 1977.

Camponeschi P., *FRANCHESCHELLI, Remo* in «Dizionario Biografico degli Italiani», Volume 49 (1997).

Cardini A., *Marginalismo, liberismo e socialismo: Giovanni Montemartini*, in M.E.L. GUIDI, L. MICHELINI (a cura di), *Marginalismo e socialismo nell'Italia liberale 1870-1925*, Feltrinelli, Milano, 2001.

Carli F., *Aspetti e problemi dell'economia corporativa*, in «Critica Fascista», 1928.

Carli F., *Nazionalismo economico*, Milano, 1911.

Carli F., *Secondo Convegno di Studi sindacali e corporativi, Ferrara, 1932-X. Le crisi economiche e l'ordinamento corporativo*, Roma, 1932.

Carnelutti F. *Le associazioni padronali di resistenza e le cambiali in bianco*, in «Rivista di dritto commerciale», 1909.

Carnelutti F. *Ancora sulle cambiali in bianco nelle associazioni padronali di resistenza (Nota a Tribunale di Parma 25 febbraio 1910)* in «Rivista di dritto commerciale», 1910.

Cassese S., *Corporazioni e intervento pubblico nell'economia*, in «Quaderni Storici delle Merche», n. 9, settembre, 1968.

Cassola C., *Sindacati industriali (cartelli, pools, trusts)*, Bari, Laterza, 1905.

Castillo García y Soriano R., *La Reforma del Código Penal Español*, 1898.

Castronovo V., *Un profilo d'insieme*, in V. Castronovo (a cura di), *Storia dell'IRI. Dalle origini al dopoguerra: 1933-1948 (Storia e società)*, vol. 1, Editori Laterza, Bari, 2012.

Castro Valdiva M., *Olariaga y Pujana, Luis (1885-1976)*, in C. Petit (a cura di), *Derecho ex cathedra (1847-1936): diccionario de catedráticos españoles*, Dykinson, Madrid, 2019.

Catalano F., *New-Deal e Corporativismo fascista di fronte alle conseguenze della «grande crisi». Discussioni storiografiche*, in Il Movimento di Liberazione in Italia», n. 2, 1967.

Cazzetta G., *Codice civile e identità giuridica nazionale: Percorsi e appunti per una storia delle codificazioni moderne*, Giappichelli, Torino, 2018.

Cazzetta G., *Intervento dello Stato e libertà di contratto fra Otto e Novecento*, in www.historiaetius.eu -6/2014 -paper 2.

Cazzetta G., *La Facoltà di Giurisprudenza nella Libera Università di Ferrara* (1860-1942), in AA. VV, *Annali di storia delle università italiane*, CLUEB, Bologna, 2004.

Cazzetta G., *Nell'età delle macchine. Artefici, operai, telegrafisti: diritto codificato e incertezze classificatorie dei giuristi*, in «Lavoro e Diritto», Vol. 3, 2018.

Cazzetta G., *Patria senza territorio? Emigrazione e retorica dello Stato-Nazione*, in P. Nappi e G. Sgarbanti (a cura di), Studi in onore di Luigi Costato, Vol. III, *I multiformi profili del giuridico*, Napoli, Jovene, 2014.

Cazzetta G., *Scienza giuridica e trasformazioni sociali. Diritto e lavoro in Italia tra Otto e Novecento*, Giuffrè, Milano, 2007.

Cazzetta G., *Lavoro e impresa*, in M. Fioravanti (a cura di), *Lo Stato moderno in Europa. Istituzioni e diritto*, La Terza, Bari, 2008.

Cesarini Sforza W., *Corporazione e consorzi*, in «Commercio: rivista mensile dell'economia commerciale italiana», n. 7, 1936.

Cesarini Sforza W., in AA. VV., *L'organizzazione sindacale e corporativa*, in *Trattato di Diritto Corporativo*, Parte Prima, Società Editrice Libraria, Milano, 1940.

Chandler D. Jr., *Dimensione e diversificazione. Le dinamiche del capitalismo industriale*, Il Mulino, Bologna, 1994.

Chariot A., *Les ententes: débats juridiques et dispositifs législatifs (1923-1953). La genèse de la politique de la concurrence en France*, in «*Histoire, économie & société*», 2008/1 (27e année).

Checcho A., *Banca e latifondo nella Sicilia degli anni Trenta*, Guida Editori, Napoli, 1983.

Chevalier M., *Cours d'Économie politique*, Vol. II, Bruxelles, 1851.

Chiodi G., *Clausole generali e abuso della libertà contrattuale: esperienze del primo Novecento*, in «Diritto e questioni pubbliche», XVIII, 2018 / 2 (dicembre), 2018.

Chiodi G., *Un pioniere della giustizia contrattuale: Lorenzo Mossa e i contratti di adesione*, in «*Quaderni fiorentini per la storia del pensiero giuridico*», n. 45, 2016.

Ciccotti E., *Sovvenzioni e premi alla marina mercantile in Italia*, Ortona a Mare, 1910.

Coates W. H., *League of Nations Report on Double Taxation Submitted to the Financial Committee by Professors Bruins, Einaudi, Seligman, and Sir Josiah Stamp*, in «*Journal of the Royal Statistical Society*», Vol. 87, No. 1 (Jan., 1924), 1924.

Cobo del Rosal Pérez G., *El proceso de elaboración del Código penal de 1928*, in «*Anuario de historia del derecho español*», n. 82, 2012.

Cogliolo P., *La validità dei sindacati*, in «Il Diritto commerciale», 1912.

Colajanni P., *Il salario nella legge sugli infortuni del lavoro e gli operai cottimisti dell'industria zolfifera siciliana*, in «Il Giornale degli Economisti», 1906.

Colajanni, P., *La legge sulle tabelle dei salari per la determinazione dell'indennità negli infortuni delle zolfare di Sicilia*, in «*Il Giornale degli Economisti*», 1909.

Colajanni, P., *Sperimentalismo sociale. Le lacune e la insufficienza della legge sugli infortuni e l'azione integratrice del «Sindacato siciliano di muta assicurazione per gl'infortuni sul lavoro nelle miniere di zolfo*, in «Il Giornale degli Economisti», 1911.

Colectivo de Historia, *La dictadura de Primo de Rivera y el bloque de poder en España*, in «Cuadernos económicos de ICE», n. 6, 1978.

Collin P. e **Rudischhauser, S.**, *Regulierte Selbstregulierung. Historische Analysen hybrider Regelungsstrukturen*, (Traduction de Laurent Cantagrel: *Autorégulation régulée. Analyses historiques de structures de régulations hybrides*), in «*Trivum. Revue franco-allemande de sciences humaines et sociales - Deutsch-französische Zeitschrift für Geistes- und Sozialwissenschaften*», n. 22, 2016.

Collin P., «Autorégulation sociétale» et «autorégulation régulée» - des catégories fécondes pour une analyse (juridico-)historique»?, (Traduction de Flavien Le Bouter et Anthony Andurandin, Édition originale: «*Gesellschaftliche Selbstregulierung*» *und* «*Regulierte Selbstregulierung*» – *ertragreiche Analysekategorien für eine (rechts-)historische Perspektive ?*, in Collin, P./ Bender, G./ Ruppert, S./ Seckelmann, M./Stolleis, M. (éd.): Selbstregulierung im 19. Jahrhundert – zwischen Auronomie und staatlichen Steuerungsansprüchen, Francfort-sur-le-Main: Klostermann, 2011, ora in «*Trivum. Revue franco-allemande de sciences humaines et sociales - Deutsch-französische Zeitschrift für Geistes-und Sozialwissenschaften*», n. 22, 2016

Comín Comín F., *Las modestas realizaciones de la nueva política económica intervencionista de la Restauración*, in E. Fuentes Quintana (a cura di), in *Economía y economistas españoles, (Las criticás a la economía clásica)*, Vol. V, Galexia Gutemberg, Barcelona, 1999.

Comín Comín F., *Hacia la economia dirigida y protegida*, in E. Fuentes Quintana (a cura di), *Economía y economistas españoles*, *(La modernización de los estudios de economia*), Vol. VI, Galexia Gutemberg, Barcelona, 2001.

Corti P., *Consorzi e corporazioni*, in «*Rassegna corporativa: rivista bimestrale di diritto ed economia*» n. 1, 1937.

Corti P., *Un notevole contributo alla soluzione del problema del controllo corporativo*, Estratto da «*Economia*», Anno XVI, Nuova Serie, Volume XII, N. 3-4), 1938.

Cossa E., *Di alcune errate interpretazioni dell'ordine economico*, «Giornale degli Economisti», 1904.

Cossa E., *I sindacati industriali (trusts)*, Ulrico Hoepli, Milano, 1901.

Cossa E., *La dottrina dell'egoismo di H. Spencer come interpretazione dell'economia politica e delle forme storiche degli istituti industriali*, in «*Giornale degli Economisti*», 1906.

Costabile L., *Bresciani Turroni, Costantino*, in «Il Contributo italiano alla storia del Pensiero - Economia», 2012.

Crespolani R., *Industria (delitti contro la libertà della)*, in «Enciclopedia Giuridica Italiana», Vol. VIII, Parte, I, 1901.

Crivellari G., *Il Codice penale per il Regno d'Italia*, Vol. V, UTET Torino, 1894.

Crivellari-Suman G., *Il Codice penale per il Regno d'Italia*, UTET, Vol. VII, Torino, 1896.

Cubillo L., *El gran trust americano del acero*, in «*Nuestro Tiempo*», Año I, N.8, 1901.

Cuerdo Mir M. e **del Mar Sánchez González D.**, *Tradiciones penales en la maquinación para alterar el precio de las cosas del Código Penal de 1848*, in «Anuario de historia del derecho español», n° 84, 2014.

Curli B., *L'Italia, La Società delle Nazioni e la discussione sugli accordi industriali internazionali, 1927-31*, in «Rivista di Storia Economica», vol. 7, n. 1, 1990.

D'Alberti M., *Nobiltà e miserie della giuridificazione*, in B. Marchetti e M. Renna (a cura di), *La giuridificazione*, Vol. III, in L. Ferrara e D. Sorace (a cura di), *A 150 anni dall'unificazione amministrativa italiana*, Firenze University Press, Firenze, 2016.

D'Alfonso R., *Costruire lo stato forte: politica, diritto, economia in Alfredo Rocco*, FrancoAngeli, Milano, 2004.

D'Amuri M., *La casa per tutti nell'Italia giolittiana: Provvedimenti e iniziative per la municipalizzazione dell'edilizia popolare*, Ledizioni, Miliano, 2013.

D'Andrea A., *Istituzioni agrarie e monopoli industriali durante il fascismo: La Camera agrumaria per la Sicilia e la Calabria (1926-1935)*, in A. Checco (a cura di), *Banca e latifondo nella Sicilia degli anni Trenta*, Guida Editori, Napoli, 1983.

D'Antone L. e **Mariani M. C.**, *I presidi*, in R. Cagiano de Azevedo (a cura di), *La Facoltà di economia: cento anni di storia, 1906-2006*, Rubettino, Soveria Mannelli, 2006.

D'urso F. *La biblioteca ideale di un giurista a metà Ottocento. Da una lettera inedita di Luigi Borsari (1804-1887)*, in «Historia et ius. Rivista di storia giuridica dell'età medievale e moderna», 11/2017, paper 4.

D'urso F. *Tra Scienza e Vita: Economia e Diritto nel pensiero di Ugo Spirito*, in «Annali dell'Università degli studi Suor Orsola Benincasa», vol. II, Tomo I, 2012.

Da Empoli D., *Giovanni Montemartini (1867-1913)*, in A. Mortara (a cura di), *I Protagonisti dell'intervento pubblico in Italia*, Milano, Ciriec-F. Angeli, 1984.

Dall'orto G., *Corporazioni, consorzi obbligatori e compagnie commerciali*, in «*L'Ordine Corporativo*», Anno IV, n. 1, 1937.

Dalla Volta R., «*Il trust*» *navale oceanico*, in «Nuova Antologia», Anno 37°, Fasc. 730, 16 Maggio, 1902.

Dalla Volta R., *Le coalizioni industriali*, in «*Giornale degli Economisti*», Vol. IV, 1889.

Davis D. B. e **Donald D. H.**, *Espansione e conflitto, gli Stati Uniti dal 1820 al 1877*, Il Mulino, Bologna, 1987.

De Courten L., *La marina mercantile italiana nella politica di espansione (1860-1914)*. Industria, finanza e trasporti marittimi, Bulzoni Editore, Roma, 1989.

De Rosa G. (a cura di), *I tempi della Rerum novarum*, Rubettino, Catanzaro, 2002.

De Sanctis V., *Le concentrazioni industriali e commerciali nella legislazione italiana, in Studi di diritto e pratica commerciale*, Serie II, n. 29, Edizioni di «Diritto e pratica commerciale», Roma, 1927.

De Semier A., in *Informacio espanaola para el extrajero (Derecho Publico)*, in «Revista del Instituo de Derecho Comparado de Barcelona», n. 2 (enero-junio), 1954.

De Tocqueville A., *La Democrazia in America*, BUR, Milano, 1999.

De Valles A., *I sindacati industriali e la loro rappresentanza in giudizio, (Nota a Cassazione di Firenze, 9 marzo 1914*), in «La Società per Azioni», Anno IV, n. 11, 15 novembre, 1914.

Dearing C.L., Homan P.T., Lorwin L. L., Lyon L. S., *The ABC of the NRA*, The Brookings Institution, Washington D.C., 1934.

Degrossi G., *La questione degli zolfi in Sicilia*, in «*Giornale degli Economisti*», 1985.

Del Giudice P., *Delle coalizioni dirimpetto al progetto del Codice penale italiano*, in «*Archivio Giuridico*», Vol. VI, 1870.

Delfino M.M., *Concorrenza (in Diritto americano)*, in «Digesto delle discipline privatistiche: Sezione commerciale», Vol. 3, UTET, Torino, 1988.

Dogliani P., *La sinistra europea alle origini del movimento del movimento comunale internazionale*, in P. Dogliani e O. Gaspari (a cura di), *L'Europa dei comuni: origini e sviluppo del movimento comunale europeo dalla fine dell'Ottocento al secondo dopoguerra*, Donzelli, Roma, 2003.

Dolidze A., *Bridging Comparative and International Law: Amicus Curiae Participation as a Vertical Legal Transplant* in «*European Journal of International Law*» Vol. 26, Issue 4, November 2015.

Donativi V., *Introduzione della disciplina antitrust nel sistema legislativo italiano. Le premesse*, Giuffrè, Torino, 1990.

Duranti S., *La propaganda antisocietaria fascista attorno alla metà degli anni Trenta*, in «ITALIA CONTEMPORANEA», giugno 2013, n. 271, 2013.

Duve T., *Storia giuridica globale e storia giuridica comparata. Osservazioni sul loro rapporto dalla prospettiva della storia giuridica globale*, in M. Brutti, A. Somma (a cura di), *Diritto: storia e comparazione. Nuovi propositi per un binomio antico*, Frankfurt am Main, Max Planck Institute for European Legal History, 2018.

Florian E. *Trattato di diritto penale*, Seconda edizione, Milano, Vallardi, 1923.

Einaudi L., *Il consorzio dello zolfo e le responsabilità dello stato, in «Corriere della Sera», 1906*, ora in *Cronache economiche e politiche di un trentennio (1893-1925)*, Einaudi, Torino, Vol. II, 1959.

Einaudi L., *Uno sperimento industriale. Il consorzio siciliano dello zolfo in «Corriere della Sera», 8 agosto, 1906*, ora in *Cronache economiche e politiche di un trentennio (1893-1925)*, Einaudi, Torino, Vol. II, 1959.

Einaudi L., *La questione solfifera siciliana. Pericoli e dubbi, in «Corriere della Sera», 6 agosto 1907*, ora in *Cronache economiche e politiche di un trentennio (1893-1925)*, Einaudi, Torino, Vol. II, 1959.

Einaudi L., *Dazi doganali e sindacati fra industriali*, in «Corriere della Sera», 3 marzo 1914.

El trust azucarero y la opinión pública, El Liberal, Madrid, 1903.

Escuela Social, *La Escuela Social de Barcelona*, Barcelona, 1940.

Espeli H., *Transparency of cartel and cartel registers: a regulatory innovation from Norway?* in Fellman S. e Shanahan M., *Regulating Competition: Cartel registers in the twentieth-century world*, Routledge, New York & Londres, 2016.

Farquet C., *Expertise et négociations fiscales à la Société des Nations (1923-1939)*, in «*Relations internationales*», vol. 142, n. 2, 2010.

Faucci R., *Dall'«economia programmatica» corporativa alla programmazione economica: il dibattito fra gli economisti*, in «Quaderni fiorentini per la storia del pensiero giuridico moderno», n. 28, 1999.

Faucci R., *Revisione del marxismo e teoria economica della proprietà in Italia, 1880-1900: Achille Loria (e gli altri)*, in «Quaderni fiorentini per la storia del pensiero giuridico moderno», n. 5-6, 1976/1977, (*Itinerari moderni della proprietà*), Tomo I.

Fellman S., Shanahan M., *Regulating Competition: Cartel registers in the twentieth-century world,* Routledge, New York & Londres, 2016.

Felsini D., *Tecnocrati nella transizione. Culture economiche e stili manageriali all'IRI dalla fondazione al dopoguerra*, in S. P. Barucci (a cura di), *La cultura economica tra le due guerre*, FrancoAngeli, Milano, 2015.

Fernandez Cuesta R., *Intemperie, victoria y servicios: Escritos y discursos*, Ediciones, del Movimiento, Madrid, 1951.

Fernández Riquelema S., *Política, Autoridad y Trabajo. Eduardo Aunós y Estado corporativo en España*, in «La Razón Histórica», n. 10, 2010.

Ferrante R., *Il diritto penale dell'economia nell'età dei codici. Dall'Illuminismo giuridico ai «nuovi reati»*, in *Itinerari in comune. Ricerche di storia del diritto per Vito Piergiovanni*, Milano, Giuffrè, 2011.

Ferrara F., *Teoria del negozio illecito nel diritto civile italiano*, 1902.

Ferrara F., *Teoria del negozio illecito nel diritto civile italiano*, 2°edizione riveduta, 1914.

Ferrarese M. R., Diritto e mercato, il caso degli Stati Uniti, Giappichelli, Torino, 1992.

Ferri, E., *El trust azucarero y la opinión pública*, *Socialismo e scienza positiva. Darwin, Spencer, Marx,* Roma, 1894.

Ficcadori, A., *Il controllo corporativo sui consorzi*, in «Raccolta di Studi Politici ed Economici diretta da Luigi Lojacono», III Serie, n. 66, Roma, 1939.

Finzi E., *Verso un nuovo diritto commerciale*, in «Archivio di studi corporativi», Anno IV, fasc. II, 1933.

Flora F., *I sindacati industriali (trusts)*, in «La Riforma sociale», Anno VII, Vol. X, 1900.

Flora F., *Il pericolo americano*, (Estratto dalla «Riforma sociale», fasc. 5, anno IX, vol. XII – Seconda seria), 1902.

Foner E., *Storia della liberà americana*, Donzelli, Roma, 2009.

Fontana G., *La disciplina della concorrenza negli Stati Uniti d'America (Saggi di Diritto commerciali raccolti dal Prof. Tullio Ascarelli)*, Giuffrè, Milano, 1937.

Foramiti F. (a cura di), *Nuovo dizionario di diritto commerciale, ossia riassunto di legislazione, di dottrina e di giurisprudenza di Devilleneuve e Massé, avvocati presso la corte reale di Parigi. Opera utilissima ai forensi, ai commercianti ed altre persone di affari*, Venezia, 1843.

Fraile Balbín, P., *La intervención económica durante la Segunda República*, in J. Velarde Fuertes, (coord.), *1900-2000. Historia de un esfuerzo co-*

lectivo: cómo España superó el pesimismo y la pobreza, Vol. I, Planeta, Madrid, 2000.

Fraile Balbín P., *La retórica contra la competencia en España (1875-1975)*, Fundación Argentaria-Visor, Madrid, 1998.

Franchi L., *(Il) Sopra un caso di pretesa concorrenza sleale in materia di imprese monopolistiche (Nota a Tribunale di Venezia, 14 aprile 1904)*, in «Rivista di diritto commerciale», II, 1904.

Franceschelli R., *I consorzi industriali*, CEDAM, Padova, 1939.

Franceschelli R., *Per il regolamento legislativo dei consorzi industriali (Progetto e relazione)*, in «*Archivio di Studi Corporativi*», Anno XI, fasc. I, 1940.

Freda D., *Governare i migranti. La legge sull'emigrazione del 1901 e la giurisprudenza del Tribunale di Napoli*, Giappichelli, Torino, 2017.

Freund E. e altri., *Growth of American Administrative Law*, St. Louis, 1923.

Fusar Poli E., «*Una parte così viva e così importante del diritto*»*: agli albori dell'insegnamento del diritto industriale nell'università italiana*, in «Rivista di Storia del Diritto Italiano», Vol. XCI, Fasc. 2, 2018.

Gabelli A., *Intorno alla punibilità dello sciopero concertato dagli operai (Des coalitions industrielles et commerciales, par Edouard Haus, Gand, 1862)*, in «L'Eco dei Tribunali», 1864.

Gagliardi A., *Il corporativismo fascista*, Laterza, Bari, 2010.

Gallagher M. F., *Government Rules Industry. A Study of NRA*, New York, Oxford University Press, 1934.

Galli R., *I sindacati industriali e lo Stato corporativo*, in «Economia: rivista di economia corporativa e di scienze sociali», Anno X, Vol. IX, n. 4 (aprile 1932), 1932.

Gamazo G.B., *Los sindicatos industriales: un artículo alemán y un libro italiano*, in «*Nuestro Tiempo*», Año I, N.2, 1901.

García Ruiz J. L., *Introdución*, in J. L. García Ruiz (a cura di), *Políticas industriales en España. Pasado, presente y futuro*, Ediciones Parainfo, Madrid, 2019.

Garrigues J., *La defensa de la competencia mercantil. (Cuatro conferencias sobre la Ley española de 20 de julio de 1963 contra Prácticas Restrictivas de la Competencia)*, Sociedad de estudios y publicaciones, Madrid, 1964.

Garrigues J., *Formas sociales de uniones de empresas*, in «*Revista de derecho mercantil*», Vol. II, n. 7, 1947.

Garrigues J., *Il nuovo ordine in Spagna. Sindacati verticali e Corporazioni*, in «*Archivio di Studi Corporativi*», Anno X, fasc. III, 1939.

Garrigues J., *L'impresa nel nuovo ordine*, in «Rivista di Diritto Commerciale», I, 1939.

Garrigues, J., *Tres conferencias en Italia sobre el fuero de Trabajo*, Ediciones 'FE', Madrid, 1939.

Garzarelli B., *LANTINI (Ferruccio)*, in «Dizionario Biografico degli Italiani», Volume 63, 2004.

Gascón y Marin J., *Concepto y naturaleza de los sindicatos*, in «El Fuero Español», Año, VIII, n. 262, 10 de Abril, 1905.

Gascón y Marin J., *Los sindicatos y la libertad de contractación*, Barcelona, 1907.

Gay P., *La cultura di Weimar*, Dedalo, Bari, 2002.

Gerber D. J., *Global Competition: Law, Markets and Globalization*, Oxford University Press, Oxford, ed. 2017.

Gerber D. J., *Law and competition in twentieth century europe. Protecting Prometheus*, Oxford University Press, New York, 1998.

Gilligan T. S., W. J. Marshall, B. R. Weingast, *Legislative Choice: The Interstate Commerce Act of 1887*, in «Journal of Law and Economics», 33 (April 1989).

Giorgi G., *Teoria delle obbligazioni nel diritto moderno italiano: esposta con la scorta della dottrina e della giurisprudenza*, Firenze, 1877.

Giovene A., *Le associazioni di fatto nel diritto privato*, Vallardi, Milano, 1914.

Girardi G., *La Camera agrumaria per la Sicilia e la Calabria in Messina nelle provvidenze del governo nazionale*, in «Rivista di politica economica», 1927.

Giriziotti B., *Principi di politica, diritto e scienza delle finanze*, Padova, CEDAM, 1929.

Gómez Mendoza A., *La formación de un cártel en el primer tercio del siglo XX: la industria del cemento portland*, in «*Revista de Historia Económica*», Año V, N. 2, 1987.

González Martínez C., *La Dictadura de Primo de Rivera: una propuesta de análisis*, in «*Anales de Historia Contemporánea*», n. 16, 2000.

Gonzalo Germán Zubero L., *El azúcar en la España contemporánea* in F. Morales Padrón (a cura di), *XVI Coloquio de Historia Canario-Americana*, Cabildo Insular de Gran Canaria, Gran Canaria, 2006.

Grazadei A., *Note intorno ai sindacati industriali*, Cagliari, 1909.

Grossi P., *L'Europa del diritto. Uno storico del diritto in colloquio con gli storici del pensiero economico*, in «*Il pensiero economico italiano*», Anno XVI, n. 2, 2008.

Grossi P., *Scienza giuridica italiana. Un profilo storico (1860-1950)*, Giuffrè, Milano, 2000.

Grossi P., *Società, diritto, Stato, Un recupero per il diritto*, Milano, Giuffrè, 2006.

Gualerni G., *Economia aperta. Un approccio storico all'economia e politica industriale in Italia: 1860 - 1972*, Giappichelli, Torino, 1991.

Gualerni G., *Industria e fascismo, Per una interpretazione dello sviluppo economico italiano tra le due guerre*, Vita e Pensiero, Milano, 1976.

Guenzi A., *Un cartello industriale a Bologna nel secondo Settecento: la Società dei mercanti di velo*, in «Quaderni Storici», n.96 (3), 1997.

Guetta C., *Delle coalizioni industriali e commerciali*, Napoli, 1875.

Guidi D., *Regime Corporativo e diritto commerciale*, in «Diritto e pratica commerciale», 1928.

Gunton G., *Principles of social economics. inductively considered and pratically applied, with criticism on current theories,* New York; London, Putnam's Sons, 1891.

Halperin J., *La conférence économique international de 1927*, in AA. VV., *The League of Nations in Retrospect /la Société Des Nations: Rétrospective*, Walter de Gruyter, Berlin, New York, 1983.

Halperin J., *Les conférences économiques de l'entre-deux-guerres. Climat, résultats et leçons*, in «*Revue Suisse d'Economie Politique et de Statistique*», Basilea, 1952.

Harding C. e **Joshua J.**, *Regulating Cartel in Europe. A Study of Legal Control of Corporate Delinquency, Oxford University Press*, Oxford, 2007.

Hawley E.W., *Il New Deal e il problema del Monopolio. Lo Stato e l'articolazione degli interessi nell'America di Roosevelt*, Bari, De Donato, 1981.

Hilario Yaben Yaben D., *Exposicón y crítica del llamado intervencionismo del Estado, Obra que obtuvo el «Premio del Conde de Torreánaz» concedido por la Real Academia de Ciencias Morales y Políticas en el cuarto concurso de dicha fundación, (tirienio de 1911 á 1914)*, Madrid, 1917.

Hoata T. e **Takafumi Kurosawa T.**, *Policy Transfer and its Limits: Authorised Cartels in 20th Century Japan,* in Fellman S. e Shanahan M., *Regulating Competition: Cartel registers in the twentieth-century world*, Routledge, New York & Londres, 2016.

Hobson J., *L'imperialismo*, ISEDI, Milano, 1974.

Hopt, K. J., *Restrictive Trade Pratices and Juridifcation: A Comparative Law Study*, in G TEUBNER (a cura di), *Juridification of Social Spheres: A Comparative Analysis in the Areas ob Labor, Corporate, Antitrust and Social Welfare Law*, De Gruyter, Munich, 1987.

Hovenkamp H., *Enterprise and American Law, 1836-1937*, Cambridge, Harvard University Press, 1991.

Huntington S. P, *The Marasmus of the ICC: The Commission, the Railroads, and the Public Interest*, in «Yale Law Journal», (April 1952).

Hupt S., *Competir en los mercado internacionale. Alots hornos de Vizcaya, 1882-1936*, «*Revista de Historia Económica*», Año XXI, N. 2, 2003.

Hurst J. W., *Law and Markets in United States History: Different Modes of Bargaining among Interests*, University of Wisconsin Press, Wisconsin, 1981.

Industria Nacional, in «Enciclpoedia Juridica Española», Tomo Dècimonono, Publicado por F. Seix Editor, Barcelona, 1910.

I sindacati industriali, in «La Civiltà *Cattolica*», Serie XVIII, Vol. VIII, ottobre, 1902.

Javits B.A., *Business and the Public Interest. Trade Associations, the Anti-Trust Laws and Industrial Planning*, New York, The Macmillan Company, 1932.

Jones G. G., *Origins and development of global business*, in T. da Silva Lopes, C. Lubinski, H. J.S. Tworek (a cura di), *The Routledge Companion to the Makers of Global Business*, Routledge, New York, 2020.

Karlsson B., *Liberalism as State Non-Interference. The Development of Swedish Cartel Legislation 1911–1953*, in «Revue économique», 2013/6 (Vol. 64).

Kutney G., *Sulfur: History, Technology, Applications & Industry*, 2nd Edition, ChemTec Publishing, Toronto, 2013.

La camera agrumaria non sarà obbligatoria, in «*Il Coltivatore. Giornale di agricoltura pratica*», Vol. I, 1908.

La Cute G., *Serrata*, in «Enciclopedia del diritto», Giuffrè, Vol. XLII, 1990.

La Loggia E., *Sul consorzio obbligatorio dei produttori e possessori di zolfo*, Grigenti, 1905.

La Vergata, A., *Guerra e darwinismo sociale*, Rubettino Editore, Soveria Mannelli, 2005.

La reforma del Codigo de Comercio, in «*La Industria Nacional: Organo de la liga nacional de productores*», Año XIX, Madrid 31 de octubre de 1926, núm. 226, 1926.

Lacchè L. *Un code pénal pour l'unité Italienne: le code Zanardelli (1889) - La genèse, le débat, le projet juridique*, in «Seqüência: Estudos Jurídicos e Políticos», Vol. 35, 2014.

Lador-Lederer J. J., *Capitalismo mondiale e cartelli tedeschi tra le due guerre*, Einaudi, Torino, 1959.

Lambert E., *Le gouvernement des juges et la lutte contre la législation sociale aux États-Unis: l'expérience américaine du contrôle judiciaire de la constitutionnalité des lois*, Dalloz, Paris, 1921.

Lambert E., *Préface*, in M. J. Wasserman, *L'œuvre de la Federal Trade Commission: la dernière phase de la législation américaine contre les trusts, la spéculation illicite et les pratiques commerciales déloyales*, Giard, Paris, 1925.

Lammers C. e **Scholz K.**, *The Cartel Question at the World Economic Conference*, in «*The Annals of the American Academy of Political and Social Science*», Vol. 134, *Europe in 1927. An Economic Survey (Nov., 1927)*, 1927.

Landes D. S. *Prometeo liberato. La rivoluzione industriale in Europa dal 1750 ai giorni nostri*, Einaudi, Torino, 2000.

Lantini F., *La disciplina dei consorzi e l'attività commerciale*, in «Commercio», n. 5, maggio 1932.

Las Conferencias del Profesor Mossa en la Universidad Central (Pronunciadas los días 29 y 31 de marzo y 1° de abril) in «Revista del Derecho Privado», Tomo XX, (enero-diciembre), 1933.

Lasso Gate J. F., *Codificación mercantil*, in *Crónica de la codificación española*, Ministerio de Justicia (Comisión General de Codificació), Madrid, 1998.

Lengle E., *Ascarelli (Tullio): Note preliminari sulle intese industriali (Cartelli e Consorzi). – Padova, Cedam, 90 págs.*, in «*Revista del Derecho Privado*», Tomo XXII, (enero-diciembre), 1935.

Lenin V. I., *L'imperialismo. Fase suprema del capitalismo*, (1916), Editori Riuniti, Roma, 1969.

Leonhardt, H. A., *The Development of Cartel+ Theory between 1883 and the 1930s - from International Diversity to Convergence: Syndicats Industriels, Ententes, Comptoirs, Trusts, Pools, Combinations, Associations, Kartells, Cartelle, Unternehmerverbände*, in «*Hildesheimer Beiträge zu Theologie und Geschichte*», n. 10, Hildesheim, 2018.

Letwin W., *Law and Economic Policy in America: The Evolution of the Sherman Antitrust Act*, The University of Chicago Press, Chicago, 1965.

Libertini M., *Economia e politica nel diritto antitrust*, in M. C. Malaguti, L. Oglio, S. Vanoni (a cura di), *Politiche antitrust, ieri, oggi e domani*, Giappichelli, Torino, 2017.

Libertini M., *Il diritto della concorrenza nel pensiero di Tullio Ascarelli*, in «*DIRCOMM.IT*», IV.3 - marzo 2005.

Libertini M., *La concorrenza degli antichi e la concorrenza dei moderni*, in C. Rabbiti Bedogni e P. Banucci (a cura di), *20 anni di Antitrust, L'evoluzione dell'Autorità Garante della Concorrenza e del Mercato*, Giappichelli, Torino, 2010.

Libonati B., *Scritti giuridici: Impresa e società, Concorrenza e mercato*, Gruppi, Bilanci e contabilità, Giuffrè, Milano, 2013.

Liefmann R., *Cartelli, gruppi e trust*, in G. Masci, *Organizzazione industriale*, in *Nuova collana di economisti stranieri e italiani*, Vol. 7, UTET, Torino, 1934.

Liefmann R., *Les caractères et les modalités des cartels*, in «Revue de Economique Politique», Vol. 13, n. 7, 1899.

Lorente Sariñena M. M., *La Doctrina legal y el silenciamiento de los juristas en una España sin código (1808-1889)*, in «*Quaderni fiorentini per la storia del pensiero giuridico moderno*», Vol. 40 (*Giudici e giuristi. Il problema del diritto giurisprudenziale fra Otto e Novecento*), Tomo I, 2011.

Loria A., *Carlo Darwin e l'Economia Politica*, in «Rivista di Filosofia Scientifica», 1884.

Lorwin L. L., *Piani economici negli Stati Uniti*, in AA. VV., *Economia programmatica*, Sansoni, Firenze, 1933.

Lorwin, L. L., *Il primo anno della N.R.A*, in AA. VV., *Nuove esperienze economiche*, Sansoni, Firenze, 1935.

Love E. L., *Pratice and Procedure under the Export Trade Act (Webb-Pomerene Law)*, Washington, 1935.

Lucarini F., *La nascita delle scienze comunali tra Italia ed Europa. L'esempio della municipalizzazione dei servizi pubblici locali (1894 – 1914)*, in P. Dogliani e O. Gaspari (a cura di), *L'Europa dei comuni: origini e sviluppo del movimento comunale europeo dalla fine dell'Ottocento al secondo dopoguerra*, Donzelli, Roma, 2003.

Lucci A., *Nota a sentenza Corte di Cassazione di Napoli, 26 maggio 1903*, in «*Rivista critica di diritto e giurisprudenza*», Anno I, Parte. 2, 1903.

Lucea Ayala V., *El pueblo en movimiento: protesta social en Aragón (1885-1917)*, Prensa Universitaria de Zaragoza, Zaragoza, 2009.

Lupo S., *Tra società locale e commercio a lunga distanza: la vicenda degli agrumi siciliani*, in «*Meridiana*», n.1, settembre, 1987.

Luzzato G., *Prefazione in* Rathenau W., *L'economia nuova, LaTerza, Bari, 1919* ora in Rathenau W., *L'economia nuova*, Einaudi, Torino, 1976.

Luzzatti L., *Il dominio mercantile dei mari*, in «Nuova Antologia», Anno 37°, Fasc. 741, 1°Novembre, 1902.

Maestro Baecksbacka F. J., *Precisiones sobre la historia del movimiento obrero español 1914-1917*, in «Boletín de la Real Academia de la Historia», 1987.

Maiorana D., *Navigazione*, in V.E. Orlando, *Primo Trattato di Diritto amministrativo italiano*, Vol. VII, Parte II, 1914.

Malo Guillén, J. L., *La Real Academia de Ciencias Morales y Políticas ante el proceso de reformas sociales*, in E. Fuentes Quintana (a cura di), *Economía y economistas españoles, (Las criticás a la economía clásica)*, Vol. V, Galexia Gutemberg, Barcelona, 1999.

Malo Guillén, J. L., *El pensamiento económico del krausismo español*, in E. Fuentes Quintana (a cura di), *Economía y economistas españoles, (Las criticás a la economía clásica)*, Vol. V, Galexia Gutemberg, Barcelona, 1999.

Malpassi S., *Né «medioevo della modernità», né «specchio del presente». Gli anni Trenta tra crisi e trasformazioni transnazionali. (A proposito di K.K. Patel, Il New Deal. Una storia globale, Torino, 2018)*, in «Quaderni fiorentini per la storia del pensiero giuridico», n. 49, 2020.

Manara U., *Delle Società e delle Associazioni commerciali*, Vol. I, UTET, Milano, 1902.

Mangini V. e **Olivieri G.**, *Diritto antitrust*, Giappichelli, Torino, 2012.

Mannoni S., *Da Vienna a Monaco (1814-1938), Ordine europeo e diritto internazionale*, Seconda Edizione, Giappichelli, Torino, 2019.

Mannoni S., *I percorsi della regolazione della concorrenza negli USA e in Europa: appunti per un profilo storico*, in «Quaderni fiorentini per la storia del pensiero giuridico», n. 31 (*L'ordine giuridico europeo: radici e prospettive*), 2002.

Mannori L. e **Sordi B.**, *Giustizia e amministrazione* in M. Fioravanti (a cura di), *Lo Stato moderno in Europa. Istituzioni e diritto*, La Terza, Bari, 2008.

Mantelli G.B. e **Roggero G.**, *I consorzi per la vendita della produzione industriale in Italia*, Milano, 1933.

Mantelli G.B., *Consorzi per la vendita della produzione industriale in Italia*, in «Rivista di Politica Economica», Vol, I, 1935.

Marchetti P., *L'essere collettivo: l'emersione della nozione di collettivo nella scienza giuridica italiana tra contratto di lavoro e Stato sindacale*, Giuffrè, Milano, 2006.

Marghieri A., *Il processo giuridico dei sindacati fra aziende*, in «Atti della Reale Accademia di Scienze Morali e Politiche», Società Reale di Napoli, Napoli, 1910.

Marghieri A., *Sindacati di difesa nazionale. Necessità di un ordinamento legislativo*, in «*La Riforma Sociale*», Anno V, Vol. VII, 1898.

Martín S., *Del Fuero del Trabajo al Estado social y democrático. Los juristas españoles ante la socialización del derecho*, in «*Quaderni fiorentini per la storia del pensiero giuridico moderno*», n. 46, 2018, (*Giuristi e stato sociale*), Tomo I, 2016.

Martín S., *Los juristas en la gènesis del franquismo ¿Un contraste posible?*, in I. Birocchi e L. Loschiavo (a cura di), *I giuristi e il fascino del regime*, RomaTrE-PRESS, Roma, 2015.

Martín S., *Los juristas en los orígens de la dictadura (1937-1943)*, in F. Fernández-Crehuet e S. Martín (a cura di), *Los juristas y el «régimen». Revistas jurídicas bajo el franquismo*, Editorial Comares, Granada, 2014.

Masé Dari E., *Sciopero*, in «Il Digesto Italiano», Vol. XXI, Parte Prima, Torino, UTET, 1891.

Maura Barandarián F., *El nacionalismo economico de Antonio Maura*, in «Razón española», n. 212, 2019.

Mazzacane, A., *Nota introduttiva*, in A. Mazzacane e P. Schiera (a cura di), *Enciclopedia e sapere scientifico. Il diritto e le scienze sociale nell'Enciclopedia giuridica italiana*, Il Mulino, Bologna, 1990.

Mazzacane A., (a cura di), *Diritto, economia e istituzioni nell'Italia fascista*, Nomos, Baden-Baden, 2002.

Mazzarella F., *Darwinismo, storicismo, socialità.* «La nuova tendenza» di Giuseppe Vadalà-Papale, in «Quaderni fiorentini per la storia del pensiero giuridico», n. 41, 2012.

Mazzarella F., *Un diritto per l'Europa industriale. Cultura giuridica ed economia dalla Rivoluzione francese al secondo dopoguerra*, Giuffrè, Milano, 2016.

Mazzarella, F., *L'impresa*, in «*Enciclopedia italiana di scienze, lettere ed arti*», VIII appendice, in P. Cappellini, P. Costa, M. Fioravanti, e B. Sordi (a cura di), *Il contributo italiano alla storia del pensiero, Diritto*, Roma, Istituto della Enciclopedia Italiana Treccani, 2012.

Meccarelli M., Palchetti P., Sotis C., *Introduzione. Dimensione giuridica del fenomeno migratorio tra paradossi e artificialità*, in Idd. (a cura di) *Ius peregrinandi. Il fenomeno migratorio tra diritti fondamentali, esercizi della sovranità e dinamiche di esclusione*, EUM, Macerata, 2012.

Meccarelli M., *The Assumed Space: Pre-reflective Spatiality and Doctrinal Configurations in Juridical Experience*, in «*Rechtsgeschichte-Legal History*», n° 23, 2015.

Meccarelli M., *Un senso moderno di legalità. il diritto e la sua evoluzione nel pensiero di Biagio Brugi*, in «Quaderni fiorentini per la storia del pensiero giuridico moderno», n. 30, Tomo I, 2001.

Meccarelli M., *Diritto giurisprudenziale e autonomia del diritto nelle strategie discorsive della scienza giuridica tra Otto e Novecento*, in «Quaderni fiorentini per la storia del pensiero giuridico», n. 40 (*Giudici e giuristi. Il problema del diritto giurisprudenziale fra Otto e Novecento*), Tomo II, 2011.

Melchor Salva D., *Informe. En las sesiones del 21 de abril y 19 de mayo de 1903, con motivo de artículos publicados en L'Economiste Frangais y dos sesiones de la sociedad de economía política de París, sobre los trusts en los Estados Unidos y acera de si ¿puede der grande una nación no teniendo colonias?*, in «*Memorias de la Real Academia de Ciencias Morales y Politicas*», Vol. 9, Tomo IX, Madrid, 1905.

Melis G., *La macchina imperfetta. Immagine e realtà dello Stato fascista*, il Mulino, Bologna, 2018.

Melis G., *Storia dell'amministrazione italiana (1861-1933)*, Il Mulino, Bologna, 1996.

Menguzzi Rostagni C., *L'uscita dell'Italia dalla Società delle Nazioni*, in L. Tosi (a cura di), *L'Italia e le Organizzazioni internazionali. Diplomazia multilaterale nel Novecento*, CEDAM, Padova, 1999.

Menzel A., *Die wirtschaftlichen Kartelle und die Rechtsordnung. Referat, erstatten für Socialpolitk in Herbst 1894*, in *Die Kartelle und die Rechtsordnung, Verlag von Duncker & Humblot*, Leipzig, 1902.

Mercer H., *Constructing a competitive order. Tha hidden history of British antitrust policies*, Cambridge University Press, Cambridge, 1995.

Meriggi M., *Le istituzioni del mare in età liberale*, in P. Frascani (a cura di), in *A vela e a vapore. Economie, culture e istituzioni del mare nell'Italia dello Ottocento*, Donzelli, Roma, 2001.

Miguel Fernández Pérez J., *La «Revista Nacional de Economía» y el nacionalismo económico*, in E. Fuentes Quintana (a cura di), *Economía y economistas españoles. (La modernización de los estudios de economía)*, Vol. VI, Galexia Gutemberg, Barcelona, 2001.

Miller W., *Nuova storia degli Stati Uniti*, Edizioni di Storia e Letteratura, Roma, 1966.

Miñana E., *El derecho civil y comercial de la guerra*, «Revista del Derecho Privado», Tomo VII, (Enero), 1920.

Montemartini G., *Costituiscono i trusts un monopolio naturale o artificiale?* in «Critica sociale», 1900.

Montemartini G., *Municipalizzazione dei pubblici servigi*, S.E.L., Milano, 1902.

Montemartini G., *Riviste americane*, in «Giornale degli Economisti», 1900.

Montemartini G., Riviste americane, in «Giornale degli Economisti», 1901.

Montesi C., *Il diritto della concorrenza*, in A. Palazzo e A. Sassi (a cura di), *Diritto privato del mercato*, Gioacchino Seduto, Perugia, 2007.

Monti A., *Alla scoperta del diritto anglosassone: il contributo di Mario Sarfatti (1876 - 1962) alla comparazione giuridica*, in G. Di Renzo Villata, *Lavorando al Cantiere del «Dizionario biografico dei giuristi italiani (XII-XIX)»*, Giuffrè, Milano, 2013.

Monti A., *Angelo Sraffa, Un «antiteorico» del diritto*, Milano, Egea, 2011.

Monti A., *La concorrenza sleale e gli esordi del diritto industriale nell'Italia liberale: verso una teoria generale della concorrenza?* in A. Sciumè e E. Fusar Poli (a cura di), *«Afferrare... l'inafferrabile». I giuristi e il diritto della nuova economia industriale fra Otto e Novecento*, Giuffrè, Milano, 2013.

Monti A., *Un giurista «internazionale». Mario Rotondi (1900-1984) attraverso le sue carte*, in «Le Carte e la Storia. Rivista di storia delle istituzioni», 2/2017.

Mosca M., *Concorrenza e potere di mercato*, in M.M. Augello e M.E.L. Guidi (a cura di), *L'economia divulgata. Stili e percorsi italiani (1840 – 1922). Teoria e paradigmi*, Vol. II, Milano, FrancoAngeli, 2007.

Mosco G. D., I consorzi tra imprenditori, Giuffrè, Milano, 1988.

Mossa L., *Las Conferencias del Profesor Mossa en la Universidad Central (Pronunciadas los días 29 y 31 de marzo y 1° de abril)* in «*Revista del Derecho Privado*», Tomo XX, (Enero-diciembre), 1933.

Mossa L., *L'impresa nell'ordine corporativo*, Sansoni, Firenze, 1935.

Motos Guirao M, *LAS UNIONES DE EMPRESA Y EL ESTADO*, Granada, Escuela Social de Granada, 1950.

Muñoz Campos J., *Ante los Consorcios de Industriales. Unas sugerencias Económico-Jurídicas*, in «De Economia: Revista de Estudios Economicos-Sociales», n. 6 (OCT-DIC), 1949.

Navarrini U., *Delle società ed associazioni commerciali*, in *Commentario al Codice di Commercio,* Vol. II, Vallardi, Milano, 19[--?].

Navarrini U., *Dei sindacati per emissione d'azioni (Nota a Corte di Cassazione di Roma, 12 gennaio 1906)*, in «Il Foro Italiano», I, 1905.

Neumann F, *Behemot. Struttura e pratica del nazionalsocialismo*, Mondadori, Milano, 1999.

Nicoletti G., *Le colazioni economiche e la legge sui consorzi*, in «L'Economia Italiana», Anno XVIII, n. 1, 1933.

Nicolini N., *Il pane attossicato: storia dell'industria dei fiammiferi in Italia: 1860-1910*, Documentazione Scientifica Editrice, Bologna, 1997.

Nitti F. S., *Discorsi parlamentari di Francesco S. Nitti: pubblicati per deliberazione della Camera dei deputati*, Grafica editrice romana, Roma, 1973.

Nitti F. S., *I sindacati industriali*, in «Rivista pratica di dottrina e giurisprudenza», Anno I, fascicolo 10 e 11, 1903.

Noseda E., *Dei delitti conto la libertà*, in E. Pessina (a cura di), «*Enciclopedia del diritto penale italiano*», Vol. 6, Parte 2, Società Editrice Libraria, Milano, 1906.

Nuria Rabanal G., *El sector minero energético*, in AA. VV., *XXV años de economistas y economía leonesa*, Eolas Ediciones, Leoón, 2012.

Olariaga L., *Espíritu y orientació de la reforma del Libro II del Código de Comercio (Conferencia pronunciada en Bilbao el día 31 de enero de 1927)*, Editorial Vizcaina, Bilbao, 1927.

Orbach B., *How Antitrust Lost Its Goal*, in «Fordham Law Review», vol. 81, 2013.

Ottonelli O., *Gino Arias (1879-1940), Dalla storia delle istituzioni al corporativismo fascista*, Firenze University Press, Firenze, 2012.

Oualid W., *La régulation de l'approvisionnement cotonnier. L'entente des consommateurs*, in «*Revue d'économie politique*», 1912.

Oualid W., *Les solutions internationales du problème des doubles impositions (Rapport présenté au, nom de la Commission financière au Comité Français d'Etudes pour la Société des Nations)*, in «Revue de Science et de Législation Financières», Paris, 1927.

Pace F. L., *I fondamenti del diritto antitrust europeo. Norme di competenza e sistema applicativo dalle origini alla costituzione europea*, Giuffrè, Milano, 2005.

Padovani, *La tradizione penalistica toscana nel codice Zanardelli*, in S. VINCIGUERRA (a cura di), *Diritto penale dell'Ottocento. I codici preunitari e il Codice Zanrdelli*, CEDAM, 1999.

Palandri I., *La legislazione antitrust degli Stati Uniti d' America*, in «*Il diritto dell'economia*», in «Il diritto dell'economia», Vol. 2, 1988.

Pantaleoni M., *Alcune osservazioni sui sindacati e sulle leghe. A proposito di una memoria del Prof. Menzel*, in «Giornale degli Economisti», 1903.

Parisi D., *VITO, Francesco Maria Gerardo* in «Enciclopedia Italiana», Appendice VII, *Il Contributo italiano alla storia del Pensiero – Economia (2012)*, Roma, Istituto della Enciclopedia Italiana Treccani, 2012.

Passaniti P., *Da Ricasoli a Giolitti: la zona grigia del diritto di associazione nell'Italia liberale,* in F. Colao, C. Storti, C. Valsecchi (a cura di), *Perpetue appendici e codicilli alle leggi italiane. Le circolari ministeriali, il potere regolamentare e la politica del diritto in Italia tra Otto e Novecento*, Eum, Macerata 2011.

Passaniti P., *Tra repressione e tolleranza. Il diritto di associazione e dissenso tra Otto e Novecento*, in G. Bernardini, A. Borghi, V. Fanciulli, G. Luzzetti (a cura di), Scritti in ricordo di Luciana Fortina, Firenze, Pagnini, 2013.

Pascual y Vicente J., *Los más antiguos antecedentes conocidos de legislación antitrust son españoles. (Noticia documentada sobre los antecedentes históricos de la legislación antitrust)*, in «*Gaceta jurídica de la Unión Europea y de la competencia*», N° 225, 2003.

Pasetti M., *Alle origini del corporativismo fascista*, in M. Pasetti (a cura di), *Progetti corporativi tra le due guerre mondiali*, Roma, Carocci, 2006.

Pasetti M., *L'Europa corporativa. Una storia transnazionale, tra le due guerre mondiali*, Bononia University Press, Bolgona, 2016.

Patel K. K., *New Deal, Una storia globale*, Torino, Einaudi, 2018.

Pellegrino E. L., *L'opera di Saverio Scolari nel diritto pubblico*, in «*Archivio Giuridico*», 1894.

Pérez Calle B., *La modernización de la economía en España a través del discurso periodístico: unas referencias al papel de Luis Olariaga*, in «*Revista de Comunicación de la SEECI*», julio 2016, XX (40), 2016.

Pérez-Ordoyo y Lapeña L., *Función económica y social de los trusts. (Memoria premiada con accésit por la Real Academia de Ciencias Morales y Politicas en el concurso ordinario de 1918)*, Madrid, 1920.

Perfecto M. A., *El nacional-sindicalismo español como proyecto económico-social*, in «Espacio, tiempo y forma», n° 27 (*Construindo o Estado Corporativo: as experiências históricas de Portugal e Espanha*), 2015.

Perfecto M. A., *Política social y regenracionismo en la Dictadura de Primo de Rivera*, in «Studia Zamorensia», n.1, 1994.

Perfetti F., *Lo stato fascista. Le basi sindacali e corporative*, Ed. Le lettere, Firenze, 2010.

Peritz R. J. R., *Competition Policy in America: History, Rhetoric, Law*, Oxford, Oxford University Press, 2001.

Perpiñá Grau R., *Sindicatos y evolución industrial. Una síntesis de las grandes fuerzas de organizació económica*, in «*La industria española: Revista mensual. Organo de la Cámera oficial de industria de Barcelona*», Año X, núm. 117/118/ 119, 1926.

Pestalozza F., *Rassegna critica della giurisprudenza in materia di concorrenza illecita (anno 1916-1917)*, in «*Rivista di diritto commerciale*», I, 1919.

Petit C., *Democracia y Derecho Mercantil. Textos y contextos de Joaquín Garrigues, Nuevos hechos, nuevo Derecho de Sociedades anónimas (1933)*, in «Revista de Derecho Mercantil» n° 307, 2018.

Petit C., *Lambert en la Tour Eiffel, o el derecho comparado de la Belle Époque*, in A. Padoa-Schioppa (a cura di), *La comparazione giuridica tra Ottocento e Novecento. In memoria di Mario Rotondi*, Istituto Lombardo di Scienze e Lettere, Milano, 2001.

Petit C., *Revistas Españolas y legislaciòn extranjera el hueco del derecho comparado*, in «Quaderni fiorentini per la storia del pensiero giuridico moderno», Vol. 35, 2006.

Petit C., *González de Echávarri y Vivanco, José María, (1875-1950),* in C. Petit (a cura di), *Derecho ex cathedra (1847-1936): diccionario de catedráticos españoles*, Dykinson, Madrid, 2019.

Petrone E., *I limiti del lecito e dell'illecito nelle coalizioni industriali*, in «Rivista di diritto commerciale», I, 1918.

Pic P., *Traité élémentaire de législation industrielle*, Rousseau, Paris, 1894.

Pic P., *Traité élémentaire de législation industrielle*, Rousseau, Paris, 1930.

Pifferi M., *La doppia negazione dello ius migrandi tra Otto e Novecento*, in O. Giolo, M. Pifferi (a cura di), *Diritto contro. Meccanismi giuridici di esclusione dello straniero*, Giappichelli, Torino, 2009

Pilar Hernando Serra M., *Gascón y Marin José (1875-1962)*, in C. Petit (a cura di), *Derecho ex cathedra (1847-1936): diccionario de catedráticos españoles*, Dykinson, Madrid, 2019.

Pilotti R., *La concentrazione industriale in Germania e il suo significato per il dopo-guerra,* Casa Editrice Italiana, Roma, 1918.

Piperno A. (a cura di), *Enrico Barone. Le opere economiche*, Vol. II, Zanichelli, Bologna, 1936.

Pipia U., «Commercio», in «Il Digesto Italiano», Vol. VII, Parte II, Torino, UTET, 1897-1902.

Pires L., *Regulación industrial y atraso economico en la dictadura de Franco*, Dykinson, Madrid, 2003.

Pitigliani F.R., *The Development of Italian Cartels Under Fascism*, «*Journal of Political Economy*», Vol. 48, No. 3 (Jun., 1940), 1940.

Plagnet B., *Droit fiscal international*, Litec, Paris, 1986.

Polo A., *Principios del Derecho de la Economía. Por el Prof. Lorenzo Mossa, Extracto de las Conferencias pronunciadas en la Universidad Internacional de Santander, Curso verano 1934*, in «Revista del Derecho Privado», Tomo XXI, (enero-diciembre), 1934.

Polo A., *El nuevo derecho de la economía*, in «*Revista de derecho mercantil*», Vol. I, n. 3, 1946.

Perju, V., *Constitutional Transplants, Borrowing, and Migrations*, in M. Rosenfeld e A. Sajo (a cura di), *Oxford Handbook of Comparative Constitutional Law*, Oxford University Press, Oxford, 2012.

Pressi E., *I trusts. Tema presentato dall'associazione fra commercianti, esercenti e industriali di Milano*, in «*Atti del congresso dei commercianti e degli industriali italiani*», Roma, 1903.

Primo de Rivera M., *El intervencionismo en la producción, in El pensamiento de Primo de Rivera (sus notas, articulos y discurso)*, Madrid, 1929.

Prodi V., Concorrenza, in «*Il Digesto Italiano*», Vol. VIII, Parte I, Torino, UTET, 1896.

Pugliese M., *L'imposizione delle imprese di carattere internazionale. Società, filiali, cartelli, trusts, holding e investment trust*, CEDAM, Padova, 1930.

Quinzaños P., *Los sindicatos y la libertad de contractación*, 1904.

R. Corte D'appello Di Roma (SEZIONE PENALE), *Parere del Prof. David Supino nella causa contro Lazzaroni Barone Michele e Nizzola Emilio per il delitto di aggiotaggio*, Roma, 1895.

Rabbeno U., *Protezionismo americano*, 1893.

Racca, *Il «New Deal» roosveltiano: in che consiste*, in «*La riforma sociale rassegna di scienze sociali e politiche*», 1934.

Raffiotta G., *Storia della Sicilia post-unificazione: La Sicilia del primo ventennio del secolo XX*, Industria grafica nazionale, Palermo, 1959.

Raggi L., *Consorzi*, in «*Nuovo Digesto Italiano*», Vol. III, Torino, UTET, 1938.

Rahola I Tremolos F., *El trust del capital y el sindicato obrero. Discurso leido por D. Federico Rahola presidente de la Academia de Legislacion y Juresprudencia de Barcelona en la seción publica inaugural del curso 1909-1910 dado el 28 de enero de 1910*, Hijos de Jaime Jesús Impresores, Barcelona, 1910.

Ramella A., *Henry Babled. - Les syndicats de producteurs et détenteurs de marchandises ou doble point de vue économique et pénal. Paris, Arthur Rousseau, p. 1-255, 1893*, in «Il Filangieri», Anno XVIII, 1893.

Ramella A., *La responsabilità penale e le associazioni*, in P. Cogliolo, *Completo trattato teorico e pratico di diritto penale*, Vol. II, Parte I, Vallardi, Milano, 1895.

Ramírez Jerez P. e **Martínez Neira M.**, *La historia del derecho en la Real Academia de Ciencias Morales y Políticas*, Dykinson, Madrid, 2017.

Ramon Casabo Ruiz J., *El anteproyecto de codigo penal de 1938 de F.E.T. y de la J.O.N.S.*, Univeridad de Murcia, Murcia, 1978.

Ranfagni P., *I clerico fascisti. Le riviste dell'Università cattolica negli anni del regime*, Cooperativa editrice universitaria, Firenze, 1975.

Redazione, *Nuestros propósitos y aspiraciones*, in «*La Industria Nacional. Órgano de la liga nazional de productores*», Año I, Madrid 30 de Enero de 1908, N. 1°, 1908.

Redazione, *Orientacion economica*, in «La Industria Nacional. Órgano de la liga nazional de productores», Año I, Madrid 30 de Enero de 1908, N. 1°, 1908.

Renda F., *Storia della Sicilia dalle origini ai giorni nostri*, Vol. III, Sellerio, Palermo, 2003.

Rescigno P., *La istituzione giudiziaria e l'economia*, in «Rivista del Diritto commerciale», I, 1985.

Riberi L., *Trust o cartello? Gli economisti tedeschi e i problemi della concentrazione industriale (1890-1907)*, in «Quaderni di Storia dell'Economia Politica», vol. 10, n. 3, 1992.

Ricca Barberis M., *I sindacati industriali e la giurisprudenza, (A proposito della sentenza della Corte di Cassazione di Napoli del 26 maggio 1903)*, in «Rivista di diritto commerciale», I, 1903.

Riu y Periquet E., *Causas del atraso industrial en España*, in «*Revista nacional de economia*», 1918.

Robles Álvarez de Sotomayor A., *Formas de concentracion y dominio de la empresas*, in «*Revista General de Legilsacion y Juresprudencia*», Año XCVII, Segunda epoca, Tomo XVII, (n. 185 de la colección), 1949.

Rocamora, J., *Los sindicatos industriales en Alemania*, in «Nuestro Tiempo», Año I, N.2, 1901

Rocca A. (a cura di), *Coalizione*, in «*Biblioteca del Diritto o Repertorio ragionato di Legislazione e Giurisprudenza nelle materie civili, amministrative, criminali e commerciali*», Vol. I, Parte II, Venezia, 1849.

Rocco A., *Il momento economico sociale*, in «Politica», 24 aprile, 1919, in A. Rocco, *Scritti e discorsi di Alfredo Rocco, II. La lotta contro la reazione antinazionale (1919-1924)*, Giuffrè, Milano, 1938.

Rocco A., *Scritti e discorsi di Alfredo Rocco, II. La lotta contro la reazione antinazionale (1919-1924)*, Giuffrè, Milano, 1938.

Rockefeller E. S., *La religione antitrust. Riti e pratiche della concorrenza*, IBL Libri, Torino, 2011.

Rodano C., *La camera agrumaria e la sua azione*, in «La Riforma Sociale. *Rivista critica di economia e di finanza*», 1922.

Roppo E., *Contratti standard. Autonomia e controlli nella disciplina delle attività negoziali di impresa*, Giuffrè, Milano, 1975.

Rosselli G., Fucini G., de Vincenzo M., *1923-1932. Nove anni dopo (alla scadenza del Consorzio Industrie Fiammiferi*, Pisa, 1932.

Rosselli O., *La dimensione costituzionale dello sciopero. Lo sciopero come indicatore delle trasformazioni costituzionali*, Giappichelli, Torino, 2005.

Rothbard M. N., *Potere e mercato: Lo Stato e l'economia*, IBL Libri, Torino, 2017.

Ruini M., *Il fatto cooperativo in Italia*, in Marieli Ruini (a cura di), *Cultura cooperativa*, Edizioni Nuova Cultura, 2016.

Sáez García M. A., *Hacia un cártel perfecto. Los acuerdos colusivos en el sector siderúrgico español (1871-1907)*, in «*Investigaciones de Historia Ecónomica*», N.1, 2005.

Salandra V., *Il diritto delle unioni di imprese (Consorzi e gruppi)*, CEDAM, Padova, 1934.

Sánchez de Juan, J-A., *Il movimento di riforma municipale in Spagna e i rapporti con le reti intermunicipali europee (1900-36)*, in P. Dogliani e O. Gaspari (a cura di), *L'Europa dei comuni: origini e sviluppo del movimento comunale europeo dalla fine dell'Ottocento al secondo dopoguerra*, Donzelli, Roma, 2003.

San Román E., *Ejército e industria: el nacimiento del INI*, CRÍTICA, Barcelona, 1999.

Sandulli A., *Costruire lo Stato. La scienza del diritto amministrativo in Italia, (1800-1945)*, Giuffrè, Milano, 2008.

Sandulli A., *Studi e questioni di diritto 5. Aggiotaggio, in «La Giustizia Penale. Rivista critica di dottrina, giurisprudenza, legislazione»*, Parte Prima (*I presupposti del diritto e della procedura penale*), 1936.

Santangelo Spoto, *Industria*, in «Il Digesto Italiano», Vol. XIV, Torino, UTET, 1902-1905.

Sanz Lafuente G., *En el campo conservador: organización y movilización de propietarios en Aragón, 1880-1930*, Prensa Universitaria de Zaragoza, Zaragoza, 2005.

Sapelli G., *Gruppi d'impresa e trasformazione*, in Id. *L'impresa come soggetto storico*, Il Saggiatore, Milano, 1990.

Sarfatti M., Wasserman M. J, *L'œuvre de la Federal Trade Commission: la dernière phase de la législation américaine contre les trusts, la spéculation illicite et les pratiques commerciales déloyales (Bibl. de l'Inst. de droit comp. de Lyon, Tome 13). Paris, Giard éd., 1925,* in «Rivista internazionale di Filosofia del diritto», Anno VI, 1926.

Sartorello L., *Saverio Scolari: da Belluno al Regno d'Italia*, in «Archivio storico di Feltre, Belluno e Cadore», N. 347, Anno LXXXII, 2011.

Savoye A., *Paul de Rousiers, sociologue et praticien du syndicalisme, in «Cahiers Georges Sorel», Georges Sorel et la pensée scientifique au tournant du siècle*, n. 6, 1988.

Sbriccoli M., *Elementi per una bibliografia del socialismo giuridico italiano*, Giuffrè, Milano, 1976.

Scagnetti G., *Gli enti di privilegio nell'economia corporativa italiana*, CEDAM, 1942.

Scarabelli I., *Borghesia*, in «Enciclopedia Giuridica Italiana», Vol. II, Parte I, 1911.

Scheggi R., *Contributo allo studio dei consorzi volontari*, in «Università degli Studi di Camerino - Annali della Facoltà di Giurisprudenza», Vol. VIII, Jovene, Napoli, 1934.

Schivelbusch, W., *Tre New Deal. Parallelismi fra gli Stati Uniti di Roosevelt, l'Italia di Mussolini e la Germania di Hitler. 1933-1939*, Milano, Tropea, 2008.

Schlesinger M., *I cicli della storia americana*, Edizioni Studio Tesi, Pordenone, 1911.

Schwartz B., The Law in America: a History, McGraw-Hill, New York, 1974.

Schwartzs A., *L'économie politique comme cadre intellectuel d'une réforme «sociale»: la loi sur les coalitions de 1864*, in «Colloque «Les sciences de gouvernement, Circulation(s), Traduction(s), Réception (s)» - 16 décembre 2010, et 17 décembre 2010 à Grenoble et Lyon», 2010.

Sciacca A., Il consorzio obbligatorio per l'industria solfifera siciliana, UTET, Torino, 1928.

Sedda M., *Il New Deal nella pubblicistica politica italiana dal 1933 al 1938*, in «*Il Politico*», Vol. 64, No. 2, (Aprile-Giugno 1999), 1999.

Segreto L., *Monte Amiata. Il mercurio italiano. Strategie internazionali e vincoli extraeconomici*, Franco Angeli, Milano, 1991.

Sella E., *La concorrenza. Sistema e critica dei sistemi*, Vol. I, 1915.

Serrano Gutiérrez A., S. Roldán López, J. Muñoz, *La vía nacionalista del capitalismo español,* Tomo I*, Orgines y desarollo (1874-1923)*, in «Cuadernos económicos de ICE, n. 5, 1978.

Shanahan M. P., Round D. K., Round K. A., *Cartel Resilience in Australian markets 1901- 1967*, in «Revue économique», 2013/6 (Vol. 64), 2013.

Shanahan M., *The secret register and its impact in advancing competition in Australia 1900-2012*, in Fellman S. e Shanahan M., *Regulating Com-*

petition: Cartel registers in the twentieth-century world, Routledge, New York & Londres, 2016.

Sheehan J. J., *The Career of Lujo Brentano: A Study of Liberalism and Social Reform in Imperial Germany*, University of Chicago Press, Chicago, 1966.

Solmi G., *La teoria generale dei consorzi amministrativi nel diritto italiano*, Athenaeum, Roma, 1920.

Somma A., *I giuristi e l'asse culturale Roma-Berlino. Economia e politica nel diritto fascista e nazionalsocialista*, Vittorio Klostermann, Frankfurt am Main, 2006.

Sommavigo A., *Natura Giuridica dei Consorzi Obbligatori*, Genova, 1935.

Sordi B., *Diritto pubblico e diritto privato. Una genealogia storica*, il Mulino, Bologna, 2020.

Sordi B., *La resistibile ascesa del diritto pubblico dell'economia*, in «Quaderni fiorentini per la storia del pensiero giuridico moderno», n. 28, (*Continuità e trasformazione: la scienza giuridica italiana tra fascismo e repubblica*), Tomo II, 1999.

Sordi B., *Origine e itinerari scientifici della nozione di «ente pubblico» nell'esperienza italiana*, in «Quaderni fiorentini per la storia del pensiero giuridico», n. 21, 1992.

Spinosa A., *«L'economia dei codici moderni». Legislazione e giurisprudenza nella dottrina italiana dell'Ottocento*, in *«Quaderni fiorentini per la storia del pensiero giuridico»*, n. 40, (*Giudici e giuristi. Il problema del diritto giurisprudenziale fra Otto e Novecento*), Tomo II, 2011.

Spirito U., *Economia programmatica (fr. économie dirigée; ted. Planwirtschaft; ingl. planned economy; economic planning)*, in Enciclopedia Italiana - I Appendice (1938), consultabile in https://www.treccani.it/enciclopedia/economia-programmatica_%28Enciclopedia-Italiana%29/.

Sraffa A., *La lotta commerciale*, Pisa, 1894.

Sraffa A., *Sulla natura giuridica dei sindacati (Nota a Cassazione di Firenze, 9 marzo 1914)*, in «*Rivista di Diritto Commerciale*», II, 1914.

Stocking, G. W. e **Watkins M. W.**, *Monopoly and Free Enterprise*, Twentieth Century Fund, New York, 1951.

Stoll H. e **Perels L.**, *Reseña crítica de la legislació, bibliografía y jurisprudencia del derecho privado alemán durante el año 1923*, in «Revista de Derecho Privado», Tomo XI, (mayo), 1924.

Stolleis M., *La Naissance de l'État interventionniste et le droit public* (Traduction de Didier Renault, Édition originale: *Die Entstehung des Interventionsstaates und das öffentliche Recht*, Zeitschrift für Neuere Rechtsgeschichte, 11 (1989), ora in «Trivum. Revue franco-allemande de sciences humaines et sociales - Deutsch-französische Zeitschrift für Geistes- und Sozialwissenschaften», n. 22, 2016.

Stolzi I., *L'ordine corporativo: poteri organizzati e organizzazione del potere nella riflessione giuridica dell'Italia fascista*, Milano, Giuffrè, 2007.

Storli E., Nybø A., *Publish or be damned? Early cartel legislation in USA, Germany, and Norway, 1890-1940*, in Fellman S. e Shanahan M., *Regulating Competition: Cartel registers in the twentieth-century world*, Routledge, New York & Londres, 2015.

Sumner W. G., «*The concentration of Wealth: Its economic justification*», 1888, in R. C. Bannister (a cura di), *On Liberty, Society, and Politics: The Essential Essays of William Graham Sumner*, Indianapolis Liberty Fund, Indianapolis, 1992.

Supino C., *Il «trust» oceanico*, in «Rivista Marittima», Anno XXXV, Secondo Trimestre, 1902.

Supino C., *Individualismo economico (concetto, origine, sviluppo, degenerazione, critica)*, Torino, 1902.

Supino C., *La concorrenza e le sue più recenti manifestazioni*, in «Archivio Giuridico», 1893.

Supino D., *L'art. 293 del Codice penale italiano*, in «*Il Diritto Commerciale*», Vol. XIII, Fasc. 2, 1895.

Supino D., *Le Operazioni di Borsa secondo la pratica, la legge e l'Economia Politica*, Bocca, Torino, 1875.

Svampa A., *La repressione del delitto di aggiotaggio dalla Rivoluzione francese alla codificazione Rocco*, in «*La Giustizia penale: rivista mensile di dottrina, giurisprudenza e legislazione*», Vol. XCVII, (XXXIII della 7ª), Roma, 1992.

Swope G., *The Swope Plain. Details, Criticism, Analysis*, New York, 1931.

Sylos Labini P., *La politica economica del fascismo. La crisi del '29*, in «Moneta e Credito», vol. 67 n. 265, 2014.

Tchernoff J., *Ententes économiques et financières. Cartels, Syndicats, Trusts, Holdings devant les lois civiles, pénales, internationales. Organisation, formules, clasues usuelles*, Librairie du Recueil Sirey, Paris, 1933.

Testi A., *La democrazia in America*, in F. Benigno (a cura di), *Storia Contemporanea*, Donzelli, Roma, 1997.

TETI R., *Marghieri Alberto*, in *Dizionario biografico dei giuristi italiani (XII-XX secolo)*, vol. II (Lev-Z), Il Mulino, Bologna, 2013.

TETI, R., *Imprese, imprenditori e diritto*, in *Storia d'Italia, Annali 15: L'industria*, (a cura di) F. AMATORI, D. BIGAZZI, R. GIANNETTI, L. SEGRETO, Torino, Einaudi, 1999.

TEUBNER G., *Juridifcation. Concepsts, Aspects, Limits, Solutions*, in G TEUBNER (a cura di), *Juridification of Social Spheres: A Comparative Analysis in the Areas ob Labor, Corporate, Antitrust and Social Welfare Law*, De Gruyter, Munich, 1987.

THOMAS J. L., *La nascita di una potenza mondiale, gli Stati Uniti dal 1877 al 1920*, Il Mulino, Bologna, 1988.

THORELLI H. B., *The federal antitrust policy. Origination of an American Tradition*, Hopkins Press, Baltimore, 1955.

TORRE S., *La Convenzione internazionale di Parigi del 1883 e la tutela della proprietà industriale*, in «Historia et ius. *Rivista di storia giuridica dell'età medievale e moderna*», 12/2017, paper 15.

TORREGGIANI, V., *Stato e culture corporative nel Regno Unito. Progetti per una rappresentanza degli interessi economici nella riflessione inglese della prima metà del XX secolo*, Giuffrè, Milano, 2018.

TOURNÈS L., *Les États-Unis et la Société des Nations (1914-1946). Le système international face à l'émergence d'une superpuissance*, Peter Lang, Berne, 2016.

TRIAS DE BES F., *Los concorcios de industriales: Notas para el estudio de las «inteligencias entre empresas»*, in «Revista de Derecho Privado», Tomo XXXI (marzo), 1937.

TSCHIERSCHKY S., *Etude sur le nouveau régime juridique des ententes économiques (cartels, etc.) en Allemagne et en Hongrie*, Publications de la Société de las Nations, Genève, 1932.

VACCARO M.A., *I zolfatai della Sicilia*, in «Il Giornale degli Economisti», 1891.

VASSALLI F., *Della legislazione di guerra e dei nuovi confini del diritto privato*, in «*Rivista del diritto commerciale*» Vol. XVII, Parte I, 1919.

VEDANI A. (a cura di), *Indici* in *Enciclopedia del diritto penale italiano*, Società Editrice Libraria, Milano, 1913.

VELARDE FUERTE J., *Stackelberg y su papel en el cambio de la pólitica económica española*, in E. FUENTES QUINTANA (a cura di), *Economía y economistas españoles. (La consolidación académica de la economía)*, Vol. VII, Galexia Gutemberg, Barcelona, 2001.

Velarde Fuertes J., *El reinado de Alfonso XIII y el desarollo de la economia española*, in C. Seco Serrano (a cura), *Alfonso XIII en el centenario de su reinado*, Real Acedemia de Historia, Madrid, 2002.

Velarde Fuertes J., *Homenaje al Excmo. Sr. D. Román Perpiñá Grau*, in «Anales de la Real Academia de Ciencias Morales y Políticas», Real Academia de Ciencias Morales y Políticas, Madrid, n 71, 1994.

Velarde Fuertes J., *La economía española en 1898. ¿Desastre o cambio?*, in «*Cuadernos Monográficos del Instituto de Historia y Cultura Naval*», núm. 30, 1997.

Velarde Fuertes J., *Politica economica de la dictadura*, Guadiana de Publicaciones, Madrid, 1973.

Velarde Fuertes, *La politíca económica de Don Antonio Maura*, in B. Pendás García, *Antonio Maura, en el centenario del «Gobierno Largo»*, FAES, Madrid, 2009.

Velasco Murviedro C., *Concentración e intervención en la dictadura: Hechos y ideas*, in «Cuadernos económicos de ICE», n. 10, 1979.

Venturini V. G., *Monopolies and restrictive trade practices in France*, A.W. Sijthoff, Leyden, 1971.

Vidari E., *Betocchi Carlo – Le coalizioni industriali nell'Economia e nel Dritto. - Napoli, 1891*, in «*Il Filangieri*», Anno XVII, Parte I, 1892.

Vidari E., *La protezione del commercio nel nuovo Codice penale*, in «Il Filangieri», Anno XV, Parte I, 1891.

Villari L., *Introduzione*, in W Rathenau, *L'economia nuova*, Einaudi, Torino, 1976.

Vinciguerra S. (a cura di), *Diritto penale dell'Ottocento. I codici preunitari e il Codice Zanrdelli*, CEDAM, 1999.

Vito F., *I sindacati e lo Stato*, (Estratto dalla Rivista «*Economia*», vol. IX - n.3 - Anno X, Roma, 1932).

Vito F., *I Sindacati Industriali. Cartelli e gruppi*, Seconda edizione rifatta, Giuffrè, Milano, 1932.

Vito F., *I Sindacati Industriali. Cartelli e gruppi*, Vita e Pensiero, Milano, 1930.

Vito F., *I Sindacati Industriali. Consorzi e gruppi*, Terza edizione rifatta, Giuffrè, Milano, 1939.

Vito F., *L'inchiesta industriale tedesca e i cartelli* in «Rivista internazionale di scienze sociali e discipline ausiliarie», 1931.

VITO F., *Prezzi e costi del regime corporativo dei consorzi*, in «*Commercio: rivista mensile dell'economia commerciale italiana*», n. 9, 1938.

VITO F., *Riforma della disciplina corporativa dei consorzi*, in «*Commercio: rivista mensile dell'economia commerciale italiana*», n. 12, 1939.

VITO F., *Las uniones de empresas en la economía fascista (Sindicatos industriales, Consorcios y Grupos)*, Traducción de la tercera edición italiana, Bosch, Barcelona, 1941.

VIVANTE C., *I sindacati per la compera e per la vendita delle azioni*, in «Rivista di diritto commerciale», I, 1904.

VOIGT F., *German Experience with Cartels and their Control during the Pre-War and Post-War Periods*, in J. PERRY MILLER (edited by), *Competition Cartels and their Regulation*, North-Holland Publishing Company, 1961-

WASSERMAN M. J., *L'œuvre de la Federal Trade Commission: la dernière phase de la législation américaine contre les trusts, la spéculation illicite et les pratiques commerciales déloyales*, Giard, Paris, 1925.

WULF P., *Le premesse ideali dell'industria tedesca nella ristrutturazione dell'economica dopo la Prima guerra mondiale*, in P. HERTNER e G. MORI, *La transizione dall'economia di guerra all'economia di pace in Italia e Germania dopo la Prima guerra mondiale*, il Mulino, Bologna, 1981.

YABEN y **YABEN H.**, *Función ecónomica y social de los trusts*, Madrid, 1920.

YSÀS P. e **MOLINERO C.**, *Els industrials catalans durant el franquisme*, Eumo Editorial, Barcelona, 1991.

ZAGARI E., *Corporativismo e teoria economica, in* A. MAZZACANE, *(a cura di), Diritto, economia e istituzioni nell'Italia fascista*, Nomos, Baden-Baden, 2002.

ZEVI A., *Le coalizioni industriali nella economia e nel diritto*, in «*Il Giornale degli Infortuni sul Lavoro*», 1907.

ZIINIO TODARO L., *Concetto economico e forme giuridiche dei sindacati industriali*, in «Il Diritto Commerciale», 1908.

ZIINIO TODARO L., *Condizione giuridica dei sindacati nel diritto positivo italiano*, in «Circolo giuridico», Vol. XXXVIII, 1907.

ZIINIO TODARO L., *Legislazioni e giurisprudenze straniere sui sindacati industriali*, (Estratto da «*Rivista di legislazione comparata*», Palermo, 1908).

ZORZI GIUSTINIANI A., *Alle origini dello Stato regolatore (1874-1910). Le libertà economiche, public utilities e monopoli al vaglio della Corte Suprema*, in S. VOLTERRA, *Corte Suprema e assetti sociali negli Stati Uniti d'America (1874-1910)*, Giappichelli, Torino, 2004.

ZORZI GIUSTINIANI A., *Forma di governo e disciplina dell'economia*, in M. GALIZIA (a cura di), *Forme di stato e forme di governo: nuovi studi sul pensiero di Costantino Mortati*, Giuffrè, Milano, 2007.

ATTI UFFICIALI (REPORTS; ETUDES; ATTI PARLAMENTARI, ANNUARI E ATTI CONGRESSUALI)

Annuario della Confederazione Fascista degli Industriali, Roma, 1930.

Annuario della Confederazione Fascista degli Industriali, Roma, 1932.

Annuario della Confederazione Fascista degli Industriali, Roma, 1937.

Asquini A., *Camera dei deputati: (relaz. Della Commis. (rel. Asquini) 27 aprile 1932, (doc. 1279 A)*, in «Le leggi e i decreti reali secondo l'ordine della inserzione nella Gazzetta Ufficiale. Raccolta completa ed annotata della legislazione italiana», Società editrice del periodico «Il Foro Italiano», Roma, Anno 1932.

Atti ufficiali del primo congresso fra i fabbricanti di fiammiferi tenutosi in Roma nella Sala dell'acquario romano nei giorni 19 e 20 settembre 1898, Roma, 1898.

Benni A. S., Lammers C., Marlio L., Meyer T. A., *Ententes industrielles internationales*, Publications de la Société de las Nations, Genève 1931

Benni A. S., Lammers C., Marlio L., Meyer T.A., *Les aspects économiques de différentes ententes industrielles internationales*, Publications de la Société de las Nations, Géneve, 1930.

Bissolati, *Atti parlamentari*, Camera dei deputati, XXI Legislatura 1900, I sessione, *Discussioni*, tornata del 1°dicembre, 1900.

Cocco-Ortu, *Atti Parlamentari*, Camera dei deputati, XXII Legislatura 1906, I sessione, *Discussioni*, 2°tornata del 5 luglio 1906.

Congresso Giuridico Nazionale, *II. (Relazione di Alberto Marghieri), in Relazioni della sezione di diritto commerciale*, Vol. III, Napoli, 1897.

Decugis H., R. E. Olds, S. Tschierschky, *Etude sur le régime juridique des ententes industrielles*, Publications de la Société de las Nations, Genève, 1930.

De Rousiers P., *Les cartels et les trusts et leur évolution: prépare pour le Comité préparatoire de la Conférence économique internationale*, Publications de la Société de las Nations, Genève, 1927.

Fulci, *Atti Parlamentari*, Camera dei deputati, XXII Legislatura 1908, I sessione, *Discussioni*, 1°tornata del 27 giugno 1908.

Genovesi C., *Camera dei deputati: relaz. della Commiss. (rel. Genovesi) 8 dicembre 1936 (doc. 1346 A): discusso e approvato 16 dicembre 1936*, in «Le leggi e i decreti reali secondo l'ordine della inserzione nella Gazzetta Ufficiale. Raccolta completa ed annotata della legislazione italiana», Società editrice del periodico «Il Foro Italiano», Roma, 1937.

Guadagnini P., *Senato: Present. 17 dicembre 1936 (doc. 1493): relaz. dell'Uff. Centr. (rel. Guadagnini) 24 febbraio 1937 (doc. 1494 A) discusso e approvato 16 marzo 1936*, in «Le leggi e i decreti reali secondo l'ordine della inserzione nella Gazzetta Ufficiale. Raccolta completa ed annotata della legislazione italiana», Società editrice del periodico «Il Foro Italiano», Roma, 1937.

Hirsch J., *Monopoles nationaux et internationaux au point de vue des intérêts de l'ouvrier, du consommateur et de la rationalisation*, Publications de Bureau International du Travail, Genève, 1926.

Lammers C., *La législation sur les cartels et les trusts*, Publications de la Société de las Nations, Genève, 1927.

Lantini F., *Camera dei deputati: Presntaz. Del dis. di legge (min. corp. Lantini) 15 settembre 1936 (doc.1346)*, in «Le leggi e i decreti reali secondo l'ordine della inserzione nella Gazzetta Ufficiale. Raccolta completa ed annotata della legislazione italiana», Società editrice del periodico «Il Foro Italiano», Roma, 1937.

Linder E., Études sur les Conseils Economiques dans les différents pays du Monde Préparée pour le Comité Economique par M.lle Elli Lidner, Société des Nations, Genève, 1932.

Luzzati, *Atti parlamentari*, Camera dei deputati, XXI Legislatura 1900, I sessione, *Discussioni*, tornata del 1°dicembre 1900.

Ministero di Grazia e Giustizia, *Codice Civile: Testo e Relazione Ministeriale*, Istituto Poligrafico dello Stato, Roma, 1943.

Morin, Atti parlamentari, Camera dei deputati, XXI Legislatura 1900, I sessione, *Discussioni*, tornata del 1°dicembre, 1900.

Mussolini B., *Camera dei deputati: Presentazione del dis. di legge (primo min. Mussolini) 26 marzo 1932 (doc. 1279)*, in «Le leggi e i decreti reali secondo l'ordine della inserzione nella Gazzetta Ufficiale. Raccolta completa ed annotata della legislazione italiana», Società editrice del periodico «*Il Foro Italiano*», Roma, 1932.

Note du Secreteriat, N°officiel: E529 (I) (a), Geneve, 20 julliet, 1932, in S. Tschierschky, *Etude sur le nouveau régime juridique des ententes économiques (cartels, etc.) en Allemagne et en Hongrie*, Publications de la Société de las Nations, Genève, 1930.

Oualid W. *Les ententes industrielles internationales et leurs conséquences sociales. La défense des travailleurs et des consommateurs*, Publications de Bureau International du Travail, Genève, 1926.

Oualid W. e **Ballande L.**, *International raw materials cartels: causes, effects, regulation*, Publications de la Société de las Nations, Genève 1938.

Oualid W., Ballande L., *Les ententes internationales de matières premières*, Publications de la Société de las Nations, Genève 1938.

Pantaleoni, *Atti parlamentari*, Camera dei deputati, XXI Legislatura 1900, I sessione, *Discussioni*, tornata del 23 novembre, 1900.

Pantano, *Atti parlamentari*, Camera dei deputati, Legislatura XI 1900, I sessione, *Discussioni*, 2° tornata del 28 novembre 1900.

Relazione della Commissione parlamentare di vigilanza sul Fondo per l'emigrazione, presentata dal Ministro degli affari esteri alla Camera dei deputati il 25 giugno 1904 (Relatore l'on. Edoardo Pantano), in «Bollettino dell'Emigrazione», Anno 1904, n. 11, Roma, 1904.

Relazione ministeriale sui libri secondo e terzo del progetto di Codice penale presentato alla Camera dei deputati da S. E. il ministro di grazia e giustizia dei culti Zanardelli nel 22 novembre 1887, Torino, 1888.

Schuette C.N., *Quicksilver*, United States Department of Commerce, Bureau of Mines, U. S. Government Printing Office, Washington D.C., Bullettin n. 335, 1931.

Tschierschky S., *Etude sur le nouveau régime juridique des ententes économiques (cartels, etc.) en Allemagne et en Hongrie*, Publications de la Société de las Nations, Genève, 1932.

Ufficio del Lavoro, in «Atti del Consiglio superiore del lavoro», II sessione pomeridiana – marzo 1904, Roma, 1904.

Ufficio del Lavoro, in «Atti del Consiglio superiore del lavoro», III sessione – maggio 1904, Roma, 1904.

Ufficio del Lavoro, in «Atti del Consiglio superiore del lavoro», IV sessione ordinaria – marzo 1905, Roma, 1905.

Ufficio del Lavoro, in «Atti del Consiglio superiore del lavoro», VII sessione – maggio 1906, Roma, 1906.

Wiedenfeld K., *Les cartels et les trusts: préparé pour le Comité préparatoire de la Conférence économique internationale*, Publications de la Société de las Nations, Genève, 1927.

SENTENZE

- *Corte d'Appello di Firenze, 2 gennaio 1909*, in *«Il Foro italiano»*, I, 1909.
- *Corte d'Appello di Firenze, 20 febbraio 1909*, in *«Giurisprudenza italiana»*, I, 1909.
- *Corte d'Appello di Lucca, 23 dicembre 1908*, in *«Il Diritto commerciale»*, 1909.
- *Corte d'Appello di Lucca, 6 aprile 1909*, in *«Temi»*, 1909.
- *Corte d'Appello di Messina, 26 dicembre, 1904*, in *«Riforma giuridica»*, 1905.
- *Corte d'Appello di Milano, 15 luglio 1927*, in *«Il Foro italiano»*, I, 1927.
- *Corte d'Appello di Napoli, 2 luglio 1900*, in *«Il Foro italiano»*, I, 1901.
- *Corte d'Appello di Milano, 10 dicembre 1914*, in *«Monitore dei Tribunali»*, 1915.
- *Corte d'Appello di Milano, 6 giugno 1916*, in *«Il Foro italiano»*, I, 1916.
- *Corte d'Appello di Milano, 28 febbraio 1933*, in *«Il Foro italiano»*, I, 1933
- *Corte d'Appello di Milano, 13 gennaio 1936*, in *«Il Foro italiano»*, I, 1936.
- *Corte d'Appello di Milano, 18 dicembre 1936*, in *«Rivista di diritto commerciale»*, II, 1937
- *Corte d'Appello di Roma, 30 marzo 1895*, in *«Rivista penale di dottrina, legislazione e giurisprudenza»*, Vol. XL, 1895.
- *Corte d'Appello di Roma, 17 agosto 1892*, in *«Giurisprudenza Italiana»*, 1892.
- *Corte d'Appello di Torino, 18 febbraio, 1910*, in «*Giurisprudenza italiana*», 1910.
- *Corte di Cassazione di Firenze, 9 marzo 1914*, in *«Rivista di diritto commerciale»*, I, 1914.
- *Corte di Cassazione di Napoli, 26 maggio 1903*, in *«Il Foro italiano»*, I, 1903.
- *Corte di Cassazione di Roma, 8 maggio 1895*, in *«Il Foro Italiano»*, I, 1895.

- *Corte di Cassazione di Roma, 6 giugno 1904*, in «*Rivista di diritto commerciale*», I, 1904.
- *Corte di Cassazione di Torino, 12 luglio 1910*, in «*Il Foro italiano*», I, 1910.
- *Corte di Cassazione di Torino, 31 dicembre 1885*, in «*La Giurisprudenza di Torino*», 1886.
- *Pretura di Tempio, 24 luglio 1902*, in «*Monitore dei Tribunali*», 1902.
- *Pretura di Lodi, 20 maggio 1912*, in «*Monitore dei Tribunali*», 1912.
- *Tribunale di Palermo, 2 settembre 1909*, in «*Monitore dei Tribunale*», 1909.
- *Tribunale di Roma, 29 aprile 1892*, in «*Il Foro Italiano*», I, 1892.
- *Tribunale di Milano, 28 febbraio 1927*, in «*Il Foro italiano*», I, 1927.
- *Tribunale di Parma, 25 febbraio 1910*, in «*Monitore dei Tribunali*», 1910.
- *Tribunale di Torino, 29 luglio 1909*, in «*Giurisprudenza Italiana*», 1910.
- *Tribunale di San Remo, 15 marzo 1907*, in «*Il Foro italiano*», I, 1907.
- *Tribunal Supremo, 15 Jenero de 1894*, publicada el 7 de febrero, 1894.
- *Tribunal Supremo, 21 de abril de 1926*, publicada el 27 y 28 de diciembre, 1926.
- *Tribunale di Venezia, 14 aprile, 1904*, in «*Rivista di diritto commerciale*», II, 1904.

COLECCIÓN

CIENTÍFICA DE ESTUDIOS HISTÓRICO-JURÍDICOS INTERDISCIPLINARES AVANZADOS

COLEX

TÍTULOS PUBLICADOS

1. La familia en perspectiva multidisciplinar transversal
2. Salus per aquam. Regulación jurídica de las aguas termales desde la Roma antigua hasta la actualidad
3. Diritto e concorrenza tra XIX e XX secolo

Made in the USA
Coppell, TX
05 November 2026

11299174R00151